AF001936

Kohlhammer

Die Herausgebenden

Prof. Dr. Eckart Balz ist Hochschullehrer für Sportpädagogik am Institut für Sportwissenschaft der Bergischen Universität Wuppertal; seine Arbeitsschwerpunkte sind Planungsdidaktik (z. B. Mehrperspektivität), Schulsportforschung (in Differenzstudien) und Sportentwicklung (u. a. informeller Sport).

Prof. Dr. Sabine Reuker ist Hochschullehrerin für Sportpädagogik und Sportdidaktik am Institut für Schulsport und Sportdidaktik der Deutschen Sporthochschule Köln. Ihre Arbeitsschwerpunkte sind Professionalisierung von Sportlehrkräften (z. B. Entwicklung des Professionellen Blicks), Inklusion und Umgang mit Heterogenität (Konzepte und Lehrkompetenzen) sowie sozialerzieherische Lehr- und Lernprozesse (u. a. erlebnispädagogische Maßnahmen).

Prof. Dr. Volker Scheid ist Hochschullehrer am Institut für Sport und Sportwissenschaft der Universität Kassel. Seine Arbeitsschwerpunkte sind Programmevaluation (u. a. Kooperation Schule und Verein), Entwicklung und Förderung (u. a. Ballsport im Grundschulalter) sowie Lehrer*innenbildung (u. a. Lehr-Lern-Labor Sportpädagogik).

Prof. Dr. Ralf Sygusch ist Leiter des Arbeitsbereiches Bildung im Sport an der Friedrich-Alexander-Universität Erlangen-Nürnberg. Seine Schwerpunkte sind Kompetenzorientierung (insbesondere Schüler- und Trainer*innenbildung), psychosoziale Ressourcen (Kinder- und Jugendsport im Verein) sowie Gesundheit (Sportunterricht).

Eckart Balz,
Sabine Reuker,
Volker Scheid,
Ralf Sygusch (Hrsg.)

Sportpädagogik

Eine Grundlegung

Verlag W. Kohlhammer

Dieses Werk einschließlich aller seiner Teile ist urheberrechtlich geschützt. Jede Verwendung außerhalb der engen Grenzen des Urheberrechts ist ohne Zustimmung des Verlags unzulässig und strafbar. Das gilt insbesondere für Vervielfältigungen, Übersetzungen, Mikroverfilmungen und für die Einspeicherung und Verarbeitung in elektronischen Systemen.

Die Wiedergabe von Warenbezeichnungen, Handelsnamen und sonstigen Kennzeichen in diesem Buch berechtigt nicht zu der Annahme, dass diese von jedermann frei benutzt werden dürfen. Vielmehr kann es sich auch dann um eingetragene Warenzeichen oder sonstige geschützte Kennzeichen handeln, wenn sie nicht eigens als solche gekennzeichnet sind.

Es konnten nicht alle Rechtsinhaber von Abbildungen ermittelt werden. Sollte dem Verlag gegenüber der Nachweis der Rechtsinhaberschaft geführt werden, wird das branchenübliche Honorar nachträglich gezahlt.

Dieses Werk enthält Hinweise/Links zu externen Websites Dritter, auf deren Inhalt der Verlag keinen Einfluss hat und die der Haftung der jeweiligen Seitenanbieter oder -betreiber unterliegen. Zum Zeitpunkt der Verlinkung wurden die externen Websites auf mögliche Rechtsverstöße überprüft und dabei keine Rechtsverletzung festgestellt. Ohne konkrete Hinweise auf eine solche Rechtsverletzung ist eine permanente inhaltliche Kontrolle der verlinkten Seiten nicht zumutbar. Sollten jedoch Rechtsverletzungen bekannt werden, werden die betroffenen externen Links soweit möglich unverzüglich entfernt.

1. Auflage 2022

Alle Rechte vorbehalten
© W. Kohlhammer GmbH, Stuttgart
Gesamtherstellung: W. Kohlhammer GmbH, Stuttgart

Print:
ISBN 978-3-17-037591-8

E-Book-Formate:
pdf: ISBN 978-3-17-037592-5
epub: ISBN 978-3-17-037593-2

Inhalt

Einführung 9
Eckart Balz, Sabine Reuker, Volker Scheid & Ralf Sygusch

I Sportpädagogische Ausgangspunkte

1 Grundbegriffe der Sportpädagogik 17
Volker Scheid & Verena Oesterhelt

- 1.1 Definitionsansätze und Merkmale der Sportpädagogik 17
- 1.2 Erziehung und Bildung als zentrale Grundbegriffe 19
- 1.3 Entwicklung, Lernen und Sozialisation als Grundbegriffe.... 24
- 1.4 Sportpädagogik und Sportdidaktik 29

2 Genese der Sportpädagogik 33
Michael Krüger

- 2.1 Einführung 33
- 2.2 Die Anfänge der Sportpädagogik bei den Philanthropen 35
- 2.3 Turnen als Mittel der Volks- und Nationalerziehung 36
- 2.4 Die Reform der Turnpädagogik durch Gymnastik, Leibeserziehung, Spiel und Sport 38
- 2.5 Körperliche Erziehung im Nationalsozialismus und in der DDR 40
- 2.6 Sportpädagogik und Sportwissenschaft in der Bundesrepublik Deutschland 42
- 2.7 Sport, Sportwissenschaft und Sportpädagogik im vereinten Deutschland 44
- 2.8 Resümee 45

3 Systematik der Sportpädagogik 48
Detlef Kuhlmann & Günter Stibbe

- 3.1 Einleitung: Zur Begründung einer Systematik der Sportpädagogik 48
- 3.2 Zur Systematik des Aufgabenspektrums 49
- 3.3 Zur Systematik der Arbeitsgebiete 51
- 3.4 Zur Systematik der Betrachtungs- und Zugangsweisen 53

| 3.5 | Zur Systematik der Erkenntnisgewinnung | 56 |
| 3.6 | Ausblick: Sportpädagogik – Grenzen und Herausforderungen | 57 |

II Sportpädagogische Grundlagen

4 Bildungstheoretische und anthropologische Grundlagen 63
Christian Gaum, Alexander Ratzmann & Sebastian Ruin

4.1	Einführung	63
4.2	Anthropologische Grundannahmen	63
4.3	Bildungstheoretische Grundlagen	67
4.4	Fazit	72

5 Entwicklungstheoretische Ansätze 77
Nils Neuber & Volker Scheid

5.1	Entwicklungsbegriff	77
5.2	Theoretisch-konzeptionelle Perspektive	79
5.3	Empirische Perspektive	83
5.4	Ausblick – Entwicklungsaufgabe als sportpädagogisches Konzept	85

6 Sport- und bewegungskulturelle Grundlagen 90
Eckart Balz & Jürgen Schwier

6.1	Sport- und Bewegungskultur – Versuch einer theoretischen Einordnung	90
6.2	Typisierte Bewegungskulturen in einer Theorie der Leibeserziehung	92
6.3	Bewegungskultur und Schulsport – ein phänomenologischer Ansatz	94
6.4	Elementarisierung des Sports: ein Vier-Felder-Modell	96
6.5	Exkurs zu jugendlichen Trendsportkulturen	99
6.6	Ausblick	100

III Sportpädagogische Orientierungen

7 Orientierung an der Sache 107
Norbert Gissel & Stefan König

7.1	Einleitung	107
7.2	Die Frage nach der Sache in der aktuellen sportpädagogischen und fachdidaktischen Diskussion	108
7.3	»Der Lehrer sei […] Sachwalter der kulturellen Ausdrucksform und ihrer Gehalte.«	114
7.4	Orientierung an der Sache – diskutiert am Beispiel Fußball	116
7.5	Schlussbetrachtung	118

8	Orientierung am Individuum – formale Bildung	121
	Tim Bindel & Jan Erhorn	
	8.1 Einleitung	121
	8.2 Das Individuum und sein Leib als Bezugspunkte einer formalen Bildung	121
	8.3 Individuumszentrierte didaktische Konzeptionen	123
	8.4 Formale Bildung und empirische Bildungsforschung	127
	8.5 Zusammenfassung und Ausblick	132
9	Orientierung an der Synthese von Sache und Individuum	136
	Sebastian Ruin, Alexander Ratzmann & Christian Gaum	
	9.1 Einführung	136
	9.2 Zur Idee einer Synthese	136
	9.3 Synthetische Positionen des Schulsports	137
	9.4 Über den Schulsport hinausweisende Konzepte und Ansätze	142
	9.5 Fazit	146

IV Sportpädagogische Forschung

	Zur Einführung in Kapitel 10 und 11	151
	Hans Peter Brandl-Bredenbeck, Erin Gerlach, Elke Grimminger-Seidensticker & Claus Krieger	
10	Forschungsmethodische Zugänge	154
	Elke Grimminger-Seidensticker & Claus Krieger	
	10.1 Entwicklungsetappen in der Sportpädagogik	154
	10.2 Zentrale forschungsmethodische Zugänge	155
	10.3 Fazit	165
11	Systematik zentraler Forschungsansätze	169
	Erin Gerlach & Hans Peter Brandl-Bredenbeck	
	11.1 Einleitung – was umfasst sportpädagogische Forschung?	169
	11.2 Forschung zu fachlich relevanten Rahmenbedingungen	170
	11.3 Forschung zu Geschichte und Theorie	170
	11.4 Inhaltsforschung	171
	11.5 Programm- und Entwicklungsforschung	173
	11.6 Akteur*innenforschung	175
	11.7 Lehr-Lernforschung	177
	11.8 Ausblick	178

V Sportpädagogische Anwendungsbezüge

12 Bildungssettings 185
Tim Bindel, Erin Gerlach & Ina Hunger

    12.1   Sportunterricht 186
    12.2   Kindertagesstätten 188
    12.3   Vereinssport 190
    12.4   Informeller Sport 193
    12.5   Fazit 196

13 Professionalisierung in sportpädagogischen Settings 199
Ilka Lüsebrink & Sabine Reuker

    13.1   Tätigkeitsfelder in sportpädagogischen Settings 199
    13.2   Theoretische Positionen 199
    13.3   Pädagogische Professionalität in sportpädagogisch relevanten
           Tätigkeitsfeldern 202
    13.4   Konsequenzen für die Aus- und Fortbildung 207
    13.5   Zukünftige Herausforderungen 209

14 Diversität und Differenzkategorien 213
Judith Frohn & Heike Tiemann

    14.1   Diversität in der Sportpädagogik 213
    14.2   Zentrale Differenzkategorien 214
    14.3   Dekategorisierungsdiskurs 220
    14.4   Fazit und Ausblick 221

15 Bildungsthemen 226
Ralf Sygusch, Petra Guardiera & Anne Kerstin Reimers

    15.1   Leistung und Leisten 226
    15.2   Gesundheit 230
    15.3   Soziales Handeln 234
    15.4   Fazit 237

16 Herausforderungen der Sportpädagogik 242
Eckart Balz, Lena Gabriel & Jonas Wibowo

    16.1   Bisherige Herausforderungen 242
    16.2   Aktuelle Herausforderungen 245
    16.3   Zukünftige Herausforderungen 249
    16.4   Schlussbetrachtung 253

Einführung

Eckart Balz, Sabine Reuker, Volker Scheid & Ralf Sygusch

Vorbemerkungen

Mit dieser Einführung möchten wir unseren Band zur Sportpädagogik vorstellen. Das Kapitel hat die Funktion, in den Band überblicksartig einzuführen, ohne eine thematisch umfassende Einleitung leisten zu wollen und vorwegzunehmen, was die Kapitel 1 bis 17 jeweils noch besteuern. Wir beschränken uns daher zur Einordnung des Bandes nach diesen Vorbemerkungen auf drei weitere Abschnitte: über bisherige Grundlagenwerke zur Sportpädagogik (Vorläufer des Bandes), über den aufwändigen Prozess der Entstehung (Genese des Bandes) und über strukturierende Schwerpunkte (Inhalt des Bandes).

Was macht den vorliegenden Band zur Sportpädagogik aus? Seine Charakteristik besteht darin, als ein Grundlagenwerk den *State of the Art* der Sportpädagogik darzulegen, um sie damit nach innen wie außen sichtbar zu machen – und zwar nicht im Sinne einer bestimmten Lesart, Position oder Theorie, sondern übergreifend für die gesamte wissenschaftliche Teildisziplin der Sportpädagogik mit vereinten Kräften von vier unterschiedlich ausgerichteten Herausgeber*innen und 25 verschiedenen einschlägigen Mitautor*innen. Wir bieten sozusagen im zeitgemäßen Querschnitt ein möglichst differenziertes und tragfähiges Bild der Sportpädagogik.

Der Sammelband soll zeigen, was die Sportpädagogik ist und tut, was sie weiß und diskutiert. Mit dieser Intention richten wir uns an sportpädagogisch interessierte Personen, die als Studierende und Lehrende an Hochschulen sowie als Akteure in zahlreichen sportpädagogisch relevanten Tätigkeitsfeldern – von der Schule über den Sportverein bis zum informellen und kommerziellen Sport – verantwortungsvoll und reflektiert handeln möchten. Sämtliche Kapitel sind in Umfang und Darstellungsweise, trotz oft komplexer Zusammenhänge, möglichst zugänglich gehalten.

Bedanken möchten wir uns an dieser Stelle ausdrücklich bei allen Mitwirkenden, insbesondere bei den beteiligten Autor*innen für ihre ambitionierte Erarbeitung der qualitätsbewussten Beiträge. Deren Begleitung hat uns als Herausgebenden einige Arbeit und zugleich Freude gemacht. Wir sind nun überzeugt, dass sich das Produkt sehen lassen kann. Dem Verlag sei für seine Bemühungen und den passenden Publikationsort gedankt.

Vorläufer des Bandes

Wie oben bereits beschrieben, versteht sich der vorliegende Band als Grundlagenwerk, das übergreifend für die Sportpädagogik einen zeitgemäßen Querschnitt, geordnet in fünf große Themenfelder, bieten möchte. Dabei stellt sich die Frage, welche anderen Kompendien zur Sportpädagogik diesem Band vorausgehen und worin Gemeinsamkeiten und Unterschiede bestehen.

Über die nachfolgend benannten Einführungen in die Sportpädagogik hinaus, sei an dieser Stelle auch an ältere Einführungswerke erinnert (etwa von Bernett, Mester, Schmitz, Widmer und Röhrs), die rückblickend zugleich die Entwicklung unseres Faches markieren. Prohl (1991, S. 47–85) zeichnet diesen Weg der 1960er- bis 1980er-Jahre von der Theorie der Leibeserziehung zur Sportpädagogik differenziert nach.

Seit Mitte der 1980er-Jahre lassen sich in chronologischer Abfolge sechs Werke hervorheben, die sich um eine Einführung und Grundlegung der Sportpädagogik als Teildisziplin der Sportwissenschaft bemüht haben. Dabei ist nur eines der Werke auch als Herausgeberband gestaltet, die anderen sind entweder als Monografie oder von zwei Autoren verfasst:

- Einen wesentlichen Ausgangspunkt stellt die Monografie *Hauptprobleme der Sportpädagogik* von Eckhard Meinberg (1984; 3., unveränderte Auflage 1996) dar. Er entdeckt früh in der durchaus begrüßenswerten »thematischen Horizonterweiterung der Sportpädagogik« auch die Gefahr eines »ausufernden Vielerlei«, die den Blick auf das »Ganze« verstellt (Vorwort). Seine Einführung soll für sportpädagogische Problemstellungen sensibilisieren, Orientierung geben und verschiedenartige Erkenntnisse systematisieren und überblickhaft darstellen. Inhaltlich geschieht dies in sieben Hauptkapiteln, wobei im Anschluss an eine Standortbestimmung die sechs Problemfelder Bildung, Erziehung, Sozialisation, Lernen, Hochleistungssport sowie Spiel und Spielen aufgearbeitet werden.
- Zu Beginn der 1990er-Jahre erscheint das Grundlagenwerk *Sportpädagogik* der beiden Verfasser Knut Dietrich und Gerhard Landau (1990; 2., unveränderte Neuauflage 1999). Sie schreiben ausdrücklich nicht in systematischer Absicht, sondern mit Blick auf die Veränderungen im Sport aus einer problemorientierten Perspektive. Anliegen ihres Buches ist es, »Anleitungen zur praxisorientieren sportpädagogischen Analyse von Handlungsfeldern des Sports zu geben« (Vorwort). Als wichtigste Bezugspunkte der sportpädagogischen Gegenstandsbetrachtung werden Bewegung und Entwicklung gesehen. In sechs Hauptkapiteln werden historische Quellen, Grundpositionen und Betrachtungsweisen sowie der Gegenstand der Sportpädagogik behandelt, gefolgt von bewegungstheoretischen und erziehungstheoretischen Grundlagen sowie Ansatzpunkten sportpädagogischer Untersuchungen.
- Ein bis in die Gegenwart beachtetes Standardwerk stellt die *Einführung in die Sportpädagogik* von Ommo Grupe und Michael Krüger dar, das erstmals 1997 erschienen ist. Seit 2019 liegt das Buch in einer vierten, von Michael Krüger in Gedenken an den Nestor der Sportpädagogik Ommo Grupe (1930–2015) gestalteten Neubearbeitung vor. Das Anliegen war es von Anfang an, mit der Einführung einen Kompromiss zu finden, »der eine Brücke zwischen Sport und Pädagogik schaffen« und verdeutlichen soll, dass es um mehr als die Vermittlung von Sportarten und die Durchführung von Sportstunden geht (Vorwort zur ersten Auflage). In fünf Hauptkapiteln werden zunächst Gegenstand und Grundbegriffe der Sportpädagogik geklärt, ehe die Geschichte, die Institutionen und Handlungsfelder sowie die anthropologischen Grundlagen behandelt werden.

- Eine nachhaltige Wirkung auf den gegenwärtigen sportpädagogischen Diskurs kann der von Robert Prohl verfassten Monografie *Grundriss der Sportpädagogik* (1999; 3., korrigierte Auflage 2010) zugesprochen werden. Er verfolgt mit seiner Einführung in die Theorie der Sportpädagogik eine doppelte Zielstellung, indem sie als »Kompaktlehrbuch Orientierungshilfen« geben und zugleich mit ihrer Argumentationsfolge »eine Grundlegung der Sportpädagogik und ihres Ortes innerhalb der Sportwissenschaft« entfalten soll (Einführung). Der Grundriss umfasst drei große Teile (mit insgesamt 18 Kapiteln), wobei in Teil A die problemgeschichtliche (vom 18. Jh. bis in die Gegenwart), in Teil B die bildungstheoretische (kritische und konstruktive Funktion der Bildungstheorie) und in Teil C die erziehungswissenschaftliche Perspektive der Sportpädagogik (Forschungsprofil) eingenommen wird.
- Das 2001 erschienene *Handbuch Sportpädagogik* (2., erweitere Auflage 2009) wurde von Herbert Haag und Albrecht Hummel herausgegeben und zielt darauf ab, »den aktuellen Erkenntnis- und Wissensstand« der Teildisziplin darzustellen und zusammenzufassen (Vorwort). Die von 57 Autor*innen verfassten 51 Überblicksartikel sind in vier große Themenfelder geordnet, in welche jeweils recht kurz eingeführt wird: Grundlagen der Sportpädagogik, Struktur sportpädagogischer Prozesse, Orientierungen von Bildungs- und Erziehungsprozessen sowie Lebenslauf- und Zielgruppenperspektive.
- Ein ebenfalls erfolgreiches Einführungswerk *Sportpädagogik* wurde 2003 (5., unveränderte Auflage 2015) von Eckart Balz und Detlef Kuhlmann als *Lehrbuch in 14 Lektionen* verfasst. Sie bieten weder »ein umfassendes Grundlagenwerk« noch »einen enzyklopädischen Überblick«, sondern vielmehr ein Lehrbuch, dass denjenigen Einblicke in die Teildisziplin geben soll, »die im Rahmen ihres Studiums gerade damit beginnen, sich mit sportpädagogischen Fragestellungen zu beschäftigen« (Einführung). Die Kapitel sind in syntaktischer Frageform formuliert und suchen den referierenden Dialog mit den Leser*innen. Die Themenauswahl des Lehrbuches kommt in den Fragestellungen der drei Hauptkapitel, denen 14 Lektionen zugeordnet sind, zum Ausdruck: »Was zeichnet die Sportpädagogik aus?« (Selbstverständnis), »Worauf kann die Sportpädagogik bauen?« (Grundlagen) und »Was soll die Sportpädagogik empfehlen?« (Handlungsorientierungen).

In der Zusammenschau der vorliegenden Einführungswerke scheint es durchaus an der Zeit, im Jahr 2021 eine aktuelle sportpädagogische Grundlegung und Orientierung auf den Weg zu bringen. Die Komplexität dieser Aufgabenstellung lässt es zudem geboten erscheinen, in deren Umsetzung erfahrene, ausgewiesene Kolleg*innen miteinzubeziehen.

Genese des Bandes

Von damaligen Sprecherräten der dvs-Sektion Sportpädagogik und der DGfE-Kommission Sportpädagogik wurde 2016 das sog. *Forum Sportpädagogik* initiiert. Unter aktiver Beteiligung zahlreicher interessierter Kolleg*innen wurden 2016 und 2017 weitere Foren realisiert, auf denen Stärken und Schwächen, Potenziale und

Perspektiven der Sportpädagogik diskutiert wurden. Übergeordnetes Ziel war es, die Sichtbarkeit und Anschlussfähigkeit der Sportpädagogik in wissenschaftlichen und sportpraktischen Feldern zu stärken. Als Kernthemen wurden u. a. die empirische Sportpädagogik, Internationalisierung und Publikationskultur, Sportlehrerbildung sowie das Selbstverständnis der Sportpädagogik identifiziert. Konkrete Aktivitäten wurden diskutiert, angestoßen und begleitet. Aus dem *3. Forum Sportpädagogik*, einem offenen Arbeitskreis auf der dvs-Jahrestagung 2017 (Hannover), ist schließlich der endgültige Impuls zum vorliegenden Buch hervorgegangen.

So entstand aus den gemeinsamen Diskussionen die anspruchsvolle Grundidee und Richtung: Es sollte eine in der Community kompromissfähige Grundlegung auf den Weg gebracht werden, die das *Selbstverständnis der Sportpädagogik* mit ihren ausdifferenzierten Positionen und damit verbundenen Widersprüchlichkeiten transparent darlegt. Daraus haben sich *zwei* Aufgaben für die Gestaltung des Bandes herausgebildet, denen wir uns als Herausgebende angenommen haben: *Erstens* sollte der Band nach dem Impuls aus dem *Forum Sportpädagogik* auch weiterhin in Kontakt mit der sportpädagogischen Community erarbeitet werden und diese sowohl inhaltlich als auch personell abbilden. Bspw. sollten sich der Herausgeberkreis und die Autorenteams aus Vertreter*innen unterschiedlicher sportpädagogischer Positionen und Ausrichtungen zusammensetzen. *Zweitens* wurde anvisiert, die Beiträge in Form von Reviews anzulegen, in denen unterschiedliche Zugänge und Befunde transparent werden, ohne eine dominierende Darstellung einzelner Positionen vorzunehmen.

Der Herausgeberkreis hat sich zu Beginn 2019 aus Kolleg*innen konstituiert, die alle in dvs-Funktionen tätig waren, als dvs-Vizepräsidenten Bildung Volker Scheid (2009–2013) und Eckart Balz (2017–2021), als Sprecherräte der Sektion Sportpädagogik Sabine Reuker (2016–2020) und Ralf Sygusch (2013–2020). Die o. g. Grundidee und Richtung haben die Herausgebenden in einem Exposé samt Gliederungsentwurf gebündelt, beim Kohlhammer Verlag eingereicht und im Mai 2019 das *Go* des Verlages für einen Herausgeberband *Sportpädagogik* erhalten. Im selben Monat erfolgte auf der dvs-Jahrestagung (Heidelberg) der nächste Schritt des Buchprojekts. In einem offenen Arbeitskreis wurde zunächst der Gliederungsentwurf mit interessierten Mitgliedern der Sektion diskutiert. Mit dem Ziel, ausgewiesene Kolleg*innen aus unterschiedlichen sportpädagogischen *Schulen* einzubeziehen und in zum Teil bunten Autorenteams zusammenzubringen, wurde anschließend zur Mitwirkung als Autor*in aufgerufen.

Nach der Zusammenstellung der Autor*innenteams erfolgte ein schrittweises Vorgehen, mit dem die o. g. Ansprüche abgestimmt und gesichert werden sollten. Zunächst haben die Autorenteams ein Exposé zu ihren vorgesehenen Beiträgen erstellt, die im Herausgebendenkreis u. a. im Hinblick auf die Ansprüche (u. a. Reviewcharakter) besprochen und rückgemeldet wurden. Auf dieser Basis wurden die Entwürfe der Beiträge erstellt. Im Herausgebendenkreis wurden alle Beiträge doppelt betreut, in zahlreichen Telefonkonferenzen diskutiert und mit Hinweisen, Empfehlungen und Wünschen an die Autor*innen versehen. Die finale Einreichung der Beiträge erfolgte bis zum Beginn des Jahres 2021.

Der vorliegende Herausgeberband zur *Sportpädagogik* ist in seiner Entstehung mit der dvs-Sektion bzw. DGfE-Kommission Sportpädagogik verbunden. Selbstverständlich ist dies *kein* Buch der Sektion bzw. der Kommission, sondern eines, das von den vier Herausgebenden verantwortet und vertreten wird. Wohl aber ist es ein Band, der aus einer Initiative der dvs-Sektion und der DGfE-Kommission Sportpädagogik hervorgegangen ist, über den auf unterschiedlichen Kanälen informiert und diskutiert wurde und der über das Mitwirken einer großen Anzahl an Autor*innen aus der sportpädagogischen Community realisiert werden konnte.

Inhalt des Bandes

Der vorliegende Band ist in fünf große Teile strukturiert. Als *Ausgangspunkte der Sportpädagogik* liefern die ersten drei Kapitel grundlegende Orientierungen für die folgenden Ausführungen. Die Klärung von Begriffen ist dabei unumgänglich. Darüber hinaus sensibilisieren die differenzierten Ausführungen in *Kapitel 1* aber auch für die Notwendigkeit, sich der Begriffsbestimmungen im kritischen Diskurs immer wieder neu zu vergewissern. Für das Verständnis aktueller sportpädagogischer Positionen sind zudem Entwicklungsverläufe von zentraler Bedeutung, die über die Darstellung der Genese der Sportpädagogik in *Kapitel 2* dargestellt werden. Das *dritte Kapitel* beschäftigt sich schließlich mit einem Kernanliegen der Sportpädagogik, indem es verschiedene Systematiken bezüglich ihrer Aufgaben, Arbeitsgebiete sowie Betrachtungs- und Zugangsweisen skizziert und damit Grenzen und Herausforderungen der Sportpädagogik aufzeigt.

Kapitel 4 bis 6 thematisieren bildungs- und entwicklungstheoretische sowie bewegungskulturelle Zugänge als *Grundlagen der Sportpädagogik*. Auch hier werden verschiedene Perspektiven heraus- bzw. gegenübergestellt. In *Kapitel 4* stehen dabei bildungstheoretische Überlegungen in einem engen Implikationszusammenhang zu anthropologischen Grundlagen, die hier in ihren unterschiedlichen Auslegungen und Schwerpunktsetzungen dargestellt werden. *Kapitel 5* erörtert verschiedene theoretische Ansätze im Kontext eines vielschichtigen Entwicklungsbegriffs und zeigt darauf aufbauend empirische und konzeptionelle Perspektiven auf. Die Verbindung zum Gegenstand erfolgt in *Kapitel 6*, in dem unterschiedliche sport- und bewegungskulturelle Zugänge vorgestellt werden. Dabei werden jugendliche Trendsportkulturen beispielhaft etwas näher beleuchtet.

Daran anschließend lassen sich *sportpädagogische Orientierungen* ableiten, die in Kapitel 7 bis 9 als Orientierung an der Sache, am Individuum sowie deren Synthese unterschieden werden. *Kapitel 7* zeigt dabei unter Darstellung verschiedener fachdidaktischer Konzepte das kontroverse Ringen um einen Minimalkonsens zum Gegenstandsverständnis auf. Demgegenüber werden in *Kapitel 8* individuumbezogene Orientierungen hervorgehoben, die sowohl konzeptionell als auch empirisch Entfaltungsmöglichkeiten der Subjekte fokussieren. In der Überzeugung, dass eine einseitige Fokussierung auf eine dieser beiden Positionen zu problematischen Verkürzungen führt, werden in *Kapitel 9* schließlich Konzeptionen betrachtet, die von der Idee einer Synthese materialer und formaler Bildungsauffassungen ausgehen.

Nach einer kurzen gemeinsamen Einführung wird in den beiden folgenden Kapiteln die Breite und Vielfalt *sportpädagogischer Forschung* und deren Erkenntnisgewinnung thematisiert. Dabei gibt *Kapitel 10* einen Überblick über grundlegende

Entwicklungslinien und zeigt anhand von exemplarischen Studien die Vielfalt methodischer Zugänge auf. In *Kapitel 11* wird der Versuch unternommen, diese Vielfalt zu systematisieren, indem die sportpädagogischen Forschungsansätze anhand prototypischer Studien verschiedenen Gegenstandsbereichen zugeordnet werden. Der Überblick zeigt Stärken, aber auch Desiderate sportpädagogischer Forschung auf, die es in zukünftigen Forschungsaktivitäten aufzugreifen gilt.

Der letzte große Teilbereich widmet sich in Kapitel 12 bis 15 *sportpädagogischen Anwendungsbezügen*, die vielfältig sind und im Rahmen dieses Grundlagenwerks lediglich exemplarisch behandelt werden können. In *Kapitel 12* werden formale, non-formale und informelle Settings aufgezeigt, in denen Menschen Sport- und Bewegungsaktivitäten nachgehen. Anhand ausgewählter Merkmale werden diese Settings mit Blick auf dort stattfindende Bildungsprozesse einander gegenübergestellt. *Kapitel 13* fragt nach der Professionalisierung der Personen, die in diesen Settings vermittelnd tätig sind. Dabei werden verschiedene Professionalisierungsansätze anhand sportpädagogischer Forschungserkenntnisse und konzeptioneller Überlegungen exemplarisch veranschaulicht. *Kapitel 14* nimmt dann die Akteur*innen in den Blick und fokussiert sich dabei auf deren Differenzen. Mit den Differenzkategorien Behinderung, Geschlecht und Migration werden drei dominierende Bereiche zunächst dargestellt, bevor die Frage nach der Notwendigkeit von Kategorisierungen kritisch hinterfragt wird. Schließlich liefert *Kapitel 15* einen exemplarischen Überblick über Bildungsthemen und stellt zu den Themen Leistung, Gesundheit und Soziales sportpädagogische Ansprüche und Wirklichkeiten dar. Dabei wird auch hier, unter Berücksichtigung der verschiedenen Settings, die Breite und Vielfalt der Perspektiven aufgezeigt.

Die Sportpädagogik sieht sich mit vielfältigen Herausforderungen konfrontiert, die im letzten Kapitel aus einer retrospektiven, introspektiven und prospektiven Sicht exemplarisch vertiefend bilanziert werden. In einer Schlussbetrachtung sind zudem die in den fünfzehn Kapiteln thematisierten Herausforderungen noch einmal prägnant zusammengefasst, um den in diesem Buch aufgezeigten konstruktiven Diskurs vielschichtiger Perspektiven weiter anzuregen.

Literatur

Balz, E. & Kuhlmann, E. (2015). Sportpädagogik. Ein Lehrbuch in 14 Lektionen (Sportwissenschaft Studieren, Band 1) (5. Aufl.). Meyer & Meyer (1. Aufl. 2003).
Dietrich, K. & Landau, G. (1999). Sport-Pädagogik (2., unver. Neuaufl.). Afra-Verlag (1. Aufl. 1990, Rowohlt).
Grupe, O. & Krüger, M. (1997). Einführung in die Sportpädagogik (Sport und Sportwissenschaft, Band 6). Hofmann.
Haag, H. & Hummel, A. (Hrsg.) (2009). Handbuch Sportpädagogik (Beiträge zur Lehre und Forschung im Sport, Band 133) (2., erw. Aufl.). Hofmann (1. Aufl. 2001).
Krüger, M. (2019). Einführung in die Sportpädagogik (Sport und Sportwissenschat, Band 6) (4., überarb. und aktual. Aufl.). Hofmann.
Meinberg, E. (1996). Hauptprobleme der Sportpädagogik. Eine Einführung (3., unveränd. Aufl.). Wiss. Buchgesellschaft (1. Aufl. 1984).
Prohl. R. (1991). Sportwissenschaft und Sportpädagogik. Ein anthropologischer Aufriss (Beiträge zur Lehre und Forschung im Sport, Band 101). Hofmann.
Prohl, R. (2010). Grundriss der Sportpädagogik (3., korr. Aufl.). Limpert (1. Aufl. 1999).

I Sportpädagogische Ausgangspunkte

1 Grundbegriffe der Sportpädagogik

Volker Scheid & Verena Oesterhelt

Begriffe und ihre jeweilige Bestimmung dienen als Anker für den Aufbau eines fundierten Verständnisses eines Fachgebiets. Mit der Klärung von Kerngedanken lassen sich hinzukommendes Wissen ebenso wie kontextbezogene Erfahrungen einordnen. Damit trägt die Auseinandersetzung mit Begriffen zum weiteren Auf- bzw. Ausbau von Denkstrukturen bei. Auch für den fachlichen Austausch ist die Klärung von gemeinsam geteilten Begrifflichkeiten bedeutsam. Dies gilt insbesondere mit Blick auf komplexe Zusammenhänge sozialer Realitäten, wie im hier vorliegenden Fall: dem (sport-)pädagogischen Handlungsfeld. Begriffe sind, anders als naturwissenschaftliche Gesetzmäßigkeiten, immer angewiesen auf eine kontinuierliche Vergewisserung ihres Bedeutungsgehalts, da dieser – im Sinne einer sozialkulturellen Vereinbarung – einer normativen Setzung entspricht. Ein Begriff kann im Zeitverlauf durchaus auch anders gedeutet werden. Damit bildet eine Auseinandersetzung auch die Chance auf eine *Selbst*vergewisserung innerhalb eines Fachgebiets. In diesem ersten Kapitel des Buches werden entsprechend grundlegende Begriffe der Sportpädagogik anhand exemplarischer Deutungen geklärt.

1.1 Definitionsansätze und Merkmale der Sportpädagogik

Meinberg (1996) beginnt sein Einführungswerk *Hauptprobleme der Sportpädagogik* mit einer Standortbestimmung. Er beschreibt die Sportpädagogik als

»diejenige Teildisziplin der Erziehungs- und Sportwissenschaft, die das sportliche und spielerische Bewegungshandeln in seinen institutionalisierten und nichtinstitutionalisierten Formen vorrangig unter den Motiven Bildung, Erziehung, Sozialisation und Lernen mit Hilfe verschiedenartiger Forschungsmethoden untersucht« (ebd., S. 17).

Im *Sportwissenschaftlichen Lexikon* (Röthig et al., 2003), das erstmals 1972 den Versuch unternahm, die wissenschaftliche Fachsprache zu klären, verweisen Grupe und Kurz (2003) bei ihrer Definition der Sportpädagogik auf unterschiedliche Auffassungen zu inhaltlichen Bezügen.

»Sportpädagogik ist seit 1970 die übliche Bezeichnung für jenes Teilgebiet der *Sportwissenschaft*, in dem *Sport* im Zusammenhang von *Bildung* und *Erziehung* untersucht wird. Sportpädagogik ist wissenschaftssystematisch zugleich als Teilgebiet der Allgemeinen Pädagogik bzw. Erziehungswissenschaft anzusehen. In der Praxis kann pädagogische Verantwortung als eine Haltung beschrieben werden, die darauf gerichtet ist, insbes. heranwachsenden Menschen eine optimale *Entwicklung* und ein gutes Leben zu ermöglichen. In welcher Weise Sport dazu beitragen kann, ist daher die zentrale Frage der Sportpädagogik« (ebd., S. 527).

Auch Prohl (2010) eröffnet seinen *Grundriss der Sportpädagogik* mit der Frage *Was ist Sportpädagogik?* und orientiert sich dabei an der Definition aus dem Sportwissenschaftlichen Lexikon. Er betont ebenso den historischen Kontext der Disziplin plädiert aber für den Begriff der *Bewegungskultur* an Stelle des enger gefassten Begriffs *Sport*, um die zunehmende Vielfalt der Bewegungs-, Spiel- und Sportaktivitäten als Ausdruck der gesellschaftlichen Entwicklungen angemessener abzubilden.

> »Als historisch geprägter Begriff wird unter Sportpädagogik [...] die Wissenschaft der Bildung und Erziehung im Rahmen der Bewegungskultur verstanden, in der sich problemgeschichtliche und gesellschaftliche Entwicklungen widerspiegeln« (ebd., S. 10).

Der Begriff der Bewegungskultur verweist auf die inhaltsbezogene Offenheit des Gegenstandsfeldes der Sportpädagogik. *Der* Sport, als festgelegter Bestand, existiert nicht. Maßgeblich sind neben objektiven Beschreibungen von Aktivitäten immer auch subjektive Sichtweisen was unter *Sport* verstanden wird. Zudem wird der gesellschaftlich-kulturelle Bezug deutlich: Bewegungskultur, d. h. gesellschaftliche Ausprägungsformen von Bewegung, Spiel und Sport, entsteht in konjunktiven (gemeinschaftlich erlebten und gestalteten) Erfahrungsräumen, die einem Kulturkreis eigen sind. Die Betrachtung kann sich dabei sowohl auf Bewegung als anthropologisches Phänomen (unter Berücksichtigung der Subjekt-Perspektive des Sich-Bewegenden), als auch auf die gesellschaftlichen Erscheinungsformen von Bewegung, Spiel und Sport (u. a. regelgeleiteter Sport, Sportarten) richten (Oesterhelt et al., 2020; Scheid & Prohl, 2017).

Hinsichtlich der Einbettung in benachbarte Bezugsdisziplinen entfaltet Prohl (2010, S. 13–19) die Sportpädagogik als eine Integrationswissenschaft, die sich im philosophischen Denken begründet und an pädagogischen Theorien orientiert, empirisch mit Hilfe sozialwissenschaftlicher Methoden Tatsachen prüft und gegenüber der Sportdidaktik Beratungsleistungen erbringt.

In der Zusammenschau der berücksichtigten Definitionsansätze ergeben sich Kerngedanken zur Beschreibung der Sportpädagogik als sportwissenschaftliche Disziplin. Zentral sind

- die Zielsetzungen bzw. Prozesse der *Erziehung* und *Bildung*,
- die mit Prozessen der *Entwicklung*, des *Lernens* und der *Sozialisation* in Bezug stehen und
- als Gegenstand nicht nur eng auf den Sport, sondern umfassend auf *Bewegung, Spiel und Sport* im Rahmen der *Bewegungskultur* gerichtet sind.

Vor diesem Hintergrund fokussieren die weiteren Ausführungen des Beitrags zunächst die beiden zentralen Grundbegriffe Erziehung und Bildung (▶ Kap. 1.2), gefolgt von einer näheren Bestimmung der weiteren Grundbegriffe Entwicklung, Lernen und Sozialisation (▶ Kap. 1.3), ehe abschließend die Bezüge der Sportpädagogik zum Teilgebiet der Sportdidaktik geklärt werden (▶ Kap. 1.4).

1.2 Erziehung und Bildung als zentrale Grundbegriffe

Erziehung und Bildung gelten als klassische Begriffe der Pädagogik wie auch der Sportpädagogik (Grupe & Krüger, 2007; Prohl, 2010; Neuber et al., 2013). Ihr zentraler Stellenwert lässt sich zurückführen auf anthropologische Voraussetzungen sowie die Bildsamkeit des Menschen (Scheid & Prohl, 2017).

Der Begriff der *Bildsamkeit* ist eng mit darauf basierenden Fragen der Erziehung und Bildung verknüpft und findet sich im historischen Bezug bereits seit der Antike in der Diskussion. Nach Franke (2018, S. 259) bezeichnet Bildsamkeit

»[…] ein Prinzip, das nicht einen genetischen Zustand, sondern einen möglichen Prozess des Menschen als Gattungswesen sichtbar macht, bei dem es erfährt, welche Bedeutung Lernen, Wissen und ein sich dessen Bewusstwerden haben können.«

Mit Blick auf den Bildungswert körperlicher Erfahrungen stellt Franke (2015, S. 225) dabei zwei Fragen:

»1. Was berechtigt uns zu der Vorstellung, dass der Mensch auf die körperlichen Herausforderungen seiner Umwelt nicht nur reagiert, nicht nur durch sie lernt, sondern sich dadurch auch bildet? D. h. ist es berechtigt, von einer allgemeinen Bildsamkeit des Körpers zu sprechen?
2. Was berechtigt uns zu der Vorstellung, dass aus dem Verhältnis von Wahrnehmung, Erfahrung und Erkenntnis von Bewegungsbedingungen eine nicht-verbale Bildungskompetenz entwickelt werden kann? […]«.

Franke weist damit auf die Notwendigkeit hin, Erziehungsziele nicht nur rein normativ auszuweisen, sondern die unterstellten pädagogischen Annahmen immer auch kulturanthropologisch zu begründen, im Sinne der »Nichthintergehbarkeit der kulturellen Existenz des Menschen« (Bietz, 2005, S. 89). Damit kommt zum Ausdruck, dass alles Tun und Sein eingebettet ist in den sozialen Kontext des Kulturkreises, in dem wir leben. Erziehung und Bildung im Kontext von Bewegung, Spiel und Sport sind damit verwiesen auf zugrundeliegende Fragen der Bildsamkeit im Wechselspiel der subjektiv-anthropologischen und gesellschaftlich-institutionellen Dimension.

Ihren Status als zentrale Begriffe erhalten Erziehung und Bildung zudem durch den gesetzlich verankerten Kernauftrag der Institution Schule bzw. des Schulsports. Und auch in den außerschulischen Feldern des Sports wird der Blick zunehmend auf Bildungspotenziale gerichtet (Neuber, 2011). Beide Begriffe bilden somit einen grundlegenden Dreh- und Angelpunkt in Überlegungen zu sportpädagogischen Handlungsfeldern.

1.2.1 Erziehung

Erziehung beschreibt in der Regel eine zielgerichtete Einflussnahme auf einen anderen Menschen, der als Educand, d. h. als Zu-Erziehender gilt. Dies richtet sich auf Heranwachsende auf ihrem Weg als Teil der Gesellschaft. Als Erziehung werden nach Grupe und Krüger (2007, S. 90)

I Sportpädagogische Ausgangspunkte

> »diejenigen Maßnahmen und Prozesse bezeichnet, die den Menschen befähigen, seine Kräfte und Möglichkeiten zu entfalten mit Hilfe derer er selbständig und mündig werden kann.«

Dies geschieht im jeweiligen sozialen Kontext, womit der Begriff, bedingt durch den gegebenen gesellschaftlich-kulturellen Rahmen, eine klare normative Komponente besitzt. Erziehung als intentionales Handeln

> »[…] kann man – in Anlehnung an Brezinkas Definition – beschreiben als einen ›Prozess der zielgerichteten Beeinflussung zu einem als wertvoll erachteten Verhalten‹ (1974, 95 ff.)« (Beckers, 2001a, S. 28).

Gängige Begriffsdefinitionen unterscheiden zwischen, oben dargestellter, *intentionaler Erziehung* im Sinne eines engen Begriffsverständnisses und stellen dem eine *funktionale Erziehung* in einem weiten Verständnis von Erziehung, als nicht-intentional, gegenüber. Neuber et al. (2013) formulieren dazu:

> »Erziehung im engeren Sinne zielt auf die absichtliche Strukturierung des Denkens, Fühlens und Handelns im Sinne der Kulturtechniken und Werte, die in einer Gesellschaft anerkannt sind« (ebd., S. 400).

> »Zur funktionalen Erziehung werden auch Einflüsse gezählt, die nicht absichtsvoll inszeniert werden, z. B. durch die Gleichaltrigengruppe oder die Medien. Letztere werden auch zu den Sozialisationsinstanzen gezählt und spielen in informellen Lernprozessen eine wichtige Rolle« (ebd., S. 399–400).

Gleichwohl verschwimmt bei dieser Unterscheidung von intentionaler und funktionaler Sichtweise die definitorische Grenze zum Begriff der Sozialisation (Koller, 2014). Mit dem Versuch einer Bestimmung und damit auch der Abgrenzung zentraler Begriffe zeigt sich hier eine begriffliche Überschneidung, aufgrund derer einiges für die Begrenzung des Erziehungsbegriffs auf das intentionale Handeln spricht – wenngleich sich die per se eng verflochtenen Begriffe Erziehung, Bildung und Sozialisation ohne eine wechselseitige Bezugnahme kaum klären lassen (zum Begriff der Sozialisation ▶ Kap. 1.3).

Die Definition von Hurrelmann (1994) nimmt Bezug auf eine dieser Schnittstellen, in dem sie Erziehung als einen Teilbereich der Sozialisation bestimmt. Dabei orientiert sich die Aussage an dem engen, intentionalen Verständnis von Erziehung:

> »Erziehung ist ein Bestandteil des umfassenden Sozialisationsprozesses; der Bestandteil nämlich, bei dem von Erwachsenen versucht wird, bewusst in den Prozess der Persönlichkeitsentwicklung von Kindern einzugreifen – mit dem Ziel, sie zu selbstständigen, leistungsfähigen und verantwortungsvollen Menschen zu bilden« (ebd., S. 13).

Deutlich wird bei dieser Definition auch, dass das asymmetrisch-hierarchische Verhältnis von Erzieher und Educand, welches in den oben dargestellten Definitionsansätzen zum Ausdruck kommt und im Grunde eine »Subjekt-Objekt-Relation« (Koller, 2014, S. 55) abbildet, hier im Sinne eines verstärkten Subjektbezugs erweitert wird. Damit wird hier bereits der Bezug von Erziehungsprozessen in ihrer Bedeutung als Basis bzw. Unterstützung für weiterführende selbstbestimmte und selbstreflexive Bildungsprozesse deutlich.

Hinsichtlich einer intentionalen Erziehung wird entsprechend die Frage nach *Erziehungszielen* bedeutsam (Neuber et al., 2013). Erziehung ist immer normativ gebunden. Und nicht jedes bewusste Einwirken auf Heranwachsende, das vom Erziehenden selbst als wertvoll erachtet wird, ist dies auch tatsächlich (Koller, 2014). Eine Reflexion und Begründung von Erziehungszielen sind somit notwendig. Diese erfolgt mit Blick auf normative Bezugspunkte, d. h. im Kontext des zugrundeliegenden Bildungsverständnisses, sowie hinsichtlich der Ausrichtung angesichts gesellschaftlich-kultureller Ausprägungsformen der Bewegungskultur (▶ Kap. 4; ▶ Kap. 6).

Zusammenfassend lassen sich folgende zentrale Merkmale des *Erziehungsbegriffs* festhalten:

- Erziehung lässt sich als intentionale oder funktionale Erziehung in einem engen bzw. weiten Verständnis fassen. Dabei führt der weite Begriff der funktionalen Erziehung zu Unschärfen hinsichtlich der Abgrenzung zum Begriff der Sozialisation.
- Erziehung in einem engen Verständnis bezieht sich auf ein intentionales, werteorientiertes Einwirken einer erziehenden Person auf einen Heranwachsenden.
- Dabei lässt sich das Verhältnis von Erzieher und Educand nicht rein asymmetrisch-hierarchisch charakterisieren, sondern die Subjektperspektive des zu Erziehenden findet Berücksichtigung.
- Mit Blick auf den normativen Gehalt, der ein werteorientiertes Handeln konstituiert, ist die begründbare Bestimmung gesellschaftlich relevanter Erziehungsziele im Kontext übergeordneter Bildungsziele sowie im Gegenstandsbezug bedeutsam.

1.2.2 Bildung

Die Vielzahl an Ansätzen in der Auseinandersetzung mit dem Bildungsbegriff, auch mit Blick auf den historischen Verlauf einer teils kontroversen Diskussion (Beckers, 2001b), ist kaum in einem kurzen Überblick zu fassen. Im Folgenden werden daher anhand ausgewählter Begriffsbestimmungen zentrale Gedanken in den Vordergrund gerückt, die einem grundlegenden Verständnis dienlich sind und in der Sportpädagogik vornehmlich rezipiert werden. Peukert (2000) zufolge gehört

> »Bildung [...] – als deutsche Sonderprägung – neben Kultur, Zivilisation, Gesellschaft, Aufklärung, Vernunft zu den großen Leitbegriffen, unter denen die beschleunigt sich entwickelnden modernen Gesellschaften seit der zweiten Hälfte des 18. Jahrhunderts Verständigung über sich selbst suchten« (ebd., S. 507).

Diese Verständigung über sich selbst nimmt Ausgangspunkt beim einzelnen Menschen als Subjekt und Teil der Gesellschaft. Neuber et al. (2013, S. 400) stellen diesen Ausgangspunkt im Rückgriff auf Meinbergs Klärung des Bildungsbegriffs prägnant heraus:

> »Zunächst muss festgestellt werden, dass Bildung reflexiv im Sinne von Sich-Bilden gebraucht wird, da sich ›der eigentliche Bildungsvollzug, das Sich-Aneignen von Welt [...] ins Subjekt selbst‹ verlagert« (Meinberg, 1996, S. 56).

Mit der Verlagerung des Sich-Aneignens von Welt in das Subjekt sind auch die beiden zentralen Referenzpunkte angesprochen, die in einer Vielzahl von Begriffsbestimmungen die maßgeblichen Bezüge charakterisieren: Bildung entsteht im Zusammenspiel zum einen umweltbezogener bzw. gesellschaftlich-kultureller sowie zum anderen personaler Bezüge. In der Erziehungswissenschaft werden diese beiden Referenzpunkte häufig mit dem Begriffspaar Welt- und Selbstverhältnis gefasst.

Bildung als Prozess, aber auch als das Resultat des Prozesses, richtet sich Peukert (2000) zufolge auf die Entwicklung eines individuellen Bewusstseins einschließlich der Befähigung zu einer reflektierten Umgestaltung desselben. Damit verknüpft sieht er auch die Befähigung zur Umgestaltung gesellschaftlicher Strukturen, die durch das Bewusstsein jedes Einzelnen mitgeprägt werden.

Deutlich wird hier das (selbst-)reflexive Moment, das sich als zentral für den Bildungsbegriff erweist:

»Bildung bedeutet zuallererst Reflexivität: sich krisenhafter Ungewissheiten bewusst zu werden und sich dazu zu verhalten« (Bonnet & Hericks, 2013, S. 37).

In der Auseinandersetzung mit Welt- und Selbstverhältnissen erfolgt über die Reflexion eine Distanznahme im Ereignis- und Erfahrungsfluss. Nach Dörpinghaus (2013, S. 119) ist Bildung entsprechend eine »Verstehens- und Distanzleistung«. Und auch Bietz zufolge (2005, S. 107) können nur bei reflexiver Distanz eigene Handlungsspielräume gewonnen werden und so individuelle Erlebnisse nachhaltige Wirkungen auf die Person und ihren Zugang zur Welt haben.

Als maßgeblich für das Auslösen reflexiver Momente wird das Moment der Irritation betrachtet. Bildungsprozesse finden nach Kokemohr (2007) dort statt, wo auftretende Erfahrungen nicht in die biographisch aufgebauten Ordnungen eingebettet werden können, welche die täglichen Interpretationen lenken. Widerständige Erfahrungen führen zu einem Fraglich-Werden bisheriger und zu einem probeweisen Entwurf neuer Ordnungsfiguren, im Sinne von »Bildungsvorhalten« (ebd., S. 19), deren tatsächliche Bildungsrelevanz bzw. Bildungswirksamkeit sich erst längerfristig erweisen muss.

Im Kontext von Bewegung, Spiel und Sport findet sich der Gedanke der bildungsrelevanten widerständigen, ›krisenhaften‹ Erfahrungen in der Sportpädagogik im Sinne der »Wechselwirkung des Spürens und Bewirkens« wieder (Prohl, 2010, S. 166). Konkret entstehen Irritationen z. B. bei bewegungs- und sportbezogenen Aktivitäten in der gelingenden (oder eben noch nicht gelingenden) Auseinandersetzung beim Versuch ein turnerisches Bewegungsproblem zu lösen (Bietz, 2015).

Der dargestellte Zugang zum Verständnis von Bildung bezieht sich auf den Ansatz *transformatorischer Bildung* im Sinne einer Bildungsprozesstheorie (Kokemohr, 2007). Hinsichtlich weiterer ausgewählter bildungstheoretischer Ansätze wurde in der Sportpädagogik insbesondere auch der Ansatz von Klafki, mit seiner Unterscheidung einer *materialen, formalen* und *kategorialen Bildung*, rezipiert (Laging & Kuhn, 2018). Allen Ansätzen gemeinsam ist das In-Bezug setzen von Subjekt- und Objektbezügen, wobei der Fokus bei Klafki weniger auf dem Prozess als auf der Frage nach dem Verhältnis von Subjekt und Objekt liegt (vertiefend ▶ Kap. 4):

- *Materiale Bildung* richtet sich auf den Sach- bzw. Objektbezug und damit auf die Aneignung von sach- bzw. objektbezogenen Kenntnisse oder das Erlebt-haben bestimmter Ereignisse. Ziel ist also die Aneignung eines Wissens- oder Erlebnis-

kanons, der im gegebenen gesellschaftlich-kulturellen Kontext als bildungsrelevant erachtet wird (u. a. Strübig & Strübig, 2018; Gruschka, 2018). Für das Feld des Sports ruht der Fokus demnach auf der Aneignung sport-(art-)spezifischer Kenntnisse, Fähigkeiten und Fertigkeiten mit Blick auf die Teilhabe an der gesellschaftlich etablierten Bewegungs-, Spiel- und Sportkultur.
- *Formale Bildung* stellt hingegen das Subjekt in den Mittelpunkt. Der Blick richtet sich auf die individuelle Entwicklung, und damit die ›Formung‹ der individuellen körperlichen, geistigen und seelischen Kräfte in Auseinandersetzung mit gesellschaftlich-kulturellen Phänomen (u. a. Strübig & Strübig, 2018; Gruschka, 2018). Der Fokus ruht also auf der Frage, welche persönlichkeitsbildenden Erfahrungen das Subjekt in der Auseinandersetzung mit der sozialen und materialen Umwelt im Kontext seines Bewegungshandelns machen kann und welche Bildungsimpulse dadurch entstehen (Prohl, 2010).
- In der *kategorialen Bildung* verschmelzen materiale und formale Bezüge dialektisch miteinander. Im Blick steht die Auseinandersetzung mit einem bewegungs- und sportbezogenen Wissens- und Erfahrungskanon, verbunden mit der Frage, welche Bedeutsamkeit dieser Kanon für die individuelle Entwicklung des Subjekts hat. Ziel der Auseinandersetzung ist es, allgemeine Einsichten in »kategorial Erhellendes« (Klafki, 1963, S. 42–43) zu ermöglichen. Also in der handelnden Auseinandersetzung des Subjekts mit den Gegebenheiten des Felds Bewegung und Sport ein grundlegendes Verständnis zentraler (kategorialer) Aspekte zu schaffen.
- Dabei handelt es sich um einen Ansatz *relationaler Bildung* (Bietz, 2018). Der Begriff relational betont, dass die dialektischen Bezüge der kategorialen Bildung sich grundsätzlich bedingen und nicht unabhängig voneinander gedacht werden können (Scherer, 2005). Eine Trennung ist nur rein analytisch möglich. Aus dieser Sicht kann Bildung immer nur als ein Zugleich materialer und formaler Aspekte und deren wechselseitigem Bezug gedacht werden. Bildung ist demnach also immer relational.

Kontroverse Diskussionen um den Bildungsbegriff entzünden sich u. a. an seiner Vielschichtigkeit und damit vermeintlichen Unklarheit (Neuber et al., 2013; Koller, 2014). Gleichzeitig wird der Bildungsbegriff, respektive die Teildisziplin der Bildungstheorie, für im Grunde unverzichtbar gehalten, da sich damit eine Verortung bietet, an der »[…] über Legitimation, Zielsetzung und Kritik pädagogischen Handelns […] gestritten werden kann und soll« (Koller, 2012, S. 10). Die Bedeutung von Bewegung, Spiel und Sport für Bildungsprozesse gilt Krüger und Neuber (2011) zufolge als im Grunde unbestreitbar. Bildungsprozesse wären in Gefahr unvollständig zu bleiben, sollte die körperlich-leibliche Dimension des Lernens außer Betracht geraten.

Zur Einordnung der *Vielfalt an Bildungsorten und -modalitäten* im Feld Bewegung, Spiel und Sport hat Heim (2008) im Zweiten Kinder- und Jugendsportbericht eine anschauliche Systematik vorgelegt (siehe hierzu auch Neuber & Golenia, 2019). Unterscheiden lassen sich die Dimensionen *formale – non-formale Bildungsgelegenheiten bzw. -settings* sowie *formelle – informelle Bildungsprozesse*. Formelle Bildungsprozesse werden bspw. im Sportunterricht, beim Training im Sportverein oder in einem Tanzkurs angebahnt, also in angeleiteten Lehr-Lern-Settings im Kontext von Institutionen als formalen Bildungsgelegenheiten. Informelle Bildungsprozesse können sich im Rahmen nicht-angeleiteter sportbezogener Aktivitäten ergeben, z. B. bei familiären Sportaktivitäten, beim Inline-Skaten im Skatepark oder auch bei der Teilnahme an Schulsportfesten.

Betrachtet man das *Verhältnis der beiden zentralen Grundbegriffe Erziehung* und *Bildung* lässt sich dieses in zweifacher Weise charakterisieren: Zum einen als ein angeleiteter gegenüber einem selbstreferentiellen Prozess. D. h. die Beeinflussung eines Zu-Erziehenden durch einen Erzieher versus einem Sich-Bildens als einem selbstbezüglichen und selbstreflexiven Vorgang. Zum anderen mit Blick auf die Relation der beiden Begriffe: Erziehung bezeichnet eine Einflussnahme auf eine Person, um Bildung zu ermöglichen, im Sinne einer »Erziehung mit dem Ziel der Bildung« (Prohl, 2010). Wenngleich Bildung nicht notwendigerweise an erzieherische Prozesse gebunden ist, sondern fraglos auch außerhalb pädagogischer Kontexte stattfindet (Scherer, 2005).

Zusammenfassend lassen sich folgende zentrale Aspekte zum *Bildungsbegriff* festhalten:

- Kern der verschiedenen Definitionen des Bildungsbegriffs ist die individuelle Auseinandersetzung mit dem untrennbar verknüpften Selbst- bzw. Weltverhältnis, verbunden mit dem zentralen Moment der Reflexion.
- Hinsichtlich Bildungsorten und -modalitäten lassen sich die Dimensionen formale – non-formale Bildungsgelegenheiten bzw. -settings sowie formelle – informelle Bildungsprozesse heranziehen.
- Mit Blick auf die Abgrenzung der Begriffe Erziehung und Bildung wird insbesondere die Unterscheidung zwischen einem angeleiteten gegenüber einem selbstreferentiellen Prozess deutlich (erzogen werden vs. sich bilden).
- Zur Relation der beiden Begriffe lässt sich festhalten, dass Erziehungsprozesse zu Bildungsprozessen beitragen sollen.

1.3 Entwicklung, Lernen und Sozialisation als Grundbegriffe

Neben den pädagogischen Grundbegriffen Erziehung und Bildung sind Entwicklung, Lernen und Sozialisation weitere zentrale, zunächst wertfreie Begriffe der (Sport-)Pädagogik, die grundlegende pädagogische Sachverhalte betreffen. Nämlich die Tatsache, dass Menschen im Verlauf ihrer lebenslangen Entwicklung vieles erst erlernen (müssen) und in einem gesellschaftlichen Kontext sozialisiert werden. Die Bewertung der Prozesse und des Gelingens von Entwicklung, Lernen und Sozialisation ist wiederum an normative Kategorien gebunden. Einfluss nehmen dabei nicht nur die Menschen selbst durch ihr aktives Handeln, sondern ebenso auch

Bedingungen, die von außen, also durch die Umwelt, auf die Prozesse einwirken (Grupe & Krüger, 2007).

1.3.1 Entwicklung

Die menschliche *Entwicklung* ist ein ganzheitlicher Veränderungsprozess, der sich auf motorische, kognitive und psycho-soziale Merkmale bezieht. Im Unterschied zu einem engen, auf traditionellen Phasen- und Stufenmodellen beruhenden Entwicklungsverständnis, das von einer universellen und nicht umkehrbaren Entwicklungsabfolge ausgeht, hat sich spätestens mit dem Aufkommen der Entwicklungspsychologie der Lebensspanne ein *weiter Entwicklungsbegriff* durchgesetzt. Nach Trautner (2006) erweisen sich als kleinster gemeinsamer Nenner verschiedener Begriffsbestimmungen die *Veränderung* und die *Zeitachse*.

Zu den wesentlichen Bestimmungsmerkmalen eines weiten Entwicklungsbegriffs zählt Trautner (ebd., S. 67–68; auch Willimczik & Singer, 2009) folgende Aspekte:

- Veränderungen über die Zeit, die in einem systematischen Zusammenhang mit dem Lebensalter (Lebenslauf) stehen.
- Überdauernde, langfristige Veränderungen, im Unterschied zu kurzfristigen oder vorübergehenden Veränderungen.
- Regelhafte Veränderungen, die in qualitativen und quantitativen Veränderungen zum Ausdruck kommen (z. B. typische altersbezogene Veränderungen).
- Aber auch nicht regelhafte Veränderungen im Sinne von interindividuellen Unterschieden (zwischen verschiedenen Personen) in intraindividuellen Veränderungen (bezogen auf einzelne Personen).

Bedeutsam ist außerdem die Unterscheidung von Entwicklung als Prozess und als dessen Produkt:

> »Der Begriff Entwicklung bezeichnet sowohl den *Prozess* fortschreitender Veränderungen, einschließlich der ihm zu Grunde liegenden Bedingungen, als auch das jeweilige *Produkt* dieses Prozesses zu einem bestimmten Zeitpunkt der Entwicklung. Direkt beobachtbar sind immer nur die jeweiligen Produkte des Entwicklungsprozesses. Die zu Grunde liegenden Bedingungen können nur erschlossen werden (z. B. wenn ein systematischer Zusammenhang zwischen vermuteten Entwicklungsbedingungen und Entwicklungsergebnissen besteht)« (ebd., S. 60).

Als lebenslanger Prozess bezieht sich die Entwicklung auf alle Lebensphasen vom Säuglings- bis zum späten Erwachsenenalter. Die *motorische Entwicklung* steht in einer engen Beziehung zu den Prozessen des Wachstums, der Reifung, des Lernens und der Sozialisation. Von Anfang an haben wir es dabei nicht mit bloßen Reifungs- und Wachstumsprozessen zu tun, sondern mit Anlagen und Potentialen, die sich in der Auseinandersetzung mit den materialen und sozio-kulturellen Gegebenheiten (Entwicklungskontexte) individuell ausbilden und zu erheblichen Unterschieden und Variationen im Entwicklungsverlauf führen.

Die verschiedenen Ansätze zur Beschreibung und Erklärung von Entwicklungsprozessen beziehen sich auf die drei Grundfragen nach dem Gegenstand (motorische, kognitive und psycho-soziale Entwicklung), dem Verlauf und der Steuerung (Person-Umwelt-Bezug) der Entwicklung. Ausgehend von dem Kriterium der Entwicklungssteuerung (Wodurch kommen Veränderungen zustande?) werden *vier theoretische Grundpositionen* unterschieden: reifungstheoretische, sozialisationstheoretische, konstruktivistische und interaktionale Ansätze (Baur, 1989; Montada, Lindenberger & Schneider, 2012).

Der Zusammenhang von Bewegung und Entwicklung ist für die Sportpädagogik von Bedeutung, weil die menschliche Entwicklung einen wesentlichen Anlass und Bezugspunkt für seine Erziehung darstellt (Dietrich, 1987). Bereits in den 1920er-Jahren stellte Bernfeld (1967) fest, dass Erziehung als Summe der Maßnahmen einer Gesellschaft auf die Tatsache der menschlichen Entwicklung aufzufassen ist. Die zentrale sportpädagogische Frage lautet demnach, wie sich der Mensch im Medium der Bewegung, in der aktiven Auseinandersetzung mit seiner Umwelt allgemein und in den speziellen bewegungskulturellen Ausformungen von Bewegung, Spiel und Sport entwickelt und welchen Einfluss Maßnahmen der Bewegungserziehung und -förderung dabei haben.

1.3.2 Lernen

Das Feld des Lernens ist ein in der Psychologie sehr intensiv erforschtes Gebiet, das auch ganz wesentlich in die Pädagogik Eingang gefunden hat. Im Unterschied zum Entwicklungsbegriff, der sich sowohl auf die Zu- als auch die Abnahme von Merkmalen bezieht, richtet sich Lernen immer auf einen Zuwachs. Lernen betrifft zudem, im Unterschied zu kurzfristigen Verhaltensänderungen etwa durch Ermüdung und Erschöpfung, überdauernde Verhaltensänderungen, die an die Aktivitäten der Person gebunden sind. Grupe und Krüger (2007, S. 104) definieren den *Lernbegriff* wie folgt:

> »Lernen bezeichnet eine dauerhafte und relativ stabile Änderung der Verhaltensmöglichkeiten, des Wissens und Könnens, der Einstellungen und Gewohnheiten aufgrund von Erlebnissen und Erfahrungen oder auch durch Einsicht. Lernen ist ein aktiver Prozess, der von genetisch weitgehend festgelegten Vorgängen wie Reifung oder Altern zu unterscheiden ist.«

Mit Bezug auf den Begriff Entwicklung stellen Hannover, Zander und Wolter (2014, S. 140) fest:

> »Auch Lernen ist als eine relativ überdauernde Veränderung des Organismus definiert, diese muss jedoch ausdrücklich auf Erfahrungen zurückgehen. Erfahrungen bezeichnen selbst Erlebtes oder Wahrgenommenes.«

Lernen kann also als ein Teil von Entwicklung betrachtet werden, der zu ihr beiträgt. Wenngleich im Sport das motorische Lernen eine zentrale Rolle spielt, so sind stets auch kognitive, emotionale und soziale Lernprozesse von grundlegender Bedeutung. Etwa bei der Auseinandersetzung mit Regeln und taktischem Verhalten, beim Umgang mit Gefühlen oder der Interaktion in Gruppen.

Wie in der Definition auch zum Ausdruck gebracht, ist Lernen im Sport eng mit *Erfahrung*, also dem unmittelbaren Wahrnehmen und Erleben von Körper und Bewegung verbunden. Dabei werden vier Typen von Erfahrungen unterschieden: leibliche, materiale, soziale und personale Erfahrungen (Grupe, 2000; Scheid & Prohl, 2017). Mit dem Lernen verbunden und dennoch abzugrenzen sind das *Üben* und *Trainieren*: Durch Übung soll bereits Gelerntes gefestigt und verbessert werden, häufig durch Wiederholung unter verschiedenen, auch erschwerten Bedingungen. Der Begriff des Trainierens bezeichnet darüber hinaus einen planmäßigen, längerfristigen Handlungsprozess zur (gezielten und kontrollierten) Einwirkung auf den Leistungszustand.

Aus der Begriffsdefinition geht ebenfalls hervor, dass sich Lernen nicht nur auf Veränderungen tatsächlich gezeigten Verhaltens, sondern stets auch perspektivisch auf Handlungsmöglichkeiten bezieht. In diesem Zusammenhang kann Lernen, verstanden als aktiver *Prozess* der Veränderung, von der Leistung als *Ergebnis* der Veränderung unterschieden werden (Eberspächer, 1987). Lernen ist zudem nicht direkt beobachtbar. Dass Lernen stattfindet bzw. stattgefunden hat, kann nur indirekt, d. h. nur über das gezeigte Verhalten bzw. konkreten Leistungen erschlossen werden.

Zur Erklärung von Lernprozessen wurden in der Psychologie eine Vielzahl von *Lerntheorien* entwickelt, die allerdings jeweils für sich nur einen eingeschränkten Geltungsbereich beanspruchen können. Mit Grupe und Krüger (2007) und Conzelmann, Hänsel und Höner (2013), die auch Anwendungsformen im Sport thematisieren, lassen sich drei Richtungen unterteilen:

- *Reiz-Reaktions-Theorien*, wobei Lernprozesse auf die Verknüpfung von äußeren Reizgebungen mit bestimmten Reaktionsweisen zurückgeführt werden. Etwa im Sinne des Signallernens (Pawlow) oder als Verstärkungslernen nach Versuch und Irrtum oder als »Lernen am Erfolg« (Thorndike, Skinner).
- *Kognitive Lerntheorien*, welche Lernprozesse auf komplexe kognitive Leistungen und aktive Informationsverarbeitung zurückführen. Dies betrifft bspw. das *Lernen am Modell*, das auf Beobachtung und Nachahmung beruht (Bandura) sowie das *Lernen durch Einsicht*, welches zu Neu-Organisation und Umstrukturierung führt (Köhler, Wertheimer).
- *Handlungstheoretische* oder *interaktionale Lernmodelle* (u. a. Reich). Diese Ansätze gehen von einem menschlichen Verhalten aus, das absichtsvoll, zielgerichtet und regelgeleitet erfolgt, sich in Handlungen vollzieht und durch unterschiedliche Einflussgrößen und Rückmeldungen regulierbar ist.

Viele Aspekte dieser grundlegenden Lerntheorien sind auch für das *motorische Lernen* von Bedeutung. Motorisches Lernen lässt sich nach Hossner, Müller und Voelcker-Rehage (2013, S. 244–254) als ein Prozess relativ überdauernder Veränderungen motorischer Kompetenzen verstehen, die auf Bewegungserfahrungen und Übungsprozessen beruhen. Lernerfolge können dabei aus der Verstärkung gelingender Bewegungsausführungen, der Verarbeitung von Informationen und Rückmeldungen sowie aus einem Transfer bereits bestehender Bewegungserfahrungen hervorgehen.

Im Kontext der Sportpädagogik ist das Lernen als Aufgabe zu verstehen, der sich Lehrende wie Lernende gleichsam stellen. Die menschliche Entwicklung und selbständige Lebensführung sind auf gezieltes Lernen angewiesen. Aufgabe von Erziehung ist es demzufolge, individuelles Lernen im Handlungsfeld Bewegung, Spiel und Sport zu ermöglichen, zum Lernen anzuregen und die Lernumgebungen didaktisch-methodisch angemessen zu gestalten.

1.3.3 Sozialisation

Der auch in der Sportpädagogik grundlegende Begriff *Sozialisation* bezeichnet übergreifend die sozialen Prozesse, die auf die Entwicklung des Menschen einwirken und ihn zu einer sozial handlungsfähigen Person werden lassen. Hurrelmann (2006) hebt in seinem bekannten Begriffsverständnis das Wechselspiel von gesellschaftlichen Umweltfaktoren und angebotenen Individualfaktoren hervor:

> »Sozialisation bezeichnet [...] den Prozess, in dessen Verlauf sich der mit einer biologischen Ausstattung versehene menschliche Organismus zu einer sozial handlungsfähigen Persönlichkeit bildet, die sich über den Lebenslauf hinweg in Auseinandersetzung mit den Lebensbedingungen weiterentwickelt. Sozialisation ist eine lebenslange Aneignung von und Auseinandersetzung mit den natürlichen Anlagen, insbesondere den körperlichen und psychischen Grundlagen, die für den Menschen die ›innere‹ Realität bilden, und der sozialen und physikalischen Umwelt, die für den Menschen die ›äußere‹ Realität bilden« (ebd., S. 15).

Die lebenslange Auseinandersetzung mit inneren und äußeren Anforderungen wird als aktiver, produktiver Prozess gesehen, weil die Verarbeitung jeweils als individuelle Anpassung vollzogen wird. In der Sozialisationsforschung wird u. a. zwischen unterschiedlichen Phasen des Sozialisationsprozesses unterschieden (Sozialisation im Kindes-, Jugend- und Erwachsenenalter).

In Anlehnung an Hurrelmanns Ansatz der produktiven Realitätsverarbeitung (Hurrelmann, 2006) sieht Heinemann (2007) das Ziel der Sozialisation in der Herstellung einer Balance zwischen *vier Dimensionen*:

- Normative Konformität: Die Kenntnis und Anerkennung von vorherrschenden Moralauffassungen, Werten, Normen und Symbolen.
- Ich-Identität: Die Fähigkeit, Rollenerwartungen und Anforderungen der sozialen Umwelt und die eigene Persönlichkeit mit ihren Wünschen, Vorstellungen und Erwartungen in Einklang zu bringen.
- Ich-Stärke: Die Entwicklung der Fähigkeit zu autonomem Handeln, zu reflektierter Anwendung sozialer Normen und Bewältigung sozialer Konflikte.
- Solidarität: Die Fähigkeit zur Verbindung und Integration von eigener Identität und Ich-Stärke mit sozialer Verpflichtung gegenüber den Erwartungen und Ansprüchen anderer Personen.

Für die vielschichtigen Zusammenhänge von *Sport und Sozialisation* lassen sich unterschiedliche *Phasen* unterscheiden (Heinemann, 2007; Burrmann, 2018):

Unter *Vorsozialisation* versteht man die positiven sozialen Einflüsse, etwa durch bewegungs- und sportinteressierte Eltern oder Geschwister, die einen Zugang zum Sport begünstigen.

Sozialisation in den Sport betrifft die konkreten sportbezogenen Aktivitäten, also die Umsetzung der in der Vorsozialisation geprägten Handlungspotenziale im Sport.

Im Mittelpunkt steht die Frage, welche Impulse und Einflüsse von anderen Personen zum eigenen Sporttreiben geführt haben. Neben der Familie sind weitere *Sozialisationsinstanzen* wie etwa die Peer-Gruppe, der Sportverein und die Schule für die aktive Zuwendung von Bedeutung und nehmen u. a. Einfluss auf die Wahl der sportlichen Aktivtäten und den Grad der Einbindung.

Sozialisation im und durch Sport ist abhängig von den konkreten Bedingungen, unter denen eine soziale Einbindung erfolgt, was wiederum von Aspekten wie der ausgeführten Sportaktivität, der organisatorischen Gestaltung und der Art der Inszenierung abhängt. Sportlichen Aktivitäten wird damit ein Sozialisationspotenzial zugeschrieben, wobei sie als sozial vorstrukturiert gelten. Die vorliegenden empirischen Befunde zu erwarteten Sozialisationseffekten sind nach Baur und Burrmann (2008) widersprüchlich: einige Studien belegen positive Zusammenhänge zwischen Sportbeteiligung und verschiedenen Persönlichkeitsmerkmalen (wie Selbst- und Körperkonzept, Kontrollüberzeugungen), sozialer Integration sowie Gesundheitsstatus und -verhalten, andere Studien hingegen berichten von keinen nennenswerten Sozialisationseffekten.

Zusammenfassend sind die drei grundlegenden Begriffe *Entwicklung*, *Lernen* und *Sozialisation* auf das Verhalten gerichtet und betreffen die Tatsache, dass Menschen während ihres Entwicklungsverlaufs vieles erst erlernen müssen und im gesellschaftlichen Kontext sozialisiert werden:

- Entwicklung bezeichnet sowohl den Prozess als auch das Produkt fortschreitender, lebenslanger Veränderungen, als Zu- oder Abnahme motorischer, kognitiver und psycho-sozialer Merkmale.
- Lernen trägt zur Entwicklung bei und bezeichnet einen aktiven und erfahrungsbasierten Prozess. Lernen selbst ist nicht beobachtbar. Gezeigtes Verhalten (z. B. erbrachte Leistungen) machen das Ergebnis von Lernen sichtbar.
- Sozialisation bezeichnet soziale Prozesse, die lebenslang auf die Entwicklung des Menschen einwirken, Entwicklungs- und Lernprozesse auslösen und damit die soziale Handlungsfähigkeit beeinflussen.

1.4 Sportpädagogik und Sportdidaktik

Sportpädagogik und Sportdidaktik stehen in großer Nähe zu einander. Während sich die Sportpädagogik (gr. pais agogein, das Kind/den Knaben/eine Person führen, begleiten) mit den Sinn- und Begründungsfragen bewegungs- und sportbezogenen Handelns im Kontext der Bewegungskultur befasst, beschäftigt sich die Sportdidaktik (gr. didaskein, lehren/vermitteln) mit konkreten Situationen, Phänomenen und Prozessen des Lehrens und Lernens und deren Zusammenhang. Daraus lassen sich unterschiedliche Leitfragen ableiten. So fragt die Sportpädagogik vorwiegend nach dem *Wozu?* und *Warum?* auf Ebene übergeordneter bewegungs- und sportbezogener Erziehungs- und Bildungsziele. Die Sportdidaktik befasst sich ebenfalls mit

Zielsetzungen, allerdings auf Ebene konkreter Lehr-Lernprozesse mit Blick auf Unterrichts- bzw. Vermittlungsziele. Ergänzend stellt die Sportdidaktik, davon ausgehend, Fragen nach dem *Was?* und *Wie?* mit Blick auf die Auswahl von Inhalten und methodische Zugänge (Oesterhelt, et al., 2020).

Sportpädagogik und Sportdidaktik stellen entsprechend unterschiedliche Fragen im gleichen Handlungskontext, die zugleich aufeinander angewiesen sind.

> »Sportpädagogische und sportdidaktische Überlegungen sind [...] untrennbar miteinander verbunden, d. h. die vorgeordnete sportpädagogische Sinnfrage bildet den Ausgangspunkt didaktischer Überlegungen« (ebd., S. 393).

Diese enge Wechselbeziehung führt im fachspezifischen Sprachgebrauch auch häufig zu einer Verknüpfung beider Begriffe (z. B. »pädagogisch-didaktische Implikationen«). Sportpädagogische wie sportdidaktische Überlegungen erweisen sich dabei als relevant für alle Handlungsfelder im Kontext der Bewegungskultur bzw. der zugehörigen Institutionen in denen Vermittlungssituationen auftreten – d. h. für den Schulsport ebenso wie z. B. den Gesundheits- oder Vereinssport, den Leistungs- oder auch den Alterssport (▶ Kap. 12; ▶ Kap. 15).

Das Verhältnis der beiden Fachgebiete Sportpädagogik und Sportdidaktik wird vor diesem Hintergrund in unterschiedlicher Weise konzipiert: Im Sinne Prohls (2010, S. 13–19) kann die Sportpädagogik als eine Integrationswissenschaft verstanden werden, die u. a. gegenüber der Sportdidaktik eine Beratungsleistung erbringt (▶ Kap. 1.1). Aus dieser Sichtweise heraus, lässt sich die Sportdidaktik als ein Teilgebiet der Sportpädagogik deuten. Die Sportpädagogik ist damit die sinngebende und beratende Instanz während die Sportdidaktik sich um die Umsetzung in der Praxis bemüht. Allerdings entwickelt sich die Sportdidaktik in den vergangenen Jahren zunehmend zu einer eigenen wissenschaftlichen bzw. empirisch forschenden Disziplin mit engen Bezügen u. a. zur empirischen Bildungsforschung oder zur Lehr-Lernforschung (Leuders, 2015; Oesterhelt et al., 2020). Angesichts dessen lassen sich Sportpädagogik und Sportdidaktik als zwei eng verknüpfte, in ihren Fragestellungen zunehmend eigenständige Schwesterdisziplinen beschreiben.

Literatur

Baur, J. (1989). Körper- und Bewegungskarrieren. Hofmann.
Baur, J. & Burrmann, U. (2008). Sozialisation zum und durch Sport. In K. Weis & R. Gugutzer (Hrsg.), Handbuch Sportsoziologie (S. 230–238). Hofmann.
Beckers, E. (2001a). Sportpädagogik und Erziehungswissenschaft. In H. Haag & A. Hummel (Hrsg.), Handbuch Sportpädagogik (S. 25–33). Hofmann.
Beckers, E. (2001b). Renaissance des Bildungsbegriffs in der Sportpädagogik? Orientierungssuche zwischen Widerstand und Aushöhlung. In R. Prohl (Hrsg.), Bildung und Bewegung (S. 29–42). Czwlina.
Bernfeld, S. (1967). Sisyphos oder die Grenzen der Erziehung. Suhrkamp.
Bietz, J. (2005). Bewegung und Bildung – Eine anthropologische Betrachtung in pädagogischer Absicht. In J. Bietz, R. Laging & M. Roscher (Hrsg.), Bildungstheoretische Grundlagen der Bewegungs- und Sportpädagogik (S. 85–122). Schneider.
Bietz, J. (2015). Bewegungslernen im Horizont von Bildung. In J. Bietz, R. Laging & M. Pott-Klindworth (Hrsg.), Didaktische Grundlagen des Lehrens und Lernens von Bewegungen – bewegungswissenschaftliche und sportpädagogische Bezüge (S. 200–222). Schneider.

Bietz, J. (2018). Kategoriale Bildung als Formbildung in bewegungskulturellen Feldern. In R. Laging & P. Kuhn (Hrsg.), Bildungstheorie und Sportdidaktik. Ein Diskurs zwischen kategorialer und transformatorischer Bildung (S. 87–109). Springer VS.

Bonnet, A. & Hericks, U. (2013). Professionalisierung bildend denken – Perspektiven einer erziehungswissenschaftlichen Professionstheorie. In K. Müller-Roselius & U. Hericks (Hrsg.), Bildung – Empirischer Zugang und theoretischer Widerstreit (S. 35–53). Barbara Budrich.

Burrmann, U. (2018). Sportbezogene Sozialisation. In A. Güllich & M. Krüger (Hrsg.), Sport in Kultur und Gesellschaft (S. 1–20). Springer.

Dietrich, K. (1987). Entwicklung und Bewegung – Sportpädagogische Aspekte. In H. Eberspächer (Hrsg.), Handlexikon Sportwissenschaft (S. 114–120). Rowohlt.

Conzelmann, A., Hänsel, F. & Höner, O. (2013). Individuum und Handeln – Sportpsychologie. In A. Güllich & M. Krüger (Hrsg.), Sport. Das Lehrbuch für das Sportstudium (S. 269–335). Springer.

Dietrich, K. & Landau, G. (1990). Sportpädagogik. Rowohlt.

Dörpinghaus, A. (2013). Zum begrifflichen Gehalt von Bildung. In K. Müller-Roselius & U. Hericks (Hrsg.), Bildung – Empirischer Zugang und theoretischer Widerstreit (S. 119–132). Barbara Budrich.

Eberspächer, H. (1987). Lernen. In H. Eberspächer (Hrsg.), Handlexikon Sportwissenschaft (S. 247–252). Rowohlt.

Franke, E. (2015). Bildsamkeit des Körpers – anthropologische Voraussetzungen aktuelle Bildungsforschung. In J. Bietz, R. Laging & M. Pott-Klindworth (Hrsg.), Didaktische Grundlagen des Lehrens und Lernens von Bewegungen – bewegungswissenschaftliche und sportpädagogische Bezüge (S. 223–256). Schneider.

Franke, E. (2018). Eine Allgemeine Pädagogik für die Sportpädagogik? In R. Laging & P. Kuhn (Hrsg.), Bildungstheorie und Sportdidaktik. Ein Diskurs zwischen kategorialer und transformatorischer Bildung (S. 253–292). Springer VS.

Grupe, O. (2000). Vom Sinn des Sports. Hofmann.

Grupe, O. & Kurz, D. (2003). Sportpädagogik. In P. Röthig & R. Prohl (Hrsg.), Sportwissenschaftliches Lexikon (S. 527–528) (7., völlig neu bearb. Aufl.). Hofmann.

Grupe, O. & Krüger, M. (2007). Einführung in die Sportpädagogik (3., neu bearb. Aufl.). Hofmann.

Gruschka, A. (2018). Über die unerledigte »Kategoriale Bildung«. In memoriam Wolfgang Klafki. In R. Laging & P. Kuhn (Hrsg.), Bildungstheorie und Sportdidaktik. Ein Diskurs zwischen kategorialer und transformatorischer Bildung (S. 49–60). Springer VS.

Hannover, B., Zander, L. & Wolter, I. (2014). Entwicklung, Sozialisation und Lernen. In T. Seidel & A. Krapp (Hrsg.), Pädagogische Psychologie (S. 139–166). Beltz.

Heim, R. (2008). Bewegung, Spiel und Sport im Kontext von Bildung. In W. Schmidt (Hrsg.), Zweiter Deutscher Kinder- und Jugendsportbericht. Schwerpunkt: Kindheit (S. 21–42). Hofmann.

Heinemann, K. (2007). Einführung in die Soziologie des Sports (5., überarb. u. akt. Aufl.). Hofmann.

Hossner, E.-J., Müller, H. & Voelcker-Rehage, C. (2013). Koordination sportlicher Bewegungen – Sportmotorik. In A. Güllich & M. Krüger (Hrsg.), Sport. Das Lehrbuch für das Sportstudium (S. 211–267). Springer.

Hurrelmann, K. (1994). Mut zur demokratischen Erziehung! Pädagogik, 46(7–8), 13–17.

Hurrelmann, K. (2006). Einführung in die Sozialisationstheorie (9., unveränderte Aufl.). Beltz.

Klafki, W. (1963). Studien zur Bildungstheorie und Didaktik. Beltz.

Kokemohr, R. (2007). Bildung als Welt- und Selbstentwurf im Anspruch des Fremden. Eine theoretisch-empirische Annäherung an eine Bildungsprozesstheorie. In H.-C. Koller, W. Marotzki & O. Sanders (Hrsg.), Bildungsprozesse und Fremdheitserfahrung. Beiträge zu einer Theorie transformatorischer Bildungsprozesse (S. 13–68). transcript.

Koller, H.-C. (2012). Bildung anders denken. Eine Einführung in die Theorie transformatorischer Bildungsprozesse. Kohlhammer.

Koller, H.-C. (2014). Grundbegriffe, Theorien und Methoden der Erziehungswissenschaft (7. Aufl.). Kohlhammer.

Krüger, M. & Neuber, N. (2011). Einführung. In M. Krüger & N. Neuber (Hrsg.), Bildung im Sport. Beiträge zu einer zeitgemäßen Bildungsdebatte (S. 11–16). Springer VS.

Laging, R. & Kuhn, P. (2018). Bildungstheorie und Sportdidaktik. Eine Einführung. In R. Laging & P. Kuhn (Hrsg.), Bildungstheorie und Sportdidaktik. Ein Diskurs zwischen kategorialer und transformatorischer Bildung (S. 1–25). Springer VS.

Leuders, T. (2015). Empirische Forschung in der Fachdidaktik. Eine Herausforderung für die Professionalisierung und die Nachwuchsqualifizierung. Beiträge zur Lehrerinnen- und Lehrerbildung, 33(2), 215–234.

Meinberg, E. (1996). Hauptprobleme der Sportpädagogik. Eine Einführung (3., unveränderte Aufl.). Wiss. Buchgesellschaft.

Montada, L., Linderberger, U. & Schneider, W. (2012). Grundlagen der Entwicklungspsychologie – Fragen, Konzepte, Perspektiven. In W. Schneider & U. Lindenberger (Hrsg.), Entwicklungspsychologie (S. 27–60) (7. Aufl.). Beltz.

Neuber, N. (2011). Bildungspotenziale im Kinder- und Jugendsport – Perspektiven für einen zeitgemäßen Bildungsbegriff. In M. Krüger & N. Neuber (Hrsg.), Bildung im Sport. Beiträge zu einer zeitgemäßen Bildungsdebatte (S. 143–161). Springer VS.

Neuber, N., Golenia, M., Krüger, M. & Pfitzner, M. (2013). Erziehung und Bildung – Sportpädagogik. In A. Güllich & M. Krüger (Hrsg.), Sport. Das Lehrbuch für das Sportstudium (S. 395–438). Springer.

Neuber, N. & Golenia, M. (2019). Lernorte für Kinder und Jugendliche im Sport. In A. Güllich & M. Krüger (Hrsg.), Sport in Kultur und Gesellschaft (S. 1–17). Springer.

Oesterhelt, V., Gerlach, E., Grimminger-Seidensticker, E. & Friedrich, G. (2020). Sportdidaktik. In M. Rothgangel, U. Abraham, H. Bayrhuber, W. Jank & H.J. Vollmers (Hrsg.), Lernen im Fach und über das Fach hinaus. Bestandsaufnahmen und Forschungsperspektiven aus 17 Fachdidaktiken im Vergleich (S. 391–418). Waxmann.

Peukert, H. (2000). Reflexionen über die Zukunft von Bildung. Zeitschrift für Pädagogik, 46(4), 507–524.

Prohl, R. (2010). Grundriss der Sportpädagogik (3., korr. Aufl.). Limpert.

Röthig, P., Prohl, R., Carl, K., Kayser, D., Krüger, M. & Scheid, V. (Hrsg.). (2003). Sportwissenschaftliches Lexikon (7., völlig neu bearb. Aufl.). Hofmann.

Scheid, V. & Prohl, R. (Hrsg.). (2017). Sportdidaktik. Grundlagen, Vermittlungsformen, Bewegungsfelder (2., neu bearb. Aufl.). Limpert.

Scherer, H.-G. (2005). Bewegung und Bildung – relationale Bildung im Bewegungshandeln. In J. Bietz, R. Laging & R. Roscher (Hrsg.), Bildungstheoretische Grundlagen der Bewegungs- und Sportpädagogik (S. 123–140). Schneider.

Strübig, F. & Strübig, K. (2018). Kategoriale Bildung und Kompetenzorientierung. Ist Wolfgang Klafkis Theorie noch zeitgemäß? In R. Laging & P. Kuhn (Hrsg.), Bildungstheorie und Sportdidaktik. Ein Diskurs zwischen kategorialer und transformatorischer Bildung (S. 29–48). Springer VS.

Trautner, H.M. (2006). Entwicklungsbegriffe. In W. Schneider & F. Wilkening (Hrsg.), Enzyklopädie der Psychologie. Band 1: Theorien, Modelle und Methoden der Entwicklungspsychologie (S. 59–89). Hogrefe.

Willimczik, K. & Singer, R. (2009). Motorische Entwicklung: Gegenstandsbereich. In J. Baur, K. Bös, A. Conzelmann & R. Singer (Hrsg.), Handbuch Motorische Entwicklung (S. 15–24) (2., komplett überarb. Aufl.). Hofmann.

2 Genese der Sportpädagogik

Michael Krüger

2.1 Einführung

Unter Sportpädagogik wird »pädagogisches Handeln im Sport und gleichzeitig das Nachdenken über diese sportpädagogische Handlungspraxis, ihre mehr oder weniger systematische wissenschaftliche Erforschung« verstanden (Krüger, 2019, S. 20). Von diesem Verständnis von Sportpädagogik wird im Folgenden ausgegangen. Der Beitrag stützt sich auf Krüger (2019 und 2020). Dort wird im Detail auf die einzelnen hier charakterisierten Etappen (Milestones) der Entwicklung des Fachgebiets eingegangen. Der Begriff Genese bedeutet mehr, als die Geschichte der Sportpädagogik zu erzählen, sondern beinhaltet darüber hinaus das Bemühen, die Entwicklungsbedingungen und Prozesse der Herausbildung dieses Fachgebiets zu beschreiben, zu analysieren und zu erklären. Pädagogisches Handeln beinhaltet Handlungen, die sich auf die Bildung und Erziehung von Menschen, insbesondere von Kindern und Jugendlichen, beziehen, aber auch deren Unterlassung. Bildung und Erziehung ereignen sich in sozialen und kulturellen Kontexten, sei es eher unbewusst und informell, oder aber bewusst und gezielt mit der Absicht, ein bestimmtes Verhalten, Wissen, Wollen und Können zu verfolgen. Mit Sport wiederum ist in diesen pädagogischen Kontexten gemeint, dass Leibesübungen, körperlich-motorische Bewegungen, Gymnastik, Turnen, Spiel und Sport implizit oder explizit dazu verwendet werden, einen Beitrag zur Bildung und Erziehung zu leisten – sei es von Einzelpersonen oder auch von Institutionen.

Das Wort Sportpädagogik ist erst seit Ende der 1960er Jahre in Deutschland gebräuchlich, aber die Sache, für die dieser Begriff steht, das Verhältnis von Sport – in einem weiten Sinn von Leibesübungen – und Erziehung, ist im Grunde universell. Sport und Erziehung sind grundlegende Elemente menschlichen Lebens und menschlicher Kultur, insofern also anthropologische Kategorien, weil sie überall vorkommen, wo Menschen leben, obwohl sie jedoch stets auf unterschiedliche und spezifische Weise sozial, kulturell und historisch ausgeprägt sind. In verschiedenen Ländern und zu verschiedenen Zeiten gab es unterschiedliche Bezeichnungen für diesen Sachverhalt: Gymnastik, Athletik, Spiel, Leibesübungen, körperliche Erziehung oder Körpererziehung, Leibeserziehung, Bewegungserziehung. Heute ist in vielen Ländern auf der Welt der aus Deutschland und Österreich stammende Begriff der Leibeserziehung – als *physical education* – verbreitet, auch als Übersetzung in viele Sprachen, aber ebenso – bezogen auf den angelsächsischen Sprachraum – physical recreation and exercise, kinesiology, health education, human movement sciences, movement education. Immer ging und geht es dabei um die Frage, ob und wie

Menschen in ihrer Entwicklung durch sportlich-körperliche Betätigungen und Spiele auf mehr oder weniger geplante, aber auch eher unbeabsichtigte, informelle Weise beeinflusst, gefördert oder behindert werden; und zwar sowohl in praktischer als auch theoretischer Hinsicht (▶ Kap. 1).

Die moderne, wissenschaftlich begründete Sportpädagogik griff zwar auf die Antike und auf andere historische Beispiele zurück, z. B. auf das mittelalterliche Ritter- und Turnierwesen, aber man kann erst seit dem 19. Jahrhundert davon sprechen, dass sich ein eigenes Wissens- und Wissenschaftsgebiet herausbildete, im Rahmen dessen nicht nur eine praktisch-methodische Ausbildung sowie Konzepte des Übens und Trainierens in einzelnen Zweigen der Leibesübungen, der Spiele und des Sports erfolgen konnten, sondern zu dem auch die Entwicklung und Diskussion von Theorien und Modellen der sportlich-körperlichen Bildung und Erziehung im Rahmen der Gesamterziehung gehört.

Der entscheidende Impuls für die Entwicklung der Sportpädagogik in Deutschland als einer wissenschaftlichen Fachdisziplin mit breitem praktischem, gesellschaftlich erwachsenem Hintergrund erfolgte im 19. Jahrhundert, und zwar im Zusammenhang mit der Ausbreitung und Entwicklung des Turnens und der Turnbewegung als einem Element nationaler Körper- und Bewegungskultur (Krüger, 1996). Was im 19. Jahrhundert in Deutschland Turnen genannt wurde, konnte in Ziel, Form und Inhalt auf vieles zurückgreifen, was bereits an der Wende vom 18. zum 19. Jahrhundert entstanden war und in der Regel mit dem Begriff Gymnastik bezeichnet wurde – auch in Anlehnung an Formen der körperlichen Bildung und Erziehung, die von der griechischen Antike her bekannt waren und als Vorbild für eine neue, aufgeklärte Form der Erziehung angesehen wurden, in der ebenfalls Körperlichkeit und Bewegung eine wesentliche Rolle spielen sollten. Die Pädagogik der Aufklärung und namentlich die philanthropische Bewegung in Deutschland, auf die im nächsten Abschnitt eingegangen wird, stehen am Anfang dieses Prozesses in der modernen Welt.

Inhalte und Strukturen von Theorie und Praxis körperbezogener Bildung und Erziehung änderten sich im Übergang vom 19. zum 20. Jahrhundert, als mit dem Aufkommen des Sports und pädagogischer Reformbewegungen, insbesondere seit den 1920er Jahren, die Turnpädagogik und Turntheorie (die Zeitgenossen sagten auch *Turnphilologie* und *Turnwissenschaft*) modernisiert und hinsichtlich ihrer Inhalte und Formen transformiert wurden. Ein Paradigmenwechsel hin zur Sportpädagogik und Sportwissenschaft unserer Zeit erfolgte jedoch erst nach dem Zweiten Weltkrieg, ab den späten 1960er und zu Beginn der 1970er Jahre, als sich der in den 1920er Jahren begonnene Transformationsprozess fortsetzte und sich schließlich *Sport* als neuer Leitbegriff der Disziplin durchsetzte. Diese Phase des Übergangs von der Theorie der Leibeserziehung und Sportpädagogik zur Sportwissenschaft ist besonders dadurch gekennzeichnet, dass nun Sport als eigenständiges wissenschaftliches Fach an den Universitäten verankert werden konnte. Dieser Prozess ist in eine allgemeine gesellschaftliche Entwicklung der Verwissenschaftlichung und Pädagogisierung eingebunden (Krüger, 2018).

2.2 Die Anfänge der Sportpädagogik bei den Philanthropen

Ein weiter Begriff von Sportpädagogik beinhaltet prinzipiell alle Formen und Inhalte körperlich-motorischer Ausbildung und Erziehung zu allen Zeiten und in allen Kulturen. In der sporthistorischen und sportpädagogischen Literatur geht man jedoch in der Regel davon aus, dass mit der europäischen Aufklärung und den Philanthropen an der Wende vom 18. zum 19. Jahrhundert Theorien zur Gesamterziehung und Bildung des Menschen ersonnen und diskutiert wurden, zu der auch die körperliche Erziehung ihren Teil neben der geistigen und moralischen Erziehung beitragen sollte. Die Pädagogik ist so gesehen eine moderne, handlungsorientierte (Sozial-)Wissenschaft, die erst mit der Rezeption philosophischer Grundschriften der Aufklärung und des Neuhumanismus, etwa von John Locke (1632–1704), Jean-Jacques Rousseau (1712–1778) oder auch von Immanuel Kant (1724–1804), Georg Wilhelm Friedrich Hegel (1770–1831) oder Friedrich Schleiermacher (1768–1834), beginnt. Das Wirken des großen Schweizer Pädagogen Johann Heinrich Pestalozzi (1746–1827) in Theorie und Praxis von Erziehung und Bildung und dessen Bedeutung für die Pädagogik und auch die Sportpädagogik bis in die Gegenwart ist Bestandteil dieser geistesgeschichtlichen Tradition.

Vor diesem Hintergrund werden in der wissenschaftlich-pädagogischen Literatur zur Geschichte der Leibeserziehung und des Sports die *Philanthropen* als Begründer und Wegbereiter einer modernen Theorie der Leibeserziehung angesehen. Sie nahmen erstmals und im Unterschied zu älteren Konzepten der Vermittlung spezieller körperlicher Fähigkeiten und Fertigkeiten die Bildung und Erziehung des Menschen insgesamt in den Blick und gingen dabei – in Anlehnung an Rousseau und auch an die *Alten*, wie GutsMuths formulierte, also die *alten Griechen* – von der Körperlichkeit und den Erfahrungen des Menschen über Körper und Bewegung aus. Die Bedeutung der Aufklärungspädagogik für die Herausbildung einer wissenschaftlichen Theorie der Gesamterziehung ist in jüngeren Arbeiten von Schmitt und Böning (2014) und Overhoff (2020) aufgegriffen und hervorgehoben worden. Aus sportpädagogischer Sicht ist die Rolle des Schnepfenthaler Pädagogen Johann Christoph Friedrich GutsMuths (1752–1839) besonders zu betonen, weil er die körperliche Erziehung, die Gymnastik, in den Mittelpunkt seiner Pädagogik stellte.

Dieser für die Geschichte der Pädagogik einschneidende Abschnitt der europäischen Geistesgeschichte wurde jedoch bereits zur Zeit des Humanismus und der Renaissance, als grundlegende Einsichten in die Notwendigkeit und Möglichkeit von Erziehung formuliert wurden, vorbereitet. Diese wiederum knüpften an die klassische, antike Philosophie an, insbesondere an die aus dem 3. Jahrhundert n. Chr. stammende Schrift von Philostrat *Über Gymnastik*, die als erste und einzige vollständig überlieferte trainings- oder sportpädagogische Abhandlung angesehen wird und die von dem Altertumswissenschaftler Julius Jüthner 1909 wiederentdeckt wurde. Eine Neuübersetzung legte Kai Brodersen 2015 vor (Philostratos, 2015).

Aber auch Philosophen der Renaissance wie Erasmus von Rotterdam (1469–1536), Michel de Montaigne (1533–1592) oder auch der bedeutende tschechische

Pädagoge und Didaktiker Johann Amos Comenius (1592–1670) sind Beispiele für die Vorgeschichte einer modernen Pädagogik, in der die körperliche Bildung und Erziehung Berücksichtigung finden. Dieser – körperlich-motorische – Aspekt der Gesamterziehung, der in der Praxis der Erziehung seit jeher seinen Platz hatte, wurde seit dem frühen 19. Jahrhundert nun auch theoretisch reflektiert und diskutiert; unabhängig davon, dass ihm – häufig – eine geringere Wertigkeit als etwa der geistigen oder moralischen Erziehung zugeschrieben wurde.

In der pädagogischen Reformbewegung der Philanthropen um die Wende von 18. zum 19. Jahrhundert standen zum ersten Mal körperlich-motorische Aspekte der Erziehung im Vordergrund. Körperliche Bildung und Erziehung – und dazu gehörten auch und vor allem körperliche Gesundheit und das Wissen um sie – stellen aus der Sicht Christian Gotthilf Salzmanns (1744–1811), Johann Christoph Friedrich GutsMuths' (1759–1839), des »letzten der Philanthropen« (Diesterweg), oder auch anderer philanthropischer Pädagogen die Grundlage und den Ausgangspunkt jeder Erziehung dar.

Dieses an der Körperlichkeit des Menschen und seiner Bewegungsfähigkeit ansetzende Erziehungskonzept wurde nicht nur abstrakt und theoretisch formuliert, sondern auch in der Praxis einiger Reformschulen, der sog. Philanthropine – die berühmtesten standen in Dessau und Schnepfenthal –, erprobt und von dieser Praxis ausgehend theoretisch weiterentwickelt. Das Ergebnis war eine bis dahin nicht gekannte quantitative und qualitative Ausdehnung und Differenzierung der Produktion an (sport-)pädagogischer Literatur, von Werbeschriften, Ratgebern, Handbüchern, Katechismen, Methodiken, aber auch allgemeiner philosophisch-pädagogischer Reflexionen. Die Erziehungsphilosophie der Philanthropen bezog sich, in Anknüpfung an die Ideen der Aufklärung, nicht mehr nur auf einen kleinen, elitären Personenkreis, wie dies etwa in der ritterlichen Erziehung und Ausbildung oder in der Erziehung der Höflinge, aber auch in den Meisterlehren des Mittelalters und der frühen Neuzeit der Fall gewesen war, sondern sie ging von der prinzipiellen Gleichheit und Bildsamkeit aller Menschen aus. *Omnes omnia omnino* – allen ist alles zu lehren – lautet der auf Comenius zurückgehende Lehrsatz der Erziehung im Sinne der Aufklärung und der Philanthropen.

2.3 Turnen als Mittel der Volks- und Nationalerziehung

Dieses theoretisch breit angelegte und auf das ganze Volk anzuwendende Erziehungskonzept wurde jedoch erst im Laufe des 19. Jahrhunderts verwirklicht. In Deutschland geschah dies letztlich durch eine nationale Wendung oder Transformation philanthropischer Erziehungsgrundsätze. GutsMuths' wegweisendes Buch *Gymnastik für die Jugend* erschien im Jahr 1793. Sein Konzept einer allgemeinen *Menschenerziehung* durch und über Gymnastik wurde unter Friedrich Ludwig Jahn (1778–1852) und seinen Nachfolgern zum *Turnen* als einer Form der *Nationalerzie-*

hung. Turnen sei eine *Volkssache*, wie Jahn in seinen beiden Hauptwerken *Das Deutsche Volksthum* (1810) und *Die Deutsche Turnkunst* (1816) ausbreitete und die Turner und Turnlehrer des 19. Jahrhunderts – getreu ihrem *Turnvater* – weiterverbreiteten. Körperliche Erziehung, Gymnastik und Turnen wurden nach und nach als reguläres Unterrichtsfach an den Schulen aufgenommen. Zunächst nur für Jungen an Gymnasien in den Städten, auf freiwilliger Basis und mit Zustimmung der Eltern; dann aber auch an Mädchenschulen, an Realschulen und schließlich an Volksschulen und in den Dörfern auf dem Land. Mit der Einführung der allgemeinen Schulpflicht wurde nach und nach auch ein Unterrichtsfach an den Schulen verankert; nicht in allen Ländern und Regionen in Deutschland gleichermaßen und zur selben Zeit, aber die Weichen für den Aufbau dieser für die Leibeserziehung und Sportpädagogik grundlegenden Struktur wurden bereits in der Mitte des 19. Jahrhunderts gestellt.

Zwei Entwicklungsprozesse gingen dabei ineinander über: Erstens die Erarbeitung einer didaktischen Theorie des Schulturnens, und zweitens der Prozess der Nationsbildung in Deutschland, in deren Verlauf *Turnen* zum typisch deutschen Körpererziehungsmodell in Schule und Verein gestaltet wurde (Krüger, 1996). Das Schulturnmodell von Adolf Spieß kann als struktur- und stilbildend für die Entwicklung des Schulturnens in Deutschland in Theorie und Praxis angesehen werden. Es entstand bereits in den 1840er Jahren und fand praktisch an allen Schulen Verbreitung. Zahlreiche *Turnsystematiker* des 19. Jahrhunderts bewegten sich in den Bahnen, die Spieß gelegt hatte, angefangen von Karl Wassmannsdorff und Carl Euler bis hin zu Konrad Koch aus Braunschweig, der das Fußballspiel in den Schulen etablierte, und Alfred Maul aus Karlsruhe, der als letzter der großen Turnsystematiker des 19. Jahrhunderts angesehen wird und der vor allem einen wesentlichen Beitrag zur Systematisierung und Verbesserung des Mädchenturnens leistete. Den Turnsystematikern kommt das Verdienst zu, das Turnen schul- und unterrichtsfähig gemacht zu haben. Dafür wurden eigens Turnlehrer in Turnlehrerbildungsanstalten ausgebildet.

Die Legitimation für Theorie und Praxis des Turnens an den Schulen lieferte jedoch die sich außerhalb der Schulen und damit staatlicher Verantwortung entwickelnde Turnbewegung, die in Vereinen organisiert war und deren Dachverband die Deutsche Turnerschaft (DT) bildete. Die DT wurde 1860 bzw. formell 1868 gegründet und war im 19. Jahrhundert die größte Organisation für Leibesübungen. Ihre Vertreter setzten sich seit den 1860er Jahren erfolgreich dafür ein, Turnen in den Schulen als reguläres Unterrichtsfach zu verankern.

Die umfangreiche Literatur, die im 19. Jahrhundert in den Turnzeitungen und dann auch in den Fachzeitschriften der Turnlehrer sowie in Form zahlreicher Bücher zur Pädagogik, Didaktik und Methodik des Schulturnens erschien, bildet den Grundstock für die Sportpädagogik in der Gegenwart. Sie wird bis heute als eine Disziplin angesehen, in der es in besonderer Weise um Theorie und Praxis der körperlichen Bildung und Erziehung an Schulen geht. Eine explizite Theorie des – systematischen – Schulturnens bildete sich schließlich in Auseinandersetzung mit anderen Körpererziehungsmodellen heraus. Dies waren in der Mitte des 19. Jahrhunderts die *schwedische Gymnastik* und gegen dessen Ende der *englische Sport*.

Die Theoretiker des Turnens, die *Turnphilologen*, stritten sich nicht minder heftig über diesen *Gegenstandsbereich*, wie es Sportwissenschaftler*innen heute tun. In diesen Diskursen ging es stets um die richtigen Wege und Methoden, um das geeignete

Wissen über und für die Praxis zu erwerben. Die Turnexperten und Turntheoretiker des 19. Jahrhunderts bemühten sich auch um eine Gesamtsicht des neuen Fachgebiets sowie um theoretische, geistig-ideelle, pädagogische, politisch-gesellschaftliche, kulturelle sowie nicht zuletzt ethisch-moralische Begründungen der Leibesübungen. Das Turnen und die Turnpädagogik im 19. Jahrhundert stellten so gesehen einen qualitativen Sprung in der Verwissenschaftlichung des Gegenstandsbereichs dar.

Die zahlreichen didaktisch-methodischen Schriften und Anleitungen zum Turnen in Schule und Verein konnten nur geschrieben werden, weil auch ein öffentlicher Bedarf an Wissen und Information vorhanden war und weil sich eine Bürgerbewegung in Form der Turnvereine und der Deutschen Turnerschaft für die Verbreitung und Vertiefung dieses Wissens und seine politische Verwertung einsetzte. Unter den Schriften ist August Ravensteins *Volksturnbuch* (1863) besonders hervorzuheben. Es handelt sich um eine Didaktik des Vereinsturnens, wie sie später nie mehr erreicht wurde.

Gesundheit war seit jeher ein zentrales Motiv von Leibesübungen, Turnen und Gymnastik. Die Medizin, einschließlich der – medizinisch fundierten – Trainings- und Bewegungslehre, wurde später neben der Pädagogik zur zweiten Säule der modernen Sportpädagogik und Sportwissenschaft. Es ist deshalb kein Wunder, dass seit dem 19. Jahrhundert Ärzte und Mediziner neben den Pädagogen und Turnlehrern zu den wichtigsten Förderern und Repräsentanten der Turn- und Sportbewegung, der Sportpädagogik und Sportwissenschaft gehörten. Den Anfang machten so berühmte Persönlichkeiten wie Rudolf Virchow und Emile du Bois-Reymond, dann Eduard Angerstein und Ferdinand August Schmidt, Ferdinand Hueppe sowie August Bier, Chirurg und Rektor der Hochschule für Leibesübungen 1920 in Berlin.

Der Zusammenhang zwischen einer wissenschaftlichen Turnlehre oder Turnpädagogik und der Ausbildung qualifizierter, gebildeter Lehrkräfte wurde auch von den Experten für körperliche Erziehung in anderen Ländern gesehen, die sich für einen verpflichtenden Unterricht in Leibesübungen an den Schulen einsetzten. »Nun weiß jedermann, daß die Turnerei eine Wissenschaft ist, die studiert werden muß, wie jede andere Wissenschaft auch«, heißt es in einem Bericht von der Turnlehrerversammlung in Cincinnati/Ohio (USA) (Stecher, 1887, S. 17). Deshalb forderte die vor allem aus emigrierten deutschen Turnern bestehende Versammlung auch eine wissenschaftliche Ausbildung der Turnlehrkräfte an den amerikanischen Schulen. *Deutsches Turnen* spielte deshalb auch eine nicht unwesentliche Rolle beim Aufbau von Instituten zur Ausbildung von Turn- und Sportlehrern in den USA.

2.4 Die Reform der Turnpädagogik durch Gymnastik, Leibeserziehung, Spiel und Sport

Um die Wende vom 19. zum 20. Jahrhundert zogen alternative Modelle der Leibesübungen, insbesondere Spiel und Sport, in die Schul- und Vereinsturnhallen ein. Die historische Niederlage des Turnens gegenüber Spiel und Sport bahnte sich bereits mit den ersten Olympischen Spielen 1896 in Athen an, wo der englische Sport das präferierte Mittel olympischer Erziehung darstellte, aber nicht die systematischen Körperübungen des deutschen Turnens oder der schwedischen Gymnastik.

Der aus England stammende Sport wurde zunächst keineswegs als Erziehungsmittel verstanden und genutzt. Als Sport wurden die auf mittelalterliche, regionale Spiele und Feste zurückgehenden Vergnügungen, Wettkämpfe, Spiele und Übungen der englischen Gentleman-Klasse bezeichnet, von Ball-Games oder frühen Formen des Crickets bis hin zu verschiedenen Box-, Ring- und Prügelspielen, Wettläufen und Wettkämpfen oder auch Tierspielen und Tierjagden wie der bis heute veranstalteten Fuchsjagd. In der ersten Hälfte des 19. Jahrhunderts fanden einige *Sports and Games* Eingang in die Erziehung an den Public Schools. Von diesen aus verbreitete sich der Sport in alle Kreise und Schichten der Bevölkerung Großbritanniens und des ganzen Commonwealth. Sport wurde zu einem Bestandteil des britischen Lebensstils und gehörte zu einem selbstverständlichen, unentbehrlichen Element der Erziehung. Kritiker des Sports sprachen sogar von einem *cult of athleticism*, der an den englischen Schulen, besonders den Public Schools, betrieben worden sei. Die national orientierten und argumentierenden englischen Pädagogen und Politiker behaupteten dagegen, dass im Sport die Tugenden gelernt würden, die nötig seien, um ein Weltreich zu regieren (Holt, 1993).

Der Aufstieg Englands zur Weltmacht ließ den Sport schließlich zu einem universellen Modell von Leibesübungen werden. Er bildet den Kern der Wettkämpfe und Disziplinen bei Olympischen Spielen. Umgekehrt bekam aber auch der englische Sport erst durch die Olympischen Spiele und den Olympismus eine pädagogische Legitimation. Der internationale Sport wurde mit einer universellen pädagogischen Idee verknüpft.

Der von Pierre de Coubertin (1863–1937) begründete *Olympismus* war in erster Linie eine pädagogische Idee oder Philosophie (Grupe, 1997). Mit Hilfe des Sports, Coubertin sagte allerdings *Athletik* und meinte damit einen *fair und ritterlich* betriebenen Sport, sollte ein Beitrag zum Frieden und zur Solidarität unter den Menschen geleistet werden. Die Olympischen Spiele stellen bis heute das Symbol, aber auch das Bemühen um die Verwirklichung dieser pädagogischen Idee des Sports dar. Die Olympische Charta betont in ihrer Präambel ausdrücklich die pädagogischen Ziele des Olympismus.

In Deutschland erfuhr die Ablösung des turnerischen und gymnastischen Modells der Körpererziehung durch das sportliche und spielerische Modell, durch Sport und olympische Erziehung, eine Ergänzung. Die sog. Jugendbewegung sowie reformpädagogische Ideen und Bestrebungen seit der Jahrhundertwende und besonders in den 1920er Jahren erweiterten das Spektrum der Leibeserziehung (Wedemeyer-Kolwe, 2017). Spielerische Formen von Leibesübungen an der frischen Luft, Turn-, Sport- und Sommerspiele, erfahrungs- und erlebnisorientierte Initiativen und Ansätze in der Pädagogik wie die Arbeitsschul-, Kunsterziehungs- und Landschulbewegung veränderten Inhalte, Formen, Ziele und Konzepte des traditionellen systematischen Turnens. Dafür steht insbesondere der Begriff des *natürlichen Turnens*, der von den Österreichern Karl Gaulhofer und Margarete Streicher entwickelt, begründet und inhaltlich gefüllt wurde. Der Name war insofern Programm, als die Reform des alten Turnens *freiere und natürlichere* Formen und Inhalte der körperlichen Erziehung vorsah, die dem Wesen oder der Natur des Kindes eher entsprächen wie das steife Turnen.

In den 1920er Jahren setzte sich im deutschen Sprachraum zunehmend der Begriff *Leibeserziehung* als Bezeichnung für eine am Körper ansetzende ganzheitliche Erziehung durch. *Leibesübungen und Leibeserziehung* stellten auf pädagogischem Gebiet sowohl im Ausdruck als auch in ihrer Bedeutung den historischen Kompromiss zwischen Turnen und Sport in den deutschsprachigen Ländern dar. Als Leibeserziehung wurde insbesondere die körperliche und gesundheitliche Erziehung an den Schulen bezeichnet. Sie grenzte sich gegenüber außerschulischen Formen und Inhalten des Turnens und des Sports in Vereinen und in anderen Organisationen ab.

Allerdings darf nicht vergessen werden, dass in den Vereinen und Verbänden schon immer, beginnend in der Deutschen Turnerschaft, aber auch im Arbeiter-Turn- und Sportbund und schließlich auch in den Sportverbänden, die Nachwuchsarbeit systematisch und in ihrer Intensität zunehmend betrieben wurde. Dafür wurde die Ausbildung für Vorturner, Übungsleiter und Trainer nach und nach ausgebaut und verbessert. Mit diesen in den Vereinen und Verbänden seit dem 19. Jahrhundert entwickelten spezifischen Lehr- und Ausbildungskonzepten wurden pädagogische Ziele und Ansprüche verfolgt, wenn auch nicht wissenschaftlicher Art. Heute stellt das Trainings- und Ausbildungswesen der Verbände die zweite große Säule der modernen, angewandten Sportpädagogik, neben der an den Universitäten verankerten, wissenschaftlichen Sportpädagogik und Sportwissenschaft dar, die aus der Theorie der Leibeserziehung hervorging.

Eine explizite *Theorie der Leibeserziehung* wurde, aufbauend auf den reformpädagogischen Arbeiten der 1920er Jahre, nach dem Zweiten Weltkrieg in Österreich und der Bundesrepublik Deutschland in den 1950er und 1960er Jahren entworfen und auf breiter Grundlage diskutiert. Name und Inhalte dieser Debatte um Aufgaben, Ziele, Inhalte, Methoden und nicht zuletzt um den kulturellen Stellenwert der Leibeserziehung verbreiteten sich seitdem in aller Welt. Die 1956 in der Bundesrepublik von Sportverbänden, Bund, Ländern und Gemeinden verabschiedeten »Empfehlungen zur Förderung der Leibeserziehung an den Schulen« stehen für den in den ersten Nachkriegsjahrzehnten wieder erreichten gesellschaftlichen Konsens über Leibesübungen und Leibeserziehung an den Schulen. Leibeserziehung sollte mehr sein als ein Unterrichtsfach, sondern ein Prinzip der Erziehung im Ganzen darstellen.

2.5 Körperliche Erziehung im Nationalsozialismus und in der DDR

Ein Grund für den Paradigmenwechsel in den späten 1960er Jahren in der Bundesrepublik Deutschland sowie – mit Abstrichen – ebenso in der Schweiz und in Österreich von der Leibeserziehung zur Sportpädagogik und zum Sportunterricht lag auch darin, dass der Begriff Leibeserziehung durch seine politische Instrumentalisierung im Dritten Reich kaum noch tragbar war. Da eine grundlegende öffentliche und schließlich auch wissenschaftliche Auseinandersetzung mit dem Nationalsozialismus in der Bundesrepublik erst seit den 1960er Jahren einsetzte, erfolgte erst vergleichsweise spät, um das Jahr 1970, eine Distanzierung von dem nun in Deutschland als historisch belastet empfundenen Begriff Leibeserziehung. Grundlegend für diese Aufarbeitung der Geschichte des Sports und der körperlichen Erziehung im Nationalsozialismus wurde die 1966 von Hajo Bernett zusammengestellte und kommentierte Dokumentation der *Nationalsozialistischen Leibeserziehung* (Bernett, 1966; Neuauflage 2008). Von diesem Buch ausgehend entwickelte sich eine intensive Diskussion über den Umgang mit der nationalsozialistischen Vergangenheit in Turnen und Sport.

Die Nationalsozialisten übernahmen jedoch nicht nur den Begriff Leibeserziehung, sondern ergänzten ihn durch das *Konzept der politischen Leibeserziehung*. Mit dieser auf Alfred Baeumler und Heinz Wetzel zurückgehenden Formulierung wurde einerseits an die reformpädagogischen Impulse der Zwanzigerjahre angeknüpft, aber andererseits wurde zum Ausdruck gebracht, dass Erziehung insgesamt und besonders die körperliche Erziehung im Sinne und gemäß den Vorstellungen der nationalsozialistischen *Weltanschauung* erfolgen sollte. Dazu gehörte zunächst eine Aufwertung der körperlichen gegenüber der geistigen Erziehung, darüber hinaus eine Orientierung an nationalsozialistischen und rassischen, insbesondere antisemitischen Zielen sowie an der militärischen Erziehung. Dies traf für Jungen und Mädchen prinzipiell auf gleiche Weise zu, wurde aber entsprechend dem nationalsozialistischen Frauenbild differenziert und fand seinen Ausdruck in unterschiedlichen Lehrplänen für die Leibeserziehung für Jungen und Mädchen.

Die Bedeutung, die im Dritten Reich der körperlichen Erziehung und Ertüchtigung, dem *Heranzüchten kerngesunder Körper*, wie sich Hitler ausgedrückt hatte, beigemessen wurde, zeigt sich zum einen darin, dass die Zahl der verpflichtenden Unterrichtsstunden für Sport an den Schulen zunächst auf drei und dann auf fünf erhöht sowie an den Universitäten Pflichtsport eingeführt wurde. Zum anderen wurde eigens ein *Amt K* – für körperliche Erziehung – unter Leitung des Leichtathleten und SA-Funktionärs Karl Krümmel geschaffen, in dem alle Angelegenheiten in Sachen körperlicher Erziehung zentralistisch gebündelt und verordnet werden sollten.

Nach dem Ende des Dritten Reichs wurden in Ost- und Westdeutschland unterschiedliche Wege eingeschlagen. Sie wurden von der Politik der alliierten Besatzungsmächte in Deutschland vorgezeichnet. Im Jahr 1949 wurde in der Sowjetischen Besatzungszone (SBZ) die DDR gegründet und in den Westzonen die Bundesrepublik Deutschland.

Die Sportentwicklung in der DDR nahm einen ganz anderen Verlauf als in der Bundesrepublik. In der DDR wurde bewusst nicht auf bürgerliche Begriffe wie Leibeserziehung und Leibesübungen zurückgegriffen. Stattdessen verwendete man unter Bezug auf die – kommunistische – Arbeitersportbewegung sowie die Körperziehung in der Sowjetunion die Begriffe Körperkultur und Körpererziehung, als deren Ziel und Aufgabe es angesehen wurde, *sozialistische Persönlichkeiten* heranzubilden. Aber auch der Begriff des Turnens wurde weiterhin verwendet, insbesondere in den Schulen. Die schulische Körpererziehung war nur ein Teil eines komplexen, von Staat und Partei bestimmten und kontrollierten Systems der Körpererziehung und des Sports. Im Mittelpunkt standen der Leistungssport und die Förderung internationaler sportlicher Erfolge von DDR-Athleten, um einen Beitrag zur Anerkennung und Aufwertung der DDR als zweiter deutscher Staat zu leisten.

Grundlegend für den Aufbau und die Entwicklung der Forschung und Ausbildung auf dem Gebiet von Körperkultur und Sport in der und für die DDR war die Errichtung der Deutschen Hochschule für Körperkultur (DHfK) in Leipzig im Jahr 1950; drei Jahre, nachdem auf westdeutscher Seite in Köln die Deutsche Sporthochschule gegründet worden war. Letztere wurde von Carl Diem geleitet. Sowohl die DSHS Köln als auch die DHfK Leipzig standen in der Tradition der 1920 gegründeten Berliner Hochschule für Leibesübungen.

Von der DHfK in Leipzig aus wurde eine systematische, staatlich gelenkte wissenschaftliche Forschung in praktisch allen Zweigen des Sports, insbesondere des Leistungs- und Hochschulsports, betrieben. Tausende von Trainern und Lehrern wurden dort ausgebildet, auch aus dem Ausland bzw. aus befreundeten sozialistischen Ländern. Die DHfK und das Forschungsinstitut für Körperkultur und Sport (FKS) waren mit ein Schlüssel zum Geheimnis des *Sportwunders DDR*, wie seit den 1970er Jahren gesagt wurde, als die DDR mit knapp 17 Millionen Einwohnern zu einem der erfolgreichsten Sportländer der Erde aufstieg, zumindest gemessen am Medaillenspiegel bei Olympischen Spielen. Außer an der DHfK erfolgte auch an den Sportinstituten der Hochschulen und Universitäten in der DDR eine Lehrer*innenausbildung im Fach Turnen, körperliche Erziehung und Sport (Spitzer, 1998).

Die Schattenseiten dieses am äußerlichen Erfolg gemessenen vorbildlichen Sport- und Sporterziehungssystems in der DDR, das auch von vielen Ländern auf der Welt nachzuahmen versucht wurde, zeigten sich jedoch erst nach dem Zusammenbruch des Sozialismus und der DDR, als bewiesen werden konnte, was viele schon früher vermutet hatten. Im DDR-Leistungssport wurde mit Hilfe von Sportwissenschaft und Medizin flächendeckend und systematisch gedopt (Berendonk, 1991).

2.6 Sportpädagogik und Sportwissenschaft in der Bundesrepublik Deutschland

Entscheidende Veränderungen in der Geschichte der Sportpädagogik und Sportwissenschaft in Westdeutschland erfolgten in der Bundesrepublik Deutschland nach 1950 und schließlich in den späten 1960er Jahren. In dieser Zeit begann in den alten Bundesländern die akademische Institutionalisierung sportpädagogischer Aktivitäten auf breiterer Basis. Die Leibeserziehung und ihre Theorie wurden zur Sportpädagogik und Sportwissenschaft. Sie war der Ursprung der Sportwissenschaft und entwickelte sich zu einem Teil der Sportwissenschaft neben anderen wissenschaftlichen Teildisziplinen.

Die nach 1945 eher skeptische Einstellung der Universitäten gegenüber der Einrichtung eigener wissenschaftlicher Fächer des Gegenstandsbereichs Leibesübungen und Sport änderte sich zu der Zeit, als sich in einigen akademischen Fachdisziplinen die Einsicht verbreitete, dass es angebracht und nützlich sein könnte, einem wachsenden gesellschaftlichen und alltagskulturellen Phänomen wie dem Sport mehr Aufmerksamkeit zu schenken. Es handelte sich dabei meistens um die erziehungswissenschaftlichen, pädagogischen oder auch philosophischen Fakultäten, wie bspw. in Tübingen, wo 1969 in der Philosophischen Fakultät und auf Initiative des Faches Pädagogik einer der ersten Lehrstühle für die Theorie der Leibeserziehung eingerichtet wurde. Umgekehrt setzte sich auf Seiten des Sports die Auffassung durch, dass wissenschaftliche Disziplinen bei der Lösung mancher Probleme des Sports hilfreich sein können. Dazu gehörten auch Fragen des systematisch angeleiteten Trainings von Athlet*innen.

Man kann die daraus resultierenden Änderungen als *Verwissenschaftlichung des Sports* bezeichnen, der sich mittlerweile zu einem Massenphänomen und zu einem unübersehbaren Teil kulturellen und gesellschaftlichen Lebens und damit der Alltagspraxis vieler Menschen entwickelte. Zudem standen zu der Zeit die Olympischen Spiele 1972 in München vor der Tür. Die politische Instrumentalisierung des Sports in Verbindung mit den Ost-West-Auseinandersetzungen führte dazu, dass dabei auch die Ressourcen der Sportwissenschaft genutzt werden sollten. Neben dem Leistungssport gewann der Breitensport an Bedeutung, wobei vor allem die gesundheitlichen Möglichkeiten des Sports umgesetzt werden sollten. Der Sport, seine Akteure und seine Settings wurden zunehmend als Untersuchungsgegenstand auch von zuvor eher zurückhaltenden Wissenschaften akzeptiert.

Die Vertreter*innen von Turnen und Sport in den Vereinen und Verbänden forderten den Ratschlag und die Ergebnisse der Wissenschaft oder Wissenschaften an. Sie hatten verstanden, dass eine Organisation von der Größe des Deutschen Sportbundes, in dessen Mitgliedsorganisationen rund ein Drittel der Bevölkerung organisiert sind, bei der Lösung seiner Aufgaben und Probleme der wissenschaftlichen Beratung und Unterstützung bedürfe. Sie erkannten, dass die Entwicklung im Bereich des Hochleistungssports zunehmend von der Umsetzung trainingspädagogischer und trainingswissenschaftlicher Erkenntnisse bestimmt wurde und dass wissenschaftliche Einsichten für den Breitensport und für die Prophylaxe und Rehabilitation im Gesundheitsbereich ebenso wichtig seien wie für Leibeserziehung und Sport in der Schule.

Hinzu kamen zwei Gesichtspunkte, die mit dem Sport auf den ersten Blick nichts zu tun hatten: Erstens die Veränderung der Rolle der Wissenschaft in einer *verwissenschaftlichten* Welt, in der Gewicht und Rolle von Alltagserfahrungen abnehmen, weil viele der zu lösenden Probleme mit ihnen nicht mehr zu bewältigen sind. Wir leben in einer Welt, so eine verbreitete Einschätzung, die mit Hilfe wissenschaftlicher Methoden planbar, oft auch voraussagbar, erklärbar und berechenbar zu sein scheint. Diese Welle der *Verwissenschaftlichung* erfasste auch den Sport.

Zweitens erfolgte seit den 1960er Jahren in allen Bereichen, die mit Lehre, Unterricht, Ausbildung oder Training zu tun hatten, ein Prozess der Qualifizierung und Professionalisierung. Das heißt, Erziehung und Bildung, Lehre und Unterricht auf dem Gebiet des Sports sollten möglichst von eigens dafür ausgebildeten Fachleuten getragen und mit Hilfe von Expertenwissen gestützt werden. Eine solche Professionalisierung bedeutete zugleich Verwissenschaftlichung. Das galt nicht nur für die

I Sportpädagogische Ausgangspunkte

traditionellen Ausbildungsgänge der Turn- und Sportlehrer*innen, sondern auch für die Ausbildung von Trainer*innen sowie neben- und ehrenamtlich tätige Übungsleiter*innen in den Vereinen und Verbänden des Sports.

Der 1950 gegründete Deutsche Sportbund verstand sich als Förderer von Wissenschaft, Bildung und Erziehung auf dem Gebiet der Leibesübungen und des Sports. Er forderte nicht nur die Einrichtung von Sportprofessuren an den Universitäten, sondern leitete auch eigene Initiativen zur Förderung der Sportwissenschaft ein, so bspw. den Carl-Diem-Wettbewerb 1952 zur Förderung des sportwissenschaftlichen und sportmedizinischen Nachwuchses, die Gründung des Zentralkomitees für Forschung auf dem Gebiete des Sports 1955 und seiner Kuratorien für die sportmedizinische und sportpädagogische Forschung, die Gründung einer sportwissenschaftlichen Schriftenreihe und einer eigenen sportwissenschaftlichen Zeitschrift mit dem Namen *Sportwissenschaft* – zusammen mit dem Ausschuss Deutscher Leibeserzieher (ADL).

Die Etablierung von Sportwissenschaft und Sportpädagogik an Universitäten in Deutschland war ein Zeichen dafür, dass die wissenschaftliche Behandlung des Sports ein gesellschaftliches Interesse und eine öffentliche Nachfrage insgesamt widerspiegelte. Nur dies rechtfertigte es letztendlich und lieferte die Gründe, dass mit erheblichem finanziellem und personellem Aufwand der Aufbau und die Entwicklung der Sportwissenschaft zu einem öffentlichen Anliegen gemacht wurden. Inzwischen war es mehr oder weniger selbstverständlich geworden, dass ein solches gesellschaftliches, politisches und kulturelles Ereignis wie der Sport – nun nicht mehr nur als Schulsport – in seinen verschiedenen Formen als Breiten- und Freizeitsport, Wettkampf- und Spitzensport, als Gesundheitssport und als besonderes Mittel der Prävention und Rehabilitation der wissenschaftlichen Bearbeitung bedarf. Mit der Bereitstellung von Mitteln für Sportförderung waren nun die sachlichen Voraussetzungen für die Entwicklung der Sportwissenschaft an den Universitäten und Hochschulen in Deutschland gegeben.

2.7 Sport, Sportwissenschaft und Sportpädagogik im vereinten Deutschland

Die massive Förderung des Sports und der Sportwissenschaft zurzeit des Kalten Krieges kennzeichnete die Entwicklung des Fachgebiets sowohl in West- als auch in Ostdeutschland. Unter den autoritären und totalitären Bedingungen des SED-Regimes erfolgten massive Investitionen, insbesondere in die Entwicklung des Hochleistungssports sowie der Trainer*innenausbildung. Das Fördermodell des Spitzensports der DDR, einschließlich seines systematischen Konzepts der Nachwuchsförderung, wurde zum Vorbild für viele Sportnationen der Welt, einschließlich der Bundesrepublik Deutschland.

Nach dem Zusammenbruch der DDR als Staat mussten (und wollten) sich die Menschen dem westlich-bundesrepublikanischen Modell von Staat, Gesellschaft und auch Sport anpassen. Die Sportstrukturen der Bundesrepublik wurden auf die neuen Bundesländer übertragen. Dies gilt für den privat betriebenen Sport, insbesondere in Vereinen und Verbänden, aber auch für den Schulsport. Im Leistungs- und Spitzensport konnte sich allerdings das DDR-Modell der massiven staatlichen Förderung im vereinten Deutschland durchsetzen.

Die großen Unterschiede der politischen Systeme zwischen der Bundesrepublik und der DDR führten im vereinten Deutschland erwartungsgemäß in allen Bereichen, auch im Sport und Schulsport, zu erheblichen Anpassungsproblemen. Lehrer*innen, Schüler*innen, Sportler*innen sowie Eltern und Kinder in den neuen Bundesländern mussten sich in ein pluralistisches, föderalistisches und nicht selten verwirrendes System der Erziehung und des Sports einfügen. Die Bildungs- und Erziehungsziele, die Lehrpläne, die Unterrichtsinhalte, die Formen und Methoden des Sports in der Schule mussten geändert werden. Die Sportlehrkräfte mussten sich nicht nur auf neue Vorgaben in den Lehrplänen einstellen, sondern auch ihren gesamten Unterrichtsstil umstellen. Nicht zuletzt ging es in der ehemaligen DDR um eine schwierige und langwierige Vergangenheitsbewältigung von 40 Jahren SED-Diktatur, zu der auch der Sport und der Schulsport und die dafür Verantwortlichen ihren Teil beigetragen haben. Dabei ist jedoch zwischen den Sportlehrkräften an den Schulen einerseits und den fachlich hochqualifizierten, an der DHfK in Leipzig ausgebildeten Trainer*innen andererseits zu unterscheiden. Diese Expert*innen und ihr Fachwissen im Leistungs- und Wettkampfsport waren nach der Wende nicht nur in Deutschland, sondern in aller Welt gefragt.

Aus fachlicher und fachdidaktischer Sicht hat die Sportmethodik in der DDR wesentliche Beiträge zur Entwicklung der Didaktik und Methodik der Sportarten und des Sportunterrichts geleistet, die nach der Wende jedoch nicht ausreichend anerkannt und für die Zukunft der Sportpädagogik und Sportdidaktik im vereinten Deutschland genutzt wurden. In der alten Bundesrepublik wurde dagegen eher die theoretische Diskussion um Sinn und Zweck der Leibeserziehung und des Sports, dessen kulturelle und gesellschaftliche Legitimation sowie empirische Analyse und Kritik gepflegt.

2.8 Resümee

Die Genese der Sportpädagogik zeigt zunächst, dass die sportlich-körperliche Erziehung immer, wenn auch jeweils in unterschiedlicher Weise, im Zusammenhang mit der geistigen und moralischen Bildung und Erziehung des Menschen stand. Darüber hinaus waren Leibesübungen und Sport stets in ihren konkreten Zielen, Formen und Inhalten von den jeweiligen politischen, sozialen und kulturellen Bedingungen mitgeprägt.

Den Sport *an sich* gibt es nicht, sondern ihn gibt es immer nur in Form »kultureller Objektivationen« (Bernett, 1975) oder sozialer Konstruktionen von Leibesübungen. Dasselbe gilt für Bildung und Erziehung im und durch Bewegung, Spiel und Sport. Was Sport ist und was Sporterziehung bedeutet, ist Ergebnis sozialer Prozesse und

Kommunikation. Es hat sowohl Zeiten gegeben wie die frühe Turnbewegung, in denen Leibesübungen, Gymnastik und Spiele offener und weniger formalisiert erschienen, als auch Phasen wie das Wilhelminische Kaiserreich, den Nationalsozialismus und die DDR, in denen definierte Systeme von Turnen und körperlicher Erziehung die Theorie und Praxis der Leibesübungen beherrschten. Allzu starre Formen riefen jedoch in der sportpädagogischen Praxis und Theorie auch Gegenbewegungen hervor, wie dies in den 1920er Jahren der Fall war, als neue Themen, Inhalte und Formen von Gymnastik, Turnen, Spiel und Sport entstanden.

Gymnastik, Turnen, Spiel und Sport stehen in spezifischen kulturellen Kontexten und waren stets von dem beeinflusst, was Politik und Gesellschaft von ihnen forderten. Als entscheidend hat sich dabei nicht die Tatsache ihrer pädagogischen Funktionalisierung und Instrumentalisierung erwiesen, sondern deren Ausmaß und Richtung. Hinter diesem Problem der Instrumentalisierung steht die theoretische Frage, ob es eine Eigenständigkeit des Sports, also einen eigenen Sinn des Sports geben könne (Güldenpfennig, 1996), der nicht notwendigerweise ein pädagogischer Sinn ist oder sein muss.

Die Geschichte des Sports und der Leibeserziehung im Nationalsozialismus und in der DDR hat sich in Bezug auf dieses Problem der Instrumentalisierung als besonders aufschlussreich erwiesen. Leibeserziehung und Sport standen Im Dienst von Diktaturen. Ihr Sinn und ihre konkreten Formen und Inhalte entsprachen den politischen und ideologischen Zwecken der politischen Machthaber. Der NS-Staat und das totalitäre Regime in der DDR haben sich jedoch auf unterschiedliche Weise des Sports für ihre Zwecke bedient: Die Nationalsozialisten wollten mit Hilfe des Sports und der Leibeserziehung einen neuen *Menschentyp*, eine neue *Rasse heranzüchten*, mittels derer sich die Welt beherrschen lassen sollte. In der DDR wurden Körperkultur und Sport gezielt eingesetzt, um *sozialistische Persönlichkeiten* zu formen. Schließlich sollten internationale Erfolge im Leistungssport dazu dienen, der DDR als Staat Ansehen und Legitimität zu verleihen. Beides hat auch dazu geführt, dass der Sport weniger zum Wohl und zur Bereicherung des Lebens der Menschen dienen konnte, sondern letztlich zum Gegenteil. Dies kann im Übrigen auch in einem extrem kommerzialisierten und professionalisierten Sport der Fall sein, wenn Sport zur Last und zum Zwang wird, und nicht freiwillig und aus Freude betrieben wird.

Die bürgerliche Tradition der Leibesübungen und Leibeserziehung seit der europäischen Aufklärung und den Philanthropen in Deutschland beruht dagegen auf der Idee, durch geeignete Leibesübungen (Gymnastik, Turnen, Spiel und Sport) einen Beitrag zur Bildung und Erziehung der Menschen zu leisten. Sportpädagogik als eine Form der »Leibesemanzipation«, wie dies Hermann Lübbe (2008) nannte, reicht jedoch über die Grenzen der eigenen Leiblichkeit hinaus und zielt auf einen besseren Sport in einer besseren Welt.

Literatur

Berendonk, B. (1991). Doping: Dokumente. Von der Forschung zum Betrug. Mit 27 Abbildungen. Springer.
Bernett, H. (1966). Nationalsozialistische Leibeserziehung. Eine Dokumentation ihrer Theorie und Organisation. Hofmann.

Bernett, H. (1975). Grundformen der Leibeserziehung (3. Aufl.). Hofmann.
Bernett, H. (2008). Nationalsozialistische Leibeserziehung. Eine Dokumentation ihrer Theorie und Organisation (2., überarb. u. erw. Aufl.) (überarb. u. erw. von H. J. Teichler und B. Bahro). Hofmann.
Empfehlungen zur Förderung der Leibeserziehung in den Schulen (1956), herausgegeben vom Deutschen Sportbund (12 Seiten); auch abgedruckt in Norbert Wolf (Red.) (1974). Dokumente zum Schulsport. Bemühungen des Deutschen Sportbunds 1950–1975. Hofmann.
Grupe, O. (Hrsg.). (1997). Olympischer Sport. Rückblick und Perspektiven. Hofmann.
Güldenpfennig, S. (1996). Sport: Kunst oder Leben? Sportsoziologie als Kulturwissenschaft. Academia.
Holt, R. (1993). Sport and the British. A Modern History. Clarendon PresS. (Original veröffentlicht 1992).
Jahn, F.L. (1810). Das Deutsche Volksthum. Niemann & Comp.
Jahn, F.L. & Eiselen, E. (1816). Die Deutsche Turnkunst. Berlin.
GutsMuths, J.C.F. (1793). Gymnastik für die Jugend. Schnepfenthal.
Krüger, M. (1996). Körperkultur und Nationsbildung. Die Geschichte des Turnens in der Reichsgründungsära – eine Detailstudie über die Deutschen. Hofmann.
Krüger, M. (2018). Sportwissenschaft: Gegenstand, Disziplin, Theorie und Praxis. In A. Güllich & M. Krüger (Hrsg.), Grundlagen von Sport und Sportwissenschaft (Bd. 30, S. 1–17). Springer.
Krüger, M. (2019). Einführung in die Sportpädagogik (4., überarb. u. akt. Aufl.) (Sport und Sportunterricht, Band 6). Hofmann.
Krüger, M. (2020). Einführung in die Geschichte der Leibeserziehung und des Sports. 3 Bände (neu bearb. u. akt. 2. und 3. Aufl.) (Sport und Sportunterricht, Bände 8–10). Schorndorf.
Lübbe, H. (2008). Sport – egalitär und elitär. Sportwissenschaft, 38(2), 218–228.
Overhoff, J. (2020). Johann Bernhard Basedow. Aufklärer, Pädagoge, Menschenfreund. Eine Biografie. Wallstein.
Philostratus (2015). Sport in der Antike. Peri gymnastikes/Über das Training. Zweisprachige Ausgabe (übersetzt und hrsg. von K. Brodersen). Marixverlag.
Ravenstein, A. (1863). Volksturnbuch. Im Sinne von Jahn, Spieß und Eiselen. Ein Führer auf dem Gebiet des Männer- und Vereinsturnwesens; auch für Turnlehrer in oberen Knaben-Schulklassen. J. D. Sauerländer's Verlag.
Schmitt, H. & Böning, H. (Hrsg.). (2014). Dessau-Wörlitz und Reckahn. Treffpunkte für Aufklärung, Volksaufklärung und Philanthropismus (Erhard Hirsch zum 85. Geburtstag). (Philanthropismus und populäre Aufklärung – Studien und Dokumente, Band 9). edition lumière.
Stecher, A. (1887). Die Turnlehrerversammlung in Cincinnati, Ohio. Bericht über die Vorträge und Verhandlungen. Milwaukee.
Spitzer, G. (Hrsg.). (1998). Schlüsseldokumente zum DDR-Sport. Ein sporthistorischer Überblick in Originalquellen (Sportentwicklungen in Deutschland, 4). Meyer & Meyer.
Wedemeyer-Kolwe, B. (2017). Aufbruch. Die Lebensreform in Deutschland. Philipp von Zabern.

3 Systematik der Sportpädagogik

Detlef Kuhlmann & Günter Stibbe

3.1 Einleitung: Zur Begründung einer Systematik der Sportpädagogik

Wie lässt sich die Sportpädagogik gliedern? Wie ist die Sportpädagogik aufgebaut? Wer solche Fragen stellt, erwartet zuallererst Antworten zu einer Systematik der Sportpädagogik, die als sportwissenschaftliches Teilgebiet allgemein den Zusammenhang von Bildung und Erziehung mit der Bewegungs- und Sportkultur erforscht. Eine solche Systematik muss nach bestimmten Ordnungskriterien geformt sein, die in der Summe der Sportpädagogik ein *Gesicht* geben. Insofern bildet eine Systematik der Sportpädagogik einen wichtigen Teil für einen identitätsstiftenden Kern der Sportpädagogik. Dieser Aufgabe will der vorliegende Beitrag nachgehen. Eine solche Systematik gehört zweifelsfrei zu den *Ausgangspunkten der Sportpädagogik*. Unser Beitrag kann somit einerseits Grundlagen für das vertiefte Verständnis der Beiträge in den Folgekapiteln des Sammelbandes schaffen. Er soll aber andererseits und unabhängig davon zur Selbstvergewisserung innerhalb der Sportpädagogik beitragen sowie Anschlüsse zum Diskurs und damit zur Weiterentwicklung einer Systematik der Sportpädagogik herstellen.

Entwicklungs- und Differenzierungsprozesse des gesellschaftlichen Phänomens *Sport* haben spätestens seit den 1980er-Jahren auch in der Sportpädagogik zu einer Diskussion um den Gegenstandsbereich geführt, bei dem der Alleinvertretungsanspruch des *Sports* als disziplinärer Kern zunehmend infrage gestellt wurde (Thiele, 2018, S. 3–4). Aus diesem Grund versuchen einige Autoren mit der Bezeichnung *Bewegungs- und Sportpädagogik* das Gegenstandsfeld vom engen Bezug auf den institutionalisierten Sport zu lösen und umfassender im Blick auf eine sich ausdifferenzierende Bewegungspraxis darzustellen (u. a. Funke-Wieneke, 2004). Aus pragmatischen Gründen halten die Autoren dieses Beitrags am Begriff *Sportpädagogik* fest, weil er sich als Bezeichnung für die wissenschaftliche Teildisziplin im Gefüge der Sportwissenschaft und in Denominationen entsprechender Professuren in Deutschland mehr oder weniger fest etabliert hat. Derartigen Entwicklungsprozessen soll nachfolgend mit Bezeichnungen wie *Bewegungs- und Sportkultur oder Bewegung, Spiel und Sport* Rechnung getragen werden. Wenn vereinfachend von »Sport« bzw. *Sportentwicklung* die Rede ist, ist damit die Bewegungs- und Sportkultur im weitesten Sinne gemeint.

Der Titel unseres Beitrags lässt darauf schließen, dass (nur) *eine* Systematik der Sportpädagogik zur Darstellung gelangt. Dieses Ansinnen wird von den beiden Autoren jedenfalls insofern verfolgt, als wir einem pluralistischen Wissenschaftsverständnis anhängen und unterschiedliche Anhaltspunkte für *eine* Systematik der Sportpädagogik vergleichend zusammentragen, zumal es *die* Systematik ohnehin nicht gibt: Ein erster flüchtiger Blick in neuere (z. B. Güllich & Krüger, 2013; Prohl, 2010), aber auch in ältere Referenzwerke der Sportpädagogik (z. B. Grupe, 1975; Dietrich & Landau, 1990), die Hinweise zu einer Systematik vermuten lassen, legt sogar den Schluss nahe, dass die Beschäftigung mit einer ausgefeilten Systematik in der bzw. für die Sportpädagogik bislang eher zu den vernachlässigten Themenfeldern innerhalb unseres Faches gehört (hat).

Insofern erwächst daraus für unseren Beitrag das Anliegen, ein möglichst tragfähiges Fundament für eine Systematik der Sportpädagogik zu bilden. Unser Beitrag gliedert sich vor diesem Hintergrund wie folgt: Nach dieser kurzen Einleitung (3.1) folgt ein grundlegender Abschnitt, in dem es darum geht, das Aufgabenspektrum der Sportpädagogik systematisch zu erfassen (3.2). Auf dieser Grundlage werden danach systematisch Arbeitsgebiete bzw. Themenfelder der Sportpädagogik skizziert (3.3). Über die Möglichkeiten, Zugangs- und Erkenntnisweisen der Sportpädagogik systematisch zu erfassen, informieren schließlich 3.4 und 3.5. Der Beitrag schließt mit einem Ausblick auf Herausforderungen für die Sportpädagogik als Wissenschaftsdisziplin (3.6).

3.2 Zur Systematik des Aufgabenspektrums

Wozu gibt es die Sportpädagogik? Welche Aufgaben verfolgt die Sportpädagogik? Wodurch verdient sie ihre Originalität gegenüber den anderen Teildisziplinen innerhalb der Sportwissenschaft, aber auch mit Blick auf die Erziehungswissenschaft? Solche Fragen lassen erkennen, dass es hierbei auch um die Darstellung von wissenschaftlichen Leistungen geht, mit denen sich die Sportpädagogik in das Ensemble der Teildisziplinen der Sportwissenschaft einbringt und ihr besonderes Profil schärft. Eine tragfähige Arbeitsbasis für die Darstellung des Spektrums der Sportpädagogik bildet z. B. das Aufgabengerüst aus dem Lehrbuch zur Sportpädagogik von Balz und Kuhlmann (2003, S. 24). Solche Aufgaben beziehen sich prinzipiell auf die Zusammenhänge von Sport und Erziehung, und zwar in (mindestens) vierfacher Hinsicht:

- *Deskription*: Diese Aufgabe der Sportpädagogik soll verdeutlichen, das jeweilige Sportengagement von Menschen sowie Entwicklungen im Sport differenziert in Art und Ausmaß zu beobachten und zu beschreiben. So gesehen umfasst Deskription die Grundlage für Aufklärung in pädagogischer Perspektive.
- *Reflexion*: Diese Aufgabe der Sportpädagogik soll verdeutlichen, das jeweilige Sportengagement von Menschen und Entwicklungen im Sport differenzierter zu hinterfragen und zu ergründen. So gesehen können sich aus einer Reflexion neue Deutungs- und Handlungsmöglichkeiten in pädagogischer Perspektive ergeben.
- *Legitimation*: Diese Aufgabe der Sportpädagogik soll verdeutlichen, das jeweilige Sportengagement von Menschen und Entwicklungen im Sport differenzierter auf

ihren Wert zu betrachten und zu begründen. So gesehen kann Legitimation belastbare Argumente für Initiierung, Erhalt, Pflege und Ausbau von Sportengagement und Sportförderung in pädagogischer Perspektive bieten.
- *Orientierung*: Diese Aufgabe der Sportpädagogik soll verdeutlichen, das jeweilige Sportengagement von Menschen und Entwicklungen im Sport differenzierter dahingehend auszulegen, in welcher Richtung und mit welchem Ansinnen Beratungs- und Unterstützungsleistungen in pädagogischer Perspektive zu empfehlen sind.

Dieses vierteilige Aufgabenspektrum ließe sich mit weiteren Überlegungen (z. B. von Grupe und Krüger, 2007; zuletzt Krüger, 2019) erweitern, wonach die Aufgabe der Sportpädagogik generell darin besteht, »Analyse und Reflexion des Sports unter pädagogischen Gesichtspunkten« (S. 76) zu betreiben.[1] Solchen analytischen Zuschreibungen unterliegt ferner das Interesse, den Sport *besser* zu gestalten. Diese Aufgabe der Sportpädagogik lässt sich prinzipiell daran festmachen, wie mit den Mitteln des Sports die Entwicklung insbesondere junger Menschen (weiter) gefördert und wie mit Sport das Leben der Menschen insgesamt bereichert werden kann. Damit wird nicht zuletzt das humane Interesse am Sport in pädagogischer Absicht untermauert, zumal sich das humane Interesse vom technischen insofern abgrenzen lässt, als dieses primär nach den (technischen) Möglichkeiten fragt, Leistungen im Sport zu steigern.

Diese Absicht darf aber nicht darüber hinwegsehen, dass dem Sport prinzipiell die Ambivalenz-Hypothese innewohnt – am Beispiel: Regelmäßiges Sporttreiben kann die Gesundheit fördern; der Sport kann aber auch auf ganz unterschiedliche Weise (z. B. durch Dopingmissbrauch) der Gesundheit schaden. Mit Hilfe dieser Ambivalenz-Hypothese lässt sich aber das pädagogische Anliegen klarer herausstellen: Es muss im Sinne der vier o. a. Kriterien Aufgabe der Sportpädagogik sein, die förderlichen Absichten zu stärken und die hinderlichen zu schwächen.

Die Sportwissenschaft und insbesondere die Sportpädagogik darf die Erfüllung ihrer Aufgaben aber auch nicht überschätzen. Darauf hat u. a. Ommo Grupe (zuletzt 2000, S. 287–294) aufmerksam gemacht. Die (systematische) Aufgabe besteht lediglich darin, »Wissen sozusagen als Angebot zur Erklärung, zum besseren Verständnis und zur Bearbeitung von praktischen Fragen und Problemen« (ebd., S. 293) bereitzustellen. Daraus folgt auf der anderen Seite, dass es nicht darum gehen kann, explizite »Handlungsanweisungen für den Sport, also z. B. für Trainer und Sportlehrer« (ebd.) zu formulieren. Die Erkenntnisse aus der Sportpädagogik sind lediglich Angebote: »Wieweit diese dann aber wirklich umgesetzt werden, liegt außerhalb ihrer Reichweite« (ebd.). Insofern bleibt die Erfüllung der Aufgaben der Sportpädagogik immer fragil.

---

[1] An dieser Stelle sei darauf hingewiesen, dass Prohl (2010) die Aufgaben der Sportpädagogik in anderer Weise ordnet. Für ihn widmet sich die Sportpädagogik der »Begründung, Orientierung, Erforschung und Beratung des Handelns« im Bereich der Bewegungs- und Sportkultur (ebd., S. 344). Diese Systematik greift allerdings keine Aspekte auf, die über die hier genannten Aufgabenbereiche hinausweisen.

Bisher war in diesem Abschnitt nur von den Aufgaben *der* Sportpädagogik die Rede. Dabei muss immer mitgedacht werden, dass diese Aufgaben von Menschen, also in diesem Fall von Sportpädagog*innen an den Hochschulen und Universitäten wahrgenommen werden. Würde man sie danach fragen, was denn ihre beruflichen Aufgaben sind und inwiefern sie diese *systematisch* verfolgen, dann käme als eine Antwortmöglichkeit sicher in Frage, das *alltägliche* Aufgabenprofil der Profession mit dem Lehren, Forschen, Verwalten oder ähnlich grundlegend zu beschreiben. Ist das auch eine Systematik der Sportpädagogik, respektive ihrer dort handelnden Personen? Ja, weil damit die wesentlichen Tätigkeiten umfassend beschrieben sind, und nein, weil sich das Tätigkeitsspektrum auf dieser dreiteiligen Basis sicher noch viel differenzierter beschreiben ließe.

Zum Lehren gehört z. B. auch das Prüfen, zum Verwalten gehört das (Selbst-)Management. In dieser Hinsicht haben Balz und Kuhlmann (2019) vermutlich erstmals innerhalb unseres Faches versucht, die hervorstechenden beruflichen Tätigkeiten in einer feingliedrigen Systematik als *Siebenkampf* darzustellen. Demnach gehören dazu diese sieben Bereiche: (1.) das Lehren (z. B. Medieneinsatz in Lehrveranstaltungen), (2.) das Prüfen (z. B. Betreuung von Abschlussarbeiten), (3.) das Forschen (z. B. Formate der Antragsstellung), (4.) das Publizieren (z. B. Grundsätze guten wissenschaftlichen Arbeitens), (5.) das Beraten (z. B. Mitwirkung in außeruniversitären Gremien), (6.) das Selbstverwalten (z. B. Wahrnehmung von Leitungsfunktionen) und (7.) das Selbstmanagen (z. B. Zeitbudgetierung). Man könnte an dieser Stelle einwenden, dass solche Tätigkeiten z. B. von Sportsoziolog*innen, aber auch von Wirtschaftswissenschaftler*innen genauso wahrgenommen werden müssen, also eine systematische Äquivalenz innerhalb (und vielleicht sogar außerhalb) der Sportwissenschaft besteht. Aber es kommt hinzu: Wir als Sportpädagog*innen müssen uns dabei fragen bzw. reflektieren, wie wir in unserem beruflichen Handeln *mit Sport* von anderen wahrgenommen werden (wollen).

3.3 Zur Systematik der Arbeitsgebiete

Womit beschäftigt sich die Sportpädagogik? Wie lassen sich die Arbeitsgebiete der Sportpädagogik kennzeichnen? Mit solchen Fragen wird angedeutet, dass sich die Sportpädagogik auch als eine Teildisziplin innerhalb der Sportwissenschaft mit einem Anwendungsbezug versteht. Forschungsinteressen in humaner Absicht verfolgen das Ziel, neue Erkenntnisse über das jeweilige Sportengagement von Menschen und über Prozesse im Sport bereitzustellen, um damit die oben ausgewiesenen Aufgaben noch besser erfüllen zu können. Versuche, solche Aufgabengebiete nicht nur einigermaßen übersichtlich, sondern auch noch möglichst stringent und *flächendeckend* zu beschreiben, sind in der jüngeren Vergangenheit schon mehrfach vorgelegt worden – zuletzt und vermutlich auf den größten gemeinsamen Nenner gebracht wurden sie von Prohl (2013) und hier sogar mit ausdrücklichem Verweis auf die sich neu formierende Sportwissenschaft, die Ende der 1960er- bis Anfang der

I Sportpädagogische Ausgangspunkte

1970er-Jahre die bis dahin bestehende Theorie der Leibeserziehung als zeithistorische Vorläuferin der Sportpädagogik abgelöst hat: »Die neu-etablierte Sportwissenschaft sollte sich einerseits gegenüber gesellschaftlichen und politischen Aspekten des Sports in Schule, Freizeit und im Leistungsbereich öffnen und dabei andererseits ein Theorie-Praxis-Verhältnis auf empirischer Grundlage entwickeln, das sich an den forschungsmethodischen Standards des kritisch-rationalistischen Wissenschaftsmodell zu orientieren hatte« (Prohl, 2013, S. 10).

Schule, Freizeit und Leistungsbereich werden hier als die drei zentralen Arbeitsgebiete ausgewiesen. Abgesehen davon, dass in diesem Begriffstrio dem Wortlaut nach von Sport nicht die Rede ist, fehlt es den Termini an semantischer Stringenz. Dennoch lassen sie sich als geeignete Basis verwenden, die Arbeitsgebiete der bzw. für die Sportpädagogik systematisch abzuleiten. Schule ist jene Institution, in der Sport als reguläres Schulfach von professionell ausgebildeten Sportlehrkräften durchgängig während der Schullaufbahn unterrichtet wird bzw. unterrichtet werden soll. Dem Schulsport verdankt die Sportwissenschaft bzw. die Sportpädagogik so gesehen wesentlich ihre akademische Legitimierung als Studienfach, und im Zuge der sich neu-etablierenden Sportwissenschaft erlangte die Sportpädagogik vor allem dadurch ihre Berechtigung. Dabei ist wesentlich in Anschlag zu bringen, dass sie »ihren Gegenstand als angewandte Wissenschaft im Spannungsfeld zwischen Werten und Tatsachen findet, also zwischen Sollens- und Seins-Aussagen vermittelt und ihre Forschungsergebnisse didaktisch anschlussfähig sind, sie also über ein reflektiertes Theorie-Praxis-Verhältnis verfügt« (Prohl 2013, S. 12). In dieser Hinsicht lassen sich nach bzw. neben dem Schulsport die beiden weiteren Bereiche Freizeit und Leistungsbereich hier ganz gut anschließen, zumal mit *Freizeit* all das gemeint sein kann, was im nicht-institutionellen Raum an Sport stattfindet, während *im Leistungsbereich* all das zur Aufführung gelangt, was mit dem Moment des Messens, Vergleichens, Wettkämpfens etc. verbunden ist.

Diese systematische Dreiteilung mit den Domänen Schule, Freizeit und Leistungsbereich lässt jedoch mit Blick auf das Phänomen Sport eine notwendige Trennschärfe vermissen. Insofern stellt sich die weitere Frage, inwieweit kleinformatige Systematiken weiterhelfen und eine Annäherung an den Sport herstellen können. Dieses Ansinnen wiederum unterliegt der Gefahr, am Ende einer systematisch konzipierten Aufzählung einen Teilbereich entweder gar nicht berücksichtigt oder wiederum Überschneidungen zugelassen zu haben. In dieser Hinsicht kann die Frage nach dem völligen Verzicht auf eine systematische Darstellung von Arbeitsgebieten in den Raum gestellt werden – anders: Das (einzig) systematische Arbeitsgebiet der Sportpädagogik bestünde dann darin, sich dem (noch nicht) bewegenden und sporttreibenden Menschen in seiner Lebensspanne (zwischen beginnendem Leben und drohendem Tod) zu widmen.

Schaut man sich (neuere) vorliegende Systematiken mit möglichen Arbeitsgebieten der Sportpädagogik unterhalb der Prohlschen Trias an, dann gehen diese in aller Regel selbst systemisch vor, in dem sie Domänen benennen, die als mögliche Arbeitsgebiete (synonym Handlungsfelder) der Sportpädagogik gelten können. Um der Gefahr der Verletzung der Vollständigkeit an Arbeitsgebieten in systematischer Absicht zu begegnen, bedient man sich oftmals insofern einer Hilfskonstruktion, als selbst in grafischen Darstellungen mit Hinweisen wie »etc.« oder »...« grundsätzlich Ergänzungen von (fehlenden und/oder zukünftig neuen) Arbeitsfeldern vorgenommen werden können (z. B. Balz & Kuhlmann, 2003, S. 27). Während z. B. Haag und Hummel (2001, S. 366–460) in ihrem Handbuch zur Sportpädagogik noch eine personalisierte Systematik nach Zielgruppen im Lebenslauf bevorzugen, identifiziert z. B. König (2013, S. 66–68) Schulsport, Breitensport und Spitzensport als wesentliche Themenfelder und Forschungsschwerpunkte. Diese drei Arbeitsgebiete bilden demnach semantisch das sportbezogene Äquivalent zu dem sport-neutralen Begriffstrio von Prohl oben.

Eine ganz andere (systematische) Betrachtungsweise ergibt sich, wenn man nicht den Sport als Ausgangspunkt nimmt, um daraus systematisch Arbeitsgebiete zu erfassen, sondern selbstreferenziell in Anschlag bringt, was denn den *Arbeitsbereich Sportpädagogik* ausmacht, wie er sich als etablierte universitäre Arbeitseinheit systematisch beschreiben lässt. Welches besondere Profil kann die Sportpädagogik innerhalb der Fakultäten und Institute für Sportwissenschaft an den Hochschulen für sich in Anspruch nehmen? Wo liegen Gemeinsamkeiten, aber auch Unterschiede zu anderen Arbeitsbereichen bzw. Teildisziplinen der Sportwissenschaft? Der Frage nach dem »Kern« des Arbeitsbereichs Sportpädagogik widmet sich z. B. der neuere Band von Balz (2019), bezogen auf den speziellen Arbeitsbereich in Wuppertal, den er (gemäß Gliederung des Inhaltsverzeichnisses) mit vier (typischen?) Arbeitsgebieten profiliert: in (1.) Normative Sportpädagogik (im Sinne von Planungsdidaktik), in (2.) Empirische Sportpädagogik (im Sinne von Bildungsforschung), in (3.) (Kommunal-) Politische Sportpädagogik (im Sinne von Sportentwicklung) und in (4.) Vermittelnde Sportpädagogik (z. B. im Sinne von Lehrerbildung).

Diese Systematik korrespondiert einerseits mit den Aufgaben von Forschen und Lehren, macht aber andererseits deutlich, dass die Sportpädagogik im Gegensatz zu anderen Teildisziplinen der Sportwissenschaft zu einer »gesellschaftlich engagierten Sportpädagogik« (ebd., S. 7) reifen kann, sobald sie (eben: sportpädagogisch imprägniert) die Aufgabe wahrnimmt, »sich an konkreten Projekten zur Sportentwicklung kooperativ zu beteiligen bzw. solche selbst (vor Ort) zu initiieren« (Balz & Kuhlmann, 2015, S. 91). Das können Vorhaben »etwa zur innovativen Vereinsentwicklung, zu informellen Sportszenen, zur Dopingbekämpfung im Spitzensport oder zur inklusiven Schulsportentwicklung« (ebd., S. 91) sein (vgl. dazu auch die »Projekte aus deutschen Quartieren« von Balz & Kuhlmann, 2015). Die Beispiele aus den Arbeitsgebieten der Sportpädagogik erweisen sich als anschlussfähig sowohl für die Dreigliederung von Prohl (2013) mit Schule, Freizeit und Leistungsbereich als auch von König (2013) mit Schulsport, Breitensport und Spitzensport.

3.4 Zur Systematik der Betrachtungs- und Zugangsweisen

Wie lassen sich wissenschaftliche Betrachtungs- und Zugangsweisen in der Sportpädagogik ordnen? Welche grundlegenden Forschungsansätze können in der Sportpädagogik ausgemacht werden? Beim Blick auf vorliegende Systematisierungen zu

Forschungszugängen und Betrachtungsweisen innerhalb der Sportpädagogik, fällt auf, dass es keine nach einheitlichen Systematisierungskriterien geordnete Vorstellung darüber gibt, sondern eher *pragmatische* Aufzählungen wissenschaftlich-disziplinorientierter Herangehensweisen im Vordergrund stehen (Meinberg 1996, S. 45). Während z. B. Meinberg (1996) zwischen einer »Histeriographie der Sportpädagogik«, »pädagogischen Theorien« des schulischen und außerschulischen Sports inklusive des Spiels und der »vergleichenden Sportpädagogik« unterscheidet (ebd., S. 45–47), greifen Grupe und Krüger (2007) auf eine Systematisierung von Schmitz (1979, S. 65) zurück, in der die Sportpädagogik nach »anwendungsorientierten« Zugängen wie Schulsport, Vereinssport, Seniorensport, Gesundheitssport usf. und »disziplinorientierten« Ausrichtungen wie historisch, systematisch, anthropologisch usf. gegliedert wird. Demgegenüber wird in neueren Überblicksbeiträgen zwischen grundlegenden wissenschaftlichen Betrachtungsweisen und Subdisziplinen der Sportpädagogik differenziert (König, 2020, S. 55–58).

So geht Prohl (2010) von drei wissenschaftlichen Zugangsweisen in der Sportpädagogik aus, die er als problemgeschichtlich, bildungstheoretisch und erziehungswissenschaftlich bezeichnet (ebd., S. 344). In der *problemgeschichtlichen Betrachtungsweise* der Sportpädagogik geht es darum, Ideen und Konzepte der Leibeserziehung und des Sports in der historischen Entwicklung von Gymnastik, Turnen, Spiel und Sport nachzuzeichnen, indem insbesondere die Bedeutung von Leiblichkeit und Bewegung zwischen individuellen und gesellschaftlichen Anforderungen in der Erziehung diskutiert werden (ebd.; Neuber et al., 2013, S. 407–416; ausführlich Krüger, 2019). Die *bildungswissenschaftliche Perspektive* der Sportpädagogik beschäftigt sich mit Fragen von Bildung und Erziehung in der Bewegungs- und Sportkultur. Sie steht in enger Verbindung mit der geisteswissenschaftlich-hermeneutischen Pädagogik und entwickelt auf einer normativen Basis Sollensvorstellungen für sportpädagogisches Handeln in verschiedenen Settings der Lebensspanne, die idealtypisch auch für Beratungsleistungen genutzt werden (Prohl, 2010, S. 18; z. B. Ruin & Stibbe, 2020). Die *erziehungswissenschaftliche Sichtweise* setzt sich schließlich mit empirischen Tatsachen »über die *Mittel, Wege und Hindernisse*« zur Realisierung von Bildungszielen in der Erziehungswirklichkeit der Bewegungs- und Sportkultur auseinander (Prohl, 2010, S. 18; Hervorhebungen i. Orig.). Diese erfahrungswissenschaftliche Forschung steht allerdings immer in einem bildungstheoretischen Kontext. Damit erweist sich die Sportpädagogik als ein sportwissenschaftliches Teilgebiet zwischen Sollen und Sein (ebd.), das sich einerseits als *bildungstheoretisch-normative* bzw. *theoretisch-systematische Sportpädagogik* und andererseits als *empirisch-analytische Sportpädagogik* versteht (Balz, 2009; Neuber et al., 2013, S. 428; Krüger, 2019, S. 31–33).

Die besondere Verbindung von normativen und empirisch-analytischen Zugangsweisen, die in den Horizont bildungstheoretischer Fragen nach dem Wozu und Warum eingebettet sind, kann gewiss als wesentliches Merkmal der Sportpädagogik im Vergleich zu anderen sportwissenschaftlichen Disziplinen angesehen werden. Sie zeichnet sich durch ein pädagogisch-humanes Interesse oder eine pädagogische Orientierung aus (Kurz, 2017). In diesem Zusammenhang ist es eine wichtige Aufgabe der Sportpädagogik, Erkenntnisse und praktische Implikationen kritisch im Blick auf das pädagogische Interesse zu prüfen (ebd., S. 213). Dies bedeutet, dass das

Aufspüren und die Reflexion des zugrunde gelegten, meist impliziten Menschenbildes von besonderer Bedeutung ist, weil die »beiden für die Erziehungspraxis [...] zentralen Kategorien der Bildungsziele und der Erziehungsmaßnahmen [...] unweigerlich davon beeinflusst [werden]« (Prohl, 2010, S. 14; ähnlich Prohl, 2013, S. 13–14). So gilt es, eine »reflexive Verknüpfung« von Normativem und Empirischem zu leisten, weil sich aus empirischen Fakten keine »wünschenswerte[n] Normen« ableiten wie sich auch umgekehrt aus normativen Orientierungen keine empirischen Tatsachen folgern lassen (Balz, 2009, S. 7).

Jenseits dieser grundlegenden Forschungsparadigmen lassen sich in Anlehnung an König (2020, S. 56–58) folgende Subdisziplinen bzw. disziplinorientierte Zugangsweisen der Sportpädagogik erkennen (u. a. auch Scherler, 1992):

- Die *Historische Sportpädagogik* beschäftigt sich mit der Geschichte von Leibesübungen und Sport, die im Wesentlichen mit der oben dargestellten problemgeschichtlichen Perspektive der Sportpädagogik korreliert, d. h., sie unterscheidet sich von der Sportgeschichte durch ihre spezifische pädagogische Sichtweise (z. B. Krüger, 2019).
- Im Unterschied dazu geht es in der *Systematischen Sportpädagogik* um einen gegenwartsbezogenen Erkenntnisgewinn. Im Mittelpunkt des Interesses stehen Fragen zur wissenschafts- und erkenntnistheoretischen Ausrichtung sowie zur methodologischen Orientierung der Sportpädagogik (Scherler, 1992, S. 164).
- Ziel der *Vergleichenden Sportpädagogik* ist es, den Stellenwert der Bewegungs- und Sportkultur in der Erziehung über Deutschland hinaus in international vergleichender Absicht zu betrachten (z. B. Haag, 2010).
- In der *Anthropologischen Sportpädagogik* werden anthropologische Grundannahmen und Themen wie Körper, Bewegung, Gesundheit, Spiel und Leistung im Zusammenhang mit Bewegung, Spiel und Sport behandelt (Grupe, 1984). Hierbei geht es primär um den Menschen in seinen Bezügen zu und Entwicklungsmöglichkeiten durch Bewegung, Spiel und Sport, die immer auch gesellschaftlichen, kulturellen und sozialen Gegebenheiten und Wandlungen unterliegen (König, 2020, S. 57).
- Die *Schulsport-Pädagogik* befasst sich mit Bildungs- und Erziehungsfragen von Bewegung, Spiel und Sport in der Schule. Sie weist damit eine besondere Nähe zur Schulpädagogik und Sportdidaktik auf (ebd.). Während es für Lange (2014, S. 6–7) im Blick auf den Schulsport keinen Unterschied zwischen Sportpädagogik (oder Schulsport-Pädagogik) und Sportdidaktik gibt, sehen Prohl und Scheid (2017, S. 11) Sportdidaktik als »angewandte Sportpädagogik«, in der vornehmlich die Was- und Wie-Fragen, d. h. Inhalts- und Vermittlungsfragen, diskutiert werden. Demgegenüber werden Warum- und Wozu-Fragen, also Sinn- und Begründungsfragen, in analytischer Trennung primär von der Sportpädagogik geklärt (ebd.). Ungeachtet der jeweiligen Standortbestimmung stehen Sportpädagogik und Sportdidaktik in enger Beziehung zueinander, weil Ziel-, Inhalts- und Methodenfragen in einem Interdependenzzusammenhang stehen und nicht unabhängig voneinander diskutiert werden können. In diesem Sinne bezeichnen Balz und Kuhlmann (2003, S. 26) Sportdidaktik auch als »schulbezogene Sportpädagogik«. Insbesondere im Blick auf die Sportlehrer*innenbildung in Lehramts-

studiengängen wird die Sportdidaktik traditionell als zentrales Teilgebiet der Sportpädagogik bestimmt (u. a. Größing, 2003, S. 509; Prohl & Scheid, 2017, S. 11).
- Bereits die Bezeichnung *Außerschulische Sportpädagogik* weist darauf hin, dass die wissenschaftliche Betrachtung von Bildung und Erziehung im Handlungsfeld der Bewegungs- und Sportkultur an Orten außerhalb der Schule erfolgt. Wenngleich »die pädagogische Dimension nicht die Hauptursache des außerschulischen Sports ausmacht, öffnet sich trotz alledem dieses Handlungsfeld pädagogischen Interpretationen und Untersuchungen [...]« (Meinberg, 1996, S. 47). Im Sinne eines »Sports für alle« gewinnt sie angesichts gesellschaftlicher Differenzierungen zunehmend an Bedeutung, wie z. B. Überlegungen und Studien zum Kinder- und Jugend-, Behinderten- oder Alterssport zeigen (dazu König, 2020, S. 57–58; Thiele, 2018, S. 4–6).

3.5 Zur Systematik der Erkenntnisgewinnung

Welche Formen der Erkenntnisgewinnung gibt es in der Sportpädagogik? Welche Entwicklungen lassen sich im Umgang mit Forschungsmethoden feststellen? Beschreibungen zu Formen der Erkenntnisgewinnung und zum grundlegenden Erkenntnisinteresse gehören zum Selbstverständnis einer jeden Wissenschaft. Dies ist auch deshalb von besonderer Bedeutung, weil Methoden den Untersuchungsgegenstand in bestimmter Weise vorformatieren und damit zugleich für ein spezifisches Welt- und Menschenbild stehen (u. a. Meinberg, 1993a, S. 14).

So hat die Sportpädagogik – wie auch andere Teilgebiete der Sportwissenschaft – keine eigenständigen Forschungsmethoden und -ansätze entwickelt. Sie greift vielmehr auf das vorhandene Instrumentarium wissenschaftlicher Methoden und Verfahrensweisen zurück, die in den Geistes- und Sozialwissenschaften insgesamt üblich und verbreitet sind (u. a. Balz & Kuhlmann, 2003, S. 51; Stibbe, 2017, S. 22). Gemäß der jeweiligen Denktradition lassen sich hierbei vereinfachend zwei unterschiedliche Forschungsparadigmen erkennen (König, 2020, S. 65). Im Vordergrund der theoretisch-systematischen Ausrichtung der Sportpädagogik, die an Denk- und Verfahrensweisen in der Tradition der geisteswissenschaftlich orientierten Pädagogik anknüpft, stehen hermeneutische Verfahren der Erkenntnisgewinnung. Damit werden im Sinne der Kunst des Verstehens idealtypisch Texte ausgelegt, Lehrer-Schüler-Interaktionen interpretiert oder institutionelle Strukturen offengelegt (Meinberg, 1993b; Scheid & Wegner, 2001, S. 110). Demgegenüber wird in der empirisch-analytischen Sportpädagogik, in der es um die erfahrungswissenschaftliche Beschreibung der Erziehungswirklichkeit in sportlichen Settings geht, auf das methodische Repertoire der Sozial- und Verhaltenswissenschaften rekurriert und mit quantitativen, qualitativen oder verknüpfenden Mixed-Methods-Forschungsansätzen gearbeitet (König, 2020, S. 67–68; u. a. Ansätze und Methoden in Aschebrock & Stibbe, 2017; Kuhlmann & Balz, 2005).

3.6 Ausblick: Sportpädagogik – Grenzen und Herausforderungen

Wo liegen die Grenzen der Sportpädagogik? Welche Herausforderungen ergeben sich für die Sportpädagogik als Wissenschaftsdisziplin? Kennzeichen der Sportpädagogik ist es, sich mit der pädagogischen Handlungspraxis in verschiedenen sportlichen Settings wie auch – als Wissenschaft – mit der normativen Grundlegung, Erforschung und Reflexion dieses Handelns zu beschäftigen (Krüger, 2019, S. 20; König, 2020, S. 70–72). Vor diesem Hintergrund lassen sich abschließend einige Grenzen und Herausforderungen aufzeigen, die das Selbstverständnis der Sportpädagogik im Blick auf ihr Verhältnis zur sportlichen Handlungspraxis einerseits und auf die wissenschaftliche Profilierung als Teilgebiet der Sportwissenschaft andererseits betreffen.

Wenn sich Sportpädagogik auch als Beratungswissenschaft für die sportliche Praxis versteht, ist ihre Leistung auch danach zu beurteilen, inwieweit es bislang gelungen ist, diese anspruchsvolle Aufgabe zu erfüllen (Prohl, 2010, S. 355). Blickt man in diesem Zusammenhang z. B. auf Transferleistungen der Sportpädagogik für die Schulsportpraxis, ist das Ergebnis eher ernüchternd. So hält Stibbe (2017) für die Entwicklung und Implementation von Lehrplänen fest, dass die Sportpädagogik nur selten von den dafür zuständigen Ministerien als wissenschaftliche Beratungsinstanz für curriculare Fragen herangezogen wird. Lehrplanevaluationen und wissenschaftlich fundierte Strategien zur Lehrplanentwicklung erfolgen offenbar nur in wenigen Ländern (ebd., S. 23). Ähnliches gilt auch für den Bereich des Leistungssports: Obgleich sportpädagogische Inhalte inzwischen in der Übungsleiter- und Trainerausbildung angekommen sind, bleibt zu resümieren, dass Forschungserkenntnisse und Empfehlungen meist nur dann aufgenommen werden, wenn sie »für das Erringen von Siegen« im Leistungssport hilfreich erscheinen (König, 2020, S. 72). Eine »Pädagogik des Leistungssports« (Prohl & Lange, 2004) und kritische(re-)empirische Befunde zur Nachwuchsförderung (Creutzburg & Scheid, 2014; Pallesen, 2014) erweisen sich für die Praxis wohl eher als irritierend. Allgemein bleibt es eine wesentliche Aufgabe der Sportpädagogik, sich für eine Sportentwicklung in pädagogischer Absicht einzusetzen, zumal »das humane Interesse zunehmend von sportiven, medialen und ökonomischen Interessen überlagert wird« (Balz & Kuhlmann, 2003, S. 42).

Angesichts des demographischen Wandels und daraus resultierender Implikationen für die Ausdifferenzierung der Bewegungs- und Sportkultur erweist sich die bisherige Fokussierung sportpädagogischer Forschung auf traditionelle Bereiche des Schul- und Vereinssports als revisionsbedürftig (Thiele, 2018, S. 10; ähnlich Balz & Kuhlmann, 2003, S. 43). Thiele setzt sich daher für eine »Öffnung« der Sportpädagogik ein, in der auch aktuelle Themen wie E-Sport oder Bewegungsaktivitäten im Alter behandelt werden (ebd., S. 9–10).

Trotz des hier vorgetragenen Plädoyers für eine Sportpädagogik, die sich mit Bildungs- und Erziehungsfragen beschäftigt und dabei problemgeschichtliche, theoretisch-systematische und empirisch-analytische Zugänge (sowie entsprechende *reflexive* Verknüpfungen) verfolgt, ist zu vermuten, dass sich der nationale und internationale Trend zur rein empirisch orientierten *Bildungsforschung* zunächst weiter fortsetzen wird. Dabei ist positiv zu vermerken, dass sich die Forschungsverfahren in der Sportpädagogik in Bezug auf komplexe Mixed-Methods-Designs und interpretativ-rekonstruktive Ansätze vermutlich weiter ausdifferenzieren werden. Vor allem aber sollten die Anschlüsse der deutschsprachigen Sportpädagogik an die internationale Forschung deutlich ausgebaut werden.

Sofern es der Sportpädagogik in Zukunft gelingt, sich im Rahmen der Möglichkeiten für weitere Themen, Altersgruppen und Settings zu öffnen, das Forschungsprofil weiter zu schärfen, Anschlüsse an die internationale Diskussion herzustellen und die Bedeutung sportpädagogischer Erkenntnisse für die Sportpraxis im Sinne einer gesellschaftlich notwendigen Sportentwicklung aufzuzeigen, bestehen gute Chancen, auch die Reputation als Teildisziplin innerhalb der Sportwissenschaft zu erhöhen.

Literatur

Aschebrock, H. & Stibbe, G. (Hrsg.). (2017). Schulsportforschung. Wissenschaftstheoretische und methodologische Reflexionen. Waxmann.
Balz, E. (Hrsg.). (2009). Sollen und Sein in der Sportpädagogik. Beziehungen zwischen Normativem und Empirischem. Shaker.
Balz, E. (Hrsg.). (2019). Arbeitsbereich Sportpädagogik. Shaker.
Balz, E. & Kuhlmann, D. (2003). Sportpädagogik. Ein Lehrbuch in 14 Lektionen. Meyer & Meyer.
Balz, E. & Kuhlmann, D. (Hrsg.). (2015). Sportentwicklung vor Ort – Projekte aus deutschen Quartieren. Shaker.
Balz, E. & Kuhlmann, D. (2019). Fortbildung für Sportwissenschaftler*innen: Forschendes lernen. In A. Arampatzis, S. Braun, K. Schmitt & B. Wohlfarth (Hrsg.), Sport im öffentlichen Raum. 24. dvs-Hochschultag, Berlin, 18.-20. September 2019. Abstracts (S. 179). Feldhaus.
Creutzburg, S. & Scheid, V. (2014). Qualitätsentwicklung an Partnerschulen des Leistungssports. Hofmann.
Dietrich, K. & Landau, G. (1990). Sportpädagogik. Rowohlt.
Fischer, B. (2017). Strukturgleichungsmodelle in der Professionsforschung: Einsatz, Potenziale und Herausforderungen. In H. Aschebrock & G. Stibbe (Hrsg.), Schulsportforschung. Wissenschaftstheoretische und methodologische Reflexionen (S. 109–117). Waxmann.
Funke-Wieneke, J. (2004). Bewegungs- und Sportpädagogik. Wissenschaftstheoretische Grundlagen – zentral Ansätze – entwicklungspädagogische Konzeption. Schneider.
Gerlach, E. (2016). Bildungsforschung im Sport – welche gibt es und welche wird benötigt? In C. Heim, R. Prohl & H. Kaboth (Hrsg.), Bildungsforschung im Sport (S. 13–14). Feldhaus.
Güllich, A. & Krüger, M. (Hrsg.). (2013). Sport. Das Lehrbuch für das Sportstudium. Berlin, Heidelberg: Springer.
Größing, S. (2003). Sportdidaktik. In P. Röthig & R. Prohl (Hrsg.), Sportwissenschaftliches Lexikon (S. 509–511) (7., völlig neu bearb. Aufl.). Hofmann.
Grupe, O. (1975). Grundlagen der Sportpädagogik. Hofmann.
Grupe, O. (1984). Grundlagen der Sportpädagogik. Körperlichkeit, Bewegung und Erfahrung im Sport (3., überarb. Aufl.). Hofmann.
Grupe, O. (2000). Vom Sinn des Sports. Kulturelle, pädagogische und ethische Aspekte. Hofmann.
Grupe, O. & Krüger, M. (2007). Einführung in die Sportpädagogik (3., neu bearb. Aufl.). Hofmann.
Haag, H. (2010). Schulsport aus internationaler Perspektive. In N. Fessler, A. Hummel & G. Stibbe (Hrsg.), Handbuch Schulsport (S. 58–70). Hofmann.

Haag, H. & Hummel, A. (Hrsg.). (2001). Handbuch Sportpädagogik. Hofmann.
Heim, C., Prohl, R. & Kaboth, H. (Hrsg.). (2016). Bildungsforschung im Sport. Feldhaus.
Hinsch, W. (2020). Universität als »Clearing House«. In Frankfurter Allgemeine Zeitung vom 5. Februar 2020.
König, S. (2013). Sportpädagogik. In V. Burk & M. Fahrner (Hrsg.), Einführung in die Sportwissenschaft (S. 49–72). UKV.
König, S. (2016). A Plea for Mixed Methods Research in Research on Teaching in Physical Education. Sportwissenschaft, 46(3), 179–187.
König, S. (2020). Sportpädagogik. In V. Burk & M. Fahrner (Hrsg.), Sportwissenschaft. Themenfelder, Theorien und Methoden (S. 53–79) (2., überarb. u. erw. Aufl.). UVK.
Krüger, M. (2019). Einführung in die Sportpädagogik (4., neu bearb. u. akt. Aufl.). Hofmann.
Kuhlmann, D. & Balz, E. (Hrsg.). (2005). Qualitative Forschungsansätze in der Sportpädagogik. Hofmann.
Kurz, D. (2017). Sportpädagogik – Eine Disziplin auf der Suche nach ihrem Profil. In D. Kuhlmann & E. Balz (Red.), Dietrich Kurz – Pädagogische Fragen zum Sport. Ausgewählte Beiträge (S. 202–215). Arete.
Lange, H. (2014). Sportdidaktik und Sportpädagogik. Ein fachdidaktischer Grundriss. Oldenbourg.
Meinberg, E. (1993a). Zwischen Verstehen und Beschreiben – Einige Motive zur Fortsetzung des Methodendiskurses in der Sportwissenschaft. In K.-H. Bette, G. Hoffmann, C. Kruse, E. Meinberg & J. Thiele (Hrsg.), Zwischen Verstehen und Beschreiben. Forschungsmethodologisch Ansätze in der Sportwissenschaft (S. 9–20). Strauss.
Meinberg, E. (1993b). Hermeneutische Methodik. In K.-H. Bette, G. Hoffmann, C. Kruse, E. Meinberg & J. Thiele (Hrsg.), Zwischen Verstehen und Beschreiben. Forschungsmethodologisch Ansätze in der Sportwissenschaft (S. 21–75). Strauss.
Meinberg, E. (1996). Hauptprobleme der Sportpädagogik. Eine Einführung (3. Aufl.). Wissenschaftliche Buchgesellschaft.
Neuber, N., Golenia, M., Krüger, M. & Pfitzner, M. (2013). Erziehung und Bildung – Sportpädagogik. In A. Güllich & M. Krüger (Hrsg.), Sport. Das Lehrbuch für das Sportstudium (S. 395–438). Berlin, Springer Spektrum.
Pallesen, H. (2014). Talent und Schulkultur. Fallrekonstruktionen zu Bildungsgangentscheidungen an einer Eliteschule des Sports. Barbara Budrich.
Prohl, R. (2010). Grundriss der Sportpädagogik (3., korr. Aufl.). Limpert.
Prohl, R. (2013). Sportpädagogik als Wissenschaftsdisziplin – eine Standortbestimmung mit empirischem Ausblick. Zeitschrift für Sportpädagogische Forschung, 1(1), 5–30.
Prohl, R. & Lange, H. (Hrsg.). (2004). Pädagogik des Leistungssports. Grundlagen und Facetten. Hofmann.
Prohl, V. & Scheid, V. (2017). Einleitung: Zum Verhältnis zwischen Sportpädagogik und Sportdidaktik. In V. Scheid & R. Prohl (Hrsg.), Sportdidaktik. Grundlagen – Vermittlungsformen – Bewegungsfelder (S. 10–14) (2., neu bearb. Aufl.). Limpert.
Scheid, V. & Wegner, M. (2001). Forschungsmethodologie in der Sportpädagogik. In H. Haag & A. Hummel (Hrsg.), Handbuch Sportpädagogik (S. 105–137). Hofmann.
Scherler, K. (1992). Sportpädagogik – eine Disziplin der Sportwissenschaft. Sportwissenschaft, 22, 155–166.
Schmitz, J. N. (1979). Allgemeine Grundlagen der Sportpädagogik. Hofmann.
Stibbe, G. (2017). Schulsportforschung – Konturen einer Standortbestimmung. In H. Aschebrock & G. Stibbe (Hrsg.), Schulsportforschung. Wissenschaftstheoretische und methodologische Reflexionen (S. 15–28). Waxmann.
Thiele, J. (2018). Sportpädagogik: Differenzierungsprozesse und aktuelle Entwicklungen. In A. Güllich & M. Krüger (Hrsg.), Sport in Kultur und Gesellschaft. Springer. https://doi.org/10.1007/978-3-662-53385-7_21-1

II Sportpädagogische Grundlagen

4 Bildungstheoretische und anthropologische Grundlagen

Christian Gaum, Alexander Ratzmann & Sebastian Ruin

4.1 Einführung

Ausgangspunkt einer sportpädagogischen Praxis sind implizite und explizite Verständnisse vom Menschen, unterschiedliche Bildungs- und Erziehungsvorstellungen sowie Vorstellungen über Ziele dieser Praxis. Während sich das im pädagogischen Handeln aufscheinende Menschenbild oftmals implizit darin zeigt, wie Menschen in pädagogischen Kontexten miteinander interagieren, sind die Ziele zumeist explizierbar über Normvorstellungen von Sportarten, sportlichen Techniken, Gesundheitssport oder Sportunterricht. Im wissenschaftlichen Diskurs sind seit der Entstehung der Leibeserziehung, als Startpunkt sportpädagogischen und sportdidaktischen Denkens, vor allem Bildungs- und Erziehungstheorien maßgeblich daran beteiligt, wie Mensch und Sport zusammen gedacht werden können. Grundlegend basieren diese Bildungs- und Erziehungsvorstellungen auf anthropologischen Überlegungen (u. a. Grupe, 1984; Meinberg, 1984; Prohl, 2010). Um diese vielfältigen, oftmals historisch gewachsenen Implikationszusammenhänge aufzuzeigen, widmet sich dieses Kapitel den anthropologischen und bildungstheoretischen Grundlagen des Sports. Um den theoretischen Erwägungen Kontur zu verleihen, werden bei der Darstellung sportpädagogische Deutungsmuster, Implikationen und Anwendungsfelder exemplarisch eingeflochten.

4.2 Anthropologische Grundannahmen

Anthropologische Grundannahmen richten ihre Aufmerksamkeit auf die Frage nach der *conditio humana*, den Bedingungen des Menschseins, die als Kernfrage anthropologischer Zugänge bezeichnet werden kann. Da für die Pädagogik der Mensch als elementarer Untersuchungsgegenstand gilt (Tamboer, 2005), ist diese Frage pädagogisch bedeutsam. Pädagogischen Disziplinen ist daran gelegen, grundlegend zu bestimmen, was den Menschen in seinem Menschsein und mit Blick auf seine Entwicklung charakterisiert (ebd.). Für die Sportpädagogik ergibt sich daraus das Anliegen, »[…] Orientierungen, Begründungen und Normen zur Bestimmung und Bewertung von Zielen und Inhalten des Sporttreibens aus einem anthropologisch begründeten Verständnis des Menschen zu gewinnen« (Grupe & Krüger, 2007, S. 215).

In der deutschsprachigen Sportpädagogik ist weitgehend konsensfähig, im obigen Sinne von anthropologischen Überlegungen auszugehen und auf dieser Basis Ziele und Inhalte sportpädagogischer Angebote zu bestimmen. Schließlich könnte sie kaum auf anthropologische Einsichten verzichten, drücken sich in den für sie elementaren Begriffen wie *Körper*, *Bewegung*, *Kindheit* und *Entwicklung* doch stets Auslegungen des Menschen aus (Meinberg, 1981, S. 41). Allerdings unterscheiden sich die jeweiligen Begründungslinien in diversen sportpädagogischen Zugängen durchaus und anthropologischen Überlegungen kommt keinesfalls immer dasselbe Gewicht zu. Zudem haben sich im Zuge wissenschaftlicher Ausdifferenzierungen verschiedene Ausprägungen der Anthropologie entwickelt (u. a. Süssmuth, 1984; Tanner, 2017), womit sich auch die jeweiligen Perspektiven auf das, was den Menschen ausmacht, erheblich unterscheiden (Habermas, 1977). Entsprechend spielen auch in der Sportpädagogik unterschiedliche anthropologische Zugänge eine Rolle. Drei relevante Zugänge werden im Folgenden skizziert.

4.2.1 Leibanthropologie

Prominent verknüpft ist eine leibanthropologische Orientierung mit den Arbeiten Grupes (u. a. 1984), der eine anthropologische Begründung für die Sportpädagogik entwickelt und dabei die »Frage nach der Bedeutung der Leiblichkeit und Bewegung in der Erziehung« (Prohl, 2010, S. 73) in den Mittelpunkt seiner Studien stellt. Er entwirft in diesem Anliegen eine Theorie der Leiblichkeit, die maßgeblich auf die *Phänomenologie* Merleau-Pontys (u. a. 1974) und die *philosophische Anthropologie* Plessners (u. a. 1975) rekurriert. Dabei stellt Grupe (1984, S. 108) zunächst heraus, dass der Leib stets »Träger von Bildung und Erziehung« und damit Medium jeglicher Bildungsprozesse sei. Schließlich sei der Mensch durch seinen Leib in der Welt verankert (Merleau-Ponty, 1974) und könne somit nur mittels seines Leibes Welt erfahren. Andererseits setze erzieherisches Handeln in sportpädagogischen Zusammenhängen aber auch am Leib selbst an (Grupe, 1984, S. 108). Hier greift Grupe auf Plessners (1970; 1975) Theorie der Positionalität zurück. Diese besagt, dass der Mensch zwar *zentrisch positioniert* (1975, S. 237 ff.), also über seine Leiblichkeit räumlich und zeitlich an das Hier und Jetzt gebunden, aber zugleich auch *exzentrisch* positioniert sei (ebd., S. 288 ff.), was bedeutet, dass er seine räumlich-zeitliche Gebundenheit überwinden und in Distanz zum eigenen Körper gehen könne. Folgt man diesem Gedanken, so kommt der Mensch nie umhin, sein Leib zu sein, ihm wird aber durch die »Aneignung kulturspezifischer Techniken« (Gugutzer, 2004, S. 148) bewusst, dass er einen Körper hat und er über diesen verfügen kann:

> »Mit dieser Doppelrolle muss sich jeder vom Tage seiner Geburt an abfinden. Jedes Lernen: zu greifen und die Sehdistanzen den Greifleistungen anzupassen, zu stehen, zu laufen usw. vollzieht sich auf Grund und im Rahmen dieser Doppelrolle. Der Rahmen selbst wird nie gesprengt« (Plessner, 1970, S. 43).

Von diesen Überlegungen ausgehend ergibt sich für Grupe (1984, S. 108) eine doppelte pädagogische Bedeutung des Leibes, die in der gleichzeitigen Beschäftigung mit dem Verhältnis zwischen Leib und Welt sowie dem Verhältnis zwischen Ich und Leib liegt. Ausdrücklich sind für ihn diese Verhältnisse (Ich-Leib-Welt) durch eine permanente Dynamik gekennzeichnet. In dieser unablässigen Veränderlichkeit der Beziehungen zwischen Ich, Leib und Welt schreibt Grupe (1982) nun dem Leib eine *vermittelnde Rolle* zu, die in der menschlichen Bewegung besonders deutlich werde. Diese »›Ordnung‹ des Leibverhältnisses« (ebd., S. 111) dürfe die Pädagogik nicht auslassen, was für ihn ein wesentliches Argument für die Existenz einer Sportpädagogik ist.

Die hier skizzierten Arbeiten Grupes sind grundlegend für die Werke zahlreicher Sportpädagog*innen (z. B. Ehni, 1977; Kurz, 1990; Grupe & Krüger, 2007; Funke-Wieneke, 2010; Prohl, 2010). Darüber hinaus finden sich ähnliche anthropologische Argumentationsmuster, die von den Bezügen zwischen Ich, Leib und Welt ausgehen – wenngleich in mitunter etwas anderen Nuancierungen – etwa in den Arbeiten von Meinberg (u. a. 1984), Thiele (u. a. 1990), Bietz (2005) und Giese (2008).

4.2.2 Kultur- und Sozialanthropologie

Die Kultur- und Sozialanthropologie versteht den Menschen als ein auf Gemeinschaft ausgelegtes, durch Kultur hervorgebrachtes und auf Kultur verwiesenes Wesen. Dies hat vor allem in Ansätzen ästhetischer Erziehung bzw. Bildung (u. a. Beckers, 1985; Franke, 2003; Klinge, 2014) erhebliche Relevanz. In einem solchen Verständnis ist bspw. Beckers (1985) in seiner Konzeption ästhetischer Erziehung daran gelegen, kulturell tradierte Dichotomien, wie jene von Sinnlichkeit und Verstand oder von Individuum und Gemeinschaft, zu überwinden. Anstelle von Gegensätzen (wie z. B. Fühlen versus Denken) sollen die sich hier offenbarenden Spannungsfelder produktiv als anthropologische Einheit begriffen werden, denn »[...] eine antagonistische Entgegenstellung von Seele und Geist, Körper und Verstand bedeutet bereits die Entfremdung des Menschen von seinem anthropologisch begründeten Vermögen« (ebd., S. 40). Ausgehend von kulturkritischen Überlegungen Rousseaus macht Beckers (1985) deutlich, dass der Mensch zwar in das jeweils bestehende soziale Leben – das sich zumeist in Gestalt von Kultur äußert – eingeführt werden müsse, aber ebenso die subjektiven Perspektiven zum Tragen kommen müssen. Es geht also gleichsam um ein Erziehen »zum sozialen und zum individuellen Menschen« (ebd., S. 26). Daher betont er u. a. mit Blick auf die Sportpädagogik das Anliegen, erfahrbar zu machen, wie kulturelle Produktion von gesellschaftlichen Strukturen abhängt. Nur so könne die »utopische Funktion der Erziehung« zum Tragen kommen (ebd., S. 30) und damit gesellschaftliche Veränderung – was auch eine Veränderung des Kulturguts Sport bedeutet – ermöglicht werden. Schulischer Sportunterricht solle Schüler*innen unter diesen Voraussetzungen die »Vergesellschaftung des Körpers« verdeutlichen, seien sie doch auf Gemeinschaft ausgelegte Wesen, deren individuelle Körperlichkeit mit den gegebenen sozialen Strukturen verflochten ist und diese zugleich erzeugt (ebd. S. 32 ff.).

Ähnlich verfolgt u. a. auch Franke (2003) aus einer kulturanthropologischen Perspektive das Anliegen, die traditionelle Differenzierung zwischen objektivem Denken und subjektivem Fühlen zu überwinden. Dies wird in Abschnitt 4.3 noch weiter ausgeführt.

4.2.3 Historische Anthropologie

Ungeachtet ihrer bisher weniger zentralen Präsenz in der sportpädagogischen Theoriebildung, entfaltet die historische Anthropologie, als kritische Position zum Umgang mit vermeintlich überzeitlichen anthropologischen Grundannahmen, eine besondere bzw. potenzielle Relevanz. Mit Blick auf die jüngeren dynamischen Entwicklungen im Zuge einer Forcierung inklusiver Bildungsanliegen fordert Giese (2016), den »anthropologischen Imperativ« (Drexel, 2003, S. 317) – also die gesehene Notwendigkeit, das Wesen des Menschen grundsätzlich zu bestimmen –, dem auch die Sportpädagogik anhafte, kritisch zu hinterfragen. Schließlich bergen grundlegende Wesensbestimmungen des Menschen stets die Gefahr, dass Menschen, die diesen Merkmalen (bspw. aufgrund einer Beeinträchtigung) nicht voll umfänglich entsprechen, bei der Bestimmung von Bildungszielen benachteiligt oder gar ausgeschlossen werden (Giese, 2016).

Bereits Habermas (1977, S. 91) stellte heraus, dass eine *kritische Anthropologie* nicht unterschlagen könne, dass das Wissen über den Menschen jeweils von Menschen in einer bestimmten historischen und gesellschaftlichen Lage generiert wird. Im Sinne solch einer kritischen Anthropologie rückt nun die historische Anthropologie »[...] den Menschen in seiner Besonderheit, in seiner Komplexität und Abhängigkeit von Natur, Gesellschaft und kultureller Tradition in den Mittelpunkt« (van Dülmen, 2001, S. 6). Weder gilt der Mensch dabei als völlig autonom noch als den historischen Ereignissen völlig ausgeliefert (ebd.). Vielmehr betrachtet die historische Anthropologie das Interaktionsgefüge von Einzelnen und Gruppe; sie nimmt also die »Vernetzung des Menschen mit den ihn umgebenden sozialen, politischen und kulturellen Strukturen« in den Blick (Süssmuth, 1984, S. 9). Neben dem Identifizieren historisch verdeckter Formen menschlicher Kultur ist ihr in diesen Zusammenhängen daran gelegen, ideologische Normvorstellungen hinsichtlich »menschlicher Antriebe, Einstellungen und Verhaltensweisen« aufzudecken und zurückzuweisen (ebd., S. 8).

Eine wichtige Dimension historisch anthropologischer Betrachtungen sind leiblich-körperliche Aspekte. Es geht hier bspw. darum zu untersuchen, inwieweit der Körper im historischen Verlauf als natürlich und inwieweit als kulturell geformt begriffen wird. Derartige Überlegungen machen deutlich, dass Unterscheidungen wie Natur/Kultur ein »diskursives Konstrukt« sind und ihrerseits auch »einem ausgeprägten Wandel« unterliegen (Tanner, 2017, S. 123). Mit solch einem Wissen wird es möglich, fundamentale Konstrukte und z. B. daran anknüpfende Körperverständnisse einer Ideologiekritik zugänglich zu machen. Die theoretische, für ungerechtfertigte Normvorstellungen sensitive Perspektive der historischen Anthropologie könnte auf diese Weise auch für die Sportpädagogik Spielräume eröffnen, den einzelnen Menschen in seiner individuellen Körperlichkeit sichtbar zu machen und als solchen anzuerkennen. Nicht zuletzt, mit Blick auf die gegenwärtig (inter-)national virulenten Inklusionsbestrebungen (u. a. Block, Giese & Ruin, 2017), erscheint dies als ein vielversprechender Ausgangspunkt für zukunftsfähige bildungstheoretische Überlegungen. Gleichwohl gälte es auch hier, unter Verweis auf die behindertenpädagogische Anthropologiekritik (Jakobs, 2009), auszuloten, inwieweit eine solche theoretische Perspektive auf den Menschen – oder gar jedweder

Versuch ihn zu bestimmen – den Menschen nicht nur auf das beschränkt, was er war, sondern ebenso aufzuzeigen vermag, »was er werden kann« (Adorno, 1980, S. 61).

4.3 Bildungstheoretische Grundlagen

Bildungstheorien begründen präskriptiv, wozu Bildung letztlich befähigt und beschreiben deskriptiv, wie sie sich vollzieht. Obwohl hinsichtlich der Frage, was unter Bildung verstanden wird, je nach Ansatz unterschiedliche Akzentuierungen identifizierbar sind, kann das übergeordnete Verständnis des Bildungsbegriffs aus Kapitel 1 für alle nachfolgend skizzierten Positionen übernommen werden (▶ Kap. 1). Die hier dargestellten Ansätze stellen sich der Frage nach dem Sinn und den Verlaufsqualitäten von Bildung im Kontext von Bewegung, Spiel und Sport, ohne dabei den überwundenen Vereinseitigungen formaler und materialer Theorien (▶ Kap. 7; ▶ Kap. 8) zu erliegen. Resultierende Fragen können dann z. B. lauten: Wie lässt sich das Fach Sport als schulische Pflichtveranstaltung begründen? Worin liegen pädagogische Potenziale des außerschulischen Sports (▶ Kap. 12; ▶ Kap. 15)?

Ausgangspunkt für den aktuellen Diskurs ist die neuhumanistische Bildungsidee von Wilhelm von Humboldt, nach der Bildung als die geistig-ideelle Auseinandersetzung mit den Werken und Werten der Kultur verstanden wird und über die rein zielorientierte Aneignung von Wissen und Können im Sinne der gesellschaftlichen Nützlichkeit hinausgeht. »Handeln und Denken, Wissenschaft und Kunst, Können, Wissen und Ästhetik sollen ganzheitlich integriert werden« (Bardmann, 2015, S. 72). Bewegung und Sport (zunächst eher Leibesübungen und Turnen) wurden lange Zeit allerdings als technisch geprägte, physische Fertigkeiten angesehen, denen kein Bildungswert innewohne (Krüger, 2011, S. 87). Diesem Umstand tritt nicht nur die Sportpädagogik kritisch entgegen (u. a. Ruin & Stibbe, 2020). Mit Klafki und Benner haben auch namhafte Vertreter allgemeiner Bildungstheorie die Dimension der Leiblichkeit explizit berücksichtigt.

Nachfolgend werden zeitgemäße Ansätze der kategorialen, transformatorischen, ästhetischen und relationalen Bildung hinsichtlich ihrer Kernaussagen, Implikationen und Anwendungen in der Sportpädagogik veranschaulicht.

4.3.1 Kategoriale Bildungstheorie

Mit seiner Theorie der kategorialen Bildung vereinigt Klafki die sich vormals gegenüberstehenden Konzepte materialer und formaler Bildung und überbrückt damit die Kluft zwischen exklusivem Objekt- und Subjektbezug. Der Inhalt sei nicht per se bildungsrelevant, sondern das Individuum bilde sich wechselseitig am exemplarischen Inhalt, indem elementare und fundamentale Aspekte entdeckt, erlebt, erfahren und die subjektive Bedeutung erschlossen werde (Klafki, 1985, S. 93). Bildung wird dabei als engverwobener Prozess von Individuum und Sache begriffen.

Klafkis Theorie nimmt expliziten Bezug auf die schulische Anwendung, wo er die didaktische Kernfrage nach der Bedeutung des fachspezifischen Bildungsgegenstands stellt. Für den Sportunterricht wird »der lustvolle und zugleich verantwortliche Umgang mit dem eigenen Leib – nicht zuletzt der Entwicklung der individuellen Bewegungsfähigkeit – in Anerkennung der leiblichen und seelischen Integrität des bzw. der Mitmenschen« (Klafki, 2001, S. 22) benannt. Wie in der Leibanthropologie veranschlagt, ist der Leib Medium für bildungsrelevante Erfahrungen.

Dieser Erfahrungsprozess des Sich-Bewegens (Bewegungsbildung) muss sowohl gegenwartserfüllend sein als auch Relevanz für die künftige Lebensgestaltung des Individuums haben. Als Bezugspunkt einer zukunftsorientierten Allgemeinbildung identifiziert Klafki (1985) Schlüsselprobleme (Friedensfrage, soziale Ungleichheit, Leistungsprinzip, globale Gesundheit etc.), die in der aktuellen Lebenswelt von Kindern und Jugendlichen bedeutsam sind, aber auch auf ungelöste Herausforderungen verweisen. Die fachspezifische Bewegungsbildung steht daher im Horizont fachübergreifender allgemeiner Bildung (Prohl & Ratzmann, 2018). Diese Allgemeinbildung ist auf die Förderung von drei Grundfähigkeiten (Klafki, 2001, S. 20) angewiesen: die *Selbstbestimmungsfähigkeit* (über individuelle Entscheidungen, Lebensbeziehungen, Aktivitäten und Sinndeutungen), die *Mitbestimmungsfähigkeit* (als Qualifikation zur Mitgestaltung der gemeinsamen Verhältnisse) sowie die *Solidaritätsfähigkeit* (als Einstellung, die erforderlich ist, um das Recht auf Selbst- und Mitbestimmung der Mitmenschen anzuerkennen und praktisch werden zu lassen).

Die Identifikation von Themen des Sports, die als didaktisch begründbare Inhalte im Sportunterricht hierzu aufgegriffen werden können, ist dann durch Offenheit, aber nicht Beliebigkeit gekennzeichnet. Die kritisch-konstruktive Sportdidaktik (u. a. Gissel, 2017) hat Klafkis Kriterien der Sachanalyse fachspezifisch konkretisiert und für die Notwendigkeit der Rückbesinnung auf die Sache des Unterrichts plädiert. Beispielhaft kann auf den verantwortlichen Umgang mit dem eigenen Körper, die Auseinandersetzung mit Körperbildern, den Umgang mit Heterogenität und Vielfalt oder die Spannung zwischen individuellem Glücksanspruch und zwischenmenschlicher Solidarität verwiesen werden. Aus sportpädagogischer Perspektive wurde die kategoriale Bildungstheorie bspw. zu Fragen der Demokratiebildung (Prohl & Ratzmann, 2018) oder zum Umgang mit dem Leistungsprinzip herangezogen. Sie ist darüber hinaus als Ankerpunkt für das Konzept des erziehenden Sportunterrichts (u. a. Prohl, 2017) und im Sinne eines kompetenzorientierten Sportunterrichts (Gissel, 2019) berücksichtigt worden.

Die Rolle kategorialer Bildung in außerschulischen sportlichen Kontexten wird von Klafki zwar nicht konkretisiert, allerdings erscheint sein Konzept grundsätzlich übertragbar. Der Umgang mit Heterogenität, demokratischen Werten, Inklusion und Diversität erfüllt durchaus die Merkmale gegenwarts- und zukunftsbedeutender Schlüsselprobleme. Bspw. zeigt die aktuelle Debatte zum Thema eSport wie bedeutsam es nicht nur aus sportpädagogischer Sicht ist, die Frage nach der Bildungsrelevanz der Inhalte und dem Gegenstandsverständnis zu stellen.

4.3.2 Transformatorische Bildungstheorie

In der *transformatorischen Bildungstheorie* wird Bildung als ein »Prozess der Transformation grundlegender Figuren des Welt- und Selbstverhältnisses angesichts der Konfrontation mit neuen Problemlagen« (Koller, 2012, S. 17) verstanden. Die Veränderung des Subjekts (seine Transformation) im Rahmen seiner Biographie vollzieht sich in der Auseinandersetzung mit krisenhaften Situationen (Marotzki, 1990) und der daran gekoppelten Irritation. In Anlehnung an, aber auch Erweiterung zur humboldtschen Bildungsidee, ist hier das Scheitern konstitutiv für Bildungsprozesse und deren Anstoß (Koller, 2012). Daraus resultiert aber nicht zwangsläufig eine positive Weiterentwicklung, die implizit in anderen Bildungstheorien angenommen wird, sondern eine zunächst wertfreie Veränderung. Die Negativität der Erfahrung (Krisen und Irritation versucht der Mensch zu vermeiden) ist nun als unausweichlich anzuerkennen aber gleichzeitig als Herausforderung ernst zu nehmen und nicht nur resigniert zu erdulden. Erst wenn etwas genügend Reibung erzeugt, also nicht einfach bruchlos in das Selbstverständnis integriert werden kann, ist Bildung möglich. Ein solcher Widerspruch erfordert eine Veränderung und dies ist der Beginn eines transformatorischen Bildungsprozesses. Erst die Verankerung in der Welt macht den Menschen zu dem, der er ist. Hierin wird deutlich, dass die Theorie transformatorischer Bildung den Fokus auf den Bezug des Subjekts zu antinomischen Strukturen und sozialen Kontexten richtet und sich im Gegensatz zur kategorialen Bildung weniger auf die Gegenstandsfrage bezieht.

Für die Sportpädagogik ist die Theorie bereichernd, da sportivem Bewegen und Bewegungslernen potenzielles Scheitern innewohnt (Laging & Kuhn, 2018, S. 14), so dass das sportliche Handlungsfeld Bildungsanlässe beherbergt. Das Ziel sportlicher Handlungen besteht zwar in der kompetenten Bewegungsausführung, doch gelingen diese Handlungen meist erst nach Lern- und Übungsprozessen, in denen wiederum Enttäuschungen und Irritationen erfahren werden. Die Theorie transformatorischer Bildung wird in der Sportpädagogik über die letzten Jahre im Rahmen der Biographieforschung bemüht (u. a. Ernst, 2018; Volkmann, 2008). Der Schwerpunkt liegt im Bereich der Schulsportforschung, z. B. auf didaktischen Leitideen zur reflexiven Handlungsfähigkeit (Schierz & Thiele, 2013), der Erforschung von Irritationsmöglichkeiten im Sportunterricht (Bähr et al., 2019) oder den Professionalisierungsprozessen von Lehrkräften (Miethling & Gieß-Stüber, 2007).

Wenngleich bislang kaum untersucht, erweisen sich Situationen sowohl im Spitzen- als auch im Breitensport zumindest aus theoretischer Sicht ebenfalls anschlussfähig an die transformatorische Bildungstheorie. So erscheinen Biographien von Spitzensportler*innen nicht als einheitlich, sondern oftmals geprägt von krisendurchzogener und profunder Individualität (Güllich & Richartz, 2015). Der Umgang mit Krisen (Verletzungen, Leistungseinbrüchen, Sinnkrisen) könnte maßgeblichen Einfluss auf Bildungsprozesse in spitzensportlichen Karriereverläufe und auch im Rahmen breitensportlicher Aktivität haben.

4.3.3 Ästhetische Bildungstheorie

Die ästhetische Bildungstheorie richtet sich auf die sinnliche Erfahrung des *Gegenstands* und sieht in dessen sinngetragener reflexiver Wahrnehmung die Basis des Bildungsprozesses. *Ästhetik* (gr. Aísthēsis) kann als *sinnliche Wahrnehmung* verstanden werden (Dietrich, Krinninger & Schubert 2013). Dabei bezeichnet das Adjektiv *ästhetisch* die je spezifische Art der Wahrnehmung eines Gegenstandes (oder: eines Bewegungsphänomens). Von ästhetischer Erfahrung spricht man in pädagogischer Hinsicht vor allem in besonderen Zusammenhängen, die aus dem Kontext des Alltäglichen herausgelöst sind. Damit wird die Wahrnehmung zu einem Prozess, der seinen Zweck in sich selbst trägt (ebd., S. 16). In vielerlei Hinsicht liegen ästhetische Bildungspotenziale auch in Erlebnissen und Erfahrungen körperlicher Bewegung bei Spiel und Sport (Beckers, 2003; Funke-Wieneke, 2007), so dass der Sport als »Institution der Produktion ästhetischer Erfahrung« (Weise & Prohl, 2009) verstanden werden kann. Die Erfahrung von Leistungsgrenzen beim Marathonlauf, die Anspannung in einer entscheidenden Phase bei Sportspielen, das Verschmelzen mit Musik und Partner*in beim Tanzen beanspruchen und intensivieren unsere sinnliche Wahrnehmung. Ästhetik ergänzt so gesehen die traditionell rational ausgerichtete Logik, um eine Logik des Leibes (Dietrich et al., 2013). Das besondere Merkmal ästhetischer Bildung liegt damit in den Erfahrungen, die das Subjekt in leiblicher Auseinandersetzung mit der Welt macht und die als Reflexionsanlässe dienen. Es geht eben nicht nur darum, welche kulturellen Güter wie erfahren werden, sondern zu welchen Erfahrungen der sinngetragene und reflexive Prozess führt – folglich um Erfahrungen beim Bewegen, Wettkämpfen etc. und um das, was wir aus diesen Erfahrungen lernen.

Zentral in dem theoretischen Konzept ist nun, dass der reflexive Prozess nicht erst nachgeschaltet an die Erfahrung anschließt, sondern sich als Erfahrung der eigenen Erfahrung (Franke, 2003) bereits im Aktionsprozess vollzieht. Die Erfahrung im ästhetischen Moment kann sowohl durch aktives Tun (während der Bewegungsaktion) als auch passives Erleiden und Empfinden (in Phasen der Bewegungsinaktivität) ausgelöst werden. Ästhetische Wahrnehmungen und Empfindungen sind somit an die Sinne und nicht per se an die Bewegung gekoppelt, wenngleich im Feld der Sportpädagogik die kinästhetische Dimension große Bedeutung entfaltet. Sinnliche Wahrnehmungen können in ihrer Gesamtheit ästhetische Bildungsprozesse anbahnen, wenn sie das Selbstverständnis treffen, also in irgendeiner Form das Wahrnehmen, Fühlen oder Denken zum Thema werden lassen. Bedingung ist nicht zwingend das Scheitern (Enttäuschung einer Erwartungshaltung), sondern das durchaus auch passive Neu-Entdecken oder Neu-Empfinden der Wahrnehmung, das als lustvoll »mit geradezu körperlichem Behagen« (Dietrich et al., 2013, S. 14) beschrieben werden kann. Im Sport geht damit ein besonderes Zeiterleben gesteigerter Gegenwartsmomente (z. B. Spannung, Bewegungsfreude) einher. Wenn sich die Qualitäten des wiederholten Empfindens wie Bausteine summativ zusammenfügen, dann vollzieht sich der Bildungsprozess im Sinne eines sukzessiven Erfahrungsaufbaus (»Bildungsspirale« Prohl, 2010, S. 158). Ihrem Wesensmerkmal entsprechend, sind solche Bildungsprozesse weder vollständig plan- noch erzeugbar.

Sportpädagogische Anwendungsbezüge der ästhetischen Bildungstheorie bestehen bezüglich des Sportunterrichts, den diese Denkrichtung als *ästhetisches Schulfach* (Franke, 2003; Prohl, 2010; Scherer & Bietz, 2013) versteht. Die objektive Bedeutung des ästhetischen Gegenstands (z. B. Sportart) wird hier abgelehnt und die subjektive Erfahrung in Auseinandersetzung mit dem Gegenstand betont. Für den Breiten- und Spitzensport ist bedeutsam, dass sich auch im wettkampfsportlichen Handeln ein spezifischer ästhetischer Erfahrungsraum der Kontingenz (Seel, 1995; Bietz & Scherer, 2017; Gaum & Prohl, 2018) entfaltet. Man stellt sich freiwillig ein Hindernis in den Weg (versucht eine schnellere Rundenzeit zu laufen, misst sich mit gleichstarken Gegner*innen), um die eigenen Bewegungshandlungen aufzuwerten. Sport ist dann nicht nur Erholung, Spiel und Entspannung, sondern »eine Möglichkeit, uns die freiwillige Selbsterschwernis unseres Lebens zuzumuten, aus der Kultur entsteht« (Grupe, 1982, S. 107).

4.3.4 Relationale Bildungstheorie

Gemeinsamkeiten der verschiedenen Ansätze scheinen in der *relationalen Bildungstheorie* auf, die allerdings keine Sache im ontologischen Sinn kennt, sondern nur im relationalen Verhältnis des Menschen zur Sache. Es gibt demnach nicht die bildenden Gegenstände (im Sinne von Kulturgütern), sondern nur die Beziehung des Menschen zu den Gegenständen. Bildung vollzieht sich wechselseitig in der Mensch-Welt-Beziehung über die Erfahrung der Welt, die auf den Menschen zurückwirkt. Ein relationaler Bildungsprozess ist folglich immer unmittelbar an die Erfahrung der Sachwelt, der Sozialwelt oder des eigenen Selbst gebunden. In seiner *Allgemeinen Pädagogik* hat Benner (2005) die Notwendigkeit von Urteils- und Partizipationskompetenz erwähnt, die er als Ziel des Bildungsprozesses deklariert. Er führt aus, dass sich Bildung im zwischenmenschlichen Umgang in unterschiedlichen Partizipationsfeldern (z. B. Arbeit, Politik, Kunst) realisiere und von Leiblichkeit, Freiheit, Geschichtlichkeit und Sprache (2005, S. 35) durchdrungen sei. Die sportpädagogisch relevante Dimension der Leiblichkeit hat Benner in einer späteren Auflage seiner relationalen Bildungstheorie hinzugefügt. Dabei ist zu bedenken, dass die Relation zwischen zwei Bereichen einerseits deren Differenz, aber gleichzeitig auch deren Einschluss beschreibt. So nimmt der Mensch seine Umwelt über seinen Leib als etwas Externes wahr, er spürt und erfährt sie, tritt mit ihr über Bewegung jedoch in Relation und macht sie sich zugleich zu Eigen. Dieses Einverleiben der Umwelt wird bspw. beim Surfen deutlich, wenn man die perfekte Welle erwischt, oder beim Skifahren, wenn die Ski mit dem Hang verschmelzen. Aus sportpädagogischer Perspektive bedeutet dies, dass über Bewegung nicht einfach Bildungsziele (z. B. Gesundheit, Fairness) angesteuert werden, sondern der Mensch sich-bewegend die Welt erschließt und diese erfährt. Bewegung ist dann bereits Bildung und nicht nur Mittel zum Zweck. Diese wechselseitige Synthese versteht den Leib als Welt erfahrende und Welt gestaltendes potenzielles Medium der Bildung.

> »In, durch und mit dem Leib erfahren wir Welt als personale und sächliche Andersheit und vernehmen wir, wie diese auf unsere Fragen an sie antwortet. Das gilt auch für unser Selbstverhältnis, in dem wir uns nicht als geistiges Wesen zu unserem Körper, sondern leiblich zu uns selbst verhalten« (Benner, 2005, S. 35).

Relationale Bildung vollzieht sich im sportlichen Kontext nun sowohl über personale, materiale als auch soziale Erfahrungen. Bildungstheoretisch argumentiert ermöglicht Sport über Selbst- und Welterfahrung einen Erkenntnisgewinn. Personale Erfahrungen des Körpers durch Bewegung sind dadurch gekennzeichnet, dass es keine Sicherheit für das Gelingen von Bewegungshandlungen gibt. Man erfährt selbst als Könner*in Leistungsgrenzen, das eigene Unvermögen und insbesondere als Anfänger*in den eigenen Körper als mitunter sperriges Ding, der eben nicht das umsetzt, was man will. Es besteht eine Grundspannung zwischen Kompetenz (Erfahrung des Könnens) und Kontingenz (Erfahrung der Unsicherheit). Spannung garantiert eine besondere »Lebendigkeit« (Grupe & Krüger 2007, S. 254), die einem spannungsarmen Leben durch sportliche Aktivitäten mehr Spannung verleihen kann, ohne diese zugleich zu kontrollieren. Die Bedeutung materialer Erfahrung besteht nicht nur in der Auseinandersetzung mit diversen Sportgeräten und äußeren Bedingungen (Schwerkraft, Widerstand), sondern in einer zunehmend digitalisierten Lebenswelt vor allem in Naturerfahrungen (Bewegung im Wasser, auf Schnee etc.). Soziale Erfahrungen bestehen im Sport in der Koordination des eigenen Handelns mit dem Handeln anderer Menschen. Regeln und Werte werden beim miteinander Handeln und gegeneinander Wettkämpfen unmittelbar im Bewegungsdialog erfahren und aktiv gestaltet.

Die sportpädagogische Frage nach dem Medium der Bildung muss nach der relationalen Bildungstheorie mit Bewegung beantwortet werden. Der kompetenzorientierte Ansatz von Franke (2008) nimmt deshalb in Abgrenzung zu kognitionsorientierten Kompetenzmodellen die leibliche Weltbegegnung im Bewegungsvollzug als Ausgangspunkt. Die unauflösliche Verschränkung von Bildung und Bewegung wird für das Lehren und Lernen von Bewegung zur Entwicklung von didaktischen Prinzipien und zur Strukturierung von Bewegungslernprozessen (u. a. Scherer & Bietz, 2013) berücksichtigt.

4.4 Fazit

Die vorliegenden Ausführungen haben deutlich gemacht, dass bildungstheoretische Überlegungen im Sport in einem engen Implikationszusammenhang mit anthropologischen Grundlagen, also Fragen zum Wesen des Menschen, und der Sache Sport stehen. Tabelle 4.1 verweist zusammenfassend auf gängige Lesarten, Deutungsmuster und Auslegungen der skizzierten Bildungsverständnisse im Bezug zu Menschenbildern (Anthropologie) und dem Gegenstand Sport (▶ Tab. 4.1).

Während eine leibanthropologische Perspektive den Menschen als genuin leibliches Wesen begreift, welches zuerst leiblich in der Welt verankert ist, versteht eine Kultur- und Sozialanthropologische Perspektive den Menschen vor allem als ein Soziales und auf Kultur angewiesenes Wesen, das durch Kultur- und Sozialwelt sozialisiert wird und diese zugleich hervorbringt. Eine historische Anthropologie, die eine kritische Perspektive auf die Normativität von Wesens- und Bestimmungsmerkmalen

4 Bildungstheoretische und anthropologische Grundlagen

Tab. 4.1: Vergleichende Gegenüberstellung bildungstheoretischer und anthropologischer Grundlagen

	Sinn, Ziel, Intention (WOZU?)	Gegenstand (WAS?)	Verlauf, Vollzug, Prozess (WIE?)	Menschenbild
Kategoriale Bildungstheorie	Erwerb zeitgemäßer Allgemeinbildung: Selbstbestimmungs-, Mitbestimmungs- und Solidaritätsfähigkeit; Mündigkeit als übergeordnetes Ziel	Fachliche Gegenstände (werden Bildungsinhalte, wenn sie elementar, fundamental, exemplarisch sind sowie Gegenwarts- und Zukunftsbedeutung entfalten); Schlüsselprobleme der Zeit	Erschließen des Gegenstandes und davon Erschlossen-Werden	Mensch als erziehungsbedürftiges und selbstbestimmtes Wesen
Transformatorische Bildungstheorie	Befähigung zur selbstreflexiven Bestimmung und Modifikation von Selbst- und Weltverhältnissen	Erschütterung von bestehenden Selbst- und Weltverhältnissen durch persönliche Krisen und Irritationen	Infragestellung bestehender Selbst- und Weltverhältnisse sowie Veränderung durch Herstellung neuer Passung(en) der Selbst- und Weltverhältnisse	Mensch (nicht genuin normativ verstanden) als entwicklungsoffenes, biographisch in gesellschaftlichen Strukturen verankertes Wesen
Ästhetische Bildungstheorie	Zentrierung der leiblich-sinnlichen Wahrnehmung (Erweiterung Fühlens und Denkens; Überwindung der Dichotomie von Sinnlichkeit und Verstand)	Die (Selbst-)Erfahrung (aktiv & passiv) in Auseinandersetzung mit kulturellen Objektivationen (Differenzerfahrungen)	Erfahrung der Erfahrung; Neuentdecken	Mensch als sinnliches, intentionales, leibliches Wesen
Relationale Bildungstheorie	Erwerb einer reflexiven Urteils- und Partizipationskompetenz	Verhältnis und Beziehung des Menschen als »Relation« zum Gegenstand (sozial, personal, material)	Vollzug und reflexive Bearbeitung der Relation als ein Sich-Bewegen	Mensch als bildsames Wesen (nicht anlage- und umweltbedingt determiniert); Bestimmt-Sein zu rezeptiver und spontaner Freiheit, Leiblichkeit, Sprache, Geschichtlichkeit

des Menschen einnimmt, versucht den Menschen nicht auf seine primäre Leiblichkeit oder seine sozial-kulturelle Verflochtenheit zu verengen, sondern in seiner Komplexität und Abhängigkeit von Natur, Gesellschaft und kultureller Tradition zu bestimmen.

Verschiedene Schwerpunktsetzungen und Akzentuierungen lassen sich auch bei bildungstheoretischen Ansätzen aufzeigen. Während die Theorie einer kategorialen Bildung die Dichotomie zwischen materialer Bildung (Erschließung der Sache Sport) und formaler Bildung (Erschlossen-Werden und Erschlossen-Sein für die Sache Sport) zu überwinden versucht, geht eine transformatorische Bildungstheorie davon aus, dass Selbst- und Weltverhältnisse des Subjekts durch Probleme, Irritationen und Krisen verändert werden können, indem das Subjekt in der Auseinandersetzung mit diesen Problemlagen wächst. An der Schnittstelle zur Erfahrung setzen das ästhetische und das relationale Bildungsverständnis an. Ästhetische Bildung geht davon aus, dass durch leibliche Erkenntnismodi begründete und durch die sinnliche Erfahrung von Welt gesättigte Empfindungen, Wirkungen und Erfahrungen, (prä-)reflexiv Veränderungen in Mensch-Welt-Verhältnissen stattfinden. Nach der relationalen Bildungstheorie vollzieht sich Bildung in bewegter Relation zwischen Mensch und (Sport-)Welt. Die Sache ist somit nicht gegeben, sondern wird im erfahrungsgesättigten und bewegten Dialog zwischen Mensch und (Sport)Welt erst hergestellt.

Literatur

Adorno, T. (1980). Negative Dialektik. Suhrkamp.
Bähr, I., Gebhard, U., Krieger, C., Lübke, B., Pfeiffer, M., Regenbrecht, T., Sabisch A. & Sting W. (Hrsg.). (2019). Irritation als Chance. Bildung fachdidaktisch denken. Springer VS.
Bardmann, T. (2015). Wie unterscheiden sich Bildungskonzepte? In T. Bardmann (Hrsg.), Die Kunst des Unterscheidens (S. 65–99). Springer VS.
Beckers, E. (1985). Ästhetische Erziehung. Ein Erziehungsprinzip zwischen Tradition und Zukunft. Richarz.
Beckers, E. (2003). Der übergangene Körper. Der Beitrag des Sports zum Bildungsprozess. In W. Schwarzkopf (Hrsg.), Jenseits von PISA: welche Bildung braucht der Mensch? (S. 113–124). Swiridoff.
Benner, D. (2005). Allgemeine Pädagogik (5. Aufl.). Juventa.
Bietz, J. (2005). Bewegung und Bildung – Eine anthropologische Betrachtung in pädagogischer Absicht. In J. Bietz, R. Laging & M. Roscher (Hrsg.), Bildungstheoretische Grundlagen der Bewegungs- und Sportpädagogik (S. 83–122). Schneider.
Bietz, J. & Scherer, H.-G. (2017). Sportliches Bewegen zwischen Krisen des Handelns und ästhetischer Erfahrung – Ein Beitrag zu einer sportpädagogischen Gegenstandsbestimmung. Zeitschrift für sportpädagogische Forschung, 5(2), 67–86.
Block, M. E., Giese, M. & Ruin, S. (2017). Inklusiver Sportunterricht – eine internationale Standortbestimmung. Sonderpädagogische Förderung heute, 62(3), 233–243.
Dietrich, C., Krinninger, D. & Schubert, V. (2013). Einführung in die Ästhetische Bildung (2., durchgesehene Aufl.). Beltz.
Drexel, G. (2003). Anthropologie, Menschenbilder und Paradigmen in der Sportwissenschaft – zu den Grenzen der Einheit unseres Faches. In M. Krüger (Hrsg.), Menschenbilder im Sport (S. 296–328). Hofmann.
Ehni, H. (1977). Sport und Schulsport. Didaktische Analysen und Beispiele aus der schulischen Praxis. Hofmann.
Ernst, C. (2018). Professionalisierung, Bildung, Fachkultur. Rekonstruktionen zur biographischen Entwicklung im Sportlehrerberuf. Springer VS.

Franke, E. (2003). Ästhetische Erfahrung im Sport – ein Bildungsprozess? In E. Franke & E. Bannmüller (Hrsg.), Ästhetische Bildung (S. 17–37). Afra.

Franke, E. (2008). Erfahrungsbasierte Voraussetzungen ästhetisch-expressiver Bildung – zur Entwicklung einer domänenspezifischen »Sprache« physischer Expression. In E. Franke (Hrsg.), Erfahrungsbasierte Bildung im Spiegel der Standardisierungsdebatte (S. 195–216). Schneider.

Funke-Wieneke, J. (2007). Grundlagen der Bewegungs- und Sportdidaktik. Schneider.

Funke-Wieneke, J. (2010). Bewegungs- und Sportpädagogik. Schneider.

Gaum, C. & Prohl, R. (2018). On the worlds of football and the core of the game. The German Journal of Exercise and Sport Research, 48(2), 201–210.

Giese, M. (2008). Erfahrung als Bildungskategorie. Eine sportsemiotische Untersuchung in unterrichtspraktischer Absicht. Meyer & Meyer.

Giese, M. (2016). Inklusive Sportpädagogik. Sportwissenschaft, 46(2), 102–109.

Gissel, N. (2017). Didaktische Analyse und Sachanalyse: Was sollte bei der Auswahl von Inhalten bedacht werden. Sportunterricht, 66(11), 328–334.

Gissel, N. (2019). Kritisch-Konstruktive Sportpädagogik: Studien zur Bildungstheorie und Didaktik des Sports. Schneider.

Grupe, O. (1982). Bewegung, Spiel und Leistung im Sport. Grundthemen der Sportanthropologie. Hofmann.

Grupe, O. (1984). Grundlagen der Sportpädagogik. Körperlichkeit, Bewegung und Erfahrung im Sport. Hofmann.

Grupe, O. & Krüger, M. (2007). Einführung in die Sportpädagogik. Hofmann.

Güllich, A. & Richartz, A. (2015). Leistungssport. In W. Schmidt, N. Neuber, T. Rauschenbach, H. P. Brandl-Bredenbeck, J. Süßenbach & C. Breuer (Hrsg.), Dritter Deutscher Kinder- und Jugendsportbericht. Kinder- und Jugendsport im Umbruch (S. 140–161). Hofmann.

Gugutzer, R. (2004). Soziologie des Körpers. transcript.

Habermas, J. (1977). Philosophische Anthropologie (ein Lexikonartikel). In J. Habermas (Hrsg.), Kultur und Kritik. Verstreute Aufsätze (S. 89–117). Suhrkamp.

Jakobs, H. (2009). Anthropologie/Anthropologiekritik. In M. Dederich, W. Jantzen & I. Beck (Hrsg.), Behinderung und Anerkennung. Behinderung, Bildung, Partizipation, Bd. 2 (S. 293–297). Kohlhammer.

Klafki, W. (1985). Neue Studien zur Bildungstheorie und Didaktik. Beltz.

Klafki, W. (2001). Bewegungskompetenz als Bildungsdimension. In R. Prohl (Hrsg.), Bildung und Bewegung (S. 19–28). Czwalina.

Klinge, A. (2014). Kulturelle Bildung im Kinder- und Jugendsport: Wiederbelebung einer vernachlässigten Dimension von Bildung. In H. Aschebrock, E. Beckers & R.-P. Pack (Hrsg.), Bildung braucht Bewegung. Vom Bildungsverständnis zur Bildungspraxis im Kinder- und Jugendsport (S. 512–530). Meyer & Meyer.

Koller, H.-C. (2012). Bildung anders denken. Einführung in die Theorie transformatorischer Bildungsprozesse. Kohlhammer.

Krüger, M. (2011). Sport als Bildungs- und Kulturgut – Stationen der Bildungsgeschichte der Leibeserziehung und des Sports in Deutschland. In M. Krüger & N. Neuber (Hrsg.), Bildung im Sport (S. 83–104). VS.

Kurz, D. (1990). Elemente des Schulsports. Grundlagen einer pragmatischen Fachdidaktik. Hofmann.

Laging, R. & Kuhn, P. (Hrsg.). (2018). Bildungstheorie und Sportdidaktik. Springer VS.

Marotzki, W. (1990). Entwurf einer strukturalen Bildungstheorie. Biographietheoretische Auslegung von Bildungsprozessen in hochkomplexen Gesellschaften. Deutscher Studien Verlag.

Meinberg, E. (1981). Sportpädagogik. Konzepte und Perspektiven. Kohlhammer.

Meinberg, E. (1984). Hauptprobleme der Sportpädagogik. Eine Einführung. Wiss. Buchgesellschaft.

Merleau-Ponty, M. (1974). Phänomenologie der Wahrnehmung. de Gruyter.

Miethling, W.-D. & Gieß-Stüber, P. (Hrsg.). (2007). Beruf: Sportlehrer/in. Über Persönlichkeit, Kompetenzen und Professionelles Selbst von Sport- und Bewegungslehrern. Schneider.

Plessner, H. (1970). Philosophische Anthropologie. Fischer.

Plessner, H. (1975). Die Stufen des Organischen und der Mensch. Einleitung in die philosophische Anthropologie. de Gruyter.
Prohl, R. (2010). Grundriss der Sportpädagogik (3. Aufl.). Limpert.
Prohl, R. (2017). Der Doppelauftrag des Erziehenden Sportunterrichts. In V. Scheid & R. Prohl (Hrsg.) Sportdidaktik. Grundlagen – Vermittlungsformen – Bewegungsfelder (2. Aufl., S. 64–84). Limpert.
Prohl, R & Ratzmann, A. (2018). Bewegungsbildung im Horizont allgemeiner Bildung. In R. Laging & P. Kuhn (Hrsg.), Bildungstheorie und Sportdidaktik (S. 133–155). Springer VS.
Ruin, S. & Stibbe, G. (2020). Erziehung und Bildung. In A. Güllich & M. Krüger (Hrsg.), Sport in Kultur und Gesellschaft. Springer.
Scherer, H.-G. & Bietz, J. (2013). Lehren und Lernen von Bewegungen. Schneider.
Schierz, M. & Thiele, J. (2013). Weiter denken – Umdenken – Neu denken? Argumente zur Fortentwicklung der sportdidaktischen Leitidee der Handlungsfähigkeit. In H. Aschebrock & G. Stibbe (Hrsg.), Didaktische Konzepte für den Schulsport (S. 122–147). Meyer & Meyer.
Seel, M. (1995). Zelebration des Unvermögens. In V. Gerhardt & B. Wirkus (Hrsg.), Sport und Ästhetik (S. 113–125). Academia.
Süssmuth, H. (1984). Geschichte und Anthropologie. Wege zur Erforschung des Menschen. In H. Süssmuth & M. Erbe (Hrsg.), Historische Anthropologie. Der Mensch in der Geschichte (S. 5–18). Vandenhoeck & Ruprecht.
Tamboer, J. W. I. (2005). Die menschliche Bewegung in der Bewegungsforschung. Über den Zusammenhang von Menschenbild, Bewegungsauffassung und Untersuchungsmethoden. In R. Laging & R. Prohl (Hrsg.), Bewegungskompetenz als Bildungsdimension (S. 81–95). Czwalina.
Tanner, J. (2017). Historische Anthropologie zur Einführung. Junius.
Thiele, J. (1990). Phänomenologie und Sportpädagogik. Exemplarische Analysen. Academia.
van Dülmen, R. (2001). Historische Anthropologie. Entwicklung, Probleme, Aufgaben. Böhlau.
Volkmann, V. (2008). Biographisches Wissen von Lehrerinnen und Lehrern. Der Einfluss lebensgeschichtlicher Erfahrungen auf berufliches Handeln und Deuten im Fach Sport. VS
Weise, P. & Prohl, R. (2009). Der Sport als Institution der Produktion ästhetischer Erfahrung. Sportwissenschaft, 39(3), 186–196.

5 Entwicklungstheoretische Ansätze

Nils Neuber & Volker Scheid

Neben Erziehung, Bildung, Sozialisation und Lernen gehört die *Entwicklung* zu den Kernbegriffen der Pädagogik. Auch in der Sportpädagogik wird dem Entwicklungsbegriff eine zentrale Bedeutung beigemessen. Zwar zählte Entwicklung bei Meinberg (1984) noch nicht zu den *Hauptproblemen der Sportpädagogik*. In späteren Überblickswerken hat der Begriff aber seinen festen Platz (z. B. Dietrich & Landau, 1990; Grupe & Krüger, 1997; Prohl, 1999). Spätestens mit dem Einzug der *Entwicklungsförderung* in die schulischen Curricula ist der Entwicklungsbegriff in der Sportpädagogik angekommen (Neuber, 2007). Dennoch mangelt es an spezifischen, sportpädagogischen Entwicklungstheorien. Oft wird auf psychologische oder soziologische Theorien zurückgegriffen, die dann auf sportpädagogische Kontexte bezogen werden. Gleichwohl ist das *Entwicklungsthema* in der Sportpädagogik alles andere als unbearbeitet. Der vorliegende Beitrag unternimmt den Versuch, ausgehend von einer pädagogischen Auslegung des Entwicklungsbegriffs vorhandene sportpädagogische Ansätze zu bündeln und die Entwicklungsthematik in konzeptioneller und empirischer Perspektive zu skizzieren. Abschließend wird am Beispiel der körperbezogenen Entwicklungsaufgabe ein Ausblick auf eine sportpädagogische Entwicklungsförderung gegeben.

5.1 Entwicklungsbegriff

Der Begriff der *Entwicklung* steht für eine langfristige, mehr oder weniger stabile Veränderung von Individuen in komplexen Person-Umwelt-Bezügen und kann »als geordnete Sequenz aufeinander bezogener Veränderungen« verstanden werden (Allmer, 1983, S. 29). Dabei wird von einem interaktionistischen Grundverständnis ausgegangen, das sich sowohl auf die Interaktion zwischen Anlage und Umwelt (Baur, 1989), als auch auf die Interaktion »zwischen individuellen Fähigkeiten und Tendenzen auf der einen Seite und sozio-kulturellen, sozioökonomischen und sozioökologischen Faktoren auf der anderen Seite« bezieht (Seiler, 1998, S. 103). Das impliziert zum einen eine Abfolge von *Entwicklungsstufen* oder *-niveaus*, was dem Entwicklungsgedanken nicht zuletzt in pädagogischer Hinsicht Substanz gibt (Garz, 2000, S. 13–15). Allerdings lassen sich nicht alle Veränderungen als Abfolge von Schritten beschreiben (Montada, 2002, S. 3–4). Zum anderen wird von einer Entwicklung zum »Besseren« oder »Höheren« ausgegangen, die spätestens im Erwachsenenalter nicht mehr zwingend vorausgesetzt werden kann (Flammer, 2017, S. 16–17). Im Gegensatz zu früheren Ansätzen wird Entwicklung darum heute als *lebenslanger Prozess* verstanden, der nicht mit dem Erreichen der Adoleszenz beendet ist.

Entwicklungsprozesse werden häufig in ihrem *biografischen Kontext* betrachtet. Mit zunehmendem Alter unterscheiden sich Individuen »aufgrund ihrer bisher durchlaufenen, je spezifischen Lebensgeschichte, die sie auf eine bestimmte Art und Weise agieren und reagieren, urteilen und handeln lässt« (Garz, 2000, S. 16). Dem Individuum wird dabei eine zentrale Bedeutung beigemessen, was sich nicht nur in der bewussten Entscheidung für oder gegen bestimmte Entwicklungsoptionen, sondern auch in der aktiven Beeinflussung der eigenen personellen und materiellen Umwelt äußert. Die aktive Rolle des Individuums im Sinne einer selbstbestimmten, autonomen Entwicklung findet sich in vielen Ansätzen wieder. So ist diese Auffassung in der psychologischen Entwicklungsforschung spätestens mit dem Modell des *Individuums als Gestalter seiner eigenen Entwicklung* Allgemeingut (Lerner & Bush-Rossnagel, 1981). In der soziologischen Entwicklungstheorie verweist die von Zinnecker (2000) angestoßene Debatte um die *Selbstsozialisation* auf die zunehmende Bedeutung eines aktiven Individuums im Sozialisationsprozess.

Auch in pädagogischer Hinsicht steht die Autonomie des Subjekts im Vordergrund. Zur Beschreibung des Entwicklungsgeschehens kommt hier jedoch die normative Einbindung im Sinne einer zielgerichteten Förderung der Entwicklung hinzu (Neuber, 2007). Die *Entwicklungspädagogik* versteht sich demensprechend als eine »Theorie pädagogischen Handelns, die Entwicklung als Ziel der Erziehung ansieht, indem einerseits die zum menschlichen Handeln in der Gesellschaft notwendigen Entwicklungsprozesse hervorgebracht und andererseits gleichzeitig die Entwicklungsbedingungen des Subjekts mitberücksichtigt werden« (Aufenanger, 1992, S. 11). Vorläufer einer entwicklungsorientierten Pädagogik sind bspw. Pestalozzis »Entwicklung von Kopf, Herz und Hand«, Bernfelds »Erziehung als Summe aller gesellschaftlichen Reaktionen auf die Entwicklungstatsache« oder Deweys »Erziehung als Entwicklung« (Garz, 2000, S. 21–24). Die erste systematische *Grundlegung einer Entwicklungspädagogik* wurde von Heinrich Roth (1976a; 1976b) vorgelegt. Ausgangspunkt seiner Überlegungen ist die Feststellung, dass »die Entwicklung zur sozialen und kulturellen Handlungsfähigkeit mehr ein Lernprozess als ein Reifeprozess ist« (Roth, 1976b, S. 14). Die *Leitidee der Mündigkeit*, die Roth (ebd., S. 180) in Selbst-, Sach- und Sozialkompetenz unterteilt, ist auch für viele sportpädagogische Arbeiten leitend.

Als Figur mit einem besonderen Integrationspotenzial erweist sich das *Konzept der Entwicklungsaufgabe*, das auf Havighurst (1964) zurückgeht. Es beschreibt die spezifischen Anforderungen des Individuums im Spannungsfeld von psychophysischen Voraussetzungen, soziokulturellen Anforderungen und individuellen Zielen und Werten, die im Übergang vom einen zum nächsten Lebensabschnitt zu bewältigen sind. In einem *sozialisationstheoretischen Verständnis* basieren Entwicklungsaufgaben auf strukturellen Zwängen, die sich aus soziokulturellen Anforderungen und lebensaltersbezogenen Konstellationen ergeben. In dieser Perspektive stehen sie für spezifische »Lernanforderungen und Verhaltensweisen, die Gesellschaftsmitglieder sich aneignen müssen und zu ›meistern‹ haben, wenn sie eine zufriedenstellende und konstruktive Bewältigung des Lebens und eine Integration in ihr soziales Umfeld« erreichen wollen (Hurrelmann & Bauer, 2020, S, 75). In einem *entwicklungspsychologischen Verständnis* werden Entwicklungsaufgaben als individuelle Setzung aufgefasst, »die sich sowohl auf die soziokulturelle Entwicklungsnorm wie auf die wahrgenommene eigene Leistungsfähigkeit bezieht« (Oerter, 1978, S. 74). Das Spezifikum der Entwicklungsaufgabe liegt nach diesem Verständnis in der subjektiv wahrgenommenen und definierten Verknüpfung individueller Voraussetzungen und normativer Erwartungen.

In einem integrativen, *entwicklungspädagogischen Verständnis* sind beide Sichtweisen aufeinander zu beziehen. Im Sinne Roths (1976b) muss dabei zwischen gesellschaftlich notwendigen Anforderungen und individuell gewünschten Entwicklungszielen *vermittelt* werden. Im pädagogischen Feld stellt sich damit die Aufgabe, »das Produktiv-Dynamische einer Kultur, nämlich das, was sie geschaffen hat und lebendig hält, auf das nicht weniger Plastische und Produktive im Kind zu beziehen, d. h. die Beziehungen zu erforschen, die zwischen beiden Produktivitäten bestehen« (ebd., S. 41). Dabei werden präskriptive und deskriptive Elemente verknüpft, d. h. Roth kombiniert klassisch normative Zielsetzungen mit empirisch überprüfbaren Entwicklungsschritten. Dieses Aufeinanderbeziehen »von Seins- und Sollens-Fragen, die Abklärung des Verhältnisses von Möglichem und Machbarem« (Aufenanger, 1992, S. 27), bietet Perspektiven für die pädagogische Forschung, nicht zuletzt auch für sportpädagogische Fragestellungen einer motorischen oder psychosozialen Entwicklungsförderung.

5.2 Theoretisch-konzeptionelle Perspektive

Die entwicklungstheoretische Perspektive wurde in der Sportwissenschaft bereits früh aufgegriffen. Entsprechend haben sportpsychologische, sportsoziologische und bewegungswissenschaftliche Arbeiten die sportpädagogische Diskussion beeinflusst (Allmer, 1983; Baur, 1989; Baur, Bös & Singer, 1994). Erste sportpädagogische Arbeiten zum Entwicklungsthema entstanden Anfang der 1990er Jahre, was zu einer intensiven Auseinandersetzung mit dem Entwicklungsbegriff führte. Der Zusammenhang von Bewegung und Entwicklung ist für die Sportpädagogik insofern von Bedeutung, als die menschliche Entwicklung einen wesentlichen Anlass und Bezugspunkt für *Erziehungsprozesse* darstellt (▶ Kap. 1). Eine zentrale sportpädagogische Frage lautet demzufolge, wie sich der Mensch im Medium der Bewegung in Auseinandersetzung mit seiner (bewegungskulturellen) Umwelt entwickelt und welchen Einfluss dabei die Maßnahmen der *Bewegungserziehung und -förderung* haben. Im Folgenden werden vier entwicklungstheoretische Konzepte vorgestellt, die sportpädagogisch von Bedeutung sind.

5.2.1 Entwicklungsorientierte Sportpädagogik (Dietrich und Landau)

Ausgangspunkt der »Entwicklungsorientierten Sportpädagogik« von Dietrich und Landau (1990) sind die Begriffe *Bewegung* und *Entwicklung*. Die Autoren kritisieren die bis dahin weitgehend getrennte Behandlung der kindlichen Entwicklung als Prozess der *Individuation* einerseits (Entwicklung der Person, motorische Entwicklung) sowie der *Sozialisation* andererseits (Integration in eine Gesellschaft, Sozialisation im Sport). Demgegenüber entwerfen sie ein *integratives Entwicklungskonzept*, das entwicklungspsychologische und sozialwissenschaftliche Betrachtungen aufeinander bezieht. In Anlehnung an Habermas (1975) gehen sie davon aus, dass sich Individuation und Sozialisation in der aktiv handelnden Auseinandersetzung der Person mit seiner Umwelt vollziehen. Das integrative Modell, das auch Baur (1989) in seinem Ansatz thematisiert, stellt das menschliche Subjekt in einen sozialökologischen Kontext, der auf das Individuum einwirkt und von diesem subjektiv aufgenommen und verarbeitet wird. Ziel dieses Prozesses ist die *Entwicklung einer Ich-Identität* als Fähigkeit zur Balance zwischen personaler und sozialer Identität.

Dementsprechend liegt der Doppelcharakter von Erziehung darin, die individuelle und soziale Entwicklung zugleich zu befördern, wobei aus sportpädagogischer Perspektive Bewegung, Spiel und Sport als geeignete Medien für diesen Prozess angesehen werden. Mit Habermas nehmen Dietrich und Landau (1990) an, dass sich die Identitätsbildung in *drei Dimensionen* entfaltet: Das Kind lernt sich zu erkennen, zu handeln und zu sprechen. Die sportpädagogische Frage dazu lautet: »Kann Bewegung das Medium sein, über das sich das Subjekt die Regionen der Umwelt (äußere Natur, Gesellschaft, Sprache) erschließt und sich dabei zur erkenntnis-, handlungs- und sprachfähigen Person ausbildet?« (Dietrich & Landau, 1990, S. 221). Diese Entwicklungsbezüge konkretisieren sie fachspezifisch für den Zusammenhang von Bewegung, Spiel und Sport mit der Entwicklung kognitiver, sozialer und sprachlicher Kompetenzen. In der Konsequenz geht die entwicklungsorientierte Sportpädagogik von einer *Bewegungserziehung* aus, die im selbsttätigen Umgang materiale, soziale und symbolische Erfahrungen ermöglicht und damit einen Beitrag zur Entwicklung der Individuation und Sozialisation leistet. Einen wirkungsvollen Ausdruck hat der Ansatz im *Konzept des offenen Sportunterrichts* gefunden (Frankfurter Arbeitsgruppe, 1994).

5.2.2 Entwicklungstheoretische Begründung der Motologie (Fischer)

Historisch betrachtet ist die *Motologie* aus der psychomotorischen Übungsbehandlung hervorgegangen. Mit seinen Ausführungen hat Fischer (1996a; 1996b) den Versuch unternommen, der Disziplin entwicklungstheoretisch Kontur zu verleihen und aufzuzeigen, was sie erzieherisch bewirken kann. Neben der Mototherapie als therapeutischem Handlungsfeld versteht sich die *Motopädagogik* als pädagogisches Anwendungsgebiet, das auf dem Konzept der Persönlichkeitsbildung durch motorische Lernprozesse beruht und insbesondere im Elementar- und Primarbereich

Beachtung findet. Die Motologie ist auf die Ganzheit der menschlichen Persönlichkeit gerichtet und betrachtet das Bewegungshandeln aus handlungstheoretischer Perspektive als *Entwicklungshandeln* (Fischer, 2019). In Anlehnung an Roth (1976b) zielen die pädagogischen Bemühungen auf eine Kompetenzerweiterung des Kindes, sich mit sich selbst, mit seiner materialen und sozialen Umwelt auseinandersetzen zu können, um seine Ich-, Sach- und Sozialkompetenz zu stärken (Fischer, 1996b).

Das Theoriekonzept gründet auf der kindlichen Welterschließung über den Körper und die Bewegung sowie über die Wahrnehmung als Erkundungsaktivität. Beide Kategorien – Bewegung und Wahrnehmung – werden im Sinne der Gestaltkreistheorie von Weizsäckers als Einheit verstanden. Aus entwicklungstheoretischer Perspektive knüpft Fischer an den strukturgenetischen Ansatz Piagets und dessen adaptierte Fassung von Scherler (1975) an und entwirft ein sozial-ökologisches Konzept, das die subjektive Bewegungsaktivität in eine Interaktion mit der materialen und sozialen Umwelt stellt. Im Sinne Eriksons geht Fischer (1996a) davon aus, dass kindliche Körper- und Bewegungserfahrungen einen wesentlichen Beitrag zur Persönlichkeitsentwicklung leisten. Für seine entwicklungstheoretische Perspektive gelten *drei Postulate*, an denen sich die Motopädagogik orientieren sollte: Entwicklung als subjektive Sinn-Konstruktion des Kindes, Entwicklung als interaktiver Prozess (Person-Umwelt-Beziehung) und Entwicklung als dynamischer, lebenslanger Prozess (Fischer, 1996a, S. 117–121). Bei den damit verbundenen didaktischen Entscheidungen lässt sich Fischer von dem Konzept der *Entwicklungsaufgaben* und deren bewegungsthematischer Bearbeitung leiten.

5.2.3 Bewegungszentrierte Entwicklungsförderung (Funke-Wieneke)

Ausgehend von einer vergleichenden Analyse grundlegender Ansätze der Bewegungs- und Sportpädagogik konkretisiert Funke-Wieneke (2004) sein Konzept einer *Bewegungszentrierten Entwicklungsförderung*. Dabei greift er frühere Arbeiten zur Körpererfahrung auf, führt sie zusammen und will damit die grundlegende sportpädagogische Frage beantworten, was *Sich-Bewegen und Sporttreiben* zur Erziehung beitragen und wie sie angemessen gestaltet werden können. Daraus ergeben sich zwei konzeptionelle Schwerpunkte: Zum einen die Funktionen und Entwicklungslinien des Sich-Bewegens und zum anderen die Prinzipien der Vermittlung. Die Bewegungsentwicklung von Kindern und Jugendlichen kann nach Funke-Wieneke (2004, S. 182–230) in *vier Funktionsbereichen* des Sich-Bewegens gefördert werden, für die sich jeweils eigene Entwicklungslinien aufzeigen lassen. Seine Einteilung beruht dabei auf einer kritischen Auseinandersetzung mit vorliegenden funktionellen Klassifikationen, etwa von Buytendijk (1956), Grupe (1976) und Scherler (1990). Mit der *instrumentellen, sozialen, symbolischen* und *sensiblen Funktion* sieht Funke-Wieneke die Dimensionen des Sich-Bewegens hinreichend abgebildet, um sie in pädagogischer Absicht zu thematisieren.

Die Entwicklungsförderung sollte sich dementsprechend an den jeweiligen *Entwicklungslinien* der Funktionsbereiche orientieren, um die Veränderungen diagnostisch (Entwicklungsstand), progressiv (Entwicklungsfortschritte) und regressiv (notwendige Rückzüge und Sicherungen) begleiten zu können (Funke-Wieneke, 2004, S. 242). Bezogen auf die *instrumentelle Funktion* kann z. B. von vier Grundformen ausgegangen werden, die ein geschicktes, umweltangepasstes und konstruktives Sich-Bewegen ermöglichen: Sich-Fortbewegen (u. a. vom Aufrichten zum Stehen, vom Gehen zum Laufen), Aneignendes Ergreifen (vom Greifen und Aufgreifen zum freien Fangen), Wegbewegen (vom Schlagen zum Werfen, vom Werfen zum Zielen) und Drehen (vom Umwenden zum Wälzen und Rollen). Die *theoretische Begründung* einer bewegungszentrieren Entwicklungsförderung lässt sich nach Funke-Wieneke (2004) aus vier Perspektiven bestimmen: Anthropologisch als leibliche Welterschließung, individualpsychologisch als körperlicher Selbsterfahrung und -stärkung, entwicklungstheoretisch als Medium der Gesamtentwicklung und persönlichen Bewegungskarriere im Lebenslauf sowie kulturtheoretisch als Partizipation an der Bewegungskultur.

5.2.4 Entwicklungsförderung im Jugendalter (Neuber)

Der Ansatz der *Entwicklungsförderung im Jugendalter* (Neuber, 2007) verfolgt zwei zentrale Zielsetzungen: Zum einen soll der Begriff der Entwicklungsförderung im Jugendalter theoretisch bestimmt werden. Zum anderen sollen wesentliche Voraussetzungen einer Entwicklungsförderung im Sport empirisch erfasst werden. Ausgangspunkt der theoretischen Perspektive sind die Begriffe *Entwicklung* und *Förderung*. Dabei wird der Entwicklungsbegriff aus psychologischer, soziologischer und pädagogischer Perspektive untersucht, bevor mit der Figur der *Entwicklungsaufgabe* ein integratives Konzept entwickelt wird, das auf einer pädagogischen Entwicklungstheorie basiert (Roth, 1976b). Der Förderbegriff wird an Theorien des *pädagogischen Handelns* geknüpft, die sich insbesondere auf pädagogische Antinomien in der Moderne sowie auf Grundformen pädagogischen Handelns beziehen (Helsper, 2004). Auf dieser Grundlage wird *Entwicklungsförderung* »als Unterstützung bei der Bewältigung subjektiv und objektiv relevanter Entwicklungsaufgaben verstanden, die sich Heranwachsenden in bestimmten Lebensphasen stellen und die von ihnen als Aufgabe erkannt und anerkannt werden« (Neuber, 2007, S. 84).

Im nächsten Schritt wird die Entwicklungsförderung auf den Jugendbegriff bezogen (Neuber, 2020a, S. 51–69). Unter Rückgriff auf pädagogische Moratoriums- und Transitionstheorien werden Gegenwarts- und Zukunftsbezüge juveniler Entwicklung im Konzept *typologischer Entwicklungswege von Jugendlichen* integriert (Reinders, 2003). Auf dieser Grundlage erfolgt eine empirische Untersuchung der Voraussetzungen für eine Entwicklungsförderung in den drei sportbezogenen Settings *Schulsport*, *Vereinssport* und *Selbstorganisierter Sport*. Die Ergebnisse verweisen zum einen auf die hohe Bedeutung gegenwartsorientierter Entfaltungsbedürfnisse im Jugendsport. Zu anderen zeigen sie, dass die zentralen, zukunftsgerichteten Entwicklungsaufgaben *Kontakte zu anderen entwickeln*, *Im eigenen Körper wohlfühlen* sowie *Eine eigene Identität finden* durch Sportangebote im Jugendalter unterstützt werden können (Neuber, 2007, S. 189–229). Für die Förderung der Entwicklung in sportbezogenen Settings wird von Lehrkräften und Jugendlichen übereinstimmend die Bedeutung der Schülermitbestimmung sowie einer transparenten Unterrichtsführung hervorgehoben (Neuber, 2007, S. 230–250). Vor diesem Hintergrund werden konzeptionelle Anknüpfungspunkte insbesondere im Hinblick auf die Prinzipien der Bedürfnisorientierung, Mehrperspektivität, Transparenz, Mitbestimmung, Verständigung und Verlässlichkeit gesehen.

5.2.5 Zwischenfazit

In der Zusammenschau der Konzepte einer entwicklungstheoretischen Betrachtungsweise lassen sich Gemeinsamkeiten aufzeigen, die in den einzelnen Ansätzen wiederum zu verschiedenen Auslegungen führen. In Anlehnung an Funke-Wieneke (2004, S. 181–182) können folgende Grundgedanken einer entwicklungsorientierten Sportpädagogik bilanziert werden:

- Die Entwicklungsperspektive wird von der *anthropologischen Annahme* getragen, dass der Mensch zur leiblichen Welterschließung und Selbstgestaltung durch Bewegung aufgefordert ist.
- Als Grundlage dient die *(Bewegungs-)Entwicklung* von Kindern und Jugendlichen, die sich auf ein interaktionistisches Entwicklungsverständnis stützt. Das Konzept der *Entwicklungsaufgaben* wird dabei wiederholt als strukturgebend angesehen (▸ Kap. 5.4).
- Die auf Eigenaktivität und Erfahrung beruhende Entwicklung ist auf die sozial und gesellschaftlich getragene *Bewegungskultur* gerichtet.
- Das vorherrschende *Erziehungsverständnis* geht von der Autonomie des Subjekts aus, setzt zugleich aber eine bewusste Inszenierung von Erziehungsprozessen voraus, um die Entwicklung von Kindern und Jugendlichen zu fördern.

5.3 Empirische Perspektive

Sportpädagogische Untersuchungen, die auf einem solchen *pädagogischen* Verständnis von Entwicklung und Entwicklungsförderung beruhen, sind aufwändig. Sie brauchen mindestens eine pädagogische Entwicklungstheorie, die im Sinne Roths (1976b) präskriptive, d. h. normativ begründbare, und deskriptive, d. h. Veränderung beschreibende, Elemente umfasst. Zugleich benötigen sie ein entsprechendes empirisches Untersuchungsdesign, das pädagogische *Interventionen in entwicklungsförderlicher Absicht* untersucht – und nicht bloß die Entwicklung ausgewählter Parameter über die Zeit. Empirische Forschung in diesem Sinne ist eine anwendungsorientierte Forschung, die »eine in die Zukunft gerichtete Perspektive besitzt« und auf die Förderung von Individuen zielt (Erdmann, 1987, S. 58). Im Idealfall sind die Untersuchungen als längsschnittliche *Interventionsstudien* angelegt oder erlauben zumindest auf der Basis einer sportpädagogischen Theorie zukunftsgerichtete Ableitungen für pädagogisches Handeln (Neuber, 2007, S. 27–31). Damit greifen sie die Idee einer Wirkungsforschung im Sport(-Unterricht) auf (Gerlach et al., 2010) und versuchen auf dieser Basis, begründete Hinweise für eine (besser) gestaltete Praxis zu geben. Derartige Studien sind nicht sehr häufig, es gibt aber einschlägige Beispiele, die im Folgenden exemplarisch skizziert werden.

Zu den *Klassikern* sportpädagogischer Interventionsforschung gehört die Studie zu Motorik und Persönlichkeitsentwicklung von Zimmer (1981), welche die motorische, kognitive und sozial-emotionale Entwicklung von Kindern im *Vorschulalter* untersuchte. Über einen Zeitraum von 11 Monaten verglich sie in einem Kontrollgruppendesign Kinder mit und ohne regelmäßiges Bewegungsprogramm. Dabei zeigte sich, dass ein »regelmäßiges, gezieltes Bewegungsangebot, das auf die Interessen und Bedürfnisse der Kinder abgestimmt war und ihre Eigenaktivität und Selbständigkeitsentwicklung fördern sollte, [...] nicht nur zu einer Zunahme der motorischen Leistungen [führte], sondern die Kinder der Experimentalgruppen zeigten [...] auch signifikant bessere Leistungen im Intelligenztest« (Zimmer, 1981, S. 169). Rund 15 Jahre später kommt Prohl (1999) mit seiner Studie »Bewegungserziehung als Entwicklungsförderung« mit einem vergleichbaren Design zu ähnlichen Ergebnissen. Sowohl im Hinblick auf die motorische als auch in Bezug auf die *kognitive Entwicklung* konnte die Wirkung der Intervention bestätigt werden. Über eine Variation des Programms konnte zudem belegt werden, »dass das ›Wie?‹, also der erzieherische Umgang, für die Förderung der Entwicklung wichtiger ist als das ›Was?‹, also die Inhalte und Materialien« (Prohl, 1999, S. 251; zu Interventionsstudien im Vorschulalter siehe auch Scheid, 2009).

Zum *Grundschulalter* kann eine eigene Studie berichtet werden, in welcher der Einfluss einer Kreativen Bewegungserziehung auf Facetten der *Identität*, der *Kreativität* sowie der *Koordinationsfähigkeit* untersucht wurde (Neuber, 2000). Auch diese Studie wurde im Kontrollgruppendesign durchgeführt. Nach einer dreimonatigen Intervention verbesserten sich die Kinder der Versuchsklassen gegenüber den Kontrollklassen in den Bereichen *Allgemeines Selbst* und *Selbstwertgefühl* (Identitätstest) sowie *Produktivität* und *Originalität* (Kreativitätstest). Im Bereich der Koordinationsfähigkeit lagen erwartungsgemäß keine Unterschiede zwischen den Gruppen vor. Wiederum gut 15 Jahre später wiederholen Konowalczyk et al. (2018) in einem Projekt zu Tanz- und Bewegungstheater an Ganztagsgrundschulen die Studie zur *Förderung der Kreativität*. Hier lassen sich insbesondere Veränderungen in den Bereichen *Produktivität* und *Problemlösungsfähigkeit* feststellen (Pürgstaller, 2020). Zudem bestehen Bezüge zur sozialen Herkunft der Kinder, die allerdings keine systematischen Rückschlüsse erlauben. Auch in Facetten des Selbstkonzepts und der emotionalen Kompetenz zeigen sich tendenziell positive Befunde (Steinberg et al., 2018).

Mit den Effekten des *Kooperativen Lernens* im Sportunterricht der *Sekundarstufe I* hat sich eine Arbeitsgruppe um Bähr, Prohl und Gröben (2008) über viele Jahre hinweg befasst. Auf der Grundlage mehrerer qualitativer und quantitativer Studien, die auch im Kontrollgruppendesign durchgeführt wurden, kommen sie zu dem Fazit, »dass Kooperatives Lernen im Sportunterricht zu positiven Ergebnissen hinsichtlich des fachlichen Lernens sowie der Selbsteinschätzung der Teamkompetenz geführt hat« (Bähr & Gröben, 2018, S. 88). Im Vergleich zu einem lehrerzentrierten Unterricht fallen die motorischen Leistungen der Schüler*innen nicht ab, die

Transfer- und Behaltensleistungen sind dagegen besser. Schließlich untersuchte Boriss (2015) in einem Kontrollgruppendesgin die Möglichkeit der Förderung kognitiver Fähigkeiten im Sportunterricht der Sekundarstufe I am Beispiel der *exekutiven Funktionen*. Im Gegensatz zu kognitionspsychologischen und neurologischen Studien fand ihre Studie explizit unter Schulsportbedingungen statt. In Bezug auf die Inhibitionsfähigkeit kommt sie zu signifikanten Entwicklungseffekten, die noch einmal deutlicher bei Schüler*innen mit schlechten Ausgangsleistungen ausfallen. Zudem konnten altersbezogene Effekte festgestellt werden, welche die gängige Annahme widerlegen, dass exekutive Funktionen nur in jüngeren Lebensaltern gefördert werden können (Eckenbach & Neuber, 2016).

5.4 Ausblick – Entwicklungsaufgabe als sportpädagogisches Konzept

Der Entwicklungsbegriff gehört zu den sportpädagogischen Grundbegriffen. Zahlreiche Modelle und Konzepte berufen sich auf die *Entwicklung von Kindern und Jugendlichen* als Voraussetzung oder als Ziel pädagogischen Handelns im Kontext von Bewegung, Spiel und Sport. Während die theoretisch-konzeptionelle Fundierung vergleichsweise umfassend ist, mangelt es an sportpädagogischen Untersuchungen und sportdidaktischen Konzepten, die entwicklungspädagogisch fundiert sind. Im Kern geht es dabei um eine Vermittlung von individuellen Entwicklungsabsichten und -zielen einerseits sowie kulturell gewünschten, normativ begründeten Anforderungen andererseits, d. h. um eine *Vermittlung von Sein und Sollen* im sportpädagogischen Kontext (Balz, 2009). Das Konzept der Entwicklungsaufgaben, das im Rahmen entwicklungstheoretischer Überlegungen von unterschiedlicher Seite auch in der Sportpädagogik ins Spiel gebracht wird, erweist sich in diesem Zusammenhang als ein Konzept mit einem besonderen Integrationspotenzial, das in Forschung und Praxis stärker genutzt werden könnte.

Einerseits steht die *Entwicklungsaufgabe* für die spezifischen Anforderungen eines Individuums im Spannungsfeld von psycho-physischen Voraussetzungen, soziokulturellen Anforderungen sowie individuellen Zielen und Werten, die im Übergang vom einen zum nächsten Lebensabschnitt zu bewältigen sind (Neuber, 2007). Diese Figur zieht sich durch die theoretisch-konzeptionelle Perspektive der entwicklungsbezogenen Sportpädagogik. Andererseits ist das Konzept geeignet, die ambivalenten Voraussetzungen *pädagogischen Handelns* – zwischen Nähe und Distanz oder Freiheit und Zwang – aufzugreifen, zu systematisieren und didaktisch zu bündeln (Helsper, 2004). Die Möglichkeiten einer solchen Strukturierung werden am Beispiel der bewegungsbezogenen Grundthemen in der Motopädagogik angedeutet (▶ Kap. 8). Damit könnte das Konzept der Entwicklungsaufgabe zu einem *sportpädagogischen Leitkonzept* werden, auf dessen Grundlage sowohl fachdidaktische Konzepte im Sinne einer Entwicklungsförderung (weiter-)entwickelt als auch empirische

Untersuchungen im Sinne einer Entwicklungsdiagnostik umgesetzt werden können.

Exemplarisch soll diese Idee am Beispiel der juvenilen Entwicklungsaufgabe *Den Körper bewohnen lernen* (Fend, 2001) skizziert werden. Als zentrale Entwicklungsaufgabe des Jugendalters, die gerade in jüngerer Zeit wieder besondere Aktualität erhält (Bindel & Theis, 2020), findet die Beschäftigung mit Entwicklungsaufgaben »bei Jugendlichen nicht nur hohes Interesse, sondern wird als Bereich des Lernens in eigener Sache auch aktiv verfolgt« (Oerter & Dreher, 2002, S. 273). Der subjektive Gehalt der Aufgaben äußert sich dabei in doppelter Hinsicht, »nämlich als subjektive Zielsetzungen, Anliegen und Ängste und als individuelle Anstrengungen zur Meisterung der von außen und der selbst gestellten Herausforderungen« (Flammer & Alsaker, 2002, S. 68). Strukturell betrachtet sind in Bezug auf die körperbezogene Entwicklungsaufgabe zunächst die *psycho-physischen Voraussetzungen* der juvenilen Körperentwicklung zu betrachten. Auf der Basis hormoneller Prozesse verändert sich der Körper in der Pubertät massiv. Tatsächlich existiert eine ganze Reihe an Befunden, die eine erhöhte körperbezogene Selbstaufmerksamkeit in der Adoleszenz belegen. So ist bspw. die Einschätzung der eigenen Person in hohem Maße von der *zeitgemäßen* körperlichen Entwicklung abhängig (Fend, 2001, S. 242–251).

Die Maßstäbe für die Einschätzung des eigenen Körpers stammen aus dem sozialen Umfeld der Jugendlichen. Zu den *soziokulturellen Anforderungen* der Entwicklungsaufgabe gehören insbesondere gesellschaftlich vermittelte Idealbilder vom attraktiven Körper, »an denen sich Heranwachsende messen, sie bestimmen bis in kleine Details, was als ›schön‹ und was als ›weniger schön‹ zu gelten hat« (ebd., S. 222). Das Erreichen spezifischer Körper- bzw. Schönheitsideale wird oftmals mit sozialer Anerkennung und Erfolg gleichgesetzt, so dass die Arbeit am eigenen Körper für viele Heranwachsende zu einem identitätsstiftenden Projekt wird. Diese Form der Selbstoptimierung wird »in hohem Maße durch medial verbreitete, körperbezogene Schönheits-, Fitness-, Leistungs- und Gesundheitsideale beeinflusst« (Bindel, Ruin & Theis, 2020, S. 66). Letztlich kann daher von einer neuen, digital geprägten Jugendkultur mit den Schwerpunkten Fitness, Körper und Gesundheit gesprochen werden, wobei weniger eine gesunde Funktionsfähigkeit als vielmehr ein gesundes Aussehen maßgeblich zu sein scheint. Zumindest geht dieser *Lifestyle* mit erheblichen Einschränkungen, etwa durch Diäten oder rigide Trainingspraxen, einher – man tut alles, um *gut* auszusehen (Bindel & Theis, 2020; ▶ Kap. 12).

Die *Struktur* der Entwicklungsaufgabe *Den Körper bewohnen lernen* ergibt sich also einerseits aus massiven körperlichen Veränderungsprozessen und andererseits aus dem Erleben ebenso massiver soziokultureller Erwartungen. Der Umgang mit diesen Anforderungen wird damit für Heranwachsende zu einer aktiv zu gestaltenden Entwicklungsaufgabe, die komplexe Verarbeitungsprozesse in Gang setzt (Oerter & Dreher, 2002, S. 268–273). Dass Jugendliche der Entwicklung ihres Körpers nicht hilflos ausgeliefert sind, zeigen zahlreiche Bewältigungsstrategien, die von der Gestaltung des eigenen Körpers durch Training über Praktiken der Körperinszenierung, wie Kosmetik, Kleidung oder Schmuck, bis hin zu sportlichen Verhaltensweisen, wie der Ausübung von Trend- oder Risikosportarten, führt (Bindel, 2017; Bindel & Theis, 2020). Die pädagogisch motivierte Frage ist nun, wie Maßnahmen der *Entwicklungsförderung* Jugendliche bei der Bewältigung dieser komplexen Aufgabe unterstützen können. Die Zielsetzung ist dabei einerseits normativ definiert. So heißt es bspw. in den Rahmenvorgaben für den Schulsport in NRW: Schüler*innen sollen lernen, »sich mit dem eigenen Körper auseinander zu setzen, ihn zu formen und zu bilden. Dies schließt die Thematisierung von Körper- und Fitnessidealen und die kritische Auseinandersetzung mit ihnen ein« (MSW NRW, 2014, S. 16).

Andererseits sind die Ziele individuell, je nach *Bedürfnis und Interesse der Jugendlichen*, zu setzen. Vor diesem Hintergrund müssen Vermittlungsformen gefunden werden, die diesen komplexen Anforderungen gerecht werden. Mit Blick auf die Intimität des Themas dürften lehrerzentrierte Erziehungs- und Unterrichtsformen, wie Informationsvorträge zur *richtigen* Ernährung oder verordnete Trainingseinheiten zum Muskelauf- oder Fettabbau eher kontraproduktiv sein, zumal Heranwachsende über viele relevante Informationen längst verfügen (Bindel & Theis, 2020). Informelle Begegnungsmöglichkeiten, geschlechtshomogene Bewegungsgelegenheiten oder offene Beratungsgespräche im Rahmen von Betreuungssituationen können dagegen hilfreich sein. Daneben sind auch Inszenierungen im Rahmen von Unterrichtsvorhaben möglich. Ein Vorschlag dazu stammt von Bindel et al. (2020, S. 68–69), die sich für ein lebensnahes Aufgreifen des Fitnesssports im Sportunterricht aussprechen, um aktuelle Körperpraxen auf der Basis des eigenen Erlebens im Sinne einer ästhetischen Erziehung kritisch-reflexiv zu hinterfragen und die Zweckfreiheit sportlicher Aktivitäten zum Thema zu machen. Letztlich bedarf es dazu aber noch einiger didaktisch-methodischer Konkretisierungen (Neuber, 2020b).

Auch in empirischer Hinsicht sind Differenzierungen im Sinne einer sportpädagogischen Entwicklungstheorie möglich. So ist eine quantitative Erfassung von Entwicklungsprozessen in Bezug auf Entwicklungsaufgaben denkbar (Neuber, 2007, S. 206–220). Zugleich kann die Wahrnehmung und Bewältigung von Entwicklungsaufgaben qualitativ untersucht werden, etwa über biografische oder ethnografische Zugänge (Bindel & Theis, 2020). Insgesamt bietet die pädagogisch gewendete Figur der *Entwicklungsaufgabe* gute Voraussetzung für eine konzeptionelle, didaktische und empirische Aufbereitung von Entwicklungsprozessen. Als komplexes *thematisches Modul* setzt sie explizit bei den Bedürfnissen und Zielen junger Menschen an, die sich in der Regel aus eigenem Antrieb mit ihr befassen. So gesehen können Entwicklungsaufgaben auch als aktive *Zukunftsentwürfe von Heranwachsenden* verstanden werden, die als individuelle Projekte »im Dienste einer integrativen Identitätsentwicklung stehen« (Oerter, 1991, S. 165) – womit sie den Kern einer sportpädagogischen Entwicklungsförderung treffen.

Literatur

Allmer, H. (1983). Entwicklungspsychologische Grundlagen des Sports (Psychologie & Sport, 12). bps.

Aufenanger, S. (1992). Entwicklungspädagogik – Die soziogenetische Perspektive. Deutscher Studien Verlag.

Bähr, I, Prohl, R. & Gröben, B. (2008). Prozesse und Effekte »Kooperativen Lernens« im Sportunterricht. Unterrichtswissenschaft, 36(4), 290–308.

Bähr, I. & Gröben, B. (2018). Wie handeln und was lernen Schüler beim Kooperativen Lernen im Sportunterricht. In J. Wibowo & I. Bähr (Hrsg.), Kooperatives Lernen im Sportunterricht (S. 74–91). Schneider.

Balz, E. (Hrsg.). (2009). Sollen und Sein in der Sportpädagogik – Beziehungen zwischen Normativem und Empirischem. Shaker.
Baur, J. (1989). Körper- und Bewegungskarrieren. Dialektische Analysen zur Entwicklung von Körper und Bewegung im Kindes- und Jugendalter. Hofmann.
Baur, J., Bös K. & Singer, R. (Hrsg.). (1994). Motorische Entwicklung. Ein Handbuch. Hofmann.
Bindel, T. (2017). Informeller Jugendsport – institutionelle Inanspruchnahme und Wandel eines deutungsoffenen Geschehens. Diskurs Kindheits- und Jugendforschung, 12(4), 417–426.
Bindel, T. & Theis, C. (2020). Fitness als Trend des Jugendsports – eine Wissenskultur. Forum Kinder- und Jugendsport, 1(1), 6–14.
Bindel, T., Ruin, S. & Theis, C. (2020). Körperästhetik – auch ein Thema für den Schulsport. sportunterricht, 69(2), 65–70.
Boriss, K. (2015). Lernen und Bewegung im Kontext der individuellen Förderung – Förderung exekutiver Funktionen in der Sekundarstufe I (Bildung und Sport, 8). Springer VS.
Buytendijk, F.J.J. (1956). Allgemeine Theorie der menschlichen Haltung und Bewegung. Springer.
Dietrich, K. & Landau, G. (1990). Sportpädagogik. Rowohlt.
Eckenbach, K. & Neuber, N. (2016). Entwicklung exekutiver Funktionen in der Sekundarstufe I – Ergebnisse einer quasi-experimentellen Studie zum Potenzial des Sportunterrichts und zur Altersabhängigkeit des Fördereffekts. Diskurs Kindheits- und Jugendforschung, 11(4), 387–399.
Erdmann, R. (1987). Zum empirisch-analytischen Forschungsansatz in der Sportpädagogik – Vom Erbsenzählen zur Minestrone. In W. Brehm & D. Kurz (Red.), Forschungskonzepte in der Sportpädagogik (S. 57–73). dvs.
Fend, H. (2001). Entwicklungspsychologie des Jugendalters. Ein Lehrbuch für pädagogische und psychologische Berufe (2. Aufl.). Leske + Budrich.
Fischer, K. (1996a). Entwicklungstheoretische Perspektiven der Motologie des Kinderalters. Hofmann.
Fischer, K. (1996b). Psychomotorik: Bewegungshandeln als Entwicklungshandeln. sportpädagogik, 20(5), 26–36.
Fischer, K. (2019). Einführung in die Psychomotorik (4., überarb. u. erw. Aufl.). Reinhardt.
Flammer, A. (2017). Entwicklungstheorien – Psychologische Theorien der menschlichen Entwicklung (5. Aufl.). Huber.
Flammer, A. & Alsaker, A. D. (2002). Entwicklungspsychologie der Adoleszenz – Die Erschließung innerer und äußerer Welten im Jugendalter. Huber.
Frankfurter Arbeitsgruppe (1994). Werkstatt Sportunterricht. Afra-Verlag.
Funke-Wieneke, J. (2004). Bewegungs- und Sportpädagogik. Wissenschaftstheoretische Grundlagen – zentrale Ansätze – entwicklungspädagogische Konzeption. Schneider.
Garz, D. (2000). Biographische Erziehungswissenschaft – Lebenslauf, Entwicklung und Erziehung. Leske + Budrich.
Gerlach, E., Bund, A., Bähr, I. & Sygusch, R. (2010). Wirkungsforschung im Sportunterricht. In N. Fessler, A. Hummel & G. Stibbe (Hrsg.), Handbuch Schulsport (Beiträge zur Lehre und Forschung im Sport, 176, S. 524–540). Hofmann.
Grupe, O. (1976). Was ist und was bedeutet Bewegung? In E. Hahn & W. Preissing (Red.), Die menschliche Bewegung – Human Movement (S. 3–19). Hofmann.
Grupe, O. & Krüger, M. (1997). Einführung in die Sportpädagogik (Sport und Sportunterricht, 6). Hofmann.
Habermas, J. (1975). Zur Entwicklung der Interaktionskompetenz. Suhrkamp.
Havighurst, R.J. (1964). Developmental Tasks and Education. McKay.
Helsper, W. (2004). Pädagogisches Handeln in den Antinomien der Moderne. In H.-H. Krüger & W. Helsper (Hrsg.), Einführung in die Grundbegriffe und Grundfragen der Erziehungswissenschaft (S. 15–34). Springer VS.
Hurrelmann, K. & Bauer, U. (2020). Einführung in die Sozialisationstheorie – Das Modell der produktiven Realitätsverarbeitung (13. Aufl.). Beltz.
Konowalczyk, S., Steinberg, C., Pürgstaller, E, Hardt, Y., Neuber, N. & Stern, M. (2018). Kulturelle Bildung in bildungsbenachteiligten Milieus – Eine empirische Untersuchung zur

Wirkung von Tanz- und Bewegungstheaterangeboten in der Ganztagsgrundschule. Diskurs Kindheits- und Jugendforschung, 13(2), 179–190.

Lerner, R. & Bush-Rossnagel, N. (Hrsg.). (1981). Individuals as producers of their development. Academic Press.

Meinberg, E. (1984). Hauptprobleme der Sportpädagogik. Wissenschaftliche Buchgesellschaft.

Montada, L. (2002). Fragen, Konzepte, Perspektiven. In R. Oerter & L. Montada (Hrsg.), Entwicklungspsychologie (5., vollst. überarb. Aufl., S. 3–53). Beltz PVU.

Ministerium für Schule und Weiterbildung des Landes Nordrhein-Westfalen (2014). Rahmenvorgaben für den Schulsport in Nordrhein-Westfalen. MSW.

Neuber, N. (2000). Kreativität und Bewegung – Grundlagen kreativer Bewegungserziehung und empirische Befunde (Schriften der Deutschen Sporthochschule, 45). Academia.

Neuber, N. (2007). Entwicklungsförderung im Jugendalter – Theoretische Grundlagen und empirische Befunde aus sportpädagogischer Perspektive (Wissenschaftliche Schriftenreihe des Deutschen Olympischen Sportbundes, 35). Hofmann.

Neuber, N. (2020a). Fachdidaktische Konzepte Sport – Zielgruppen und Voraussetzungen (Basiswissen Lernen im Sport, 2). Springer VS.

Neuber, N. (2020b). Fachdidaktische Konzepte Sport – Themenfelder und Perspektiven (Basiswissen Lernen im Sport, 3). Springer VS.

Oerter, R. (1978). Zur Dynamik von Entwicklungsaufgaben im menschlichen Lebenslauf. In R. Oerter (Hrsg.), Entwicklung als lebenslanger Prozess – Aspekte und Perspektiven (S. 66–110). Hoffmann und Campe.

Oerter, R. (1991). Entwicklung und Förderung: Angewandte Entwicklungspsychologie. In L. Roth (Hrsg.), Pädagogik – Handbuch für Studium und Praxis (S. 158–171). Oldenbourg.

Oerter, R. & Dreher, E. (2002). Jugendalter. In R. Oerter & L. Montada (Hrsg.), Entwicklungspsychologie (5., vollst. überarb. Aufl., S. 258–318). Beltz PVU.

Prohl, R. (1999). Grundriss der Sportpädagogik. Limpert.

Pürgstaller, E. (2020). Kulturelle Bildung im Tanz – Grundlagen und Befunde zur Kreativitätsentwicklung im Grundschulalter (Bildung und Sport, 23). Springer VS.

Reinders, H. (2003). Jugendtypen. Ansätze zu einer differentiellen Theorie der Adoleszenz. Leske & Budrich.

Roth, H. (1976a). Pädagogische Anthropologie – Band I: Bildsamkeit und Bestimmung (4. Aufl.). Schroedel.

Roth, H. (1976b). Pädagogische Anthropologie – Band II: Entwicklung und Erziehung. Grundlagen einer Entwicklungspädagogik (2. Aufl.). Schroedel.

Scheid, V. (2009). Motorische Entwicklung in der frühen Kindheit. In J. Baur, K. Bös, A. Conzelmann & R. Singer (Hrsg.), Handbuch Motorische Entwicklung (2., komplett überarb. Aufl., S. 281–300). Hofmann.

Scherler, K. (1975). Sensomotorische Entwicklung und materiale Erfahrung. Hofmann.

Scherler, K. (1990). Bewegung als Zeichen. In H. Gabler & U. Göhner (Hrsg.), Für einen besseren Sport. Themen, Entwicklungen und Perspektiven aus Sport und Sportwissenschaft (S. 396–414). Hofmann.

Seiler, T.B. (1998). Entwicklung und Sozialisation: Eine strukturgenetische Sichtweise. In K. Hurrelmann & D. Ulich (Hrsg.), Handbuch der Sozialisationsforschung (5. Aufl., S. 99–120). Beltz.

Steinberg, C., Konowalczyk, S., Pürgstaller, E., Hardt, Y., Neuber, N. & Stern, M. (2018). Facetten Kultureller Bildung im Medium »Tanz und Bewegungstheater« – Eine empirische Studie. Kulturelle Bildung Online. Zugriff am 16.10.2018 unter: https://www.kubi-online.de/artikel/facetten-kultureller-bildung-medium-tanz-bewegungstheater-empirische-studie

Zimmer, R. (1981). Motorik und Persönlichkeitsentwicklung bei Kindern im Vorschulalter (Beiträge zur Lehre und Forschung im Sport, 80/81). Hofmann.

Zinnecker, J. (2000). Selbstsozialisation – Essay über ein aktuelles Konzept. Zeitschrift für Soziologie der Erziehung und Sozialisation, 20(3), 272–290.

6 Sport- und bewegungskulturelle Grundlagen

Eckart Balz & Jürgen Schwier

In Verbindung mit bildungs- und entwicklungstheoretischen Annahmen (▶ Kap. 4; ▶ Kap. 5) sollen sport- und bewegungskulturelle Grundlegungen helfen, sportpädagogische Orientierungen (▶ Kap. 7–9) und Anwendungen (▶ Kap. 12–15) zu fundieren. Bewegung, Spiel und Sport mit dem Begriff der Kultur zu verbinden, hat in der Sportpädagogik eine längere Tradition (u. a. Grupe, 1987) und stellt auch eine Reaktion auf die in den letzten Jahrzehnten gewachsene Vielfalt von Bewegungs- und Sportaktivitäten dar. Dies gilt es im Folgenden zunächst knapp einzuordnen (▶ Kap. 6.1), um dann bewegungs- und sportkulturelle Zugänge unter Rückgriff auf die Theorie der Leibeserziehung (Bernett, 1967) und die Phänomenologie (Grössing, 1993) zu entfalten (▶ Kap. 6.2; ▶ Kap. 6.3) sowie analytisch-elementarisierende Modellierungen des Sports darzulegen (u. a. Digel, 2013; ▶ Kap. 6.4) und exemplarisch das informelle Feld jugendlicher Trendsportkulturen etwas näher zu beleuchten (u. a. Bindel, 2017; ▶ Kap. 6.5); ein kurzes Fazit mit Ausblick schließt unser Kapitel ab (▶ Kap. 6.6).

Hier wie im gesamten Band wird dabei von einem offenen Sportverständnis ausgegangen. Wir folgen keinem eng normierten Sportbegriff, sondern beziehen uns auf einen *Sport im weiteren Sinne*, in dem auch informelle und modifizierte sportliche Aktivitäten, spielerische und tänzerische Elemente, trendsportliche und alternative Bewegungsformen als Facetten einer vielfältigen Sport- und Bewegungskultur ihren Platz haben (s. die Modellierungen ▶ Kap. 6.2; ▶ Kap. 6.3; ▶ Kap. 6.4). Als ein gemeinsamer Nenner geht es beim Sport als moderner Bewegungskultur darum, bestimmte Bewegungsaufgaben mit körperlichen Mitteln zielgerichtet und regelgeleitet zu lösen; das Spektrum von Bewegungsaufgaben/-lösungen gilt es nun abzubilden.

6.1 Sport- und Bewegungskultur – Versuch einer theoretischen Einordnung

Die unterschiedlichen Versuche einer kulturtheoretischen Grundlegung von Bewegung und Sport stimmen weitgehend darin überein, dass sich Kulturprozesse in gewisser Hinsicht immer auch als Bildungsprozesse beschreiben lassen und das Phänomen Sport eine Kultur darstellt, die seit ihren Anfängen in einen bildungstheoretischen Diskurs eingebettet worden ist (u. a. Franke, 1998; Hildenbrandt, 1997; Hitzler, 1991). Bewegung und Sport kommt aus kulturtheoretischem Blickwinkel eine Ausdrucksfunktion zu, d. h. bedeutungsvolles Handeln im bewegungs- und sportkulturellen Kontext ist immer auch Ausdruck von Etwas und bringt gemeinhin etwas zum Ausdruck. Bewegung und Sport können in diesem Sinne als Formen sozialer Kommunikation begriffen werden und zeichnen sich durch komplexe Zeichengefüge (Artefakte, Codes, Rituale, Visualisierungen usw.) sowie durch eigene bedeutungsbildende Prozesse aus.

Mit Bezug auf dessen Bildungspotenziale hat Grupe (1987) den Versuch unternommen, den Sport als Kulturphänomen zu analysieren, wobei er das Leitbild eines humanen Sports skizziert, dessen Erscheinungsformen idealerweise kulturelle Ideen, Symbole und Werte moderner Gesellschaften aufgreifen. Ein solcher Sport bringt eigene Sinnmuster hervor, weil gleichzeitig zu seiner Popularisierung und Ausdifferenzierung »das Verständnis dessen, was Kultur genannt wird, sich tiefgreifend gewandelt hat« (Grupe, 1987, S. 27). Die Wandlungsprozesse von Kultur und Sport berühren einerseits das leistungs- und wettkampforientierte Sportmodell und haben andererseits die Entfaltung neuer Bewegungskulturen begünstigt, die sich den Formprinzipien traditioneller Sportarten entziehen und so Anknüpfungspunkte für zeitgenössische Lebensstile bereithalten.

Die Begriffe der Sport- bzw. der Bewegungskultur weisen grundsätzlich erhebliche Schnittmengen auf und lassen sich nicht trennscharf voneinander abgrenzen. So sind bspw. schon seit längerem – wie zuvor erwähnt – Tendenzen einer »Entsportlichung« der Sportkultur nicht zu übersehen (Cachay, 1990, S. 100–102), während sich Bewegungskulturen auch zumindest in Teilbereichen »versportlichen«, was sich aktuell u. a. beim Skateboarding beobachten lässt (Schwier, 2019). Darüber hinaus existieren auch Lesarten des Begriffs Sportkultur, denen ein weites Sportverständnis zugrundliegt und die den »nicht-sportlichen Sport« (Dietrich & Heinemann, 1989) einbeziehen. Ein solches Verständnis von Sportkultur weist dann nahezu eine inhaltliche Deckungsgleichheit mit dem Terminus Bewegungskultur auf.

Als Hintergrundfolie für die Analyse von bewegungs- und sportkulturellen Phänomenen dient in diesem Zusammenhang nicht selten der Ansatz der Praxistheorie von Bourdieu (1982; 1998), in dessen Mittelpunkt die Verbindung von sozialer Lage und Lebensführung sowie die Suche nach den kulturellen Unterschieden stehen. Bourdieu (1982, S. 332–354) geht davon aus, dass die Positionierung im sozialen Raum, die objektive Struktur der Lebenschancen sowie der Umgang mit den begrenzten Wahlmöglichkeiten ein dauerhaftes System von Dispositionen erzeugt, die auch im Feld des Sports als Wahrnehmungs-, Handlungs- und Bewertungsschemata fungieren. Dieses System dauerhafter Dispositionen – der Habitus – hält jedoch gleichzeitig durchaus Spielräume für eine kreative Ausformung und Stilisierung von (Bewegungs-)Praxis bereit. Den Ansatz von Bourdieu hat so bspw. die Forschungsgruppe um Gebauer und Alkemeyer (Gebauer et al., 2004) im Rahmen ihrer empirisch fundierten Analysen sog. neuer Sportpraktiken mit der herrschafts- und machttheoretischen Zeitdiagnose von Foucault (1993) verbunden, der zufolge die sozialen Prozesse einer Disziplinierung des Körpers mit der Ausbildung von Selbsttechnologien einhergehen. In diesem Zusammenhang zeichnen Gebauer et al. (2004) nach, wie in den neuen Bewegungspraktiken solche »Technologien des

Selbst« (Foucault, 1993) sowie Formen der Distinktion und Vergemeinschaftung wirksam werden (▶ Kap. 6.5 am Beispiel von Jugendkulturen). Zunächst soll jedoch an die Traditionslinie der Theorie der Leibeserziehung angeknüpft und nach den jeweiligen Bildungsinhalten und Bildungsgehalten unterschiedlicher Bewegungskulturen gefragt werden (6.2).

6.2 Typisierte Bewegungskulturen in einer Theorie der Leibeserziehung

In den 1960er Jahren hat sich in Deutschland eine »Theorie der Leibeserziehung« etabliert, die einerseits als Vorläufer der späteren Sportwissenschaft gelten kann und andererseits vorrangig pädagogische Fragen der Bewegungskultur fokussiert (▶ Kap. 2). Zu den zentralen pädagogisch bedeutsamen Fragen bzw. Themen in der Theorie der Leibeserziehung gehören u. a. Ganzheitlichkeit, die Bewegungsentwicklung von Kindern und Jugendlichen sowie Leistung, Gestaltung, Spielen und Wetteifer als sog. »Bildungsgehalte« der Leibesübungen (u. a. Mester, 1969; Seybold, 1969). Vor allem Bernett (1967) hat sich systematisch mit der Frage auseinandergesetzt, welche historischen und zeitgemäßen Grundformen der Leibesübungen als bewegungskulturelle Strömungen strukturanalytisch unterschieden und für die schulische Leibeziehung aus bildungstheoretischer Sicht pädagogisch fruchtbar gemacht werden können. Dabei rückt er das Spiel, das Turnen, die Gymnastik und den Sport als zentrale bewegungskulturelle Strömungen und damit auch als bildungsrelevante Inhalte der Leibeserziehung in den Fokus (Balz & Krüger, 2009).

Aus kulturellen Objektivationen der Leibesübungen gewinnt Bernett (1967) in methodischer Anlehnung an Dilthey unterscheidbare »Bildungsgehalte« bzw. »Leitmotive« (S. 88), die sich den jeweiligen Bildungsinhalten bzw. bewegungskulturellen Strömungen zuordnen lassen: etwa die durch Üben zu entfaltende Körperbeherrschung dem Turnen, das Wettkämpfen dem Sport usw. (▶ Tab. 6.1). Neben dem jeweiligen Leitmotiv arbeitet Bernett auch unterschiedliche Haltungen (»Geist«) sowie Leistungs- und Bewegungsprinzipien von Gymnastik, Turnen, Spiel und Sport heraus – z. B. die persönliche, spezifische Höchstleistung im Sport gegenüber der allgemeinen, vielseitigen *Durchschnittsleistung* im Turnen oder auch die wirkungsgymnastische Körperformung gegenüber der Bewegungs- und Gestaltungsqualität von musischer Gymnastik bzw. Tanz oder gegenüber einer spielerischen Grundhaltung.

Eine solche Typisierung bewegungskultureller Strömungen bzw. Bildungsinhalte einerseits und entsprechender Bildungsgehalte bzw. *Leitmotive* usw. andererseits kann helfen, die Spezifik unterschiedlicher Bewegungskulturen auszuweisen und ihnen – nicht zuletzt für die schulische Inhaltsauswahl – eine besondere pädagogische Bedeutung zuzuschreiben. Aber die bildungstheoretisch ambitionierte Typisierung unterschiedlicher Bewegungskulturen fand in der Theorie der Leibeserziehung ihren eigenen Ort und ihre eigene Zeit. Inzwischen hat die verbreitete

Tab. 6.1: Kategorientafel (Bernett, 1967, S. 88)

	Sport	Spiel	Turnen	Wirkungsgymnastik	Musische Gymnastik
Leitmotiv	*Wettkämpfen* Agonaler Wetteifer	Spielen	Beherrschen Allseitige Körper-Beh. Beherrsch. d. Gegenst. welt	← Beherrschen Disziplinierung des Körpers	Beseelen Ausdruck innerer Kräfte
	Sportspiel Kampf mit dem Gegner		*Turnspiel* Geselligkeit Erholung		
Leistungsprinzip	Absolute *Höchstleistg.* Persönliche *Bestleistung*		Vielseitige *Durchschnittsleistung* der Allgemeinheit	Körperliche *Leistungsfähigkeit*	Leistung in der *Bewegungsqualität*
	Sportspiel Erfolg Ergebnis		*Turnspiel* Ausgleich Übung		
Bewegungsprinzip	Zielgerichtete ökonomische *Zweckform* Technik		*Haltungsprinzip* beherrschte Bewegung	← Haltungsprinzip geformte Alltagsbewegung	*Gestaltung* der ›schwingenden‹ Bewegung
	Sportspiel dramatisch aggressiv		*Turnspiel* tummeln		
Geist	Vorwiegend *individuell* dem *Sportgeist* verpflichtet		Primat des objektiven Geistes Über-Ich des *Gemein-* und *Volksgeistes*	Individuelle *Selbsterziehung*	*Innerlichkeit* Hingabe an kosmische Ordnung
	Sportspiel Sportgeist Mannschaftsgeist		*Turnspiel* Gemeingeist Brauchtum		

Dominanz des Sports tendenziell zu einer Vereinnahmung anderer bewegungskultureller Strömungen geführt – also zur *Versportlichung* des Turnens, des Spielens und der Gymnastik z. B. als rhythmische Sportgymnastik. Zugleich hat der Sport – nach frühen Festlegungen, Normierungen und Verengungen – damit auch an Vielfalt und Komplexität seiner Formen, Sinnmuster, Praxen etc. gewonnen. So gesehen lassen sich heute eher *im* als neben dem Sport recht unterschiedliche bewegungskulturelle Praxen ausmachen (▶ Kap. 4), die auf ihren Sinn und ihre pädagogische Bedeutung zu befragen sind, wenn Sport mehr als Agon und Olympismus ist und sein soll.

6.3 Bewegungskultur und Schulsport – ein phänomenologischer Ansatz

Die Vielfalt der bewegungskulturellen Praktiken und Aktivitäten im Schulsport angemessen abzubilden und so eine umfassende bewegungskulturelle Kompetenz anzubahnen, ist das Anliegen des phänomenologischen Ansatzes von Grössing (1993), der auf der Hintergrundfolie eines subjektorientierten Kulturverständnisses die einseitige Dominanz des (Wettkampf-) Sports in der Schule kritisch hinterfragt und eine verstärkte Thematisierung weiterer bewegungskultureller Felder einfordert. Bewegungskultur wird dabei als wesentliches Element einer breit gefächerten Körperkultur verstanden, der sich u. a. auch Ernährung, Hygiene, Bekleidung sowie körperliche Routinen und Habitualisierungen zuordnen lassen. Neben kulturtheoretischen Betrachtungen spielen – ähnlich wie bei Grupe (1987) – anthropologische Grundannahmen eine besondere Rolle, gehen bei Grössing jedoch mit einer Betonung der Perspektive des Subjekts und dessen Selbsttätigkeit einher. Da das menschliche Bewegungshandeln »ein kulturelles und kein biologisches, [...] ein willkürliches und kein unwillkürliches Phänomen« (Grössing, 1993, S. 89) ist, kommt einer ganzheitlichen Bewegungserziehung zuallererst die Aufgabe zu, entwicklungsgemäße Bewegungs- und Körpererfahrungen zu fördern sowie auf die Aneignung bewegungskultureller Praktiken gerichtete Lernprozesse zu initiieren. Es geht darum, die gesellschaftlich vorgefundenen Formen der Bewegungskultur für die Heranwachsenden erlebbar zu machen und im Umgang mit dem eigenen Körper sowie den Körpern der Anderen »Selbstbewusstheit, soziale Befähigung und emotionale Gestimmtheit« (Grössing, 1993, S. 19) zu entfalten.

Bewegungserziehung soll daher zur Persönlichkeitsentwicklung beitragen und einen bewegten Lebensstil anbahnen, was allerdings gerade im Schulsport eine »Kultur der Bewegungsvielfalt« voraussetzt, die »den Reichtum der Sinngehalte, Ausdrucksformen und sozialen Arrangements des menschlichen Bewegungshandelns« (Grössing, 1993, S. 23) ausgewogen thematisiert. Vor diesem Hintergrund lassen sich mit der Spielkultur, der Sportkultur, der Ausdruckskultur und der Gesundheitskultur nach Grössing (1993, S. 25–33) vier Teilbereiche unterscheiden, die gleichberechtigt in das Programm des Sportunterrichts und des Schulsports zu übernehmen wären. Während bei der Spielkultur im schulischen Kontext die Bewegungsspiele und die mit ihnen einhergehenden Lerngelegenheiten im Fokus stehen, meint der Begriff Sportkultur hier vorwiegend den »humanen Wettkampf« (S. 25), der in gewisser Hinsicht als ein Gegenmodell zum professionellen, medial vermittelten (Hoch-) Leistungssport interpretiert wird. Die Ausdruckskultur bietet drittens besondere Möglichkeiten zur Förderung der motorischen Ausdrucksfähigkeit sowie der Körpersprache (u. a. Bewegungstheater, Gymnastik, Pantomime, Tanz). Die Gesundheitskultur weist schließlich über die Bewegungserziehung hinaus und stellt einen Lebensstil dar, der sich als »Ergebnis aktiver Bildung, verantwortlicher Entscheidung und personaler Leistung« (Grössing, 1993, S. 29) ausbildet und im schulischen Kontext durch entsprechende pädagogische Inszenierungen sowie ein bewegtes Schulleben angebahnt werden kann. Eine wesentliche Aufgabe der schulischen Bewegungserziehung besteht dann darin, den Schüler*innen eine exemplarische Auswahl der spielerischen, sportlichen, gestaltenden und gesundheitsorientierten Bewegungsaktivitäten und -praktiken zugänglich zu machen, wobei den entsprechenden Vorschlägen von Grössing (1993, S. 30–31) normative Setzungen zugrunde liegen (z. B. das Ideal eines humanen Sports). An dieser Stelle wird zugleich deutlich, dass ausschließlich fachdidaktischen Konsequenzen für das Anwendungsfeld Schule im Fokus der Argumentation von Grössing stehen.

Einen Bezugspunkt für didaktisch-methodische Überlegungen zur exemplarischen Inhaltsauswahl stellen ferner vier – durch ihre polare Struktur gekennzeichnete – bewegungspädagogische *Prinzipien* dar (Grössing, 1993, S. 92–98):

- *Vielfalt und (Könnens-)Fundament* verweisen als Prinzipienpaar auf eine grundlegende Paradoxie des Schulsports, da neben dem Erschließen möglichst vielseitiger bewegungskultureller Aktivitäten, Praktiken und Lernwege zugleich die Vermittlung eines (Könnens-)Fundaments in ausgewählten Bewegungsformen gefordert wird. Die Schüler*innen sollen die Vielfalt spielerischer, sportlicher, gestaltender und gesundheitsorientierter Bewegungshandlungen kennenlernen, aber sich mit einigen ausgewählten Bewegungsthemen intensiver auseinandersetzen und ihre entsprechende motorische Leistungsfähigkeit bzw. ihr Bewegungskönnen über länger andauernde Lernprozesse erweitern.
- Das Prinzip *Naturnähe und Mitweltlichkeit* betont zunächst die im Schulsport traditionell eher vernachlässigten Bildungspotentiale naturnaher Bewegungsräume und -aktivitäten. Das Sich-Bewegen in naturnahen Räumen hat in den letzten Jahrzehnten stark zugenommen und markiert in gewisser Hinsicht eine – auch für den Schulsport relevante – »Trendwende der Bewegungskultur« (Grössing, 1993, S. 93). Anderseits bedarf die Naturnähe einer Ergänzung durch den Grundsatz der Mitweltlichkeit, der die Natur eben nicht als Sportstätte in den Blick geraten lässt, sondern für die Schönheit der jeweiligen Ökosysteme und die Umweltverträglichkeit von schul- oder freizeitsportlichen Aktivitäten sensibilisiert.
- Der pädagogische Grundsatz der *Einfachheit* markiert einen Gegenentwurf zu einer gesellschaftlichen Sportpraxis, die durch hohen Ressourcenverbrauch (energieintensive Sportanlagen, Sportreisen, Sportmode usw.) gekennzeichnet ist. Bewegungserziehung ist daher im Sinne von Grössing (1993, S. 95) immer auch eine ökologisch orientierte *Verbraucherbildung*, die sich kritisch mit den allgegenwärtigen Werbebotschaften der Sportartikelbranche auseinandersetzt und zum »humanen Bewegungshandeln« erzieht, das sich im Einsatz möglichst einfacher Mittel zur Ausübung der Aktivitäten bewährt.
- Das Prinzipienpaar *Regionalität und Internationalität* unterstreicht einerseits die Relevanz global verbreiteter Sportarten und Bewegungspraktiken für die schulische Bewegungserziehung, die aber im Unterricht andererseits der Ergänzung durch jeweils lokal oder regional geprägte bewegungskulturelle Phänomene bedarf (z. B. Friesensport, Rhönradturnen).

Mit seinem phänomenologischen Ansatz hat Grössing (1993) frühzeitig die Vielfalt der Bewegungskulturen in das Zentrum des Sportunterrichts und des Schulsports gerückt. Seine fachdidaktische Position korrespondiert dabei zumindest partiell mit den Überlegungen weiterer Sportpädagog*innen, die in den späten 1980er und frühen 1990er Jahren mit dem Begriff der Bewegungskultur in gewisser Hinsicht einen pädagogisch begründeten Gegenentwurf zum normierten (Wettkampf-)Sport kennzeichnen (u. a. Dietrich, 1993) oder eine sog. alternative Spiel- und Bewegungskultur (u. a. Moegling, 1988; Schwier & Wopp, 1994) skizzieren, die die Bedeutung von (neuartigen) Körpererfahrungen und von Bewegungskünsten (u. a. Funke, 1989) betont sowie jene Motive und Bedeutungen des Sich-Bewegens thematisiert, die aus ihrer Perspektive im traditionellen Sport keine hinreichende Berücksichtigung finden.

Kritisch anzumerken bleibt, dass die Skepsis gegenüber dem Sport im engeren Sinne dazu führt, dass Grössing (1997) bewegungskulturelle Bildung quasi als Gegenpol zur Handlungsfähigkeit im Sport (Kurz, 1990) versteht. Dabei wird übersehen, dass die Schnittmenge zwischen seinem Verständnis von Bewegungskultur und dem von der pragmatischen Sportdidaktik vertretenen weiten Sportverständnis erheblich ist. Überaus weitsichtig erscheinen aus heutiger Sicht sowohl sein Plädoyer für eine nachhaltige Entwicklung der Bewegungskultur (Stichwort: Mitweltlichkeit, Einfachheit) als auch der pädagogische Grundsatz der Naturnähe, der im Rahmen sportpädagogischer Publikationen zu außerschulischen Lernorten wiederkehrend eine mehr oder weniger prominente Rolle spielt (u. a. Balz, 2001; Erhorn & Schwier, 2016).

6.4 Elementarisierung des Sports: ein Vier-Felder-Modell

Die gewachsene Vielfalt des Sports im Sinne einer facettenreichen modernen Bewegungskultur kann als zunehmende Offenheit oder Entsportlichung, als größerer Handlungsspielraum oder stärkere Unübersichtlichkeit, als Optionalität oder Diffusität gedeutet werden. Wie auch immer ist es jedenfalls schwer geworden, eine Vielfalt bewegungskultureller Praxen unter dem Dach des Sports überhaupt noch adäquat fassen, verstehen und gestalten zu können. Vor diesem Hintergrund sind verschiedene Versuche unternommen worden, den Sport zu modellieren bzw. systematisch zu strukturieren (Prohl & Scheid, 2009; Krüger & Emrich, 2018). Dabei lassen sich vier zentrale Formen von Sport-Modellen unterscheiden (Balz, 2021):

Hierarchisierende Sport-Modelle: Mit dem Boom des *großen* Sports zu Beginn der 1970er Jahre in Deutschland (von den Olympischen Spielen über die Sportvereine bis in die Freizeit) konnten sich viele Sportarten entfalten und in die Struktur des Sports einschreiben; im sog. Pyramiden-Modell bilden dem entsprechend verbreitete Sportarten das Material einer Modellierung, die von der Basis breitensportlicher Aktivitäten ausgehend auf die Spitze des Profisports getrieben wird – eine Vorstellung, die als Pyramide bereits von Dieckert (1974) umgeworfen und in zwei Welten des Freizeit- und des Leistungssports zerlegt wurde.

Formalisierende Sport-Modelle: Mit der weiteren Etablierung des Sports als Teil der Alltagskultur haben sportliche Praxen unsere Gesellschaft und ihre Institutionen wie Schule, Betriebe, Familien durchdrungen und sich darin auf unterschiedliche Weise behauptet; abhängig von spezifischen institutionellen und organisatorischen Bedingungen (z. B. zeitlichen und sozialen) lässt sich demzufolge in einem sog. Organisationsmodell eher formal unterscheiden zwischen typischen Orten wie *Schulsport, Vereins- und Freizeitsport* – dieser geläufigen Trias kann noch der kommerzielle Sport hinzugefügt werden (Schulze, 2009).

Zentrierende Sport-Modelle: Mit der zunehmenden Ausdifferenzierung und Uneinheitlichkeit traditioneller und trendiger sportlicher Praxen sowie alternativer Bewegungskulturen sind theoretische und auch praktische Fragen nach schärferer Konturierung, nach der *Einheit* und Mitte des Sports verbunden; durch argumentative Fokussierung eines vermeintlichen sportiven »Wesenskerns« (Hägele, 1982) und durch die empirische Zuschreibung von mehr oder weniger prototypischen Bedeutungen sportlicher Aktivität (Willimczik, 2007) wird so ein Zentrum traditionellen Leistungs- und Wettkampfsports transportiert.

Elementarisierende Sport-Modelle: Mit der offensichtlichen Ausbreitung und Etablierung recht unterschiedlicher sportlicher Praxen vom Vereinssport über den Gesundheitssport und Risikosport bis zum professionellen Showsport existieren nun verschiedene Bereiche der Ausübung und Vermittlung sportlicher Aktivität neben- und miteinander; dieser Vielfalt wird durch Modellierungen entsprochen, die ggf. kriteriengeleitet in bestimmte Elemente – wie einen traditionellen, expressiven, funktionalistischen, professionellen Sport – differenzieren und somit seine Diversität repräsentieren (u. a. Digel, 2013; Heinemann, 2007, S. 57).

Bei einer solchen elementarisierenden Modellierung des Sports ist jedoch zu fragen, nach welchen Kriterien die Elementarisierung – jenseits einer plausiblen Zusammenstellung von phänotypisch unterscheidbaren Bereichen des Sports – gebildet wird. Im *Vier-Felder-Modell* sind, gemäß einer teleologischen Rahmung menschlichen Handelns (Spaemann & Löw, 1991), erstens die jeweiligen Ziele und Zwecke der Ausübung und Vermittlung sportlicher Aktivität und zweitens die damit verbundenen mehr oder weniger normierten Regelungen des Sporttreibens von zentraler Bedeutung. So kann für eine Ziel- und Zweckorientierung sportlichen Handelns unterschieden werden zwischen einem primär *autotelischen* Sport (mit vornehmlich sportinternen Zielsetzungen, z. B. der Wettkampforientierung im Vereinssport) und einem tendenziell *instrumentellen* Sport (mit vorrangig sportexternen Zwecksetzungen, z. B. der Gewichtsreduktion im Gesundheitssport). Zudem kann für eine mehr oder weniger starke Regulierung sportlichen Handelns unterschieden werden zwischen weitestgehend normierten Formen sportlicher Praxen (*Sport im engeren Sinne*, z. B. Olympische Spiele) und eher nicht normierten Formen sportlicher Praxen (*Sport im weiteren Sinne*, z. B. selbstorganisierte Lauftreffs).

Spannt man das Spektrum sportlichen Handelns – also der Ausübung, der Vermittlung und Organisation von sportlicher Aktivität – demnach mit der einen Achse zwischen *autotelisch/instrumentell* und mit der anderen Achse zwischen *normiert/unnormiert* auf, dann lassen sich vier zentrale Felder des Sports bzw. der Sportentwicklung identifizieren und zusammen modellieren: I. der *agonale* Sport (mit dem Ziel des Leistungsvergleichs etwa im Ligabetrieb der Sportvereine), II. der *informelle*

Sport (mit dem Ziel der Selbstregulierung etwa in der Skaterszene von Jugendlichen), III. der *kommerzielle* Sport (mit dem Zweck von Gewinnsteigerung etwa im Profisport oder in der Fitnessbranche) und IV. der *humanitäre* Sport (mit dem Zweck einer Entwicklungsförderung etwa im Schulsport oder in der sportbezogenen Sozialarbeit); Abbildung 6.1 zeigt das im Überblick (▶ Abb. 6.1).

Abb. 6.1: Vier-Felder-Modell (nach: Balz, E. (2021). Vier Felder des Sports – ein Modell für den Schulsport? sportunterricht 70(2), 58–63)

Mit dem Vier-Felder-Modell werden verschiedene Bereiche des Sports und damit unterschiedliche bewegungskulturelle Praxen ausgewiesen. Im agonalen Sport, der auf einen Vergleich sportlicher Leistungsfähigkeit zielt, sind bewegungskulturelle Praxen im Übungs- und Trainingsbetrieb sowie im Wettkampfsystem insbesondere von Sportvereinen verankert und z. B. bei einem Kreispokalspiel beobachtbar. Im informellen Sport, der auf eine Selbstregulierung sportlichen Handelns zielt, sind bewegungskulturelle Praxen mit Modifikationen traditionellen Sporttreibens, mit trendsportlichen Erneuerungen oder möglichen Inventionen verknüpft und z. B. an einer BMX-Halfpipe beobachtbar. Im kommerziellen Sport, der auf einen wirtschaftlichen Gewinn von Sportangeboten zielt, sind bewegungskulturelle Praxen in den Austausch von Geld und sportlicher Ware eingelassen und z. B. im Studio, Stadion oder TV beobachtbar. Im humanitären Sport, der auf eine Förderung menschlicher Entwicklung zielt, sind bewegungskulturelle Praxen gemäß der jeweiligen Förderabsicht gestaltet und z. B. als gesundheitssportliche, sozialintegrative, erlebnispädagogische oder sportunterrichtliche Inszenierung beobachtbar. Zwischen diesen vier Feldern des Sports gibt es keine durchgehend scharfen Grenzen, sondern – neben klar zuzuordnenden Beispielen (Balz & Kuhlmann, 2015) – teilweise fließende Übergänge, wie u. a. Volksläufe, Yogakurse und Pausensport sowie die Kommerzialisierung Olympischer Spiele verdeutlichen können.

Doch im Vergleich der so modellierten Felder zeigt sich eben auch ihre Differenz: So kann der Unterschied etwa zwischen kommerziellem und humanitärem Sport über die jeweilige Zwecksetzung (Gewinnsteigerung vs. Entwicklungsförderung) und das Regelwerk (normiert vs. modifiziert) hinaus entlang weiterer Merkmale wie dem Tätigkeitsprinzip (Erfolgsprinzip vs. Funktionsprinzip), der Akteur- und Zuschauerbeteiligung (Profis vs. Bedürftige, viele vs. wenige/keine) näher charakterisiert werden. Zugleich wird vielleicht der Blick für bestimmte Besonderheiten der einzelnen Felder geschärft, z. B. dafür, dass der informelle Sport zwar hohe Partizipationsraten aufweist, aber noch vergleichsweise wenig untersucht worden ist (Forschungsdesiderat); oder auch dafür, dass der Schulsport ausdrücklich pädagogischen Zwecken von Unterricht und Erziehung in der Bildungseinrichtung Schule folgen darf und soll (Instrumentalisierungsdebatte im letzten Kapitel). Außerdem scheint uns bedeutsam, stärker die Übergänge und Vernetzungen zwischen den verschiedenen Feldern zu berücksichtigen, zumal viele Menschen in unterschiedlichen Settings des Sports agieren und gerade Kinder wie Jugendliche aufgrund divergenter Herausforderungen und Handlungsmöglichkeiten hierbei ggf. unterstützt werden sollten. Exemplarisch nehmen wir als Ausschnitt des informellen Sports jugendliche Trendsportkulturen in den Blick (▶ Kap. 6.5).

6.5 Exkurs zu jugendlichen Trendsportkulturen

Jugendliche Trendsportkulturen verstehen sich häufig als Alternative zum modernen Sport, werden in der Regel von den Aktiven selbst organisiert (im Sinne eines informellen Sports) und bringen zumeist einen eigenartigen Stil hervor, der mitunter mit bewegungskulturellen Innovationen einhergeht. Vor diesem Hintergrund rekonstruieren Alkemeyer und Schmidt (2003), Gebauer et al. (2004), Schmidt (2002) und Stern (2010) auf der Grundlage der Bourdieuschen Körpersoziologie, wie in den neuen Sportpraktiken die Ausprägung von körperlichen Formen und Stilen zur Bildung von informellen (Wahl-)Gemeinschaften von Gleichgesinnten führt: »Die Suche nach einem passenden Stil kennzeichnet die in den neuen Spielen beobachtbare Hinwendung der Teilnehmer zu sich selbst« (Gebauer et al., 2004, S. 121). Solche Praktiken gehen daher mit einer – mitunter hedonistischen – Selbstthematisierung einher und in ihnen wird Zugehörigkeit fortlaufend über das Sich-Bewegen und die »Treue zum Stil« sichergestellt.

Daher überschreiten solche neuen Spiele (u. a. BMX, Free-Climbing, Inline-Hockey, Skateboarding, Snowboarding) folgerichtig den Sieg-Niederlage-Code des modernen Sports und das »Stil-Können« wird nicht an »Standardisierung und objektiven Leistungsvergleich rückgebunden« (Stern, 2010, S. 153). Als Bewegungskünste flexibler und kreativer Subjekte betonen sie vielmehr das sinnliche Erlebnis des Tuns, den »präsentatorisch-inszenatorischen« Aspekt der Praxis (Schmidt, 2002, S. 31) und eine individuelle Stil-Kompetenz. Dieses »Stil-Können« verbindet motorische Leistungsfähigkeit, Bewegungsgeschick, Improvisations- und Risikobereitschaft mit Interaktionskompetenz, Kennerschaft und der Demonstration von Identität. Nach Stern (2010) ist für solche Bewegungskulturen eine Haltung kennzeichnend, die er als ein sog. »totales Engagement« beschreibt: »Die Sportler zeigen mit ihrem totalen Engagement keine klaren Grenzlinien zwischen Sport und Alltag. Vielmehr dringt das (Sport-)Engagement in Form von Gesten, Bildern und Internetpräsentationen weit in den Alltag der Akteure ein« (Stern, 2010, S. 261).

Ebenfalls auf der Hintergrundfolie des Habitus-Konzepts von Bourdieu (1998, 2005) geht es Schwier (1998) darum, die Charakteristika jugendlicher Trendsportkulturen und deren Potentiale für bewegungskulturellen Wandel zu ermitteln. Nach seiner Auffassung entfalten bspw. Skaten, Streetball und Techno ein Ensemble von (subkulturellen) Bedeutungen, Handlungen, Ästhetiken, Ritualen und Strategien, die wechselseitig aufeinander verweisen und einen von den Akteuren als authentisch wahrgenommenen Stil prägen. In späteren Publikationen porträtiert Schwier (2008, 2013, 2019) BMX, Parkour, Skateboarding und Surfen als Ausdruckskulturen, die mit dem Körper eigene Zeichen setzen, Erlebnisräume gestalten und alternative Auslegungen des Sich-Bewegens erzeugen. Dabei wird in der Tradition der Cultural Studies angenommen, dass sich die Spannung zwischen der kommerziellen sowie institutionellen Vereinnahmung populärer Kultur und ihrem Potential an Eigensinn und Widerspenstigkeit in Feldern wie dem Sport oder der Musik in besonderer Weise ausdrückt, da diese auf dem Kontinuum der Expressivität günstig positioniert sind. Im Spannungsfeld zwischen »Orthodoxie und Heterodoxie« (Bourdieu, 1998, S. 63) stellen jugendliche Trendsportkulturen daher ein Experimentierfeld für unkonventionelle Formen des körperlichen Ausdrucks, der Gemeinschaftsbildung sowie für eigenwillige Prozesse der Selbstsozialisation dar (Schwier, 2008, S. 272–274).

Mit unterschiedlichen Akzentsetzungen zeichnen die genannten Autoren – wie z. B. auch weitere Studien zu »Freestyle-Bewegungskulturen« (Kolb, 2015), zur urbanen Praxis des Skateboardings (Peters, 2016; Schäfer, 2020), zum Slacklining (Chavaroche, 2018) oder zur jugendlichen Fitnesskultur (Bindel, 2017) – nach, dass derartige Bewegungspraktiken auf Sinnstiftung angewiesen sind und nicht zuletzt einen »anderen Möglichkeitsraum der Erfahrung« (Stern, 2010, S. 67) im Feld des Sports begründen. Pointiert formuliert eröffnen die verschiedenartigen Formen und Inszenierungen der Sport- bzw. Bewegungskultur damit ebenfalls »unterschiedliche Reflexionsweisen des Mensch-Welt-Bezugs« (Franke, 1998, S. 59), was nicht zuletzt für den Schulsport unmittelbar relevant sein kann.

6.6 Ausblick

Die vorangehenden Ausführungen haben sich den sport- und bewegungskulturellen Grundlagen am Beispiel typisierter Bewegungskulturen in einer Theorie der Leibeserziehung, des phänomenologischen Ansatzes der Bewegungserziehung, der teleologischen Elementarisierung eines Vier-Felder-Modells und, mit Blickrichtung auf jugendliche Trendsportkulturen, der Kulturtheorie von Bourdieu (1982) angenähert. Selbstverständlich wären auch andere theoretische Bezugspunkte denkbar gewesen: So sind z. B. semiotische Denkfiguren schon in den 1990er Jahren von der Sportpädagogik vereinzelt diskutiert, bislang jedoch noch nicht systematisch entfaltet worden (u. a. Friedrich et al., 1994; Giese, 2008). Des Weiteren haben mögliche Auswirkungen des sog. *cultural turn* auf die Legitimation sportwissenschaftlichen bzw. sportpädagogischen Handelns nur andeutungsweise Erwähnung gefunden (hierzu u. a. Fikus & Schürmann, 2004; Schwier, 1998).

Auch aktuelle Diskurse um die Resonanztheorie von Rosa (2019) oder kultursoziologische Überlegungen von Reckwitz (2012; 2017) zum Prozess gesellschaftlicher Ästhetisierung, zur Subjektivierung des Sozialen und zum »Kreativitätsdispositiv« (Reckwitz, 2012, S. 20) finden hier keine weitere Berücksichtigung. Es spricht jedoch einiges dafür, dass sich beide Theorien für das Feld der Sport- und Bewegungskultur fruchtbar machen lassen. Rosa (2019) versteht so unter Resonanz einen Beziehungsmodus, der Erfahrungen der Anerkennung und des Berührtseins unterstützt und damit eine angemessene Antwort auf das von ihm diagnostizierte umfassende gesellschaftliche Beschleunigungsphänomen geben kann. Reckwitz (2017) analysiert eine Kulturalisierung des Sozialen in der zeitgenössischen Gesellschaft, die mit Singularitätsansprüchen spätmoderner Subjekte, deren Streben nach Besonderheit, Originalität und Einzigartigkeit sowie einer Orientierung am Kreativen verwoben ist. Es wäre sicher lohnenswert zu untersuchen, ob und wie Tendenzen einer Singularisierung bzw. Resonanzerfahrungen in bestimmten Sport- und Bewegungspraktiken zum Ausdruck kommen und deren Ausrichtung beeinflussen.

Unabhängig vom jeweiligen (kultur-)theoretischen Zugang dürfte allerdings weitestgehend Einigkeit darüber bestehen, dass (sportliche) Bewegungen unweigerlich etwas bedeuten, aber solche Bedeutungen nicht ein für alle Mal festgelegt sind, sondern vielmehr in verschiedenen Kontexten und Settings (Schule, Verein, Peer Group usw.) aktualisiert werden. Sport- und Bewegungspraktiken bleiben so mehrdeutig und stehen unterschiedlichen Auslegungen sowie Umdeutungen offen. Die prinzipielle Mehrdeutigkeit und Perspektivenvielfalt z. B. im Sportunterricht und Schulsport angemessen aufzugreifen, scheint auch deshalb notwendig zu sein, weil Erfahrungen mit der Populär- und Sportkultur im Alltag von Kindern und Jugendlichen eine wichtige Rolle spielen sowie ihr ästhetisches Erleben und individuelles Sich-Bewegen beeinflussen. Der Sportunterricht kann ein Ort sein, in dem die erwähnten Ausdifferenzierungen, Übergänge und gegenseitigen Vernetzungen der sport- und bewegungskulturellen Felder thematisiert werden.

Insgesamt sollte mit unserem Beitrag einerseits der Blick auf die vielgestaltige Sport- und Bewegungskultur geschärft und andererseits ein Spektrum sportpädagogischer Zugänge aufgezeigt werden, mit denen sich sport- und bewegungskulturelle Praktiken deuten und systematisieren lassen. Dies scheint auch insofern angezeigt, als sportpädagogische Positionierungen und Konzeptualisierungen – neben entwicklungstheoretischen und bildungstheoretischen Grundlagen (▶ Kap. 4; ▶ Kap. 5) – nicht zuletzt auch die besonderen Strukturen, Bedingungen und Herausforderungen sowie Handlungs- und Erfahrungsmöglichkeiten der Sport- und Bewegungskultur mitberücksichtigen sollten (▶ Kap. 7). Dies gilt bspw. für die aktuell und in näherer Zukunft bedeutsamen Aspekte der Digitalisierung des Sports sowie die Verantwortung für die Nachhaltigkeit (durchaus im Sinne von Grössing, 6.3) des Sporttreibens und der Sporträume.

Literatur

Alkemeyer, T. & Schmidt, R. (2003). Habitus und Selbst. Zur Irritation der körperlichen Hexis in der populären Kultur. In T. Alkemeyer et al. (Hrsg.), Aufs Spiel gesetzte Körper (S. 77–102). UVK.
Balz, E. (2001). Schulsport unterwegs. sportpädagogik 25(3), 21–27.
Balz, E. & Krüger, M. (2009). Leitideen der Sportentwicklung. In E. Balz & D. Kuhlmann (Hrsg.), Sportentwicklung. Grundlagen und Facetten (S. 33–48). Meyer & Meyer.
Balz, E. (2011). Ein Vier-Felder-Modell des Sports. In K. Hottenrott et al. (Hrsg.), Kreativität – Innovation – Leistung (S. 157). Feldhaus.
Balz, E. (2013). Sportmodelle für die Sportentwicklung. Zum Vorschlag eines Vier-Felder-Modells. Manuskript.
Balz, E. & Kuhlmann, D. (Hrsg.) (2015). Sportentwicklung vor Ort. Projekte aus deutschen Quartieren. Shaker.
Balz, E. (2016). Körperbilder im Schulsport. Konstruktion, Kontrastierung, Kommentar. In V. Schürmann et al. (Hrsg.), Bewegungskulturen im Wandel (S. 293–305). transcript.
Balz, E. (2021). Vier Felder des Sports – ein Modell für den Schulsport? sportunterricht 70(2), 58–63.
Bernett, H. (1967). Grundformen der Leibeserziehung (2. Aufl.). Hofmann.
Bindel, T. (2017). Informeller Jugendsport – Institutionelle Inanspruchnahme und Wandel eines deutungsoffenen Geschehens. Diskurs Kindheits- und Jugendforschung 12(4), 417–426.
Bourdieu, P. (1982). Die feinen Unterschiede. Kritik der gesellschaftlichen Urteilskraft. Suhrkamp.
Bourdieu, P. (1998). Praktische Vernunft. Zur Theorie des Handelns. Suhrkamp.
Bourdieu, P. (2005). Die verborgenen Mechanismen der Macht. VSA.
Cachay, K. (1990). Versportlichung der Gesellschaft und Entsportlichung des Sports. In U. Göhner & H. Gabler. (Hrsg.), Für einen besseren Sport (S. 97–113). Hofmann.
Chavaroche, L. (2018). Motives in slacklining. Staps 121, 3, 77–91.
Dietrich, K. (1993). Bewegungskulturen in modernen Gesellschaften. In K. Dietrich & H. Eichberg (Hrsg.), Körpersprache. Über Identität und Konflikt (S. 241–256). Afra-Verlag.
Dietrich, K. & Heinemann, K. (Hrsg.) (1989). Der nicht-sportliche Sport. Hofmann.
Digel, H. (2013). Sportentwicklung in der Moderne. Hofmann.
Dieckert, J. (Hrsg.) (1974). Freizeitsport. Aufgabe und Chance für Jedermann. Bertelsmann.
Erhorn, J. & Schwier, J. (Hrsg.) (2016). Pädagogik außerschulischer Lernorte. transcript.
Fikus, M. & Schürmann, V. (Hrsg.) (2004). Die Sprache der Bewegung. Sportwissenschaft als Kulturwissenschaft. transcript.
Foucault, M. (1993). Technologien des Selbst. In M. Foucault et al., Technologien des Selbst (S. 24–62). S. Fischer.
Franke, E. (1998). Bildung – Semiotik – Ästhetische Erfahrung. In J. Schwier (Hrsg.), Jugend – Sport – Kultur (S. 45–61). Czwalina.
Friedrich, G., Hildenbrandt, E. & Schwier, J. (Hrsg.) (1994). Sport und Semiotik. Academia.
Funke, J. (1989). Bewegungskunst – ein wiederentdecktes Thema menschlicher Bewegung. In Dietrich, K. & Heinemann, K. (Hrsg.), Der nicht-sportliche Sport (S. 72–83). Hofmann.
Gebauer, G., Alkemeyer, T., Boschert, B., Flick, U. & Schmidt, R. (2004). Treue zum Stil. Die aufgeführte Gesellschaft. transcript.
Giese, M. (2008). Erfahrung als Bildungskategorie. Eine sportsemiotische Untersuchung in unterrichtspraktischer Absicht. Meyer & Meyer.
Grössing, S. (1993). Bewegungskultur und Bewegungserziehung. Hofmann.
Grössing, S. (1997). Bewegungskulturelle Bildung statt sportlicher Handlungsfähigkeit. In E. Balz & P. Neumann (Hrsg.), Wie pädagogisch soll der Schulsport sein? (S. 33–45). Hofmann.
Grupe, O. (1987). Sport als Kultur. Zürich, Edition Interfrom.
Hägele, W. (1982). Zur Konstitutionsproblematik des Sports. Sportwissenschaft (12) 2, 195–201.

Hägele, W. (1990). Konstitutionsprinzipien von Spiel und Sport. Homo Ludens.
Heinemann, K. (2007). Einführung in die Sportsoziologie (5. Aufl.). Hofmann.
Hildenbrandt, E. (Hrsg.) (1997). Sport als Kultursegment aus der Sicht der Semiotik. Czwalina.
Hitzler, R. (1991). Ist Sport Kultur? Zeitschrift für Soziologie 20, 6, 479–487.
Kolb, M. (2015). Freestyle-Bewegungskulturen. Moves, Tricks und Selbstmediatisierung. In J. Erhorn & J. Schwier (Hrsg.), Die Eroberung urbaner Bewegungsräume (S. 27–42). transcript.
Krüger, M. & Emrich, E. (2018). Sportmodelle: Sportkonstruktionen zwischen Modell, Theorie und Typologie. In A. Güllich & M. Krüger (Hrsg.), Grundlagen von Sport und Sportwissenschaft (S. 1–21). Springer.
Kurz, D. (1990). Elemente des Schulsports (3. Aufl.). Hofmann.
Mester, L. (1969). Grundfragen der Leibeserziehung (3. Aufl.). Westermann.
Moegling, K. (1988). Alternative Bewegungskultur. Fischer.
Peters, C. (2016). Skateboarding – Ethnographie einer urbanen Praxis. Waxmann.
Prohl, R. & Scheid, V. (2009). Die gesellschaftliche Bedeutung des Sports in Vergangenheit und Gegenwart. In V. Scheid & R. Prohl (Hrsg.), Sport und Gesellschaft (S. 12–69). Limpert.
Reckwitz, A. (2012). Die Erfindung der Kreativität. Zum Prozess gesellschaftlicher Ästhetisierung. Suhrkamp.
Reckwitz, A. (2017). Die Gesellschaft der Singularitäten. Zum Strukturwandel der Moderne. Suhrkamp.
Rosa, H. (2019). Resonanz. Eine Soziologie der Weltbeziehung (3. Aufl.). Suhrkamp.
Schäfer, E. (2020). Dogtown und X-Games – die wirkliche Geschichte des Skateboardfahrens. transcript.
Schmidt, R. (2002). Pop – Sport – Kultur. Praxisformen körperlicher Aufführungen. UVK.
Schulze, B. (2009). Die Organisation des Sports. In V. Scheid & R. Prohl (Hrsg.), Sport und Gesellschaft (S. 101–123). Limpert.
Schwier, J. (1998). Spiele des Körpers. Jugendsport zwischen Cyberspace und Streetstyle. Czwalina.
Schwier, J. (2008). Inszenierungen widerspenstiger Körperlichkeit. Zur Selbstmediatisierung jugendlicher Sportszenen. Zeitschrift für Soziologie der Erziehung und Sozialisation 28(3), 271–282.
Schwier, J. (2013). Kein Hedonismus ohne Disziplin. Jugendliche Körper und die Praxis des Parkour. In Zaremba, J. (Hrsg.), hedo/art/scenes. Hedonismus in Kunst und Jugendszenen (S. 129 139). kopaed.
Schwier, J. (2019). Skateboarding between Subculture and Olympic Games. In V. Kilberth & J. Schwier (Eds.), Skateboarding between Subculture and the Olympics (pp. 15–33). transcript.
Schwier, J. & Wopp, C. (1994). Alternative Spiel- und Bewegungskultur. sportpädagogik 18(3), 3–7.
Seybold, A. (1969). Pädagogische Prinzipien in der Leibeserziehung (6. Aufl.). Hofmann.
Spaemann, R. & Löw, R. (1991). Die Frage Wozu? Geschichte und Wiederentdeckung des teleologischen Denkens (3. Aufl.). Piper.
Stern, M. (2010). Stil-Kulturen. Konstellationen von Technik, Spiel und Risiko in neuen Sportpraktiken. transcript.
Willimczik, K. (2007). Die Vielfalt des Sports. Kognitive Konzepte der Gegenwart zur Binnendifferenzierung des Sports. Sportwissenschaft 37(1), 19–37.

III Sportpädagogische Orientierungen

7 Orientierung an der Sache

Norbert Gissel & Stefan König

7.1 Einleitung

Die Sportpädagogik und ihre Fachdidaktik haben ein schwieriges Verhältnis zu ihrem Gegenstand, was unzählige Debatten über das schulische Sportverständnis sowie seine angemessene Denomination zeigen (Balz, 1992, 2009; Scherler, 2006). Während es für Kurz (1977, S. 59) noch selbstverständlich war, dass der »Sport in der Schule […] mit dem Blick auf den Sport außerhalb von ihr« zu konzipieren sei und er seine Elemente aus ihm gewinne, grenzten sich Andere fundamental von den Praxen des außerschulischen Sports ab. Unter dem Einfluss »kritisch-emanzipatorischer Strömungen« (Prohl, 2010, S. 111) wurde es in der fachdidaktischen Diskussion ruhig um das, was lange als identifikatorischer Kern unseres Faches angesehen wurde – die *Sache*: Und als Sache wurden bis in die 1990er-Jahre die *Objektivationen* der menschlichen Bewegungskultur, also Sportarten, betrachtet. Es erschien geradezu selbstverständlich, aus dieser *Sachlogik* Inhalte und Vermittlungswege des Unterrichts abzuleiten. »Konkretisieren kann sich Sport nur in Sportarten. Sie sind es, die in ihren Handlungs- und Leistungszielen die typischen Verhaltensweisen, Handlungen und Einstellungen sozusagen zum »Abnehmer« transportieren« (Söll, 2000, S. 4).

Heute herrscht Unklarheit: Was ist eigentlich die *Sache*, der zentrale Gegenstand unseres Faches? Ist es das historisch gewachsene Kulturgut der *Leibesübungen* mit seinen *Objektivationen* in Form von Spiel, Sport, Turnen und Gymnastik, die Bernett (1965) in seinen phänomenologischen Untersuchungen als *Grundformen* identifizierte und denen er eine »je eigene Bedeutung und Erlebnisqualität« mit »spezifischem Bildungswert« zusprach (S. 107)? Oder ist es die menschliche Bewegung im Allgemeinen, die dann, z. B. in der Berufsschule, auch berufliche Fertigkeiten im weiteren Sinne umfasst? Oder sind es aktuelle Trends der Fitnessszene, mit denen Menschen zu körperlicher Aktivität motiviert werden sollen? Oder ist es schließlich unser Körper, der in Bewegung oder in Ruhe, in Anstrengung oder in Auseinandersetzung mit anderen Körpern phänomenal vielfältig wahrgenommen werden kann? Je nachdem, was man letztendlich für den zentralen Gegenstand unseres Faches hält, wird sich die Frage, wie man mit der *Sache* im Rahmen von Planungs- und Gestaltungsprozessen im Schulsport, aber auch in allen anderen Vermittlungssettings mit pädagogischem Anspruch umgehen soll, recht unterschiedlich darstellen.

Für die Sportpädagogik ist dies ein unbefriedigender Zustand: Wenn nicht einmal über das didaktische Feld des Inhalts Minimalkonsens besteht, wird sie ihren Bildungsauftrag und ihren kulturerhaltenden und entwicklungsfördernden Wert kaum überzeugend begründen können. Und so hat Digel (2007, S. 205) der Sportdidaktik ein mehr oder weniger vernichtendes Zeugnis ausgestellt: Ohne klaren Bezug auf das kulturelle Feld des Sports seien manche aktuellen didaktischen Konzepte schon terminologisch »diffus, teilweise irreführend und mit Blick auf die gesellschaftlichen Probleme, auf die Schule eine Antwort zu geben hat, in vieler Hinsicht auch irrelevant«. Auf die inhaltliche Ebene bezogen kritisiert er: »Machen Sportlehrer von allem ein wenig, so scheinen sie besonders zeitgemäß und modern zu sein« (Digel, 2007, S. 206).

Der folgende Beitrag sucht nach sportpädagogischen Orientierungen bezüglich der Sache und damit der Inhaltsfrage. Er folgt theoriegeleitet der bildungstheoretischen *kritisch-konstruktiven* Pädagogik, die mit Namen wie Klafki, Benner und Gruschka verbunden ist (Gissel, 2019). Hieraus ergibt sich für unsere Überlegungen zugleich ein Primat der allgemeinen Pädagogik, denn der Sport muss sich in den Auftrag einer »allgemeinen Bildung« (Klafki, 2007) einfügen, zumal »angesichts der vielfältigen Veränderungen des Sports, seiner Formen und seiner Sinnmuster mit ihren Beliebigkeiten, Banalitäten und Oberflächlichkeiten« eine bildungstheoretisch fundierte Orientierung notwendig ist (Grupe, 2000, S. 17).

7.2 Die Frage nach der Sache in der aktuellen sportpädagogischen und fachdidaktischen Diskussion

Betrachtet man die Entwicklung der Sportpädagogik und ihrer Didaktik, stellt man fest, dass sich die Auffassungen über Inhalte verändert haben. Bei aller Unterschiedlichkeit didaktischer Konzepte ist jedoch die gemeinsame Leitidee zu erkennen, dass immer dann, wenn Sport unter einem pädagogischen Anspruch vermittelt wurde und wird, er die Lernenden für eine Teilnahme an der Bewegungskultur der Gesellschaft befähigen oder zu ihrer persönlichen Entwicklung beitragen soll (König, 2020; Prohl, 2010). Die jeweilige inhaltliche Konkretisierung fällt allerdings unterschiedlich aus. Vereinfacht zusammengefasst ist für die Einen eine Orientierung an der Sache gleichbedeutend mit einer Orientierung an traditionellen Sportarten (Söll, 2000), Andere hingegen favorisieren eine Vermittlung grundlegender Voraussetzungen für eine Teilhabe am Sport, also sportmotorischer Fertigkeiten und Fähigkeiten (Herrmann, Gerlach & Seelig, 2016; Hummel, 2000), und wieder andere sehen die Notwendigkeit, Inhalte an einer bildenden Funktion zu orientieren (Hummel, 2000; Whitehead, 2001). Im Folgenden werden normative Positionierungen dargestellt, die aufzeigen, wie eine sportpädagogische Orientierung an der Sache didaktisch umgesetzt wurde, vor allem aber, wie dies im Sinne einer allgemeinen Bildung erfolgte.

7.2.1 Das Sportartenkonzept

Mehrere Jahrzehnte hat das Sportartenkonzept von Wolfgang Söll als konservatives didaktisches Konzept den Sportunterricht inhaltlich stark beeinflusst. Gründe hierfür waren einerseits eine Zementierung des Sportartendenkens in der Sportlehrerausbildung, häufig sportartspezifische Sozialisationsprozesse der Sportlehrerschaft (Klinge, 2007) sowie eine Dominanz in den Bildungs- bzw. Lehrplänen vieler Bundesländer. Im Sportartenkonzept wird folgende normative Positionierung vertreten: Ausgangspunkt von Sölls Überlegungen ist die Annahme, dass körperliche Bildung und Erziehung als Bewegungs- und Körperbildung in der Auseinandersetzung mit Bewegungsproblemen aus dem Kulturbereich Sport in einer systematischen Auswahl von Sportarten zu realisieren ist. Begründet wird dies damit, dass Sportarten zentraler Orientierungspunkt für die Akteure des Sportunterrichts sind und sie den Sport konkretisieren (Söll, 2000). Da der Sport zwischenzeitlich aber groß und vielgestaltig geworden ist, gilt es für den Schulsport eine Ordnung herzustellen, die sich an der Frage orientieren muss, welche Aspekte eine Auseinandersetzung mit der sportlichen Bewegung leiten.

Dies beantwortet Söll, indem er sportliche Aktivitäten anhand dreier »Verhaltensweisen« (Söll, 1997, S. 35) differenziert, und zwar in eine sportlich-spielerische, eine sportlich-künstlerische und eine sportliche im engeren Sinne. Jedem dieser Bereiche werden Sportarten zugeordnet, also etwa das Turnen und die tänzerische Gymnastik den Kunstsportarten, die Sportspiele den Spielsportarten und Leichtathletik, Schwimmen usw. den Sportarten im engeren Sinne. Entscheidend ist, dass Sportarten im Schulsport eben nicht beliebig austauschbar sind und dass sie gemäß der ihnen eigenen Struktur unterrichtet werden müssen. Als Konsequenz wird jedem der drei Sportartenbereiche eine Haupt- und eine strukturell andersartige Nebensportart zugeordnet; in anderen Worten: Wer bei den Spielsportarten Handball auswählt, sollte dies entweder durch Volleyball (Rückschlagspiel) oder Fußball (motorische Andersartigkeit) ergänzen. Hierdurch verspricht sich Söll einerseits eine klare Ordnung der Inhalte, andererseits wird dadurch eine Überforderung von Sportlehrkräften vermieden.

Fasst man diese Position zusammen, dann kann Sölls Sportartenkonzept als eine Didaktik der reduzierten Ansprüche mit dem Ziel der Bewegungs- und Körperbildung, einem festen Sportartenkanon auf der Inhaltsebene, einem geschlossenen und normativen Vermittlungsansatz sowie dem Ziel einer tradierenden und affirmativen Sportsozialisation beschrieben werden (Balz, 2009), an der wiederholt kritisiert wurde, dass hier ein einseitig materiales Bildungsverständnis vorliegt (Schmidt-Millard, 2007, S. 105).

7.2.2 Das Konzept der körperlich-sportlichen Grundlagenbildung (KSG)

Ausgangspunkt des Konzepts der KSG ist die Vorstellung, dass Sportunterricht ein Bildungsfaktor und ein Bildungsanlass sein soll, um ihn zukünftig fest im Fächerkanon der Schule zu verankern. Folglich ist es zentral, dass der Sportunterricht eine allgemeinbildende Funktion nachweist, die sich in der Zielsetzung einer aktiven und mitgestaltenden Teilhabe am Sport in der Gesellschaft konkretisiert.

Argumentiert man wiederum *von der Sache her*, dann besteht die Positionierung des Konzepts darin, dass es in Anlehnung an den Doppelauftrag von Sportunterricht die Erschließung der Bewegungs-, Spiel- und Sportkultur als erste Säule eines »binären« Zuschnitts betrachtet, dennoch aber einen doppelten Bildungsauftrag (körperlich – sportliche Bildung und »extrasportive« Förderung von Entwicklungsaufgaben als »Beitrag zur allgemeinen, übergreifenden Menschenbildung«) einfordert (Hummel, 2000, S. 13).

Vor dem Hintergrund einer Orientierung an der Sache werden Ziele und Inhalte wie folgt konkretisiert:

- Eine KSG zielt darauf ab, eine bestmögliche Entfaltung konditioneller und koordinativer Fähigkeiten, Fitness sowie eine gute Körperhaltung zu fördern. Dies geht einher mit einem Trainingsauftrag an den Schulsport. Ein solcher Sportunterricht ist belastungs- und bewegungsintensiv und lässt der Entwicklung konditioneller und koordinativer Leistungsvoraussetzungen eine hohe Wertschätzung zukommen.
- Ein weiteres Ziel der KSG ist, Beiträge zu einer besseren Bewältigung von Entwicklungsaufgaben und zur Teilhabe an der Sportkultur unter sechs pädagogischen Perspektiven zu leisten (Hummel, 2000, S. 12). Auf der Basis einer tradierenden und konformen Sportsozialisation strebt ein solcher Sportunterricht sportliches Können für eine Vielzahl an Bewegungsfeldern an, was im Vergleich zu anderen Konzeptionen einem »mittleren Sportbegriff« (Hummel & Balz, 1995, S. 39). entspricht; dies bedeutet, dass sportliches Können sich weder ausschließlich an einer engen Sportartenorientierung noch an weiten inhaltlichen Perspektiven orientiert, sondern eine Mittelposition einnimmt, also »material und formal qualifizierend« sein will (Hummel & Balz, 1995, S. 37).

Fasst man zusammen, dann begründet sich eine pädagogische Orientierung an der Sache mittels der Leitidee der Könnensentwicklung durch vielfältige Formen eines konditionellen und koordinativen Trainings sowie der Vermittlung einer Vielzahl an Bewegungsmustern. Mit Blick auf die Bildung junger Menschen schließt eine KSG die pädagogischen Perspektiven auf den Sport ausdrücklich ein, ohne sich von einer prinzipiellen Bindung an den Sport zu lösen (Hummel, 2000, S. 13).

7.2.3 Motorische Basisqualifikationen

Ausgehend von der Überlegung, dass der Erwerb motorischer Basiskompetenzen einerseits eng an Sozialisationsprozesse außerhalb der Schule gebunden ist, andererseits der Schulsport Schüler*innen Kompetenzen vermitteln soll, die ihnen eine aktive Teilnahme an der Sport- und Bewegungskultur ermöglichen, wurde das Konzept der motorischen Basisqualifikationen und -kompetenzen entwickelt. Diese begriffliche Unterscheidung grenzt beobachtbare Performanzen (Basisqualifikationen) und dahinterstehende kontextabhängige und funktionale Leistungsdispositionen (Basiskompetenzen) einerseits gegeneinander ab, verbindet sie andererseits aber im Rahmen eines Kompetenzstrukturmodells (Herrmann & Seelig, 2019). Der Ansatz basiert auf der Annahme, dass neben einem Mindestmaß an körperlicher Fitness und sportbezogenem Wissen insbesondere motorische Fähigkeiten und Fertigkeiten benötigt werden, damit Kinder und Jugendliche aktiv an sportlichen Aktivitäten teilnehmen können. Damit wird eine weitere normative Positionierung deutlich: Eine Orientierung an der Sache kann auch an motorischen Kompetenzen erfolgen, von denen angenommen wird, dass sie die Teilhabe an der Sport- und Bewegungskultur ermöglichen (Herrmann, Gerlach & Seelig, 2016).

Motorische Basiskompetenzen gewährleisten eine basale Handlungsfähigkeit im Sport und bilden eine Grundlage für die Entwicklung höherer Kompetenzniveaus, wie sie in spezifischen sportlichen Handlungsfeldern benötigt werden. Bspw. kann ein Kind an Ballspielen nur dann aktiv teilnehmen, wenn es ausreichend sicher mit Bällen umgehen kann (z. B. Werfen, Fangen, Prellen, Dribbeln). Das Kind muss also über motorische Basiskompetenzen verfügen, die einen Aufbau von sportmotorischen Fertigkeiten, wie den Schlagwurf im Handball, ermöglichen.

Unter *motorischen Basiskompetenzen* werden kontextunabhängige und funktionale Leistungsdispositionen verstanden, die der Bewältigung von motorischen Anforderungen dienen; sie sind erlernbar und berücksichtigen Vorerfahrungen. Dabei wird nicht das Leistungsverhalten selbst (z. B. Werfen, Dribbeln) als motorische Basiskompetenz verstanden, sondern die dahinterstehende Leistungsdisposition, die notwendig ist, um bestimmte Aufgabentypen lösen zu können. Die beobachtbaren Performanzen bei sportlichen Handlungen werden als Can-Do-Statements formuliert (z. B. kann werfen) und bilden die Operatoren für die nicht direkt beobachtbaren motorischen Basiskompetenzen (Herrmann et al., 2016).

Zusammenfassend lässt sich festhalten, dass eine Orientierung an der Sache auch aus einer »elementaren Perspektive« (Kolb, 2005) erfolgen kann, die sich gerade nicht an Sportarten orientiert, sondern auf elementare motorische Grundlagen zurückgreift. Kritisch ist anzumerken, dass der empirische Nachweis für die Fundierung der Basiskompetenzen als Voraussetzung für eine Teilhabe an der Bewegungskultur noch nicht erbracht wurde und ein einseitig formales Bildungsverständnis vertreten wird.

7.2.4 Das Konzept der »physical literacy«

Der Begriff *physical literacy* bezeichnet das Vermögen, kompetent und vertraut eine Vielzahl körperlicher Aktivitäten auszuführen, die einer gesunden Entwicklung der ganzen Person förderlich sind (Whitehead, 2001). Das Konzept geht über die rein körperliche Bewegung hinaus und umfasst auch die Fähigkeit, die Umgebung zu »lesen« und angemessen darauf zu antworten (Whitehead, 2001). Zentrale Säulen dieses Ansatzes sind Fertigkeiten, Wissen und Einstellungen für einen aktiven und gesunden Lebensstil. Neben einer breiten Fertigkeitsbasis stellen auch motivationale, kognitive und soziale Aspekte wichtige Elemente dar. Darüber hinaus ist das Konzept der physical literacy kulturübergreifend, gilt als altersübergreifende Leitidee von Erziehung und bezieht sich auf großmotorische Bewegungen. Damit eröffnet es Perspektiven für die in Deutschland geführten sportpädagogischen Kompetenzdiskurse.

Betrachtet man das Konzept hinsichtlich einer Orientierung an der Sache, dann sind es die von Whitehead (2001) beschriebenen *physically challenging situations*, die es erlauben, den Ansatz auf einer inhaltlichen Ebene ein Stück weit zu konkretisieren. Folgende Vorschläge werden gemacht:

- *Bewegungen in natürlichen Umgebungen*, wie etwa im Wasser, auf unterschiedlichen Oberflächen (Eis, Sand etc.) oder bei unterschiedlichen Wetterbedingungen,
- *Bewegungen, die von Menschen gemachte Bewegungsräume nutzen und Unterstützungshilfen miteinbeziehen*, wie z. B. Radfahren, Klettern, Segeln, Trampolin springen …

Auch wenn das Konzept ursprünglich für den Sportunterricht diskutiert wurde, ist ein Transfer auf andere Settings denkbar (Basoglu, 2018). Mit Blick auf Deutschland bedeutet dies, dass *physical literacy* ein Bildungsziel des Schulsports sein kann, gleichermaßen aber auch für außerschulische Bildungsinstitutionen wie z. B. Vereine. Darüber hinaus verfolgt der Ansatz ein »end state goal« (Whitehead, 2010, S. 130), d. h., das Konzept wird nicht in Teilziele differenziert, sondern zielt auf einen Endzustand ab, der allerdings eine ständige Aufrechterhaltung erfordert (Whitehead, 2001).

Zusammenfassend kann das Konzept als Ansatz beschrieben werden, der Individuen dazu befähigt, auf unterschiedliche Situationen mit Bewegungsantworten zu reagieren. Hierfür schlägt Whitehead eine Situationsheuristik vor, die auf verschiedene Settings übertragen wird. Auch dieses Konzept folgt einer formalen Bildungsauffassung, übersieht aber den ästhetisch-pädagogischen Eigenwert bewegungskultureller Objektivationen.

7.2.5 Das Konzept der Bewegungsfelder

Der Erziehende Sportunterricht hat sich in seiner sachlichen Orientierung von einem traditionellen Sportartenkanon gelöst und einer inhaltlichen Erweiterung zugewendet; letztere wird in der Regel durch acht bis zehn Bewegungsfelder konkretisiert, die durch pädagogische Perspektiven akzentuiert werden können (Scheid & Prohl, 2017). Eine Orientierung an der Sache erfolgt also an einem breiten inhaltlichen Kanon, der die Vielzahl sportlicher Bewegungen mittels Strukturmerkmalen ordnet. Dies schließt eine Inszenierung von Sportarten nicht aus, allerdings sind sie grundsätzlich im Kontext »ihres« Bewegungsfeldes zu thematisieren, um das Bildungspotenzial des Sports auszuschöpfen. Konkret sind derzeit folgende Bewegungsfelder konsensfähig (Prohl, 2010, S. 179):

1) Laufen, Springen, Werfen
2) Bewegen im Wasser
3) Bewegen an und mit Geräten
4) Bewegung gymnastisch, rhythmisch, tänzerisch gestalten
5) Fahren, Rollen, Gleiten
6) mit/gegen Partner kämpfen

7) Spielen in und mit Regelstrukturen
8) den Körper trainieren, die Fitness verbessern

Neben einer abnehmenden Bedeutung der Wettkampforientierung wird diese Vielfalt und Offenheit auch dadurch begründet, dass aufgrund veränderter Freizeitgewohnheiten Kinder und Jugendliche über immer weniger elementare Bewegungserfahrungen verfügen (Stibbe & Aschebrock, 2007) und folglich eine Elementarisierung des bewegungspädagogischen Ansatzes angezeigt ist.

Entscheidender Punkt ist das Axiom, dass die Thematisierung bzw. Konkretisierung eines Bewegungsfeldes ausschließlich über die Akzentuierung von pädagogischen Perspektiven und damit von Erziehungszielen zu rechtfertigen ist.[1] Eine angemessene Vielfalt solcher Kombinationen soll zu einer Bewegungsbildung und zur Allgemeinbildung beitragen.

Abschließend ist zu sagen, dass eine Orientierung an der Sache einerseits nach einer pädagogischen Entscheidung für ein Erziehungsziel erfolgt, andererseits eine Offenheit hinsichtlich der konkreten Umsetzung besteht. Begründet wird dies mit der Vielfalt unserer aktuellen Bewegungskultur sowie mit den zunehmend heterogenen motorischen Voraussetzungen der Adressaten.

7.2.6 Zwischenfazit

Fasst man die vorgestellten Konzeptionen unter der Perspektive ihrer jeweiligen Orientierung an der Sache zusammen, lassen sich im Kern folgende Varianten abgrenzen:

- Konzepte, die sich an den traditionellen Sportarten des Sportsystems unserer Gesellschaft orientieren und diese als nicht austauschbare Inhalte für den Schulsport einstufen.
- Ansätze, die eine Orientierung an Sportarten aufbrechen und Bewegungsfelder oder Aufgabenlösungen als eine angemessen geöffnete Sache ansehen.
- Konzeptionen, die basale Qualifikationen fokussieren, also Inhalte, die unter der Ebene der Sportarten bzw. der Bewegungsfelder liegen, und von denen angenommen wird, dass sie Mindestanforderungen für eine Teilhabe am Sport darstellen.
- Konzepte, die sich auf die körperliche Leistungsfähigkeit, auf Fitness und damit auf Aspekte von Kondition und Koordination beziehen.

Tritt man einen Schritt zurück und betrachtet die Konzepte durch eine kritische Brille, ist festzustellen, dass die Dignität der Sache, die sich in Form von kulturellen Objektivationen, sprich Sportarten, entwickelt hat, zunehmend weniger wertgeschätzt wird; die Frage nach dem bildenden und kulturellen Wert von Sportarten

---

1 Eine reine »Bewegungsbildung« würde den Grundprinzipien eines »erziehenden Sportunterrichts« nicht genügen, so Prohl (2010, S. 183), da »gesellschaftlich-soziale Bildungsmomente« darin nicht erfasst seien.

wurde seit den 1970er-Jahren zum »Auslaufmodell« erklärt (Kurz, 2013, S. 15). An ihre Stelle sind Basisqualifikationen, Kompetenzen und pädagogische Perspektiven getreten. Damit entledigte sich die Sportdidaktik der Möglichkeit, »im Horizont bildungstheoretischen Denkens den Gegenstand in seiner Struktur und Differenzierung neu zu fassen« (Laging, 2013, S. 66). Die entscheidenden Fragen lauten: Ist es egal, welche Inhalte wir im Schulsport auswählen? Ist die historisch gewachsene Bewegungskultur ein »Warenhaus« (Balz, 1995, S. 41), in dem sich die Didaktik beliebig bedienen kann?

7.3 »Der Lehrer sei [...] Sachwalter der kulturellen Ausdrucksform und ihrer Gehalte.«

Nach Benner (2012) ist Pädagogik als eine grundlegende menschliche Praxis anzusehen, die nicht in eine direkte Abhängigkeit anderer Praxen wie etwa Politik, Ökonomie oder Religion geraten darf. Sie ist aber auch nicht unabhängig von diesen Feldern und muss ihr Verhältnis zu anderen gesellschaftlichen Teilbereichen immer wieder kritisch bestimmen. Im Rahmen einer *nicht-affirmativen* Bildungstheorie dürfen Gegebenheiten der Kultur nicht ignoriert oder negiert werden, denn ohne sie wäre »pädagogisches Handeln gar nicht möglich« (Benner, 2012, S. 103). Bildung ist im Rahmen eines »erziehenden Unterrichts« thematisch »als ein reflektiertes Verhältnis zu den Positivitäten und Errungenschaften der Neuzeit zu konzipieren« (ebd., S. 169).

Die Sportdidaktik hat den kulturerhaltenden Gesellschaftsauftrag[2] der institutionalisierten Bildung in der Vergangenheit eher wenig beachtet. »Inhaltsfragen sind für die Sportdidaktik wohl kaum die wichtigsten«, meinte Balz (1995, S. 39). Noch radikaler sprach sich Funke-Wieneke (2001) gegen diesen Auftrag sportlicher Bildung aus. Wer auf *Erscheinungsformen des Sports*, auf *Traditions-Beschwörungen* und auf *sachstrukturelle Systematiken* baue, argumentiere nicht pädagogisch. Sportunterricht habe nicht die Aufgabe, den Sport als Kulturgut zu sichern, sondern diene lediglich der individuellen Entwicklungsförderung. Letztendlich haben solche Auffassungen dazu geführt, dass im Gegenstandsfeld Bewegung, Spiel und Sport schon viele traditionelle Formen verloren gegangen sind.[3] Formale Bildungsauffassungen sind mit der Frage nach dem Recht auf eine allgemeine, vielseitige Bildung zu konfrontieren. Eine allgemeine Bildung muss alle Dimensionen menschlicher Existenz sowie die zentralen Schlüsselprobleme unserer Zeit und Welt umfassen (Klafki, 2007). Kritik

---

2 Insbesondere Gruschka (2014, S. 24) fordert diesen Auftrag ein: »Ohne das erfolgreiche Lehren würde der Erkenntnisstand der Welt schrumpfen. Was nicht lehrbar ist, wird vergessen, geht verloren.«
3 Man denke hierbei z. B. an die Vielfalt der Turnspiele wie Prellball, Faustball oder Ringtennis sowie regionale Traditionen wie Schleuderball, die nur noch von wenigen Liebhaberkreisen gepflegt werden.

an materialen Bildungsauffassungen übersieht häufig, dass kulturelle Objektivationen dem Menschen nicht kalt und leblos – eben objektiv – gegenüberstehen. Diese Strukturen sind nicht »historisch-zufällig« entstanden, sondern »anthropologisch bedingt« (Bernett, 1965, S. 87). Sie sind »vom Menschen aus seiner Existenz zu seiner Existenz entworfen und geschaffen worden« (ebd., S. 11). Entsprechend solle ihnen »mit Respekt« (ebd., S. 105) begegnet werden. Diese Traditionen sind nicht nur erhaltenswert, sondern Heranwachsende haben im Sinne einer allgemeinen Bildung das Recht, wenigstens in exemplarischer Form diese Vielfalt ästhetisch-körperlicher Erlebnisweisen kennenzulernen, um selbstbestimmt entscheiden zu können, woran sie partizipieren möchten. Darüber hinaus bieten Sportarten auch immer die Chance, ihre Strukturen und Regeln weiterzuentwickeln, so wie dies in der Entwicklung der Sportarten immer mehr oder weniger passiert ist – denn »Sportarten sind selten so eindimensional wie manche sie sehen« (Göhner & König, 1999, S. 268).

Die Sportdidaktik ist hingegen einer Entwicklung gefolgt, die aus der empirischen Lehr-Lern-Forschung kommt. Gruschka (2011, S. 72) spricht von einer »ausufernden Didaktisierung«, d. h., in den Mittelpunkt des Unterrichts gelangen Methoden. Es wird vorwiegend eine Methodenkompetenz durch laterale Lerntransfers angestrebt; Inhalte werden dabei unbedeutend, sie haben allenfalls noch eine illustrierende Funktion. Die sachlichen Probleme werden dabei vereinfacht, dadurch verfälscht und trivialisiert. Was fehlt, ist die »Konfrontation mit den Ansprüchen der Sache« (Gruschka, 2014, S. 69), z. B. der Anstrengung, wie sie etwa traditionelle leichtathletische Disziplinen verlangen. Was aber auch fehlt, ist die Faszination der gelernten Bewegung und die Motivation, die sich so aus der intensiven Auseinandersetzung mit der Sache ergeben kann.

Ein *erziehender* Sportunterricht muss sich ebenso wie ein »kompetenzorientierter« der Inhaltsfrage stellen. Es ist eine unangenehme Frage, denn sie ist mit vielen Vorbehalten und Partikularinteressen verbunden. Es ist aber eine didaktische Kernfrage, die im Sinne der Heranwachsenden und einer demokratischen Gesellschaft »von Zeit zu Zeit« zur Besinnung gebracht und »mutig« beantwortet werden muss (Gruschka, 2014, S. 53 f.). Gruschka (ebd.) ist daher zuzustimmen, wenn er fordert, dass Debatten geführt werden müssen, was in einen Kanon an Inhalten hineingehört, »nicht nur, weil es kanonisiertes Wissen darstellt, sondern auch, weil es das Wissen sein soll, das als besonders wichtig und bedeutend gilt: als Zugangstiftend, klassisch, modern«. Damit ist kein konservatives Plädoyer für ein enges Sportartenkonzept intendiert, welches zu Recht für sein unzureichendes materiales Bildungsverständnis kritisiert wurde. Es geht um die Rehabilitierung der »Sache« als zentrales didaktisches Entscheidungsfeld für Unterrichtsinszenierungen. Als weiteres Zwischenfazit halten wir zwei Punkte fest:

1) Für einen pädagogisch ambitionierten Sportunterricht, der einem doppelten Auftrag im Sinne kategorialer Bildung folgt und der das Postulat auf *Vielseitigkeit* im Sinne des Allgemeinbildungskonzeptes nach Klafki (2007) ernst nimmt, ist die Frage nach der Auswahl angemessener Unterrichtsinhalte von großer Bedeutung. Die Freiheit des Denkens und Handelns können Heranwachsende nur in Auseinandersetzung mit einer »Inhaltlichkeit« gewinnen, die aus den Objektivationen menschlicher Kultur entstammt (Klafki, 2007, S. 21).

2) Um den Bildungsgehalt von Unterrichtsinhalten freizulegen, sind in einem anspruchsvollen Reflexionsprozess angemessene Unterrichtsmethoden zu entwickeln. Für diese sind genaue Kenntnisse der Sachstruktur unverzichtbar. Ohne ein Durchdringen der *immanent-methodischen Struktur* von sportiven Unterrichtsinhalten wird es fast zwangsläufig zu unpassenden Übungs- oder Spielfolgen sowie zu Über- oder Unterforderungen kommen.

Dem schließt sich an dieser Stelle die Frage an, wie angemessene Inhalte für den Sportunterricht ausgewählt werden können und sollen. Als klassisches Instrument hierfür gilt die »Didaktische Analyse« Klafkis (1975), die für das Feld des Sportunterrichts entsprechend ausdifferenziert interpretiert wurde (Gissel, 2019).[4] Im Folgenden soll am Aspekt der »immanent-methodischen Struktur«, der insbesondere auch den phänomenal-ästhetischen Erlebnisgehalt der Gegenstände miteinschließt, gezeigt werden, warum die heute übliche inhaltliche Strukturierung der Lehrpläne (in sog. *Bewegungsfelder*) der Dignität der Sache nicht hinreichend gerecht wird.

7.4 Orientierung an der Sache – diskutiert am Beispiel Fußball[5]

Als exemplarisches Beispiel für die aktuelle Bewegungsfeldorientierung in den deutschen Sportlehrplänen kann der neue Kernlehrplan für die Sekundarstufe I aus NRW angesehen werden. Dort ist für Feld 7, »Spielen in und mit Regelstrukturen – Sportspiele«, folgende Vorgabe zu finden: »Jede Schule legt ein Sportspiel [...] fest, in dem die Schülerinnen und Schüler kontinuierlich mit angemessener Progression [...] eine vertiefte sportspielspezifische Handlungskompetenz entwickeln« (MSB, 2019, S. 18). Legt sich eine Schule auf Fußball fest, ist davon auszugehen, dass (fast) alle anderen Sportspiele bis zum Ende der Schulpflicht nicht vermittelt werden. Auf den ersten Blick erfüllt der Lehrplan damit Klafkis (2007) Forderung nach exemplarischem Lernen, da mit der ständigen Zunahme menschlichen Wissens und kultureller Objektivationen im Rahmen einer Allgemeinbildung inhaltliche Selektionen vorzunehmen sind.

> »Bildendes Lernen, das die Selbständigkeit des Lernenden fördert, [...] wird nicht durch die reproduktive Übernahme möglichst vieler Einzelkenntnisse, -fähigkeiten und -fertigkeiten

---

4 Im Rahmen von Klafkis Frage nach der »immanent-methodischen Struktur« der möglichen Unterrichtsinhalte hat Gissel (2019, S. 156 ff.) den Fokus besonders auf die jeweilig typischen Bewegungsprobleme der Sportarten und Bewegungsformen gelegt, da aus diesen die ästhetischen Gehalte und damit das Faszinierende der Bewegungen erwachsen.

5 Wir haben hier die Sportart Fußball ausgewählt, da sie wegen ihrer Beliebtheit und Bekanntheit auf der einen Seite als Schulsportart prädestiniert zu sein scheint (*Gegenwartsbedeutung* nach Klafki), da sie aber auf der anderen Seite als Unterrichtsgegenstand auch heftig kritisiert wurde (Wurzel, 2006).

gewonnen, sondern dadurch, dass sich der Lernende an einer begrenzten Zahl von ausgewählten Beispielen (Exempeln) aktiv [...] verallgemeinerbare Kenntnisse, Fähigkeiten, Einstellungen erarbeitet, m. a. W.: Wesentliches, Strukturelles, Prinzipielles, Typisches, Gesetzmäßiges, übergreifende Zusammenhänge.«

Die schwierige Frage jedoch ist, an welchen Merkmalen und Kriterien man festmachen kann, welche (sportiven) Einzelphänomene sich als strukturähnlich erweisen und in eine Gruppe (Bewegungsfeld) eingeordnet werden können.

Bei genauerer Betrachtung stellt man fest, dass die gemeinsamen Elemente der Sportspiele schnell an ihre Grenzen gelangen und Spezifität gefordert ist, wofür bewegungswissenschaftliche (Kittel et al., 2016) und trainingswissenschaftliche (Uhlig, 2008) Erkenntnisse, aber auch die Spezifika der Regelbedingungen (König et al., 2002) sprechen. Darüber hinaus führen spezifische Inhalte zu sehr besonderen phänomenalen Gehalten, den möglichen Erlebnisformen der Sportarten, die aus pädagogischer Sicht aber zentral sind. In der *Aisthesis*, in der unmittelbaren Wahrnehmung der eigenen Bewegung, sieht u. a. Prohl (2010) die zentrale Bildungsbedeutung des Sports, die weit über das Bewegungslernen hinausgeht.

Selbst wenn man das Bewegungsfeld Spielen differenzierend z. B. in Zielschuss- und Rückschlagspiele, in Spiele mit und ohne Spielgeräte, in Team- oder Einzelspiele, in Spiele mit oder ohne Gegnerkontakt etc. aufteilen würde, die von Klafki geforderte Strukturähnlichkeit als Voraussetzung für exemplarisches Lernen muss aus bewegungs- und trainingstheoretischer Sicht, vor allem aber auch aus ästhetischer und damit pädagogischer Perspektive angezweifelt werden. Jedes Sportspiel hat etwas ganz Besonderes. Dies soll im Folgenden am Beispiel Fußball näher erläutert werden. Bei der Frage nach dem phänomenalen Kern, den Ursprüngen des Spiels, könnte ein Blick in die Poesie des Schriftstellers Manfred Hausmann hilfreich sein:

»Wahrscheinlich wird es gewesen sein, daß eines Tages ein Junge einen Weg entlangschlenderte, auf dem ein Stein lag, ein hübscher runder Stein von der Größe eines Hühnereis oder einer Walnuß, und daß es ihn überkam, den Stein mit dem Fuß vor sich her zu stoßen, einmal und nach ein paar Schritten noch einmal und noch einmal, bis er sich im hohen Gras oder im Gebüsch verlor« (Hausmann, 1966, S. 7).

Seine Gedanken über den Fußball klären eine wesentliche Voraussetzung für die Beliebtheit und Faszination dieser Sportart. Die Grundidee des Spiels ist so einfach, dass sie fast überall und jederzeit unter variablen Bedingungen gespielt werden kann. Sie benötigt keine Zeit-, Schritt- oder Dribbelregeln. Komplizierte Regelkenntnisse sind für eine Teilnahme oder eine Beobachtung nicht nötig. Und das Gerät – ein ballförmiger Gegenstand, egal ob groß, klein, hart oder weich – übt offensichtlich den großen Anreiz aus, gegen ihn zu treten und damit Macht über ihn zu gewinnen. Kontrolle über den Ball, das Spielgeschehen und den Gegner sind offensichtlich wesentliche Motive, die die Beliebtheit des Spiels (auch für Zuschauer) erklären. Im Fußball ist körperlicher Kontakt in Form von Rempeln, Sperren, Abdecken des Balles, Laufduellen etc. ausdrücklich erlaubt, wenn um den Ball gekämpft wird. Aus diesen Aspekten und den konditionellen Anforderungen an Spieler*innen ergibt sich eine besondere Dynamik des Spiels.

Zugleich hat Fußball ein spezifisches Spannungsmoment, das sich aus der Offenheit der Spielsituationen ergibt. Diese Offenheit gründet in dem Spezifikum, dass der Ball (vorwiegend) mit dem Fuß bewegt wird. »Im Fuß und in ihm allein liegt das

Geheimnis der besonderen Anziehungskraft des Fußballspiels, im Gegensatz zu den anderen Ballspielen, verborgen« (Buytendijk, 1959, S. 25). Alle Situationen sind offen und nicht vorherberechenbar. Jederzeit kann es zu Wechseln in der Spieldramaturgie kommen. Festgelegte systemische Spielzüge sind aufgrund der Komplexität und Offenheit des Spiels nicht möglich. Keine Mannschaft kann sich sicher sein, einen Vorsprung über die Zeit zu sichern. Bei jedem Zweikampf besteht die Chance, an den Ball zu kommen. »Gerade, weil [...] das Dramatische, das Zufällige, das Unvollkommene ebenso erhalten bleibt wie der äußerste Einsatz, das Aggressive und das Wagnis, ist das Fußballspiel bei uns immer wieder populär bei jungen und alten Spielern« (Buytendijk, 1959, S. 26).

Die Hand hat sich in der phylogenetischen Entwicklung des Menschen durch seine Tätigkeiten zu einem Körperteil entwickelt, mit dem sich fein und genau koordinierte Bewegungen exakt ausführen lassen. Hand- und Basketballer*innen sind daher in der Lage, durch ihre Aktionen (Fangen, Werfen, Dribbeln) das Spiel verhältnismäßig sicher zu kontrollieren. Einen Ball mit dem Fuß sicher anzunehmen, kontrolliert zu führen und exakt weiterzuspielen, ist hingegen ungleich schwieriger. Anatomisch am Ende einer äußerst beweglichen Gliederkette angesiedelt und funktional eigentlich nur für die Fortbewegung ausgelegt, ist die Schulung komplexer Bewegungstechniken für den Fuß äußerst anspruchsvoll. Wer dies dennoch gelernt hat, für den ergibt sich aus dem Ballspielen mit dem Fuß ein besonderes Lustgefühl. Da zudem deutlich weniger Tore fallen als in den anderen Sportspielen, rückt die Bedeutung eines Treffers für den Spannungsverlauf in die Nähe eines K. O. im Boxen (Eichberg, 1978).

Die zugegebenermaßen etwas schwärmerische Beschreibung des phänomenalen Erlebnisgehaltes soll das Fußballspiel nicht über andere Sportspiele erheben. Sie sollte lediglich zeigen, dass jedes seine ganz eigene Ästhetik und Faszination hat, die aus den jeweils spezifischen Spielideen, Regelwerken, Anforderungen und daraus entstehenden Figurationen erwachsen.

7.5 Schlussbetrachtung

Unsere Überlegungen zur Orientierung sportpädagogischen Handelns an der Sache haben zunächst bestehende Ansätze exemplarisch dargestellt. In einem zweiten Schritt haben wir den kulturreflektierenden und -erhaltenden Auftrag von Schule herausgearbeitet. Schließlich wurde versucht deutlich zu machen, dass jede Sportart ihre Besonderheiten hat. Hieraus leiten wir für den Schulsport folgende Empfehlungen ab:

- Kultusbehörden sollten gut (extern) beraten, aber auch mutig festlegen und zur Besinnung zu bringen, was im Laufe des schulischen Programms die zentralen und unverzichtbaren Inhalte des Sportunterrichts sein sollen (Gruschka, 2014, S. 53).

- Die Sportdidaktik als akademische Disziplin sollte sich verstärkt in kritisch-konstruktiver Weise mit heuristischen Kriterienrastern beschäftigen, die bei der Frage nach der Auswahl von Inhalten Orientierung stiften können. Sie sollte sich auch wieder intensiver mit spezifischen Anforderungen und phänomenalen Gehalten von Sportarten und sportartungebundenen Bewegungsformen auseinandersetzen.
- Lehrkräfte sollten in Fachkonferenzen kollegial, aber kritisch und kriterienorientiert verbindlich entscheiden können, welche Inhalte in welcher Reihenfolge an ihren Schulen vor dem Hintergrund der gültigen Rechtsverordnungen, des pädagogischen Schulprofils und unter Berücksichtigung der gegebenen Bedingungen als Mindestkanon unterrichtet werden. Die verbindlichen Inhalte des Sportunterrichts mit exemplarischer Bedeutung sollten dabei mit ergänzenden und vertiefenden Angeboten des außerunterrichtlichen Schulsports abgestimmt werden.

Diese Empfehlungen richten sich insbesondere an einen Schulsport, der einen *erziehenden* und *bildenden* Anspruch hegt und einem nicht-affirmativen Erziehungsverständnis folgt. Es wäre fahrlässig, diese Vielfalt der sportiven Bewegungskultur nicht zielgerichtet für den pädagogischen Bildungsauftrag zu nutzen (Remmert, 2006). Geben wir Heranwachsenden die Möglichkeit, die Vielfalt der Sportspiele, aber auch die Vielfalt aller anderen bewegungskulturellen Objektivationen wenigstens in exemplarischer Weise leiblich zu erfahren! »Jede Sportart hat etwas, was erfreut und befriedigt, sonst wäre sie nicht entstanden« (Volkamer, 2003, S. 12).

Literatur

Balz, E. (1992). Fachdidaktische Konzepte oder: Woran soll sich der Schulsport orientieren? sportpädagogik, 17(2), 13–22.
Balz, E. (1995). Inhaltsauswahl im Schulsport: In F. Borkenhagen & K. Scherler (Hrsg.), Inhalte und Themen des Schulsports (S. 35–46). Academia.
Balz, E. (2009). Fachdidaktische Konzepte update oder: Woran soll sich der Schulsport orientieren? sportpädagogik, 33(1), 25–32.
Basoglu, U. D. (2018). The Importance of Physical Literacy for Physical Education and Recreation. Journal of Education and Training Studies, 6(4), 139–142.
Benner, D. (2012). Allgemeine Pädagogik. Beltz/Juventa.
Bernett, H. (1965). Grundformen der Leibeserziehung. Schorndorf: Hofmann.
Buytendijk, F. J. J. (1959). Das Fußballspiel. Eine psychologische Studie. Werkbund.
Digel, H. (2007). 10 Fragen an die Sportdidaktik. sportunterricht, 56(7), 204–208.
Eichberg (1978). Leistung, Spannung, Geschwindigkeit. Sport und Tanz im gesellschaftlichen Wandel des 18./19. Jahrhunderts. Klett-Cotta.
Funke-Wieneke, J. (2001). Was ist zeitgemäßer Sportunterricht? sportpädagogik, 25(1), 47–51.
Gissel, N. (2019). Kritisch-Konstruktive Sportpädagogik. Schneider.
Göhner, U. & König, S. (1999). Zu diesem Heft. sportunterricht, 48(7), 268.
Grupe, O. (2000). Sporterziehung und Schulsportkultur. sportunterricht, 49(1), 14–19.
Gruschka, A. (2011). Verstehen lernen. Reclam.
Gruschka, A. (2014). Lehren. Kohlhammer.
Hausmann, M. (1966). Spiegel des Lebens. Gedanken über das Fußballspiel. Arche.
Herrmann, C., Gerlach, E. & Seelig, H. (2016). Motorische Basiskompetenzen in der Grundschule. Begründung, Erfassung und empirische Überprüfung eines Messinstruments. Sportwissenschaft, 46(2), 60–73.

Herrmann, C. & Seelig, H. (2019). Motorische Basiskompetenzen. In P. Neumann & E. Balz (Hrsg.), Grundschulsport: empirische Einblicke und pädagogische Empfehlungen (S. 17–30). Meyer & Meyer.

Hummel, A. (2000). Schulsportkonzepte zwischen totaler Rationalisierung und postmoderner Beliebigkeit. sportunterricht, 49(1), 9–13.

Hummel, A. & Balz, E. (1995). Sportpädagogische Strömungen – Fachdidaktische Modelle – Unterrichtskonzepte. Auf dem Weg zu einer fachdidaktischen Leitidee. In A. Zeuner, G. Senf & S. Hofmann (Hrsg.), Sport unterrichten. Anspruch und Wirklichkeit (S. 28–40). Academia.

Kittel, T.-C., Lamschik, H., Kortmann, O. & Hossner, E.-J. (2016). Volleyballtraining. Das Baukastensystem. Hofmann.

Klafki, W. (1975). Studien zur Bildungstheorie und Didaktik. Weinheim: Beltz.

Klafki, W. (2007). Neue Studien zur Bildungstheorie und Didaktik. Beltz.

Klinge, A. (2007). Entscheidungen am Körper. Zur Grundlegung von Kompetenzen in der Sportlehrerausbildung. In W. Miethling & P. Gieß-Stüber (Hrsg.), Beruf Sportlehrer/in (S. 25–38). Schneider.

Kolb, M. (2005). Sportspiel aus sportpädagogischer Sicht. In A. Hohmann, M. Kolb & K. Roth (Hrsg.), Handbuch Sportspiel (S. 65–83). Hofmann.

König, S. (2020). Sportpädagogik. In V. Burk & M. Fahrner (Hrsg.), Sportwissenschaft. Themenfelder, Theorien und Methoden (S. 53–79). UVK.

König, S., Memmert, D., Nagel, S., Roth, K. & Zentgraf, K. (2002). Spielerisches Taktiklernen: Vom Multitalent zum Spezialisten. In K. Ferger, N. Gissel & J. Schwier (Hrsg.), Sportspiele erleben, vermitteln, trainieren (S. 125–146). Czwalina.

Kurz, D. (1977). Elemente des Schulsports. Hofmann.

Kurz, D. (2013). Zur Entwicklung einer pragmatischen Fachdidaktik. In P. Neumann & E. Balz (Hrsg.), Sport-Didaktik. Pragmatische Fachdidaktik für die Sekundarstufe I und II (S. 13–23). Cornelsen.

Laging, R. (2013). Auf der Suche nach dem fachlichen Gegenstand des Sportunterrichts – Sportpädagogische Reflexion und Perspektive für eine bewegungsorientierte Didaktik. Zeitschrift für sportpädagogische Forschung, 1(2), 61–82.

MSB, Ministerium für Schule und Bildung des Landes NRW (2019). Kernlehrplan für die Sekundarstufe I Gymnasium in Nordrhein-Westfalen. www.lehrplannavigator.nrw.de

Prohl, R. (2010). Grundriss der Sportpädagogik. Wiebelsheim: Limpert.

Remmert, H. (2006). Universitäre Ausbildung im Sportspiel Basketball in den gestuften Bachelor-/Master-Studiengängen. In H.-F. Voigt & G. Jendrusch (Hrsg.), Chancen und Aufgaben von lokal und regional ausgerichteten universitären Studieninhalten (S. 75–92). Czwalina.

Scheid, V. & Prohl, R. (2017). Sportdidaktik. Grundlagen – Vermittlungsformen – Bewegungsfelder. Limpert.

Scherler, K. (2006). Sportwissenschaft und Schulsport: Trends und Orientierungen (2). sportunterricht, 55(10), 291–297.

Schmidt-Millard, T. (2007). Erziehender Sportunterricht oder Erziehung durch Sportunterricht? sportunterricht, 56(4), 105–109.

Söll, W. (1997). Sportunterricht – Sport unterrichten. Ein Handbuch für Sportlehrer. Hofmann.

Söll, W. (2000). Das Sportartenkonzept in Vergangenheit und Gegenwart. sportunterricht, 49(1), 4–8.

Stibbe, G. & Aschebrock, H. (2007). Lehrpläne Sport. Grundzüge der sportdidaktischen Lehrplanforschung. Basiswissen Sportpädagogik, Teilbereich 2. Schneider.

Uhlig, J. (2008). Klassifikation der Sportspiele. Empirische Untersuchung zur Familienähnlichkeit der Spiele Fußball, Hockey, Eishockey und Rugby. Spectrum der Sportwissenschaften, 20(2), 75–89.

Volkamer, M. (2003). Sportpädagogisches Kaleidoskop. Hamburg: Czwalina.

Whitehead, M. (2001). The Concept of Physical Literacy. European Journal of Physical Education, 6(2), 127–138.

Whitehead, M. (2010). Physical Literacy. Routledge.

Wurzel, B. (2006). Brennpunkt – Bloß kein Fußball. sportunterricht, 55(6), 161.

8 Orientierung am Individuum – formale Bildung

Tim Bindel & Jan Erhorn

8.1 Einleitung

Die Idee der Ausrichtung von Bildung am Subjekt setzt die Loslösung vom weltlichen Bezug und den damit zusammenhängenden Normen voraus. Dieser Ansatz wird in der bildungstheoretischen Didaktik als *formale Bildung* bezeichnet und im Zusammenhang mit der Notwendigkeit der Persönlichkeitsentwicklung gesehen. Das Hervorbringen eigener Subjektivität als Entfaltung der inneren Kräfte oder durch subjektive Nutzung instrumenteller Fähigkeiten ist Zieldimension des Lernens, Übens und Erfahrens; es ist der Grund für das Sprachenlernen, für die Beherrschung der Rechenkunst und Legitimation für den Sportunterricht (Klafki, 2010). Das spielt seit Anbeginn der Aufnahme von Leibesübungen in die schulische Bildung für unsere Disziplin eine große Rolle. In diesem Kapitel werden Grundgedanken einer formalen Bildung skizziert und didaktische Konzeptionen vorgestellt, welche einen entsprechenden Kerngedanken beinhalten. Auch wenn Hermeneutik und Theoriebildung im Zusammenhang mit diesem Bildungsansatz populär sind, wollen wir einen Blick auf empirische Zusammenhänge richten.

8.2 Das Individuum und sein Leib als Bezugspunkte einer formalen Bildung

Leibesübungen werden bereits im Elementarunterricht des Königsberger Schulplans aus dem frühen 19. Jahrhundert genannt. Pestalozzi folgend, versieht Humboldt auch diesen Unterrichtsgegenstand mit den Maximen einer – später als formal bezeichneten – Bildung: Im Mittelpunkt steht der Mensch, der sich auf der Basis von Erfahrungen zu entfalten vermag (Wagner, 1995). In der allgemeinen Pädagogik wird der Begriff der formalen Bildung dann vor allem von Klafki (1997) genutzt, um ihn der materialen Bildung gegenüberzustellen und daraus schließlich die kategoriale Bildung abzuleiten (▶ Kap. 1; ▶ Kap. 4). Die formale Bildungstheorie nach Klafki (ebd.) zeichnet sich dadurch aus, dass sie unbedingt subjektbezogen ist. Sie legt dem pädagogischen Handeln die Entfaltung körperlicher, geistiger und seelischer Potenziale des Einzelnen zugrunde. Neben der Theorie der funktionalen Bildung (Entfaltung zum zielgerichteten Denken/Lernen lernen) bietet der Ansatz

Klafkis die Theorie der methodischen Bildung (Entfaltung von Problemlösestrategien). Beide Ansätze ergänzen sich zu einem deutlichen Fokus formaler Bildung: In den Hintergrund gerät die Frage nach der Erschließung eines Sachverhalts und in den Vordergrund schiebt sich die Frage nach dem Modus dieser Sacherschließung. Das eigene Handeln, Lernen und Deuten sind die zentralen Gegenstände der Bildung.

Die Begriffe *Leib* und *Leiblichkeit* entfalten in diesem Ansatz ihr genuines Potential und sind damit als zentrale Bezugspunkte der sportpädagogischen Denkweise formaler Bildung zu sehen. In Anlehnung an Merleau-Ponty (2013) kann Leib dabei als Erweiterung von Körperlichkeit insofern verstanden werden, als dass er nicht bloß Instrument, sondern vielmehr das Wesen des sich entfaltenden Subjekts ist, sein Sinnträger und Medium der Weltentschlüsselung. Er entzieht sich objektiver Messbarkeit und Vergleichbarkeit. In einer leiborientierten Pädagogik geht es nicht um normierbare Effekte, sondern um erlebte Weltbegegnung als Summe individueller Erfahrungen (Seewald, 1993, S. 47; Thiele, 1996). Damit gerät die sinnliche Wahrnehmung der durch Bewegung erschließbaren Welt ins Zentrum pädagogischer Denkweisen: »Der Leib versieht die Welt mit Bedeutung« (Thiele, 1990, S. 159). Prohl (2011) erklärt die Aufwertung des Vollzugs einer Bewegungshandlung zur Basis einer formal bildenden Welt des Sports. Nicht der Lauf, sondern das Laufen, nicht der Wurf, sondern das Werfen, nicht der Salto, sondern die Überschlagsbewegung werden zu Inhalten einer bildenden Auseinandersetzung mit dem Gegenstand.

Um das leiblich-ästhetische Erleben der Welt zum institutionellen Bildungsgegenstand zu formieren, bedarf es der Gewissheit, dass die Thematisierung über leibliche Erfahrungen geschieht. Beckers (2014) spricht von »Erfahrungs- und Handlungsorientierung«. Didaktische Konzepte, die auf formalen Bildungstheorien basieren, sehen zwangsläufig ein enthierarchisiertes Verhältnis der Generationen vor, denn Kulturtradierung und autoritäre Sachvermittlung widersprechen einem formalen Bildungsansatz. Daher verwundert es nicht, dass die didaktischen Ansätze, die auf der Theorie aufbauen, zum Teil auch politisch verwoben waren – als bewusste Abwendung von nicht hinterfragbaren Machtdifferenzialen zwischen Lehrkräften als Wissensvermittler*innen und zu belehrenden Schüler*innen. Funke-Wieneke macht diesen Argumentationszusammenhang 1990 im Rahmen einer Tagung der Sektion Sportpädagogik der Deutschen Vereinigung für Sportwissenschaft (dvs) deutlich:

> »Ich widerspreche dem Gesetz von Befehl und Gehorsam, der Auflage permanenter Kontrolle und bevormundender Beschulung, weil dies in ihrer Konsequenz die Menschen ihrer Menschlichkeit beraubt und ihre Würde in Selbstbestimmung. [...] Mir widerstreben deshalb schon die scheinbar unschuldigen Zeichen der geläufigen Sporterziehung, perfekte Organisation, trillerpfeifende Sportlehrer mit herrischem Gebaren, die selbstherrlich über Menschen wie über Material verfügen, ihr Dirigieren, ihr chauvinistisches Draufgängertum, oder die entsprechenden Flintenweibmanieren« (Funke-Wieneke, 2008, S. 102).

In dieser deutlichen Abkehr von einer zum Teil überspitzt dargestellten Lehrkraft oder Erziehungsperson als »personalisierte Sachautorität« (Helsper, 2009) wird die inhärente Widersprüchlichkeit von *Unterrichten* bei gleichzeitiger formaler Bildung deutlich.

In den letzten Jahrzehnten hat sich eine Vielzahl von fachdidaktischen Konzeptionen etabliert, die sich insbesondere der kritisch-emanzipatorischen Strömung oder den formalen Konzepten zuordnen lassen. Sie versuchen diesen Konflikt aufzulösen. Hier wird der mögliche Beitrag von Bewegung und Sport für eine positive Persönlichkeitsentwicklung sowie für die Entfaltung von Individualität und Selbstbestimmung herausgestellt (u. a. Prohl, 2010; Balz, 2009; Elflein, 2002). Nachfolgend werden exemplarisch drei individuumszentrierte didaktische Konzeptionen vorgestellt.

8.3 Individuumszentrierte didaktische Konzeptionen

8.3.1 Die kindzentrierte psychomotorische Entwicklungsförderung

Sehr deutlich tritt die Orientierung am Individuum im Rahmen psychomotorischer Ansätze zutage (u. a. Zimmer, 2012; Fischer, 2009). Die Psychomotorik versteht sich als »die Lehre von der Motorik als Grundlage der Handlungs- und Kommunikationsfähigkeit des Menschen, ihrer Entwicklung, ihrer Störungen und deren Behandlung« (Fischer, 2008, S. 194). Allerdings stellt die Psychomotorik keinen homogenen Ansatz dar, es können eher pädagogische und eher therapeutische Zugänge der Psychomotorik unterschieden werden. Zudem differenziert Fischer (ebd., S. 199–244) zwischen einer funktionalen Perspektive, einer erkenntnisstrukturierenden/kompetenztheoretischen Perspektive, einem verstehenden Ansatz und einer ökologisch-systemischen Perspektive. Gemeinsam ist den Ansätzen jedoch, dass Bewegung als Medium einer ganzheitlichen Entwicklungsförderung gilt und der Körper als Ausgangspunkt für pädagogische und/oder therapeutische Prozesse angesehen wird. Fischer (2008, S. 194) fasst dies pointiert zusammen: »In der Bewegung vereinen sich motorische, sensorische, neuro-physiologische, kognitive und emotionale Prozesse. Der Körper stellt das Ausdrucksmedium der Persönlichkeit dar; über diesen können pädagogische und therapeutische Prozesse initiiert werden.«

Mit dem Ansatz der *kindzentrierten psychomotorischen Entwicklungsförderung*, der eine Weiterentwicklung der kindzentrierten Mototherapie darstellt (Volkamer & Zimmer, 1986), verfolgt Zimmer (2012) einen eher pädagogischen Zugang. Mit der kindzentrierten psychomotorischen Förderung sollen die Ziele verfolgt werden, »die Eigentätigkeit des Kindes zu fördern, es zum selbstständigen Handeln anzuregen«, »durch Erfahrungen in der Gruppe zu einer Erweiterung seiner Handlungskompetenz und Kommunikationsfähigkeit beizutragen«, »die Selbstwahrnehmung des Kindes zu stärken« sowie »dem Kind Gelegenheiten zu geben, die eigenen Ressourcen zu erfahren und sich als kompetent und selbstwirksam zu erleben« (Zimmer, 2012, S. 22–23). Auffällig ist an dieser Stelle, dass auf explizite motorische Lernziele oder Förderabsichten verzichtet wird. Diese werden zwar nicht ausgeschlossen, sie werden aber nur relevant, wenn sie einen Beitrag zu den oben genannten Zielen leisten. Die kindzentrierte psychomotorische Entwicklungsförderung schreibt dem (Bewegungs-)Spiel eine zentrale Bedeutung zu, verfügt aber über keinen festen Inhaltskanon. Die spezifischen Inhalte und Themen werden mit den Kindern im Rahmen der *Förderstunde* abgesprochen, wobei die Pädagogin/der Pädagoge die Kinder anregen kann oder die Kinder sich von vorausgegangenen Stunden inspirieren lassen. Um diesen Prozess zu gestalten, benötigt der Pädagoge/die Pädagogin »ein breites Repertoire an Spielideen, Übungsbeispielen, Gerätearrangements [...], auf die sie bei Bedarf zurückgreifen kann, die den Start in ein Bewegungsspiel erleichtern und die sie – auf die jeweilige Situation abgestimmt – einsetzen kann« (Zimmer, 2012, S. 154–155). Zudem begleitet die Pädagogin/der Pädagoge die Prozesse responsiv, indem er/sie z. B. Verhalten positiv verstärkt, Aktivitäten anregt und belebt, hilft und unterstützt oder sich bewusst zurücknimmt (Zimmer, 2012, S. 162). In diesem Sinne treten in der kindzentrierten psychomotorischen Entwicklungsförderung Prinzipien einer situativ angepassten pädagogischen Interaktion an die Stelle konkreter methodischer Anleitungen oder Übungsreihen.

Der Ansatz kann insbesondere für den frühkindlichen Bereich als exemplarisch für eine formale Bildung gelten, da eine sehr deutliche Orientierung am Individuum konstatiert werden kann, auch wenn dieser Bezug leider nicht explizit ausgewiesen wird. Auf der Zielebene wird ein klarer Schwerpunkt auf Eigentätigkeit, Stärkung des Individuums sowie einer Handlungs- und Erfahrungsorientierung gelegt. Wie für Ansätze der formalen Bildung typisch, rückt der Gegenstandsbezug in den Hintergrund. In diesem Sinne wird Bewegung in der kindzentrierten Psychomotorik nicht als Gegenstand von, sondern Medium für Bildung angesehen. Die Rolle des Pädagogen/der Pädagogin besteht in der Anregung und Begleitung von Prozessen, die ihren Ausgangspunkt verstärkt beim Kind und seiner Intentionalität nehmen, was ebenfalls ein typisches Merkmal formaler Bildung ist.

8.3.2 Offener Sportunterricht

Im schulischen Kontext wird die Orientierung am Individuum in besonderer Weise in den Konzepten zu einem offenen Unterricht deutlich, wie sie bereits in den 1980er-Jahren von der Frankfurter Arbeitsgruppe (1982) und von Hildebrandt und Laging (1981) entwickelt wurden, aber auch Gegenstand jüngerer Publikationen sind (z. B. Döhring, 2004; Gebken, 2005).

Den Ausgangspunkt der Überlegungen der Frankfurter Arbeitsgruppe (1982) bildet eine systemtheoretisch fundierte Analyse des zeitgenössischen Sportsystems und der diesem System inhärenten Tendenzen der Selektion, Spezialisierung und Instrumentalisierung (ebd., S. 59–61). Diese gründen auf der Orientierung an der Überbietung und dem objektivierenden Vergleich, die zu einem als problematisch eingeschätzten »Erfahrungsfilter« für die »(lernenden) Subjekte« wird (ebd., S. 96). Auf dieser Grundlage wird ein stark an der Logik dieses Sportsystems orientierter Sportunterricht kritisiert und diesem ein offener Sportunterricht entgegengestellt.

Der Frage, wie ein offener Sportunterricht praktisch umgesetzt werden kann, nähert sich die Frankfurter Arbeitsgruppe (ebd., S. 98) in Form pädagogischer Intentionen und Konstruktionshilfen an, wie z. B. dem Anknüpfen und Zurückwirken auf die Lebenswelt der Schüler*innen, der Sinndiskussion oder durch ganzheitliche Themen. Eine differenzierte Ausarbeitung von Zielen, Inhalten und Methoden eines offenen Sportunterrichts erfolgt hingegen nicht (Elflein, 2002, S. 219–220). In dieser Hinsicht gehen Hildebrandt und Laging (1981) über die Ausführungen der Frankfurter Arbeitsgruppe (1982) hinaus. Ausgehend von den zentralen Zielperspektiven der Selbständigkeit, Selbstbestimmung und Mitbestimmung (ebd., S. 14–15) entwerfen Hildebrandt und Laging (1981) ein Kontinuum zwischen einem offenen und geschlossenen Sportunterricht, auf dem sich unterschiedliche Grade der Öffnung bzw. Mitentscheidungsmöglichkeiten der Schüler*innen unterscheiden lassen. Auf der Ebene der Inhalte soll zwar eine Orientierung an sportiven Bewegungsformen erfolgen, diese sollten aber nicht nur im Sinne gängiger und für einseitig befundener Auslegungen reproduziert werden. Vielmehr sollen die Schüler*innen in der kritischen und weitgehend selbstbestimmten Auseinandersetzung die »Fähigkeit zur Selbstdeutung und Selbstauslegung dieser Formen« und die »Fähigkeit zur Selbststeuerung des sportmotorischen Handelns« erwerben (ebd., S. 32–34). Methodisch wird dem Prinzip der »Subjektivierung des Lernens« gefolgt und »Formen des problemlösenden und entdeckenden Lernens« Vorrang eingeräumt (ebd., S. 41–42). Dafür sollen mithilfe von Impulsen, Themen-, Problem- und Aufgabenstellungen sowie Gerätearrangements geeignete Unterrichts- bzw. Lernsituationen geschaffen werden. Mithilfe von nicht-direktiven Methoden werden den Schüler*innen Handlungsspielräume eröffnet. Der Lehrkraft kommt eher die Rolle des Organisators/der Organisatorin und des Beraters/der Beraterin zu (ebd., S. 51–64): »Da Unterricht als eine ziel- und inhaltsorientierte Interaktion aufgefaßt werden kann, wird vom Lehrer eine Abkehr von der kommunikativen Dominanz und eine Hinwendung zur unterrichtlich-symmetrischen Kommunikation erwartet« (ebd., S. 64). Für die Gestaltung von Unterrichtssituationen entwerfen Hildebrandt und Laging (1981, S. 55–63) eine idealtypische Ablauflogik, die im Kern aus den Arbeitsschritten der Findung einer gemeinsamen Handlungsorientierung, der Analyse sportlicher Inhalte, der gemeinsamen Bearbeitung in Kleingruppen, Informationsblöcken der Lehrkraft, gemeinsamer Handlungsplanung, Reflexion und Gesprächen, Veränderung/Anpassung sportiver Praktiken im Sinne der Bedürfnisse, Interessen und Ideen der Schüler*innen sowie einer Überprüfung der Lern-, Übungs- und Anwendungsvorgänge besteht.

Als beispielhaft für den Sportunterricht können Ansätze eines offenen Sportunterrichts bzw. eine Öffnung des Sportunterrichts angesehen werden, da auch sie das Individuum ins Zentrum der Bildungsbemühungen stellen. Die Ziele der Selbständigkeit, Selbstbestimmung und Mitbestimmung bilden den zentralen Bezugspunkt. Methodisch werden nicht-direktive, handlungs- und prozessorientierte sowie reflexiv-diskursive Verfahren ins Zentrum gerückt. Demgegenüber rückt die Inhaltsauswahl in den Hintergrund. Trotz dieser offensichtlichen Merkmale formaler Bildung wird kein expliziter theoretischer Bezug ausgewiesen.

8.3.3 Körpererfahrung und bewegungszentrierte Entwicklungsförderung

Ebenfalls basierend auf einer deutlichen Kritik an zeitgenössisch vorherrschenden Formen des Sports und darauf bezogener Konzeptionen des Sportunterrichts (▶ Kap. 8.2) wurde mit dem Konzept der Körpererfahrung zu Beginn der 1980er-Jahre ein weiterer am Individuum orientierter Ansatz in den sportpädagogischen und sportdidaktischen Diskurs eingebracht (Funke, 1980, 1983).

Funke (1980, S. 15–16) stellt eine tiefgreifende Wirkung von Erfahrungen mit dem Körper auf die Bildung der Persönlichkeit heraus. Da der Sport den Körper und die mit ihm verbundenen Potenziale bis dato nicht nutze und im Kontext des Sports sogar negativ bewertete Formen des Umgangs mit dem Körper zu beobachten seien, hält Funke eine pädagogische Neujustierung geboten: »Dem Körper zu seinem Recht zu verhelfen, ist zur pädagogischen Aufgabe geworden, und vor dieser Aufgabe steht vor allem auch der Sport...« (ebd., S. 13). Bereits in seinen ersten thematischen Publikationen betont Funke, dass es nicht um eine Abwendung vom Sport gehe, wohl aber um eine neue pädagogische Akzentuierung: »Mit dieser Kritik soll nicht jeder Sport für immer verdammt werden. Genauso deutlich, wie die kritischen Züge des Sports sehe ich seine Chancen zur Förderung von Körpererfahrung« (ebd., S. 18). Vor diesem Hintergrund ist die nachfolgende Beschäftigung mit Potenzialen des Sports für Körpererfahrungen nur folgerichtig (Funke, Treutlein & Sperrle, 1986; Funke-Wieneke, 1993, 1995). Auch bei Funke (1980) handelt es sich zunächst um eine Kritik an den zeitgenössischen Praktiken des Sports und der Schule, ohne dass unmittelbar fertig ausgearbeitete Konzepte als Alternative vorgelegt worden wären. Dieser *Mangel* wird von Funke (1980) freilich gleich zu Beginn eingeräumt und die stetige Weiterentwicklung seines Ansatzes einer *bewegungszentrierten Entwicklungsförderung* (Funke-Wieneke, 2010) sowie der Bezug auf die schulsportliche Praxis (Funke-Wieneke, 2007; ▶ Kap. 5) stellen zweifellos einen Verdienst seinerseits dar. In seinen jüngsten Veröffentlichungen stellt Funke-Wieneke (2010) unter besonderer Bezugnahme auf und in Auseinandersetzung mit Buytendijk (1956), Grupe (1969) und Scherler (1990) die Funktion der Bewegung ins Zentrum seiner pädagogischen Betrachtungen: »[...] die Funktionen selbst müssten zum Gegenstand werden und könnten dann, an einigen, besonders wichtigen Beziehungen erprobt, zum selbständigen Gebrauch weiterer, persönlicher Weltaneignung zur Verfügung stehen« (Funke-Wieneke, 2010, S. 188). Dabei gilt der instrumentellen Funktion, der sozialen Funktion, der symbolischen Funktion und der sensiblen Funktion des Sich-Bewegens sein Hauptaugenmerk und er beschreibt »Entwicklungslinien der Funktionen der Bewegung«, die dem Pädagogen/der Pädagogin im erzieherischen Dialog eine Orientierung geben sollen (ebd., S. 185–231). Die Inhaltsdimension wird von Funke-Wieneke (2010) als nachrangig bedeutsam betrachtet und bleibt weitgehend unbeleuchtet. Seine Vorstellungen zu den Vermittlungsmethoden legt Funke-Wieneke (2007, S. 138–161) in Form von Prinzipien dar, die er der Pädagogin/dem

Pädagogen empfiehlt.¹ Eine besondere Bedeutung wird dabei der Herstellung eines subjektiven Sinnbezuges, der Verständigung sowie der sensiblen, adaptiven und fachgerechten Unterstützung der Lernbemühungen der Schüler*innen gelegt.

Auch bei Funke-Wieneke kommt der Individuum bezogenen Förderung der Persönlichkeitsentwicklung eine zentrale Bedeutung zu, wobei er den Gegenstand der Bewegung ins Zentrum rückt. Inhalte, an denen sich eine Förderung der Entwicklung vollziehen kann, sind zwar nicht völlig austauschbar, sie werden aber nachrangig, als Mittel zum Zweck, betrachtet. Im Sinne formaler Bildung rücken der pädagogische Prozess, die individuelle Auseinandersetzung des Kindes bzw. des Jugendlichen mit einer Sache und die situativ angemessene pädagogische Interaktion der Lehrperson ins Zentrum.

8.4 Formale Bildung und empirische Bildungsforschung

Empirische Bildungsforschung hat sich seit den größeren internationalen Schulvergleichsstudien gut in der pädagogischen Forschungslandschaft etabliert. Dieser Trend zeigt sich auch in der Sportpädagogik und -didaktik. Konzepte formaler Bildung erweisen sich gegenüber empirischen Zugängen zum Teil als widerständig. Die starke Betonung des Subjekts, von Individualität, Selbst- und Mitbestimmung, Offenheit und Prozessorientierung scheint zumindest auf den ersten Blick mit empirischen Zugängen nicht greifbar zu sein. Allerdings sind in der Sportpädagogik durchaus empirische Forschungsbemühungen erkennbar, die sich in den Diskursrahmen formaler Bildung einordnen lassen. Dies soll mit Hilfe exemplarisch ausgewählter Studien illustriert werden.

---

1 Demnach soll die Lehrperson Engagement und eine durchgängige Förderabsicht verfolgen (Prinzip des stetigen Engagements für den Lernfortschritt der Schüler*innen), den Sinnbezug und die subjektive Sinnhaftigkeit für den Lernenden sicherstellen (Prinzip des Vorrangs der Absichtsbildung), das Lernen auf emotionaler Ebene sensibel begleiten (Stützungsprinzip), Interventionen und Instruktionen sparsam und treffend einsetzen (Minimalprinzip), Vorbilder geben und die Selbstbeobachtung (medial) ermöglichen (Spiegelprinzip), bei Unterstützung der Lernbemühungen die Relation von Bewegung zur Bewegungsumwelt berücksichtigen (Dialogprinzip), die rhythmische Struktur von Bewegungen für die Lernunterstützung nutzen (Rhythmisches Prinzip), mit den Lernenden in Reihenfolge und Dauer frei nutzbare Erfahrungssituationen entwickeln (Prinzip der differenzierten Erfahrungssituation) und den Lernenden Gelegenheit zur Stellungnahme und Mitbestimmung gewähren (Verständigungsprinzip) (ebd., S. 138–161).

8.4.1 Aktionsformen und Sinnperspektiven von Kindern

Für eine am Individuum orientierte formale Bildung im Kontext von Bewegung, Spiel und Sport sind grundlegende Klassifizierungen von Aktionsformen und Sinnperspektiven von Bedeutung, da sie einen Rahmen bilden, in dem am Individuum ansetzende Prozesse strukturiert werden können. In diesem Sinne besitzt eine Orientierung an Aktionsformen in der *Leibeserziehung* (Hanebuth, 1956; Bernett, 1965; Mester, 1969) und in der *Sportpädagogik und -didaktik* (Dietrich, 1980; Ehni, 1985, 2004) Tradition. Gleiches gilt für eine Orientierung an Sinnperspektiven, wie sie Kurz (1977) aus der sportbezogenen Motivationspsychologie abgeleitet hat. Allerdings werden Aktionsformen und Sinnperspektiven von Kindern nur selten aus gegenstandsverankerten empirischen Untersuchungen gewonnen. Eine Ausnahme stellen die Untersuchungen von Erhorn (2012, 2013) zum Bewegungsalltag von Grundschulkindern dar. In einer ethnografischen Untersuchung einer jahrgangsübergreifenden Lerngruppe nimmt er den Bewegungsalltag von 8- bis 11-jährigen Kindern in einem Hamburger Stadtquartier in den Blick. Dabei gelingt es ihm *sechs Aktionsformen* mit insgesamt 36 Ausprägungen herauszuarbeiten, welche den Bewegungsalltag der Kinder kennzeichnen. Als Aktionsformen fasst er dabei *das Erkunden, Üben, Trainieren, Spielen mit etwas, Spielen als etwas und Spielen um etwas* (Erhorn, 2012) und arbeitet differenzierte Wechselbeziehungen zwischen den Aktionsformen und die Aktionsformen leitende Sinnperspektiven heraus (▶ Abb. 8.1; auch Erhorn, 2013).

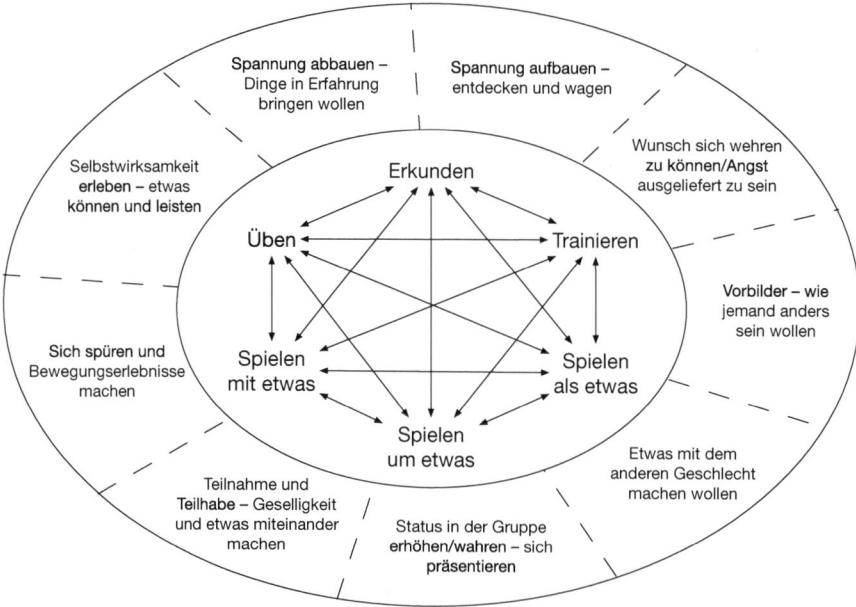

Abb. 8.1: Aktionsformen und leitende Sinnperspektiven

Strukturelle Einblicke in den Bewegungsalltag von Kindern, wie sie von Erhorn auf diese Weise gewonnen werden, können Anregungen für eine am Individuum orientierte formale Bildung geben, welche Sinnperspektiven der Kinder aufgreift und für die gemeinsame Gestaltung pädagogischer Prozesse fruchtbar macht. Nicht zuletzt bietet sich auch die Gelegenheit, einen pädagogischen Bezug zum Bewegungsalltag der Kinder herzustellen, in dem die Aktionsformen und Sinnperspektiven der Kinder in einer jeweils spezifischen Ausprägung ebenfalls zu Tage treten (auch Erhorn, 2014).

8.4.2 Erschließung individueller Erkundungsprozesse

Gerade im Kontext formaler Bildung zeigt sich das relevante Geschehen auch in der individuellen Auseinandersetzung des Subjekts mit einem, ggf. selbstgewählten, Lerngegenstand. Diese Auseinandersetzung kann im Sinne einer klientenorientierten Kasuistik (Wernet, 2006) fallbezogen in den Blick genommen werden. Als Beispiel kann die videografische Studie von Brandes (2019) zu den Erkundungsaktivitäten von Kleinkindern in einer Bewegungsbaustelle dienen. In dieser arbeitet Brandes dezidert Formen und Verlauf von Erkundungsprozessen bei ein- bis dreijährigen Kindern bei der regelmäßigen Nutzung einer Bewegungsbaustelle heraus. Dafür hat er in einer Krippe über den Zeitraum von drei Monaten Videomaterial erhoben und die individuellen Erkundungsprozesse der Kinder einzelfallbezogen analysiert. In seinen Detailanalysen der exemplarisch ausgewählten Fälle *Rosa schaut in die Röhre* (Probierendes Erkunden), *Ayla will hoch hinaus* (Nachforschendes Erkunden), *Andreas Hinauf und Hinab* (Erprobendes Erkunden) und *Davids Hin und Her* (Experimentierendes Erkunden) gelingt es ihm, abgrenzbare Formen von Erkundungsaktivitäten herauszustellen und darüberhinausgehend wertvolle Einblicke in den Verlauf individueller Auseinandersetzungsprozesse zu liefern. Brandes (ebd.) weist darauf hin, dass die gewonnenen Einsichten einen Beitrag leisten können, um die Kontextbedingungen für das Auftreten von Erkundungsaktivitäten und die Begleitung der Auseinandersetzungsprozesse durch pädagogische Fachkräfte (*vom Widerfahren zum Erzeugen*) zu verbessern.

Die systematische Erschließung der Auseinandersetzung des Subjekts mit einem Lerngegenstand schafft vertiefte Einblicke in die subjektiven Sinnbezüge und die Spezifika der (motorischen) Auseinandersetzung des Individuums mit seiner Umwelt. Eine genaue Rekonstruktion von Einzelfällen verhilft zu einem besseren Verständnis zentraler Phänomene, möglicher Zielhorizonte bzw. Sinnperspektiven und fördert ggf. übertragbare bzw. adaptierbare Einsichten zu Tage. Diese können einen Beitrag zur Verbesserung der Bedingungen für das Auftreten individueller und selbstbestimmter Auseinandersetzungsprozesse sowie für deren Begleitung leisten.

8.4.3 Pädagogische Interaktionen in sportunterrichtlichen Lehr-Lern-Situationen

Im Kontext formaler Bildung kommt der Schaffung offener Lehr-Lern-Situationen, die den Subjekten ein hohes Maß an Selbst- und Mitbestimmung ermöglichen sowie Aushandlungs- und Reflexionsprozesse umfassen, eine hohe Bedeutung zu. Die sich im Rahmen von Lehr-Lern-Situationen vollziehenden pädagogischen Interaktionen können im Sinne einer akteursorientierten Kasuistik (Wernet, 2006) fallbezogen erschlossen werden.

Ein Beispiel für eine Untersuchung, in welcher pädagogische Interaktionen fall- und situationsbezogen analysiert werden, ist die Studie von Krieger (2011). Im Rahmen seiner Untersuchungen zum Sportunterricht als Erziehungsgeschehen rekonstruiert er pädagogisch relevante sportunterrichtliche Situationen aus der Perspektive von Schüler*innen, Lehrkräften und Forscher*innen. Dabei kann Krieger (ebd.) typische Muster von Verfehlungen, Balancierungen und Annäherungen zwischen den Erlebnisweisen von Lehrkräften und Schüler*innen aufzeigen und in ein Mehrebenen-Modell überführen. Von besonderer Bedeutung für eine formale Bildung sind die Ergebnisse zu den Phänomenen *Aushandlungen und Projektionen* zwischen Sportlehrkräften und Schüler*innen sowie *Freiräume schaffen und gestalten* (ebd., S. 298–303). Hierdurch können (angehende) Lehrkräfte für typische Phänomene der pädagogischen Interaktion in einem schüler*innenorientierten bzw. geöffneten Sportunterricht sensibilisiert werden.

Trotz wertvoller Einblicke in die Erlebnisweisen von Schüler*innen und Lehrkräften werden von Krieger (2011) keine nennenswerten Konsequenzen im Sinne formaler Bildung gezogen. Dabei können durch die Erschließung von Lehr-Lern-Situationen gelungene, misslungene und ambivalente Interaktionen bzw. Verständigungsprozesse in ihrer Ablauflogik und in ihrer Einbettung in einen spezifischen Kontext verstanden werden. So können ggf. Muster ausgemacht werden, die auf vergleichbare Fälle übertragen, adaptiert oder bewusst verworfen werden können.

8.4.4 Möglichkeiten der Partizipation im Sportunterricht

Derecik, Kaufmann und Neuber (2013) befassen sich in einer empirischen Studie mit den Möglichkeiten zur Partizipation von Schüler*innen im Rahmen von Sportangeboten im offenen Ganztag und ermitteln auf der Grundlage der Auswertung videografischer Daten und fokussierter Interviews mit Schüler*innen und Übungsleiter*innen *sechs Orte*, an denen eine Förderung von Partizipation ansetzen kann: Gesprächskreise, Auf- und Abbau, Übungen und Stationen, Spiele, Pausen sowie der offene Anfang (ebd., S. 133–214). Dabei können sie (ebd., S. 220) vielfältige Formen der Partizipation in spezifischen Lehr-Lern-Situationen entdecken und auf dieser Basis Gelegenheiten der Förderung im Handlungsspektrum zwischen Fremd- und Selbstbestimmung aufzeigen.

Interessant ist in diesem Fall, dass sich der schulische Ganztag eher für demokratische Partizipation zu eignen scheint, als der Unterricht, denn es werden dort *Mitbestimmungs-, Mitsprache- und Mitgestaltungsmöglichkeiten* intensiver wahrgenommen (Menze, Derecik & Neuber, 2019). Die Arbeitsgruppe erarbeitet günstige Bedingungen für Partizipation und stellt besonders den kommunikativen Aspekt heraus. Es geht darum, dass Heranwachsende ihre Ziele und Vorstellung erkennen und artikulieren. In einem Modell demokratischer Partizipationsförderung veranschaulichen Menze et al. (ebd.), dass über Selbstbestimmungsmöglichkeiten informiert werden muss und dass Situationen der Selbst- und Mitbestimmung explizit initiiert werden sollten. Als Aspekt formaler Bildung zeigt sich der Ansatz der Partizipation als äußerst pragmatischer Zugang, denn er fokussiert die Prozesse, die für eine individuelle Persönlichkeitsentwicklung in institutionellen Settings von Bedeutung sind. Reichenbach (2012) weist jedoch auf die Problematiken des Ansatzes hin, gerade wenn er auf die hierarchischen Konstellationen in der Schule trifft.

8.4.5 Sportkultur als Praxis des Teilens

Für Bindel (2015) ist Sport ein Gegenstand, der potentiell von jedem gestaltbar ist. Wenn Spiel- und Bewegungsideen geteilt werden, kann eine Sportkultur daraus erwachsen, so wie auch bei den etablierten Sportarten geschehen, aber auch im Trendsport und im Fitnessbereich. Eine entsprechende Sportdidaktik führt also in diesen Raum geteilter Ideen ein, indem die Subjekte als kreative Gestalter*innen und souveräne Rezipient*innen verstanden werden. Dieser Ansatz ist empirisch fundiert und auf Grundlage phänomenologischer Theorien ausgearbeitet. Es wurden Jugendliche im Alter von 12 bis 17 Jahren ethnografisch und mit einem Interviewlängsschnitt begleitet. So konnte nachgezeichnet werden, dass die Bedeutung von Sport im sozialen Abgleich vorgenommen wird und dass sich in der mittleren Jugendphase die Idee eines *richtigen Sports* festigt, der gekennzeichnet ist von Anstrengungsbereitschaft und Zielfokussierung. Daneben existieren andere Deutungen, wobei der Vereinssport mit der größten Deutungsmacht definiert, was relevant erscheint. Bindel konnte auch zeigen, dass die Jugendlichen ihre individuellen und spielerischen Vorlieben in Nischen verteidigen. In einer didaktischen Wendung geht Bindel schließlich davon aus, dass das Potenzial des Deutens sportiver Wirklichkeit eine günstige Grundvoraussetzung für bildenden Sportunterricht ist. Gegen die lebensweltliche Deutungshoheit eines vereinsmäßigen Wettkampfsports möchte er seine Konzeption entgegensetzen und die etablierte Kultur relativieren. Dass potentiell Vieles zu Sport werden kann, sollte früh in der Schule vermittelt werden; damit wünscht sich Bindel im Nachgang an Ehni (1977) gebildete Schüler*innen als Macher*innen des Sports. Die Verbindung zu formalen Bildungstheorien liegt gerade in dieser Aufwertung des deutenden Subjekts und im Loslassen von vermeintlichen Normen eines etablierten Sports.

8.4.6 Wirkungsforschung

Die empirische Bildungsforschung befasst sich u. a. mit der Untersuchung der Wirksamkeit spezifischer pädagogischer Interventionen und/oder Konzepten sowie mit den Einflussfaktoren auf die Wirksamkeit. Untersuchungen zur Wirksamkeit von Konzepten/Interventionen sind auf die Benennung und Operationalisierung von Zielsetzungen angewiesen. Dies stellt im Hinblick auf die zum Teil sehr individualisierten subjektbezogenen Zielsetzungen eine Herausforderung dar. Versuche, individuumszentrierte Bildungserfolge im Sport empirisch zu belegen, sind im Rahmen non-formaler Settings zu beobachten. So befassen sich Neuber (2007) und Neuber et al. (2010) im weitesten Sinne mit der Persönlichkeitsbildung im außerschulischen Jugendsport sowie Sygusch und Herrmann (2013) mit psychosozialen Ressourcen, die der Sportverein auszubilden vermag. Ziel der genannten Studien ist es – allgemein gesprochen – das persönlichkeitsbildende Potenzial des Sports zu verdeutlichen (dazu auch Brettschneider & Kleine, 2002), im Verborgenen bleibt allerdings, wie Menschen das individuelle Entfalten realisieren. Diesem Desiderat sind Bindel und Bachmann (in Vorb.) begegnet, indem sie eine bewusst als Bildungsangebot inszenierte Kinderfreizeit adressatenorientiert erforscht haben. Erkennbar ist hierbei, dass sich einige Bildungsprinzipien deutlich sichtbar machen lassen, andere hingegen nicht. So kann die Tatsache, ob die Kinder individuelle Erfahrungen gemacht haben, durch Interviews nachgehalten und darüber hinaus sogar spezifiziert werden (materiale, personale, soziale Erfahrungen), während das Prinzip der Reflexion weitestgehend im Dunkel bleibt. Kurzum: Es scheint ungewiss, wie Kinder mit dem leiblich Erlebten kognitiv verfahren. Hier besteht ein Forschungsdesiderat, das u. E. gerade im schulischen Setting einer empirischen Aufarbeitung bedarf.

Zusammenfassend kann festgehalten werden, dass mit einer Operationalisierung der Zielsetzungen zum Zwecke der Messung immer schmerzliche Reduktionen verbunden sind und auch der konkrete Kontextbezug in der Regel aufgelöst wird. Darauf basierende Untersuchungen zur Wirksamkeit versprechen wertvolle Informationen über wirksamere und weniger wirksame Konzepte sowie Einflussfaktoren auf die Wirksamkeit. Auf der Grundlage dieser Informationen können Konzepte für die Praxis formaler Bildung weiterentwickelt werden. Allerdings sollte stets kritisch abgewogen werden, inwieweit trotz Reduktion der Kern formaler Bildungsansprüche gewahrt werden kann (▶ Kap. 10; ▶ Kap. 11).

8.5 Zusammenfassung und Ausblick

Die Grundgedanken einer formalen Bildung haben sich fest in zahlreiche sportpädagogische Ansätze der Gegenwart eingeflochten. Der Blick auf die individuellen Entfaltungsmöglichkeiten des Subjekts ist von der Kita bis zum Schulabschluss handlungsleitend in der pädagogischen Auseinandersetzung mit dem Kind in Sport und Bewegung. Sie stehen aber auch stets in einem Spannungsverhältnis zur Sachlogik des normierten Sports, zu Public-Health-Maßstäben und zur schulischen Kompetenzorientierung. Die kindzentrierte psychomotorische Entwicklungsförderung, der offene Sportunterricht, das Konzept der Körpererfahrung und die bewegungszentrierte Entwicklungsförderung zeigen aber u. E. am deutlichsten, dass auch umfangreich angelegte Konzeptionen sportpädagogisches Handeln als formale Bildung verstehbar machen. Mit einer Hinwendung zum globalisierten Bildungsdiskurs geraten in der Bundesrepublik nun Bemühungen um eine institutionelle Ziellogik, die vom Individuum ausgeht, unter Druck. Gleichzeitig entwickelt sich aber das Bildungswesen zu einem lebensweltlichen und zum Alltag hin offenen Geschehen, das in Zukunft wohl Zeit- und Raumkonzepte an gesellschaftliche Entwicklungen zu einem flexiblen Miteinander anpassen wird. Auch wenn der Begriff *Bildung* durch die zunehmend internationale pädagogische Verständigung vor allem seinen Charakter als *formale Bildung* zu verlieren droht, so zeichnet sich doch ab, dass individuumszentrierte Ansätze auch in Zukunft eine wesentliche Rolle in der Sportpädagogik spielen werden.

In diesem Beitrag haben wir empirische Zugänge und Ergebnisse gezeigt, die ein weites Verständnis formaler Bildung gut repräsentieren: Kasuistik, Lehr-Lernforschung (auf kasuistischer Basis) und Wirkungsforschung lassen sich zu einem vollständigen empirischen Bild zusammenfügen, das veranschaulicht, dass an den Rahmenbedingungen und Effekten von sportpädagogischen Bildungsangeboten wissenschaftlich gearbeitet wird. Durch Forschung an einer formalen Bildung können institutionelle Angebote individueller gestaltet und die Förderung des Einzelnen besser arrangiert werden. In Zukunft werden solche Bemühungen wohl noch stärker Setting übergreifend stattfinden, denn individuelle Bildung setzt verstärkt auf eine Zusammenarbeit von Kita, Schule und Familie, von Verein und Unterricht, von Sozialarbeit und Ganztag, von informellem und formalem Sport (▶ Kap. 12; ▶ Kap. 13). Für die Sportpädagogik ergeben sich damit Handlungsfelder, in denen verstärkt Aspekte formaler Bildung umgesetzt und erforscht werden können. Damit könnten auch neue Befunde entstehen, die das Konzept formaler Bildung modernisieren.

Literatur

Balz, E. (2009). Fachdidaktische Konzepte – Update. Oder: Woran soll sich der Schulsport orientieren? sportpädagogik, 33(1), 25–32.
Bannmüller, E. (1977). Schritte zu einem »offenen Bewegungskonzept« für die Grundschule. Sportwissenschaft, 7(4), 374–385.
Beckers, E. (2014). Gestaltung von Bildungsprozessen im Kinder- und Jugendsport: Pädagogische Prinzipien für die Bildungsarbeit. In H. Aschebrock, E. Beckers & R.-P. Pack (Hrsg.), Bildung braucht Bewegung: Vom Bildungsverständnis zur Bildungspraxis im Kinder- und Jugendsport (S. 75–97). Meyer & Meyer.
Bindel, T. (2015). Bedeutung und Bedeutsamkeit jugendlichen Sportengagements. Meyer & Meyer.
Bindel, T. & Bachmann, B. (in Vorb.). Bildungsanlässe gestalten und erforschen. Versuche einer qualitativen Bildungsforschung in der Sportpädagogik.
Brandes, B. (2019). Frühkindliche Erkundungsaktivitäten in offenen Bewegungsangeboten. Rekonstruktion von Erkundungsformen bei ein- bis dreijährigen Kindern in der Bewegungsbaustelle. Unveröffentlichte Dissertationsschrift, Universität Hamburg.
Brettschneider, W.-D. & Kleine, T. (2002). Jugendarbeit in Sportvereinen. Anspruch und Wirklichkeit. Hofmann.
Buytendijk, F.J.J. (1956). Allgemeine Theorie der menschlichen Haltung und Bewegung. Als Verbindung und Gegenüberstellung von physiologischer und psychologischer Betrachtungsweise. Springer.

Derecik, A., Kaufmann, N. & Neuber, N. (2013). Partizipation in der offenen Ganztagsschule. Springer.
Döhring, V. (2004). Offener Sportunterricht. Konzepte, Defizite, Perspektiven. Afra.
Ehni, H. (1977). Sport und Schulsport. Hofmann.
Elflein, P. (2002). Sportpädagogik und Sportdidaktik (2. Aufl.). Schneider.
Erhorn, J. (2012). Dem »Bewegungsmangel« auf der Spur. Zu den schulischen und außerschulischen Bewegungspraxen von Grundschulkindern. Eine pädagogische Ethnographie. Transcript.
Erhorn, J. (2013). Practices of movement of primary school children. International Sports Studies, 35(1), 19–34.
Erhorn, J. (2014). Physical Education and the everyday movement of primary school children. International Sports Studies, 36(1), 39–62.
Fischer, K. (2008). Bewegung als Erkundungsaktivität. Motorik, 31(4), 174–179.
Fischer, K. (2009). Einführung in die Psychomotorik (3. Aufl.). Reinhardt.
Frankfurter Arbeitsgruppe (1982). Offener Sportunterricht — analysieren und planen. Rowohlt.
Funke, J. (1980). Körpererfahrung. sportpädagogik, 4(4), 13–20.
Funke, J. (Hrsg.). (1983). Sportunterricht als Körpererfahrung. Rowohlt.
Funke, J., Treutlein, G. & Sperrle, N. (Hrsg.). (1986). Körpererfahrung in traditionellen Sportarten. Putty.
Funke-Wieneke, J. (1993). Die pädagogische Bedeutung der Körpererfahrung im Kindesalter. Die Grundschulzeitschrift, 70(7), 32–35.
Funke-Wieneke, J. (1995). Vermitteln. Schritte zu einem »ökologischen« Unterrichtskonzept. sportpädagogik, 19(5), 10–17.
Funke-Wieneke, J. (2007). Grundlagen der Bewegungs- und Sportdidaktik. Schneider.
Funke-Wieneke, J. (2008). Im Handeln eintreten – wofür? In D. Kuhlmann & E. Balz (Hrsg.), Sportpädagogik. Ein Arbeitstextbuch (S. 97–108). Czwalina.
Funke-Wieneke, J. (2010). Bewegungs- und Sportpädagogik (2., überarb. Aufl.). Schneider.
Gebken, U. (2005). Offener Sportunterricht. Oldenburg, Didaktisches Zentrum.
Grupe (1969). Grundlagen der Sportpädagogik. Hofmann.
Helsper, W. (2002). Lehrerprofessionalität als antinomische Handlungsstruktur. In M. Kraul, W. Marotzki & C. Schwepp (Hrsg.), Biographie und Profession (S. 64–102). Klinkhardt.
Helsper, W. (2009). Autorität und Schule – zur Ambivalenz der Lehrerautorität. In A. Schäfer & C. Thompson (Hrsg.), Autorität (S. 65–83). Schöningh.
Hildebrandt, R. & Laging, R. (1981). Offene Konzepte im Sportunterricht. Limpert.
Klafki, W. (1997). Die bildungstheoretische Didaktik im Rahmen kritisch-konstruktiver Erziehungswissenschaft. In H. Gudjons & R. Winkel (Hrsg.), Didaktische Theorien (9. Aufl., S. 13–34). Bergmann + Helbig.
Krieger, C. (2011). Sportunterricht als Erziehungsgeschehen – Zur Rekonstruktion sportunterrichtlicher Situationen aus Schüler- und Lehrersicht. Strauss.
Menze, L., Derecik, A. & Neuber, N. (2019). Demokratische Partizipationsförderung. sportunterricht, 68(6), 248–252.
Merleau-Ponty, M. (2013). Primat der Wahrnehmung. Suhrkamp.
Neuber, N. (2007). Entwicklungsförderung im Jugendalter. Theoretische Grundlagen und empirische Befunde aus sportpädagogischer Perspektive. Hofmann.
Neuber, N., Breuer, M., Derecik, A., Golenia, M. & Wienkamp, F. (2010). Kompetenzerwerb im Sportverein. Empirische Studie zum informellen Lernen im Jugendalter. Springer VS.
Prohl, R. (2010). Grundriss der Sportpädagogik (3., korr. Aufl.). Limpert.
Prohl, R. (2011). Zum Bildungspotenzial des Sportunterrichts. In M. Krüger & N. Neuber (Hrsg.), Bildung im Sport: Beiträge einer zeitgemäßen Bildungsdebatte (S. 165–178). Springer VS.
Reichenbach, R. (2011). Pädagogische Autorität. Macht und Vertrauen in der Erziehung. Kohlhammer.
Scherler, K. (1990). Bewegung als Zeichen. In H. Gabler, H. Bausinger, & O. Grupe (Hrsg.), Für einen besseren Sport.: Themen, Entwicklungen und Perspektiven aus Sport und Sportwissenschaft (S. 396–414). Hofmann.

Sygusch, R. & Herrmann, C. (2013). PRimus – Psychosoziale Ressourcen in Kinder- und Jugendsport. Evaluation der Programmdurchführung und Programmwirksamkeit. Feldhaus.
Volkamer, M. & Zimmer, R. (1986). Kindzentrierte Mototherapie. Motorik, 9(2), 49–58.
Wagner, H.J. (1995). Die Aktualität der strukturalen Bildungstheorie Humboldts. Beltz.
Wernet, A. (2006). Hermeneutik, Kasuistik, Fallverstehen. Kohlhammer.
Zimmer, R. (2011). Bewegung – Motor der kindlichen Entwicklung. In H. Keller (Hrsg.), Handbuch der Kleinkindforschung (4., vollst. überarb. Aufl.; S. 1112–1129). Huber.
Zimmer, R. (2012). Handbuch der Psychomotorik. Theorie und Praxis der psychomotorischen Förderung von Kindern (13., überarb. Aufl.). Herder.

9 Orientierung an der Synthese von Sache und Individuum

Sebastian Ruin, Alexander Ratzmann & Christian Gaum

9.1 Einführung

Aus Kapitel 7 und 8 ist deutlich geworden, dass bis zur Jahrtausendwende sportpädagogische Strömungen entweder *material* an der Sache (▸ Kap. 7) oder *formal* am Individuum (▸ Kap. 8) orientiert waren (u. a. Prohl, 2010). Bis in die 1990er-Jahre herrschten diese Strömungen zumeist zeitgleich und konkurrierend. Jedoch kann die einseitige Fokussierung einer Position zu problematischen Verkürzungen führen, die in pädagogischer Hinsicht kritikwürdig erscheint (Prohl, 2010). Etwa seit der Jahrtausendwende wird, mit Rückgriff auf bildungs- und erziehungstheoretische Grundlagen, in zahlreichen Konzeptionen eher von der Idee einer Synthese dieser Positionen ausgegangen.

Das vorliegende Kapitel stellt theoretische Konzepte und Ansätze in den Mittelpunkt, die diese Momente der Synthese beschreiben und theoretisch fundieren. Anhand prominenter sportpädagogischer Positionen wird zuerst die Idee einer Synthese dargelegt, um im Anschluss daran synthetische Positionen, die vornehmlich im Schulsport Anwendung finden, zu beleuchten. Daraufhin werden, mit der *Demokratiebildung und Demokratieerziehung*, der *Olympischen Erziehung* sowie *bewegungspädagogischen Ansätzen*, Konzepte aufgezeigt, die stärker über den Schulsport hinausweisen.

9.2 Zur Idee einer Synthese

Allgemein hebt die dialektische Funktion einer Synthese, mittels Vereinigung gegensätzlicher Thesen (These und Antithese), den vormals bestehenden Widerspruch in etwas Neuem (Synthese) auf. Aus den vorangestellten Kapiteln ist ein solcher Widerspruch deutlich geworden: Während materiale Bildungstheorie davon ausgeht, dass bildungsrelevante Inhalte wie Sportarten oder sportliches Können und Wissen zu vermitteln seien, zielt formale Bildungstheorie auf die Entwicklung der Persönlichkeit ab und bemisst die Relevanz des sportiven Gegenstands nur an diesem Potenzial (bspw. zur Selbstbestimmung). Verkürzt gesagt, stellt sich die Frage, ob die *Sache* oder das *Individuum* Ausgangspunkt pädagogischer Überlegungen ist.

In Anlehnung an Benner (2005) lässt sich festhalten, dass es so etwas wie menschliche Grundkräfte, die unabhängig von der Aneignung materialer Weltinhalte existieren und in Auseinandersetzung mit diesen lediglich geweckt und geübt werden, nicht gibt. Ebenso seien keine materialen Inhalte identifizierbar, die als Bildungsgehalte eine unmittelbare sinn- und aufgabenorientierende Relevanz für (sport-)pädagogische Praxis besitzen. Weder ist es in Bezug auf Bildungspotenziale im Zusammenhang mit Sport also beliebig, welche Aktivität betrieben wird, noch ist das Erlernen bestimmter Aktivitäten an sich bereits bildungsrelevant. Z. B. können Boxen oder Ballett je nach didaktischer Gestaltung ganz unterschiedliche Grundkräfte wecken und sind nicht bereits wegen ihrer Tradition oder gesellschaftlichen Bedeutung pädagogisch legitimiert. So resultiert die Überzeugung, dass keine der beiden traditionellen sportpädagogischen Strömungen die Herausforderungen einer zeitgemäßen Sportpädagogik zu bewältigen vermochte (Prohl, 2010). Die nachfolgend dargestellten Ansätze versuchen die pädagogischen Positionen zwischen einseitiger Orientierung an der Sache oder dem Individuum zu überwinden und gemäß der Idee einer Synthese zusammen zu denken.

9.3 Synthetische Positionen des Schulsports

9.3.1 Leitidee der Handlungsfähigkeit

Die für die Sportpädagogik bedeutsame Idee einer Handlungsfähigkeit im Sport etablierte sich in den 1970er-Jahren mit einem starken Fokus auf dem schulischen Sportunterricht (u. a. Ehni, 1977; Kurz, 1977). In deren Mittelpunkt steht die Befähigung des Einzelnen zu angemessenem (mündigem) Handeln in Bezug auf das Handlungsfeld Sport (Ruin, 2019a). Auf welche Weise aber je eine Verknüpfung vorgenommen wird und welches dabei die relevanten individuellen (formalen) sowie sachbezogenen (materialen) Belange sind, unterscheidet sich zwischen den verschiedenen Auslegungen von Handlungsfähigkeit.

Ehni (1977) betont in besonderer Weise das individuelle Handeln von Schüler*innen mit Blick auf eine mögliche gesellschaftliche Veränderung. Er verfolgt damit das seinerzeit prominent diskutierte emanzipatorische Anliegen (Brodtmann et al., 1977), Heranwachsende zu befähigen, ihre Identität in der Auseinandersetzung mit ihrer Umwelt im Allgemeinen und dem Sport im Besonderen zu entwickeln. Ehni (1977) geht davon aus, dass es keinen allgemeingültigen Sinn sportlichen Handelns oder des Sports gebe. Vielmehr vollziehe sich der Sinn und das Wesen des Sports erst im konkreten Handeln, in der jeweiligen Interpretation der für eine Handlung bedeutsamen Medien (z. B. Körper und Bewegung) und Zeichen (z. B. Leistungsmessung in Punkteständen). Von diesen Prämissen ausgehend ist ihm daran gelegen, Sport im schulischen Unterricht in einem Spannungsfeld zwischen *sozialer Geschlossenheit* und *anthropologischer Offenheit* zu behandeln (ebd., S. 51 ff.), also zwischen den gesellschaftlich vorhandenen Bedingungen, unter denen Menschen Sport treiben, auf der einen Seite (bspw. dem Ausüben einer Sportart auf etablierte Weise) und einer unvoreingenommenen *Naivität* der Lernenden (d. h. der subjektiven

Perspektive auf das eigene Bewegungshandeln) auf der anderen. Um ein Anbahnen von Mündigkeit in diesem Spannungsfeld zu ermöglichen, stellt er nun die Vermittlung einer zweifachen *Handlungsfähigkeit* (spezifisch & allgemein) ins Zentrum des Sportunterrichts (ebd., S. 106 ff.). Bei der *spezifischen Handlungsfähigkeit* geht es ihm primär um die Befähigung, »nach ganz bestimmten Erwartungen in den Rollen der einzelnen Handlungsfelder adäquat zu handeln« (ebd., S. 107). Die *allgemeine Handlungsfähigkeit*, die für Ehnis Ansatz als besonders charakteristisch gilt, zielt hingegen darauf, in einzelnen sportbezogenen Handlungsfeldern *blindes* Handeln aufzudecken und den Sinn des eigenen Handelns zu erörtern (ebd., S. 107 f.). Als handlungsfähig gilt somit, wer in der Lage ist, gemäß bestehender Erwartungen im Handlungsfeld Sport zu agieren und gleichsam das eigene Handeln zu reflektieren, zu deuten und ggf. auch zu begründen. Damit wird bei Ehni die »»Mache‹ sportlicher Wirklichkeit« zu einem elementaren Inhalt sportpädagogischer Auseinandersetzungen (ebd., S. 109).

Demgegenüber pointiert die zur selben Zeit von Kurz (1977) eingebrachte Lesart von Handlungsfähigkeit eher ein selbstbestimmtes Handeln innerhalb tendenziell bestehender Strukturen des Handlungsfeldes Sport. Gemäß einer in den 1970er-Jahren geforderten stärkeren Ausrichtung an gesellschaftlichen Bedingungen und Lebensbereichen soll nach Kurz (u. a. 1993, S. 56) im Sportunterricht vor allem gelernt werden, im außerschulischen Sport zu handeln. Ausgehend von einer profunden Analyse des Sports als Gegenstand schulischen Unterrichts ist Kurz (1977) mit seinem didaktischen Konzept daran gelegen, Orientierung im ausdifferenzierten Handlungsfeld Sport anzubahnen. Von erheblicher Bedeutung ist hierbei die Einsicht, »daß unterschiedliche Formen des Sporttreibens jeweils voneinander abgrenzbare Sinnmodelle verfolgen und entsprechend auch divergierende Handlungsmuster aufweisen« (Trebels, 1975, S. 324). Zudem geht Kurz (1993, S. 60 f.) davon aus, dass eine Handlung im Sport von den Handelnden in verschiedener Weise mit Sinn belegt werden kann. Aus pragmatischen Erwägungen heraus richtet er vor diesem Hintergrund seinen konzeptionellen Zugang an sechs typischen Sinnrichtungen des Sports aus (Kurz, 1977, S. 88–101): Leistung, Ausdruck, Eindruck, Gesundheit, Anschluss und Spiel (in späteren Arbeiten auch Spannung, Kurz, 1986). Diese gelte es, den Schüler*innen mit Blick auf eine angestrebte Handlungsfähigkeit zu repräsentieren und erfahrbar zu machen (ebd., S. 86). Weniger zielt eine so verstandene Handlungsfähigkeit auf gesellschaftliche Veränderungen im Handlungsfeld Sport, wie das bei Ehnis Ansatz der Fall ist. Kurz' Konzeption einer *pragmatischen Fachdidaktik* verfolgt das primäre Anliegen, in den Sport, der als tendenziell bestehende Größe begriffen wird, sinnvoll einzuführen (Kurz, 1977, S. 65). Diese Idee einer Handlungsfähigkeit im Sport, die im Laufe der Zeit von Kurz »immer wieder überdacht und im Detail revidiert, aber insgesamt beibehalten« wurde (Kurz, 2004, S. 66), erlangte enorme Popularität. Retrospektiv wird sie als die am meisten verbreitete und einflussreichste sportpädagogische Leitidee der 1980er- und 1990er-Jahre gehandelt (Stibbe, 2013, S. 36). Zudem hielt diese Leitidee nachhaltig Einzug in bundesdeutsche Sportlehrpläne (Stibbe & Aschebrock, 2007, S. 104 ff.) und spielt implizit auch in der curricular verbreiteten Konzeption eines erziehenden Sportunterrichts eine bedeutsame Rolle (▶ Kap. 9.3.2).

Für eine neuerliche Beschäftigung mit der zwischenzeitlich etwas aus dem sportpädagogischen Fokus gerückten Leitidee der Handlungsfähigkeit sorgen Thiele und Schierz (2011) und knüpfen an die oben skizzierten Ansätze von Ehni und Kurz an. Sie greifen die Idee von Handlungsfähigkeit erneut auf und verbinden diese mit sozialisationstheoretischen Überlegungen aus der Erziehungswissenschaft (u. a. Grundmann, 2010). Insbesondere rücken für Thiele und Schierz (2011, S. 69) soziale Ungleichheiten und milieuspezifischen Besonderheiten in den Fokus. Die Autoren regen an, sich von einem als verbindlich für alle Lernenden definierten »Normmodell der Handlungsbefähigung« (ebd., S. 70) zu verabschieden und Handlungsbefähigung als flexiblere Größe zu begreifen. Eine handlungsbefähigende Sportdidaktik solle (auf transformatorische Bildungsprozesse hin; ▶ Kap. 4) so konzipiert werden, dass Unterricht zu einem »operative[n] Geschäft des Zeigens, Fragens und Anerkennens« (ebd., S. 71) werde. Hierzu genügt es den Autoren keinesfalls, eine *basale Handlungsfähigkeit* – im Sinne von Grundlagen sportlichen Könnens und körperlicher Fitness – anzubahnen (Schierz & Thiele, 2013, S. 134 ff.). Vielmehr müsse die Ausbildung einer *reflexiven Handlungsfähigkeit* im Vordergrund stehen, was bedeute, sich komplexe Sinnbezüge sportlicher Handlungen mit Blick auf das sich verändernde Feld des außerschulischen Sports zu erschließen (ebd., S. 136 ff.). An dieser Stelle zeigt sich eine deutliche Nähe zu Ehnis (1977) emanzipatorischer Lesart von Handlungsfähigkeit, bei der weniger in den Sport eingeführt wird, sondern der Sport vor allem selbst zum Gegenstand von Aushandlungen wird – individuelle Belange werden also etwas stärker gewichtet als eine Orientierung an der Sache.

Ebenfalls in der vergangenen Dekade entwirft Gogoll (2013) in Hinwendung zu den Bemühungen um einen kompetenzorientierten Sportunterricht ein *Modell der sport- und bewegungskulturellen Kompetenz*. Ausdrücklich orientiert er sich dabei »am sportdidaktisch ausgelegten Bildungsziel der Handlungsfähigkeit« (ebd., S. 10) in tendenziell kurz'scher Auslegung, als allgemein anerkanntem fachlichen Ziel, das zur Modellierung eines Kompetenzmodells herangezogen werden könne (ebd.). Als handlungsfähig gelten Lernende nach dieser Modellierung, wenn sie fähig sind, »sportbezogene Handlungsformen qualifiziert auszuüben bzw. nachzuvollziehen« (ebd., S. 13) und zudem in der Lage sind, ihr »Ausüben bzw. Nachvollziehen auf der Basis reflexiv erworbener Handlungsorientierungen selbstbestimmt und verantwortlich« zu regulieren (ebd.). Wenn hier auch in Anlehnung an Schierz und Thiele (2013) eine reflexive Handlungsfähigkeit als Zielgröße benannt wird (Gogoll, 2013, S. 11 f.), so dient Reflexion stärker einer Handlungsregulierung im Bereich Sport und Bewegung (ebd., S. 13) und weniger einer emanzipatorisch ausgerichteten Sinnerörterung. Dies macht deutlich, dass die Verzahnung individueller Anliegen mit einer Sachorientierung in dieser Auslegung von Handlungsfähigkeit stärker zugunsten der Sachorientierung ausfällt: Individuelle Anliegen werden primär im Hinblick auf die Regulierung des eigenen Ausübens und Nachvollziehens von tendenziell als definiert anzunehmenden Handlungsformen in Anschlag gebracht.

In der Gesamtschau wird deutlich, dass in den dargestellten Ansätzen einer Handlungsfähigkeit im Sport stets eine Synthese von Sach- und Individuumsbezügen impliziert ist, dabei aber unterschiedliche Gewichtungen (z. B. stärkerer Individuumsbezug bei Ehni, stärkerer Sachbezug bei Kurz) vorgenommen werden. Zudem werden nicht immer dieselben individuellen Belange (bspw. Erschließen komplexer Sinnbezüge bei Schierz und Thiele, Reflexion zur Handlungsregulierung bei Gogoll) und sachbezogenen Orientierungen (etwa das ausdifferenzierte Handlungsfeld Sport bei Kurz und die Alltagswirklichkeit von Kindern bei Ehni) als relevant erachtet.

9.3.2 Konzeptionen eines Erziehenden Schulsports

Nicht zuletzt aus den umrissenen Diskursen um eine Handlungsfähigkeit im Sport heraus ist um die Jahrtausendwende mit dem *erziehenden Schulsport* in Deutschland ein Konzept für den Sport in der Schule entstanden – und hat curriculare und fachdidaktische Verbreitung gefunden (u. a. Stibbe, 2013) –, dem programmatisch eine Synthese von Sach- und Individuumsbezügen innewohnt: Ein erziehender Schulsport soll

> »[…] mit Bezug auf die außerschulische Lebenswelt sowohl fachimmanente Fähigkeiten, Fertigkeiten und Kenntnisse vermitteln, als auch Einstellungen und Haltungen anbahnen, die für eine urteils- und handlungsfähige Teilnahme, nicht nur am Sport, sondern an sozialen und politischen Gestaltungsprozessen, notwendig sind« (Beckers, 2000, S. 86).

Dieser doppelte Auftrag wird prominent im Zuge der Entwicklung der fachdidaktisch wegweisenden Konzeption der NRW-Curricula um die Jahrtausendwende (Stibbe, 2013) begründet. Aus der Geschichte des Fachs heraus wurde die Notwendigkeit wahrgenommen, die beiden bis in die 1990er-Jahre konkurrierenden *typischen Ansätze* einer Bestimmung des fachspezifischen Auftrags miteinander zu verbinden (Kurz, 2000, S. 14 f.). Im 21. Jahrhundert könne man im Schulsport weder ausschließlich von der Leiblichkeit des Menschen bzw. menschlicher Bewegung ausgehen und diesen wichtigen Teil menschlicher Existenz auf ein *Medium der Erziehung* beschränken, noch dürfe lediglich affirmativ auf den Sport als bedeutsamen Ausschnitt gesellschaftlicher Lebenswirklichkeit vorbereitet werden. Entsprechend werden die beiden bestehenden Ansätze im *Doppelauftrag des Schulsports* – mit der griffigen Formel *Entwicklungsförderung durch Bewegung, Spiel und Sport* und *Erschließung der Bewegungs-, Spiel- und Sportkultur* – miteinander verschränkt (ebd.). Konsequenterweise wird in dieser Konzeption dann auch der Gegenstandsbereich des Fachs tendenziell offen und flexibel ausgelegt und anhand von *Bewegungsfeldern und Sportbereichen* geordnet (Stibbe & Aschebrock, 2007, S. 182).

Zur Konkretisierung des skizzierten Doppelauftrags wird in den Lehrplänen NRWs um das Jahr 2000 *Mehrperspektivität* als wichtiges Prinzip des Lehrens und Lernens ausgewiesen (Beckers, 2000, S. 90 f.). Keinesfalls gehe es hierbei nun aber um ein Finden tendenziell vorgegebener Sinngebungen in sportlichen Handlungen, sondern darum, »[…] das Interesse der Schülerinnen und Schüler an der Vielfalt der menschlichen Bewegungskultur zu wecken und ihnen zu einer individuellen Sinnfindung zu verhelfen« (ebd., S. 90). Es ist also das Subjekt, das im Zentrum des pädagogischen Interesses steht. Und dieses Subjekt erschließt sich in einem mehrperspektivischen Sportunterricht die Vielfalt von Bewegung, Spiel und Sport sowie darin enthaltene Zusammenhänge und Ambivalenzen. Konkret zeigen die entfalteten sechs pädagogischen Perspektiven die »besonderen erzieherischen Möglichkeiten des Faches Sport« auf (Stibbe, 2000, S. 213) und pointieren zugleich ein Erfahren und Reflektieren von »individuellen Beweggründen [...], mit denen viele Kinder und Jugendliche ihr sportliches Handeln verbinden« (ebd., S. 214 f.). In diesem Anliegen werden die sechs Sinnperspektiven nach Kurz (▶ Kap. 9.3.1) aufgegriffen und je durch eine Benennung pädagogischer Ansprüche erweitert (Kurz, 2004). Aus der Perspektive *Leistung* wird dann z. B. *das Leisten erfahren, verstehen und einschätzen* (Stibbe, 2000, S. 213). Im Kern wird also eine pädagogische Rahmung geschaffen, um Möglichkeiten der Sacherschließung sowie der Entwicklungsförderung zu verbinden und so Bildung im synthetischen Sinne zu ermöglichen (Ruin, 2019b, S. 131).

Diese Verschränkung von Sacherschließung und Persönlichkeitsentwicklung macht auch Balz (2011) in seinen Überlegungen zu einem *mehrperspektivischen Sportunterricht* stark und benennt sie unter Rückgriff auf Klafki (1963) als kategoriale Bildung (▶ Kap. 4). Die Perspektiven versteht er hierbei als Bildungskategorien (Balz, 2011). Balz (2004; 2011; 2017) sowie Balz und Neumann (2015) unterbreiten aus diesem Verständnis heraus konkrete Vorschläge zur methodischen Ausgestaltung eines mehrperspektivischen Sportunterrichts, wie etwa das *Akzentuieren*, *Kontrastieren* oder *Integrieren* von Perspektiven (Balz, 2004, S. 93 ff.) sowie das *Fokussieren* oder auch *Differenzieren* (Balz, 2017). Es erscheine im Unterrichtsalltag zudem wichtig, aufmerksam »für perspektivische Lernanlässe« zu bleiben (Balz & Neumann, 2015, S. 4), womit gleichermaßen perspektivische Ereignisse gemeint sind, wie auch die Perspektiven Anderer (Balz, 2004, S. 92).

Eine andere Nuancierung erfährt erziehender Schulsport in der *bildungstheoretisch-fundierten Auslegung* von Prohl (2010). Ausgehend von anthropologischen Grundannahmen geht es ihm nicht zuletzt um eine bildungstheoretisch begründete Integration von *Bewegungsbildung und Allgemeinbildung*. So sei der Mensch aufgrund der anthropologischen Verknüpfung des Ich-Leib-Welt-Verhältnisses (▶ Kap. 4) imstande, in der Bewegung unmittelbar leibliche, persönlichkeitsrelevante Erfahrungen zu machen (ebd., S. 166). Zugleich sei dem Menschen die Lebensaufgabe gegeben, sich vor dem Hintergrund seiner *exzentrischen Positionalität* (Plessner, 1975) mit der Tatsache auseinanderzusetzen, einen Körper zu haben über den er potentiell verfügen kann, bzw. dies auch muss. Die sportliche Bewegungskultur biete nun ein Feld, in dem in dieser Hinsicht – aufgrund der Ungewissheit des Ausgangs einer sportlichen Handlung – eine ständige Herausforderung für die Sporttreibenden strukturell angelegt ist (Prohl, 2010, S. 167). Folglich begreift Prohl Bewegungsbildung als »qualitativ strukturierten Erfahrungsprozess« (ebd., S. 163), als eine erfahrungsorientierte Auseinandersetzung mit einer (vorstrukturierten) sportlichen Bewegungskultur. In seiner Pointierung der Bewegungsbildung geht es dabei nicht um die Vermittlung von Sportarten, sondern um Bildung innerhalb eines durch die Sache (in Form von Bewegungsfeldern) gewissermaßen vorstrukturierten Erfahrungsrahmens. Da jedes Bewegungsfeld eine eigene Spezifik aufweist, sind die Bildungspotenziale in die spezifischen strukturellen Logiken der Bewegungsfelder eingelassen (u. a. Prohl, 2012). Den pädagogischen Perspektiven kommt im Vergleich zu anderen Lesarten des erziehenden Sportunterrichts eine geringere Bedeutung zu, stellen sie doch »nur einen ›Orientierungsrahmen‹ dar« (Stibbe, 2013, S. 41 mit Bezug auf Prohl, 2012, S. 91). Prohl verortet die Bewegungsbildung ihrerseits wiederum im Horizont allgemeiner Bildung (Prohl & Ratzmann, 2018). Unter Bezugnahme auf Klafki (2001) sieht er im allgemeinbildenden Anspruch des Doppelauftrags »die drei Schlüsselqualifikationen der Selbstbestimmung, Mitbestimmung und Solidarität zusammengefasst, deren Zusammenhang das Fundament einer zeitgemäßen Allgemeinbildung darstellt« (Prohl, 2010, S. 183). Im Zentrum dieser »bildungstheoretischen Weiterentwicklung« (Stibbe, 2013, S. 35) des erziehenden Sportunterrichts steht damit auch bei Prohl das sich bildende Subjekt in seiner Verflechtung mit gesellschaftlichen Ansprüchen und Gegebenheiten.

9.4 Über den Schulsport hinausweisende Konzepte und Ansätze

9.4.1 Demokratiebildung und Demokratieerziehung

Es kann keine Demokratie ohne überzeugte Demokrat*innen geben. Demokrat*innen, »die die Grunderfordernisse der Demokratie in ihrer Lebenswelt selbst erlernt, eingeübt und verinnerlicht haben: Gewaltlosigkeit, Rücksicht, Empathie, Toleranz und Solidarität« (Himmelmann, 2004, S. 6). Doch wo wird der Mensch Demokrat und wo kann er Demokrat sein (Richter, 2011, S. 228)? Erziehung zur mündigen und kompetenten Teilhabe an unserer Demokratie ist »entsprechend der Verfassung und den Schulgesetzen, als Aufgabe und Ziel von Erziehung und Schule« zu sehen (ebd.). Eine Verengung auf die institutionelle Verankerung der Schule unterschlägt jedoch wichtige lebensweltliche Sozialisationsinstanzen wie bspw. die Peer-Group, informelle zwischeninstitutionelle Räume oder auch den Sportverein. Nicht zuletzt der Sportverein kann in seinem Selbstverständnis als »Schule der Demokratie« (Jaitner, 2017, S. 1), Institution der gemeinschaftlichen Teilhabe und Partizipation sowie Nährboden zur Entwicklung bürgerlichen, zivilen Engagements begriffen werden. Zusammenarbeiten, Kooperation und Gemeinschaftlichkeit finden im traditionsgemäß demokratisch organisierten Sportverein im interessenbezogenen Miteinander ihre zivilgesellschaftliche Ausdrucksweise.

Konzepte der Demokratiebildung und Demokratieerziehung setzen bei jungen Menschen an und pointieren vor allem demokratiespezifische Basiserfahrungen. Die Heranwachsenden sollen lernen, Werte zu akzeptieren, diese anzuerkennen und zu praktizieren.

> »Die Achtung der Würde, des Wertes und der Freiheit eines jeden anderen Menschen gehören dazu, allerdings auch die Akzeptanz von legitimierter Herrschaft und der Geltung des Rechts, das Streben nach Gerechtigkeit und die Anerkennung der Gleichwertigkeit und Gleichbehandlung in einer Welt voller Unterschiede« (Himmelmann, 2004, S. 7).

In diesem Verständnis zeigt sich Demokratie insbesondere in der Sozial- und Lebenswelt junger Menschen als soziale Idee und ist eine spezifische *Form des Zusammenlebens* (Dewey, 2011, S. 121). Wie ist der synthetische Grundgedanke von Demokratiebildung und Demokratieerziehung im Horizont von Sport verankert?

Das Vereinswesen bedingt das unmittelbare Erfahren und Erleben demokratischer Strukturen und Werte, die nicht nur in der sportiven Praxis liegen, sondern auch in Erfahrungen im Kontext des Vereinslebens. Sport, sowohl in Schule als auch Verein, eröffnet den jungen Menschen somit einen »doppelten ästhetischen Erfahrungsraum« (Prohl & Ratzmann, 2018, S. 145), in denen demokratiebildende Sozialerfahrungen ermöglicht werden können. Überträgt man diesen Gedanken auf Praxen des Sports, so liegt das demokratieförderliche Potenzial in der Art und Weise, wie die Sportler*innen im sozial-kooperativen Zusammenspiel agieren, als auch in der Art und Weise, wie sie in sozialen Aushandlungsprozessen, sei es taktischer Natur im Spiel oder organisatorischer Natur in Planungsprozessen, demokratische Grundwerte erfahren. Ergänzt werden diese sozialräumlichen Erfahrungswerte durch die demokratische Gestaltung der Vereinskultur in Form von Aufgaben in Ausschüssen, Vorstandsarbeit und Gremienarbeit. Zusammenarbeiten und Wirken bedingt dabei nicht zwangsläufig eine Gleichgerichtetheit von Motiven und Perspektiven, so dass eine Vereinskultur auch von Meinungsdifferenzen und Perspektivenpluralität gekennzeichnet ist. Erfahren wird somit sowohl Sozialität, Gemeinschaftlichkeit, Zusammenwirken und Kooperation, als auch Perspektivenpluralität, ideelle Abgrenzung und Deutungsvielfalt. Das Erfahren, konstruktive Lösen und Aushandeln dieser Perspektivenvielfalt ist für Demokratiebildung von entscheidender Bedeutung,

> »weil Konflikte und Meinungsdifferenzen, die in demokratisch organisierten Interaktionsprozessen wahrscheinlicher auftreten als in autoritär strukturierten, in diesem Kontext nicht als unvermeidliches Übel, sondern als positive Lerngelegenheiten für die Herausbildung von Problemlösekompetenzen aufgefasst werden« (ebd., S. 140).

Hier liegt ein kategoriales Bildungsverständnis vor, welches versucht, die Schlüsselqualifikationen allgemeiner Bildung in Form der Selbstbestimmungsfähigkeit, der Mitbestimmungsfähigkeit und der Solidaritätsfähigkeit, konsequent in Bewegungserfahrungen und sozialräumlichen Erfahrungen der Vereins- und Sportkultur zu verorten.

Herausforderungen für den Sport bestehen insbesondere im Anerkennen des gesamtgesellschaftlichen Auftrags der Erziehung zur Demokratie. Im Sportunterricht gilt es, konkrete sportdidaktische Umsetzungsmöglichkeiten aufzuzeigen, die die Einzigartigkeit der Bewegungsgegenstände angemessen würdigen und gleichwohl einen Beitrag zum Erwerb demokratischer Basiserfahrungen ermöglichen. Im Vereinswesen besteht die Herausforderung darin, den Trainingsalltag kritisch auf seine Potentialität eines »demokratieförderlichen Milieus« (ebd., S. 141) zu hinterfragen und angemessen zu modifizieren. Trainer*innen bilden nicht nur Sportler*innen in ihren Fähigkeiten aus, sondern kultivieren auch immer ein Umfeld, welches demokratische und antidemokratische Erfahrungen anbietet und folglich Potentiale zur Demokratiebildung enthält.

9.4.2 Olympische Erziehung

Olympische Erziehung kann verkürzt als Coubertins pädagogische Idee der Olympischen Bewegung bezeichnet werden. Da das Bild dieses Erziehungskonzepts stark von den Entwicklungen moderner Olympischer Spiele (Wirtschafts- und Konsumorientierung, Doping, Umweltzerstörung, politische Instrumentalisierung) überlagert wird, mag es zunächst überraschen, dass Grundgedanken der *Olympischen Erziehung* durchaus anschlussfähig an synthetische Konzepte sein sollen (Prohl & Gaum, 2016). So bedarf *Olympische Erziehung* nach Grupe (2004, S. 45) »der erlebnis- und erfahrungsmäßigen Verankerung in Handlungen«, die im Prozess des Wettkampfs zur Entfaltung kommen. Es sind die ästhetischen Erfahrungen des Wettkämpfens, die im Streben des Menschen nach einem *besseren Selbst* (ebd., S. 41) Bildungsprozesse anregen, die im Humboldt'schen Sinne als Selbstgestaltung des Menschen interpretiert werden können. Das ganzheitlich verstandene Konzept verweist auf eine intensive leistungsbezogene Auseinandersetzung mit der Sache, sieht diese aber untrennbar verwoben mit dem Anspruch der Persönlichkeitsbildung.

Zur didaktischen Umsetzung dieser Idee organisiert die Deutsche Olympische Akademie bspw. Fortbildungen für Lehrkräfte und Studierende, das olympische Jugendlager und den Olympic Day. Obwohl mit dem bundesweiten Schulsportwettbewerb *Jugend trainiert für Olympia* die Idee praktische Anwendung findet und didaktische Konzepte für Schule und Verein entwickelt worden sind (u. a. Naul, Geßmann & Wick, 2008), steht die deutsche Sportpädagogik der *Olympischen Erziehung* eher kritisch gegenüber. Das liegt nicht nur an den erwähnten umstrittenen Entwicklungen der Olympischen Spiele, sondern auch an deren leistungs- und wettkampforientierter Ausrichtung und einer historisch verankerten sportkritischen Haltung einiger didaktischer Strömungen (Krüger, 2018). Gleichwohl erscheint *Olympische Erziehung* prinzipiell anschlussfähig an aktuelle übergreifende Themen (▶ Kap. 15, Leistung, Soziales) von Bildung und Erziehung im und durch Sport. Herausforderungen einer zeitgemäßen Sportpädagogik entzünden sich an der Ambivalenz des Gegenstands Sport (▶ Kap. 16). Grupe (2004, S. 44) folgert aus dieser *Ambivalenz*, dass nicht jede Form des (Olympischen) Sports und seiner Entwicklung auch schon als positiv und wünschenswert anzusehen sei. Das ist jedoch nicht Schwäche der *Olympischen Erziehung*, sondern als Herausforderung zu begreifen und daraus abgeleitet ihr pädagogisches Potenzial. Spannungsverhältnisse, Pluralität und Differenz sind dann eben nicht ein zu beseitigendes Problem, sondern notwendige Bedingung eines Bildungsprozesses (▶ Kap. 4).

Folgt man den Grundgedanken der Olympischen Erziehung (Grupe, 2004; Naul, 2007) entfaltet Sport erst dann pädagogische Möglichkeiten, wenn er mit dem unbedingten Willen zum Siegen und Besser-Sein betrieben wird (Krüger, 2018). Diese Idee von *Selbstvollendung* beinhaltet den progressiven Gedanken menschlichen Leistungsstrebens. Dass Muskeltraining allein jedoch nicht ausreicht, wird darin deutlich, dass *Leib und Seele* harmonisch miteinander verbunden werden. Die mühevolle »Arbeit an sich selbst« (ebd., S. 6) ermöglicht neben körperlichen auch psychische und soziale Erfahrungen, die sportpädagogisch als wertvoll erachtet werden. Über *ethische Regeln und moralische Grundsätze*, wie das Fairnessprinzip, erfährt die pädagogische Idee eine normative Erweiterung, die das Streben nach *Selbstvollendung* in eine erstrebenswerte Bahn lenkt. Ziel ist nicht nur einen Wettkampf zu gewinnen, sondern diesen in einer bestimmten Art und Weise – nämlich fair – zu gewinnen. Dabei wird Fairness als Eigenschaft verstanden, deren Vermittlung vor allem im wettkampforientierten Sport möglich ist, »[…] dort wo es um etwas geht, was alle

Beteiligten Anstreben, das aber nur einer oder eine (oder eine Mannschaft) erreichen kann« (Grupe, 2004, S. 41). Handeln in dem spannungsgeladenen Feld zwischen Siegorientierung und Fairnessverpflichtung birgt über die Erfahrung des »Miteinanders im Gegeneinander« (Prohl & Gaum, 2016, S. 16) ein Bildungspotenzial des Wettkampfsports. Die pädagogischen Ansprüche und die sich ergebenden Fragen betreffen alle sporttreibenden Menschen, unabhängig von ihrem Leistungsniveau. Die synthetische Bildungsvorstellung formuliert den Sachbezug im leistungs- und wettkampforientierten Sporttreiben, dabei ist gleichzeitig der Anspruch inbegriffen Individuen zu selbstbestimmten und verantwortungsbewussten *mündigen Athleten* (Lenk, 1979) werden zu lassen. Eine Kluft zwischen Idee und Wirklichkeit moderner Olympischer Spiele zeigt sich jedoch im inzwischen vollständig aus dem Konzept gestrichenen *Amateurismus*, da professioneller Sport kaum noch zweckfrei gilt und selbstbezüglich betrieben wird. Zuletzt ist die *Friedensidee* zu nennen, die darauf verweist, dass Olympischer Sport Menschen unterschiedlicher Nationalitäten und Glaubensrichtungen im friedlichen Wettkampf vereinigt. Dieser Friedensgedanke ist trotz aller Krisen des Olympischen Sports zentrales Bezugskriterium und lässt sich als ein gegenwärtiges und zukünftiges Schlüsselproblem bezeichnen.

9.4.3 Bewegungspädagogische Ansätze

Auch *bewegungspädagogische Ansätze*, denen ein relationaler Bildungs- und Bewegungsbegriff (▶ Kap. 4) inhärent ist, können als synthetische Ansätze verstanden werden. Grundlegend hierfür ist die Idee eines sinnlich verfassten und ganzheitlichen Menschenbildes, dem sog. Homo Mundanus, der die Gesamtheit seiner Perspektiven auf die Welt umfasst und den Menschen nicht singulär auf die Innenwelt des Menschen, die materiale Dingwelt, die kulturelle Welt oder die Sozialwelt verengt (Funke-Wieneke, 2007). Dabei werden sowohl Bildung als auch Bewegung als Phänomene begriffen, die in selbsttätiger Auseinandersetzung zwischen Mensch und Welt geschehen. Das Relationale drückt sich in der konkreten wechselseitigen Bezugnahme und sukzessiven Formbildung zwischen Mensch und Welt aus. Dabei gewinnt in bewegter Auseinandersetzung mit der Welt sowohl der Mensch als auch die Welt an Kontur und Form und es entsteht im sachbezogenen Verständnis des Menschen etwas *Neues* und *Anderes* – hierin liegt das Bildungsmoment. Der relationale Charakter manifestiert sich in der sprachlichen Metaphorik des *Dialogs* (Trebels, 1992) und im Zentrum steht das »Sich-Bewegen als die Form des Weltbezugs« (ebd., S. 29). Die bewegungspädagogischen Ansätze folgen sowohl einem phänomenalen als auch einem dialogischen Bewegungsverständnis. Nach Funke-Wieneke (2007, S. 90) beschreibt ein phänomenales Bewegungsverständnis, »was der [sich] wahrnehmende Mensch in seiner wahrgenommenen Welt tut«. Gemäß diesem Bewegungsverständnis steht der Mensch mit seinem wahrgenommenen Innenleben, also im Bezug zu sich und seinen Motiven, seinen wahrgenommenen Gefühlen im Zentrum des Bewegungserlebens. Das dialogische Bewegungsverständnis, als systematischer und ausgeformter Ansatz innerhalb eines phänomenalen Bewegungsverständnisses, versteht Bewegung als ein »Sich-Bewegen im Zusammenspiel von Mensch und Welt« (ebd., S. 98).

Im dialogischen Bewegungskonzept, wie es in der niederländischen Schule der Bewegungspädagogik um Gordijn und seine Schüler als konträres Bewegungsverständnis zu einem physikalischen Bewegungskonzept entworfen wurde, geht es insbesondere um das »Sich-Bewegen als die Form des Weltbezugs, in der wir selbst in unserer Leiblichkeit und die Welt als Bewegungswelt Kontur gewinnen« (Trebels, 1992, S. 29). In enger Anlehnung an Merleau-Pontys *Phänomenologie der Wahrnehmung* geht es hierbei nicht darum, wie der Mensch, der sich bewegt, sein Bewegen erlebt (phänomenales Bewegungsverständnis), sondern vielmehr darum, wie die Verzahnung zwischen Mensch und Welt in Aktion vollzogen wird und wie das Zusammenwirken vonstattengeht (Funke-Wieneke, 2007, S. 98). Von Relevanz ist nicht nur, wie der Mensch, der schaukelt, das Schaukeln wahrnimmt und erlebt, sondern wie das Zusammenspiel von Mensch (Schaukelndem) und Welt (hier als Schaukel) verwirklicht wird (ebd.). Es ist weder der Mensch, der alleine schaukelt, noch schaukelt die Schaukel ohne Menschen, wenn wir den Bewegungsdialog in den Blick nehmen, der als Zusammenspiel zentrales Kernanliegen des dialogischen Bewegungskonzepts ist (ebd.). In diesem *Dialog* (Trebels, 1992) des In-Beziehung-Tretens mit der Bewegungswelt offenbart sich gleichsam Erkenntnis über den eigenen Leib (Was muss ich mit meinem Körper tun, damit sich die Schaukel bewegt?) als auch Erkenntnis über die kulturell geformte Bewegungswelt (Welche Eigenschaften hat die Schaukel?), so dass auch das dialogische Bewegungskonzept als synthetisch begriffen werden kann. Am Ende dieser Betrachtungsweise steht eine individuell-funktionale und für den Menschen schlüssig-stimmige Bewegungsweise, die als Ausgangs- und Orientierungspunkt für Lehren und Lernen bestimmt wird. Implikationen besitzen bewegungspädagogische Ansätze vor allem in Bereichen der niederländischen Sportlehrer*innenbildung, in psychomotorischen und motologischen Konzepten der Bewegungstherapie, Entwicklungsförderung und sozialer Arbeit (Welsche, 2018) oder in Ansätzen zur frühkindlichen Bildung (Zimmer & Hunger, 2016).

9.5 Fazit

Das Kapitel hat Ansätze und Denkfiguren aufgezeigt, die über die Dichotomie von materialer Bildung (Orientierung an der Sache) und formaler Bildung (Orientierung am Individuum) hinausweisen und beide Aspekte synthetisch miteinander verschmelzen. Unter besonderer Berücksichtigung historischer Entwicklungen, konnte im Kontext des Schulsports aufgezeigt werden, dass mit der Leitidee der *Handlungsfähigkeit* und Konzeptionen eines *erziehenden Schulsports* einseitige Orientierungen zugunsten einer synthetischen Denkfigur aufgelöst werden können. Diese Lesarten, die sowohl die Entwicklungsförderung des Individuums als auch die Erschließung der Sache Sport in den Fokus pädagogischen Handelns im Schulsport legen, können *als Grundstein eines zeitgemäßen Schulsports* gesehen werden. Mit den Konzeptionen der *Demokratiebildung und Demokratieerziehung*, der *Olympischen Erziehung* und *bewegungspädagogischen Ansätzen* wurde der Blick auf non-formale und informelle Bereiche der Sport- und Bewegungskultur erweitert und insbesondere im Vereins- und Verbandswesen, sowie im freien kindlichen Spiel, Anschlussstellen aufgezeigt. Hierbei bleibt festzuhalten, dass der Sport, jenseits des Erwerbs sportiver Fertigkeiten, stets auch eine Potentialität für normativ aufgeladene sowie unspezifisch-relationale Entwicklungsmöglichkeiten aufweist.

Literatur

Balz, E. (2004). Methodische Prinzipien mehrperspektivischen Sportunterrichts. In P. Neumann & E. Balz (Hrsg.), Mehrperspektivischer Sportunterricht. Orientierungen und Beispiele (S. 86–103). Hofmann.
Balz, E. (2011). Perspektivisch unterrichten: Didaktisch-methodische Anregungen. In P. Neumann & E. Balz (Hrsg.), Mehrperspektivischer Sportunterricht. Didaktische Anregungen und praktische Beispiele. Band 2 (S. 25–36). Hofmann.
Balz, E. (2017). Perspektivwechsel als Bildungsmomente. sportunterricht, 66(3), 66–70.
Balz, E. & Neumann, P. (2015). Mehrperspektivischer Sportunterricht. Vergewisserungen und Empfehlungen. sportpädagogik, 39(3+4), 2–7.
Beckers, E. (2000). Grundlagen eines erziehenden Sportunterrichts. In H. Aschebrock (Hrsg.), Erziehender Schulsport. Pädagogische Grundlagen der Curriculumrevision in Nordrhein-Westfalen (S. 86–97). Verl. für Schule und Weiterbildung, Dr.-Verl. Kettler.
Benner, D. (2005). Allgemeine Pädagogik. Juventa.
Brodtmann, D., Dietrich, K., Jost, E., Landau, G., Scherler, K. & Trebels, A.H. (1977). Sportpädagogik – Rückzug ins Denken oder Anleitung zum Handeln? Zeitschrift für Sportpädagogik, 1(1), 8–37.
Dewey, J. (2011). Das demokratische Ideal. In Oelkers, J. (Hrsg.), John Dewey. Demokratie und Erziehung: Eine Einleitung in die philosophische Pädagogik (S. 120–122). Beltz.
Ehni, H. (1977). Sport und Schulsport. Didaktische Analysen und Beispiele aus der schulischen Praxis. Hofmann.
Funke-Wieneke, J. (2007). Grundlagen der Bewegungs- und Sportdidaktik. Schneider Hohengehren.
Gogoll, A. (2013). Sport- und bewegungskulturelle Kompetenz. Zur Begründung und Modellierung eines Teils handlungsbezogener Bildung im Sport. Zeitschrift für Sportpädagogische Forschung, 1(2), 5–24.
Grundmann, M. (2010). Handlungsbefähigung – eine sozialisationstheoretische Perspektive. In H.-U. Otto & H. Ziegler (Hrsg.), Capabilities – Handlungsbefähigung und Verwirklichungschancen in der Erziehungswissenschaft (S. 131–142). VS.
Grupe, O. (2004). Olympische Pädagogik. In R. Geßmann (Hrsg.), Olympische Erziehung – Eine Herausforderung an Sportpädagogik und Schulsport (S. 35–52). Academia.
Himmelmann, G. (2004). Demokratie-Lernen: Was? Warum? Wozu? In W. Edelstein und P. Fauser (Hrsg.), Beiträge zur Demokratiepädagogik. Eine Schriftenreihe des BLK-Programms »Demokratie lernen & leben«.
Jaitner, D. (2017). Sportvereine als »Schulen der Demokratie«. Lehmanns Media.
Klafki, W. (1963). Studien zur Bildungstheorie und Didaktik. Beltz.
Klafki, W. (2001). Bewegungskompetenz als Bildungsdimension. In R. Prohl (Hrsg.), Bildung & Bewegung. (S. 19–28). Czwalina.
Krüger, M. (2018). Sport und Olympische Erziehung. In A, Güllich & M. Krüger (Hrsg.), Sport in Kultur und Gesellschaft. Springer.
Kurz, D. (1977). Elemente des Schulsports. Grundlagen einer pragmatischen Fachdidaktik. Hofmann.
Kurz, D. (1986). Vom Sinn des Sports. In Deutscher Sportbund (Hrsg.), Die Zukunft des Sports (S. 44–68). Hofmann.

Kurz, D. (1993). Leibeserziehung und Schulsport in der Bundesrepublik Deutschland. Epochen einer Fachdidaktik. Bielefeld: Univ. Bielefeld, Abt. Sportwiss.
Kurz, D. (2000). Die pädagogische Grundlegung des Schulsports in Nordrhein-Westfalen. In H. Aschebrock (Hrsg.), Erziehender Schulsport. Pädagogische Grundlagen der Curriculumrevision in Nordrhein-Westfalen (S. 9–55). Verl. für Schule und Weiterbildung, Dr.-Verl. Kettler.
Kurz, D. (2004). Von der Vielfalt sportlichen Sinns zu den pädagogischen Perspektiven im Schulsport. In P. Neumann & E. Balz (Hrsg.), Mehrperspektivischer Sportunterricht. Orientierungen und Beispiele (S. 57–70). Hofmann.
Lenk, H. (1979). »Mündiger Athlet« und »demokratisches Training«. Zur Begründung eines Trainingskonzepts. In H. Gabler (Hrsg.), Praxis der Psychologie des Leistungssports (S. 483–502). Bartels und Wernitz.
Naul, R. (2007). Olympische Erziehung. Meyer & Meyer.
Naul, R., Geßmann, R., & Wick, U. (2008). Olympische Erziehung in Schule und Verein. Grundlagen und Materialien. Hofmann.
Plessner, H. (1975). Die Stufen des Organischen und der Mensch. Einleitung in die philosophische Anthropologie. de Gruyter.
Prohl, R. (2010). Grundriss der Sportpädagogik. Limpert.
Prohl, R. (2012). Der Doppelauftrag des Erziehenden Sportunterrichts. In V. Scheid & R. Prohl (Hrsg.), Sportdidaktik. Grundlagen – Lehrplan – Bewegungsfelder (S. 70–91). Limpert.
Prohl, R. & Gaum, C. (2016). »Fairness« zwischen Moral und Ästhetik – Anthropologische Grundlagen und pädagogische Konsequenzen. Zeitschrift für sportpädagogische Forschung, 4(2), 5–20.
Prohl, R & Ratzmann, A. (2018). Bewegungsbildung im Horizont allgemeiner Bildung. In R. Laging & P. Kuhn (Hrsg.), Bildungstheorie und Sportdidaktik (S. 133–155). Springer VS.
Richter, H. (2011). Demokratie. In H.-U. Otto & H. Thiersch (Hrsg.), Handbuch Soziale Arbeit (4. Aufl., S. 228–236). Reinhardt.
Ruin, S. (2019a). Fachdidaktische Leitideen: Konstanz und Wandel. In E. Balz (Hrsg.), Arbeitsbereich Sportpädagogik (S. 21–28). Shaker.
Ruin, S. (2019b). Mehrperspektivität als sportpädagogischer Gemeinplatz? Eine konzeptionelle Standortbestimmung. German Journal of Exercise and Sport Research, 49(2), 127–139.
Schierz, M. & Thiele, J. (2013). Weiter denken – umdenken – neu denken? Argumente zur Fortentwicklung der sportdidaktischen Leitidee der Handlungsfähigkeit. In H. Aschebrock & G. Stibbe (Hrsg.), Didaktische Konzepte für den Schulsport (S. 122–147). Meyer & Meyer.
Stibbe, G. (2000). Vom Sportartenprogramm zum erziehenden Sportunterricht. Zur curricularen Neubestimmung über den Schulsport in Nordrhein-Westfalen. sportunterricht, 49(7), 212–219.
Stibbe, G. (2013). Zum Spektrum sportdidaktischer Positionen – ein konzeptioneller Trendbericht. In H. Aschebrock & G. Stibbe (Hrsg.), Didaktische Konzepte für den Schulsport (S. 19–52). Meyer & Meyer.
Stibbe, G. & Aschebrock, H. (2007). Lehrpläne Sport. Grundzüge der sportdidaktischen Lehrplanforschung. Schneider Hohengehren.
Thiele, J. & Schierz, M. (2011). Handlungsfähigkeit – revisited. Plädoyer zur Wiederaufnahme einer didaktischen Leitidee. Spectrum der Sportwissenschaften, 23(1), 52–75.
Trebels, A.H. (1975). Sportunterricht als Veranstaltung organisierten Lernens. Sportwissenschaft, 5(3/4), 313–327.
Trebels, A.H. (1992). Das dialogische Bewegungskonzept. Eine pädagogische Auslegung von Bewegung. sportunterricht, 41(1), 20–29.
Welsche, M. (2018). Beziehungsorientierte Bewegungspädagogik. Reinhardt.
Zimmer, R. & Hunger, I. (Hrsg.). (2016). Bewegung in der frühkindlichen Bildung. Feldhaus Czwalina.

IV Sportpädagogische Forschung

Zur Einführung in Kapitel 10 und 11

Hans Peter Brandl-Bredenbeck, Erin Gerlach, Elke Grimminger-Seidensticker & Claus Krieger

Wissenschaftstheoretisch kann die Sportpädagogik in eine theoretisch-konzeptionelle (auch normative Sportpädagogik) und in eine empirisch-analytische Sportpädagogik unterschieden werden (▶ Kap. 3.; Friedrich, 2010). Entsprechend breit ist auch der Kanon der Forschungsaktivitäten. Während sich in anderen sportwissenschaftlichen Disziplinen Systematiken über verschiedene Forschungsansätze entwickelt haben, ist dies für die Sportpädagogik nur bedingt der Fall. Bereits Anfang des Jahrtausends wurde die fehlende Systematisierung und damit eine klare Beschreibung sportpädagogischer Forschungsansätze beklagt (Prohl, 2010; Scheid & Wegner, 2001; Thiele, 2008). Die Schwierigkeiten resultieren u. a. aus der unterschiedlichen Definition des Gegenstandsfelds innerhalb der Sportpädagogik bzw. der Sportdidaktik. Dabei ist zu fragen, ob sich sportpädagogische und sportdidaktische Forschung wesentlich voneinander unterscheiden (z. B. Prohl, 2013) oder ob die sportdidaktische Forschung sich innerhalb der Sportpädagogik lediglich auf den Schulsport konzentriert (z. B. Bräutigam, 2003). Darüber hinaus lassen sich grundsätzlich zwei Betrachtungsweisen zur Stellung der Sportpädagogik in der Sportwissenschaft unterscheiden. Dabei wird die Sportpädagogik entweder als eine von mehreren Teildisziplinen gesehen oder aber als integrativer Kern der Sportwissenschaft (Kurz, 1992). Im ersten Fall ist damit eine eher enge Definition der Forschungsgegenstände und -themen verbunden, während im zweiten Fall mit einem damit verbundenen Anspruch auf interdisziplinäre Forschung das Feld systematisch inhaltlich geöffnet wie oft auch methodisch erweitert wird. Somit ergeben sich daraus Konsequenzen sowohl für die zu untersuchenden Gegenstandsbereiche und Themen als auch für das einzusetzende Methodenspektrum.

Wird ein sehr weites Begriffsverständnis angelegt und alles systematische Nachdenken über sportpädagogische Gegenstandsbereiche als wissenschaftliches Arbeiten und damit als Forschung verstanden, so können sowohl theoretische als auch empirische Arbeiten als Forschung wahrgenommen werden. Diese Herangehensweise hat kürzlich Rothgangel (2020) in seinem vergleichenden Überblick über 17 Fachdidaktiken verfolgt und eine Systematik entworfen, die die vielschichtigen Ansätze der Forschungsformate in einzelnen Fachdidaktiken ordnen soll. Diese Systematik soll in einer angepassten Form in den nachfolgenden Beiträgen genutzt werden, um die sportpädagogische Forschungslandschaft darzustellen (▶ Tab. IV.1). Dabei kann Forschung zu den einzelnen Gegenstandsbereichen (z. B. Inhaltsforschung wie die Lehrplanforschung) mit unterschiedlichen methodischen Zugängen erfolgen (z. B. quantitativ, qualitativ oder theoretisch). Sowohl für die methodischen Zugänge als auch für die einzelnen Gegenstandsbereiche werden in den Kapiteln 10 und 11 idealtypische Studien ausgewählt, die den jeweiligen Bereich besonders gut repräsentieren. Darüber hinaus können Schwerpunkte und Stärken wie auch Schwächen und Leerstellen sportpädagogischer Forschung sowohl für Gegenstandsbereiche als auch methodische Zugänge beschrieben werden.

Tab. IV.1: Strukturierung sportpädagogischer Forschung in Anlehnung an Rothgangel (2020)

Methodischer Zugang	Hermeneutisch/Historisch/ Theoretisch-konzeptionell	Quantitativ	Qualitativ	Multimethodisch/Mixed Methods
Gegenstandsbereiche				
Forschung zu fachlich relevanten Rahmenbedingungen				
Forschung zu Geschichte und Theorie				
Inhaltsforschung				
Programmforschung Entwicklungsforschung				
Akteur*innenforschung • Schüler*innen • Sportler*innen • Lehrer*innen • Trainer*innen • …				
Lehr-Lernforschung				

Literatur

Bräutigam, M. (2003). Sportdidaktik. Ein Lehrbuch in 12 Lektionen. Meyer & Meyer.
Friedrich, G. (2010). Systematische Betrachtungen zur Schulsportforschung. In N. Fessler, A. Hummel & G. Stibbe (Hrsg.), Handbuch Schulsport (S. 44–57). Hofmann.
Kurz, D. (1992). Sportpädagogik als Teildisziplin oder integrativer Kern der Sportwissenschaft. Sportwissenschaft, 22(2), 145–154.
Prohl, R. (2010). Grundriss der Sportpädagogik (3., korr. Aufl.). Limpert.
Prohl, R. (2013). Sportpädagogik als Wissenschaftsdisziplin – eine Standortbestimmung mit empirischem Ausblick. Zeitschrift für sportpädagogische Forschung, 1(1), 5–30.
Rothgangel, M. (2020). 17 Fachdidaktiken im Vergleich. Ergebnisse und Perspektiven. In M. Rothgangel, U. Abraham, H. Bayrhuber, V. Frederking, W. Jank & H. J. Vollmer (Hrsg.), Lernen im Fach und über das Fach hinaus. Bestandsaufnahmen und Forschungsperspektiven aus 17 Fachdidaktiken im Vergleich. Allgemeine Fachdidaktik, Band 2 (S. 469–578). Waxmann.

Scheid, V. & Wegner, M. (2001). Forschungsmethodologie in der Sportpädagogik. In H. Haag & A. Hummel (Hrsg.), Handbuch Sportpädagogik (S. 105–137). Hofmann.
Thiele, J. (2008). Formen der Erkenntnisgewinnung in der Schulsportforschung – Methodologie und Methoden. In Dortmunder Zentrum für Schulsportforschung (Hrsg.), Schulsportforschung. Grundlagen, Perspektiven und Anregungen (S. 51–72). Meyer & Meyer.

10 Forschungsmethodische Zugänge

Elke Grimminger-Seidensticker & Claus Krieger

Im Folgenden werden zunächst zentrale Entwicklungsetappen forschungsmethodischer Zugänge in der Sportpädagogik skizziert, um daran anschließend anhand der in Tabelle IV.1 vorgestellten Systematik diese forschungsmethodischen Zugänge ausführlicher zu beleuchten (▶ Tab. IV.1). Dabei werden aktuelle sportpädagogische bzw. sportdidaktische Studien (zwischen 2000 und 2020) als Beispiele ausgewählt, die besonders prägnant die methodische Vorgehensweise zur Anwendung bringen. Einen tieferen Einblick in Studien zu unterschiedlichen Themen und mit unterschiedlichen forschungsmethodischen Zugängen bietet bspw. das Überblicksherausgeberwerk zur Empirie des Schulsports (Balz et al., 2020).

10.1 Entwicklungsetappen in der Sportpädagogik

Die folgende Darstellung der Entwicklung forschungsmethodischer Zugänge in Forschungsarbeiten der Sportpädagogik erfolgt schlaglichtartig in Zeitetappen und gibt nur die zentralen Aspekte der Entwicklung wieder.

1960er und 1970er Jahre – Quantitative Studien, Curriculumstheorie und Realistische Wende

In den späten 1960er und 1970er Jahren entstehen im Zuge der *realistischen Wende* in der Erziehungswissenschaft (bis dahin folgte die deutsche Pädagogik eher einer geisteswissenschaftlichen Tradition) auch erste empirisch-quantitative Studien in der Sportpädagogik zu Schüler*innen im Sportunterricht und deren Einstellungen und Interessen sowie zum Sportlehrer*innenverhalten (Heckers, 1977; Miethling, 1977) und zu Sportlehrer*inneneinstellungen zur Lehrplanentwicklung (Altenberger, 1974).

1980er und 1990er Jahre – Alltagswende: Wie erleben und deuten Akteur*innen den (Schul-)Sport?

Zu Beginn der 1980er Jahre gewinnen dann zunehmend qualitative Studien zur Schüler*innen- und Sportlehrer*innenperspektive im Sportunterricht (Bräutigam,

1986; Miethling, 1986) an besonderer Bedeutung, aber auch zum Erleben von Sport und Bewegung im Alltag von Kindern und Jugendlichen (Brettschneider & Bräutigam, 1990). Hier kommen insbesondere Interviewverfahren zum Einsatz, die Auswertungsstrategien sind noch weniger methodisch ausdifferenziert als heute und stark dem Erkenntnisinteresse angepasst. Im Laufe der 1990er Jahre werden dann spezifische Gruppen (*Leistungssportler*innen* bei Brettschneider & Richartz, 1996; *Mädchen* bei Scheffel, 1996, *Szenegänger* bei Schwier, 1996) genauer untersucht.

Ab dem Jahr 2000: PISA und seine Folgen – quantitative und qualitative Ausdifferenzierung und Vertiefung

Die Ergebnisse großer Leistungsvergleichsstudien (u. a. PISA oder TIMMS) veranlassten die Bildungspolitik über Standards, Kompetenzen, Outputorientierung und Schul- bzw. Unterrichtsqualität zu diskutieren und entsprechende Maßnahmen zu ergreifen. Über standardisierte Befragungen, quantifizierende Beobachtungen und motorische Testverfahren sollen Lehr- und Lernprozesse sowie deren *Erfolg* im Sinne von Output erfasst werden (Herrmann et al., 2015; Seyda, 2018). In der breit angelegten Studie zur Situation des Schulsports in Deutschland (SPRINT) wurden deskriptive quantitative und qualitative Daten gleichzeitig erfasst (Deutscher Sportbund, 2006). Ebenso werden zunehmend mehr quasi-experimentelle Studien durchgeführt, um Effekte besonderer sportdidaktischer Inszenierungen im Sportunterricht zu überprüfen (Bähr, Prohl & Gröben, 2008; Conzelmann, Schmidt & Valkanover, 2011). Um Entwicklungen nicht nur beschreiben, sondern auch Gründe für Entwicklungen erfassen zu können, werden häufig Designs gewählt, bei denen unterschiedliche Methoden miteinander verknüpft werden (Grimminger-Seidensticker & Möhwald, 2020; Thiele & Seyda, 2011). Studien, bei denen dieselben Personen mehrfach über einen (längeren) Zeitraum befragt werden, sog. Längsschnittstudien, sind jedoch immer noch selten (Bindel, 2015; Gerlach & Brettschneider, 2013).

Allerdings kann festgestellt werden, dass die Auswertungsverfahren quantitativer Studien immer komplexer werden (▶ Kap. 10.2.3). Im Bereich der qualitativen Methoden kommt es sowohl bei den Erhebungsmethoden als auch bei den Auswertungsverfahren zu einer deutlichen Ausdifferenzierung. Neben Interviews erleben vor allem die Videographie (Behrens, 2010; Grimminger, 2013) und die teilnehmende Beobachtung (Derecik, 2011; Kamper, 2015) einen Aufschwung. Selten ist immer noch die Ethnographie (Bindel, 2008).

10.2 Zentrale forschungsmethodische Zugänge

Die nachfolgende Einteilung zentraler forschungsmethodischer Zugänge in der Sportpädagogik orientiert sich an anderen forschungsmethodischen Überblicksbeiträgen und bezieht sich auf die dem Kapitel vorausgehende Systematik (▶ Tab. IV.1). Wie andere geistes- und sozialwissenschaftliche Disziplinen arbeiten auch sportpädagogische Studien hermeneutisch, historisch, theoretisch-konzeptionell, qualitativ, quantitativ und multimethodisch.

10.2.1 Hermeneutisch/Historisch/Theoretisch-konzeptionell

In der Sportpädagogik besitzen rein theoretische Arbeiten eine lange Tradition, die jedoch in jüngeren Jahren zahlenmäßig zurückgegangen sind. Zu unterscheiden sind hermeneutische und historische Arbeiten sowie theoretisch-konzeptionelle Ansätze.

Bei der hermeneutischen Vorgangsweise geht es um das Verstehen von bereits vorliegenden Texten. Theorien, Annahmen und Befunde werden zueinander in Beziehung gesetzt, Aussagen vor dem eigenen Vorverständnis interpretiert und diese wiederum mit anderen Texten verglichen. In einem *hermeneutischen Zirkel* entsteht damit Erkenntnisgewinn durch den wiederholten Wechsel von Text- und Vorverständnis. So entwickelt etwa Kaulitz (2008) aus unterschiedlichen Menschenbildern zu Bewegung und Sport ein neues Menschenbild des *homo sportivus*. Zander (2017) fundiert einen *lebensweltorientierten Schulsport* anhand vor allem sozialisationstheoretischer Ansätze, oder Neumann (2004) konzipiert die Figur eines *Erziehenden Sportunterrichts* anhand erziehungswissenschaftlicher Positionen auf neuartige und vertiefte Weise. Im weiteren Sinne hermeneutisch sind auch die wenigen diskursanalytischen Arbeiten in der Sportpädagogik einzustufen; hier erscheint insbesondere die systemtheoretische Analyse des Fitness- und Körperdiskurses von Körner (2008) beispielgebend.

Stark angelehnt an das hermeneutische Vorgehen, aber explizit auf die geschichtliche Entwicklung bezogen, kommen in der Sportpädagogik auch vereinzelt historische Arbeiten vor. Hier werden Quellen kritisch erschlossen und bspw. historische Schritte nachgezeichnet. Stibbe (2016) befasst sich seit langer Zeit mit der Entwicklung von Lehrplänen im Fach Sport und Hofmann (2001) hat sich mit den Entfaltungen des deutschen Turnens in den USA auseinandergesetzt.

Theoretisch-konzeptionelle Ansätze haben in der Sportpädagogik eine lange Tradition und sind in der Regel – vor dem Hintergrund einer stark handlungsorientierten Disziplin – als (theoretische) Entwürfe für die Praxis von Bewegung, Spiel und Sport konzipiert. Bspw. kann das sportdidaktische Konzept der *Körpererfahrung* (Funke, 1987) als ein solcher theoretisch-konzeptioneller Entwurf genannt werden, der bis in die Gegenwart Relevanz für ein Verständnis von Sportunterricht als Gegenentwurf zu einem eindimensional auf Leistung und Erfolg fokussierten gesellschaftlichen Sportverständnisses erfährt. Für die Sportspieldidaktik können als solche theoretisch-konzeptionellen Entwürfe die Heidelberger Ballschule (Kröger & Roth, 2005) oder das genetische Lernen (Loibl, 2001) genannt werden. Im Bereich des digitalen Lernens im Sport (Krieger, Jastrow & Greve, 2020) sind solche Ansätze – in diesem Fall in engem Bezug zu medienpädagogischen Theorien – im Entstehen. Kennzeichnend erscheint für all diese Arbeiten, dass sie in der Regel in konkrete Praxisbeispiele *übersetzt* werden und sich entsprechend eine Vielzahl solcher Vorschläge zur praktischen Umsetzung der theoretischen Entwürfe in der sportpädagogischen Praxis-Literatur finden.

Ein Format, das im weiteren Sinne zu den hier vorgestellten Ansätzen gehört und zunehmende Relevanz in der Sportpädagogik erfährt, stellt das *Review* dar. Hier werden umfassende Schlagwortrecherchen und eine systematische Textauswahl betrieben, um den Forschungsstand zu einer konkreten Thematik zusammenzufassen und zu bewerten. Als einschlägige Beispiele sind hier etwa Reuker et al. (2016) zu *Inklusion im Sportunterricht* oder Schüller und Demetriou (2018) zu *sport- und bewegungsbezogenen Interventionen zur Förderung sozialer Kompetenz* zu nennen.

10.2.2 Qualitative Methoden

Es findet sich eine Vielzahl qualitativer Methoden in der sportpädagogischen Forschung der letzten ca. 30 Jahre (eine ausführliche Vorstellung findet sich in Überblickswerken zu qualitativen Methoden, z. B. Balz & Kuhlmann, 2005; Miethling & Schierz, 2008). Qualitative Methoden kommen typischerweise vor allem dann zur Anwendung, wenn bisher theoretisch wenig ausgearbeitete Bereiche erforscht werden sollen: Beginnend mit eher offenen Fragestellungen (z. B. *Wie erleben und deuten Schüler*innen inklusiven Sportunterricht?*) wird die Strukturierung und Modellierung des Forschungsbereichs angestrebt und es kann vor allem auch *Neues* entdeckt werden. Durch die intensive Beschäftigung mit einzelnen Phänomenen oder Personen sollen subjektiv bedeutsame Prozesse explorativ erkundet werden – entweder im *Querschnitt*, d. h. in einem Vergleich mehrerer Personen zu einem bestimmten Zeitpunkt oder (bislang seltener) im *Längsschnitt*, d. h. dieselben Personen in ihrer Entwicklung über eine längere Zeit (Miethling, 2002 zur berufsbiographischen Entwicklung von Sportlehrkräften). Nicht die Welt, wie sie die Forschenden konzipieren, sondern wie sie die Beforschten sehen und erleben, ist wesentlich zum Verständnis ihres Handelns, Denkens und Fühlens. Zu diesem Zweck treten Forschende entweder in den direkten Dialog, um durch Kommunikation die Sicht der Beforschten nachvollziehbar zu machen oder sie leiten Erkenntnisse durch (teilnehmende oder auch videographische) Beobachtung aus den Verhaltensweisen der Beforschten ab. Im Verlauf eines zirkulären Forschungsprozesses werden dann in der Regel isolierte Wirkzusammenhänge oder Theoriefragmente entdeckt, die anschließend aufgrund gezielt ausgewählter neuer Befragungen oder Beobachtungen (im Sinne eines theoretical sampling) weiter differenziert oder validiert werden. In einem zirkulären Prozess wechseln sich Datenerhebung und -auswertung ab. Zentral ist hierbei, dass Forschende durch das Verständnis der individuellen Situation der Befragten das weitere Vorgehen im Rahmen der Studie (z. B. Datenquellen, Stichprobenmitglieder) optimal an die bereits vorhandenen Informationen und Theoriefragmente adaptieren. In diesem Zusammenhang werden spezifische Gütekriterien qualitativer Forschung benannt (Steinke, 2008), von denen vor allem die *intersubjektive Nachvollziehbarkeit* sowie die *empirische Verankerung* als zentral zu nennen sind. Es geht vor allem darum, als Forscher*in die Verfahrensweisen, das eigene Vorverständnis und die Datengrundlage, auf denen die Interpretationen basieren, transparent zu machen und sie selbstreflexiv zu beleuchten.

In der Sportpädagogik findet sich mittlerweile eine größere Zahl qualitativer Studien zu ganz unterschiedlichen Themenfeldern und Fragestellungen. Dabei wird vor allem rekonstruktiv-interpretativ gearbeitet; hinzu kommen ethnographische und kasuistische Ansätze.

Rekonstruktiv-interpretative Verfahren

Unter rekonstruktiv-interpretativen Ansätzen werden Arbeiten verstanden, bei denen Forschende mit Hilfe methodisch kontrollierter Verfahrensweisen versuchen, den subjektiven Sinn oder auch objektive Sinndimensionen von Handelnden möglichst genau nachzuvollziehen. Diesen Sinn entnehmen (rekonstruieren, interpretieren) sie insbesondere aus Interviews, Gruppendiskussionen, teilnehmenden Beobachtungen oder Videodaten von sozialen Interaktionen. Im Bereich der rekonstruktiv-interpretativen Verfahren lassen sich übergeordnet *kategorienbildende* von *sequenzanalytischen* Ansätzen unterscheiden.

Bei den kategorienbildenden Verfahren dominieren die Forschungsstile der Grounded Theory (Strauss & Corbin, 1996) sowie der qualitativen Inhaltsanalyse (Kuckartz, 2018; Mayring, 2015). Die beiden Ansätze weisen große Ähnlichkeiten bei der Art des *Kodierens* der qualitativen Daten (meist Interviews, aber auch Gruppendiskussionen, videographische Daten oder Protokolle teilnehmender Beobachtungen) auf. Die Daten werden jeweils *aufgebrochen* und über zentrale Begriffe (Kodes) sollen die wesentlichen Sachverhalte der zu analysierenden Abschnitte erfasst und danach miteinander verglichen werden; komplexere Interpretationen werden durch Memos festgehalten. Ein wesentlicher Unterschied liegt in der Verwendung von Vorwissen und Theorie bei der Datenanalyse. Während bei der qualitativen Inhaltsanalyse ein aus der Theorie entwickeltes Kategoriensystem die Datenanalyse leitet, das aber auch offen für die Entdeckung neuer Kategorien und vor allem für die Differenzierung der bestehenden Kategorien bleibt, möchte die Grounded Theory Kategorien induktiv *aus dem Material* heraus entdecken und entwickeln. Dabei spielt zwar Vorwissen im Sinne einer *theoretischen Sensibilität* auch eine Rolle, ist jedoch deutlich weniger relevant. Kodes und Kategorien werden *gegenstandsverankert* aus dem Material rekonstruiert und aus der Beziehung der entdeckten Kategorien soll dann eine bereichsspezifische Theorie abgeleitet werden. Miethling und Krieger (2004) haben dies etwa zu den Erlebens- und Deutungsweisen von Schüler*innen im Sportunterricht versucht und dabei ein *Modell der produktiven Unsicherheit* entwickelt. Auch Wibowo (2016) rekonstruiert auf diese Art und Weise aus Videomaterial ein gegenstandverankertes Modell zur adaptiven Lernbegleitung in kooperativen Lernsettings des Sportunterrichts. Das Verfahren der qualitativen Inhaltsanalyse nach Mayring (2015) bringt Leffler (2017) zur Anwendung. Er ging der Frage nach, wie sich Kinder das Kämpfen im Sportunterricht vorstellen, und führte dazu zwölf problemzentrierte Interviews mit Kindern der 3. und 4. Klasse durch. Die Ergebnisse werden entlang der zentralen Kategorien dargestellt und zeigen u. a. Orte des Kämpfens sowie die Bedeutsamkeit des Aushandelns von Regeln und die Spannung zwischen Spiel und Ernst auf.

Etwas anders und methodisch komplexer gehen sequenzanalytische Arbeiten vor, die der Logik der dokumentarischen Methode (sensu Bohnsack, 2014) folgen. Hier werden Regeln, Muster und Strukturen von Interaktionen in vier Schritten rekonstruiert (formulierende Interpretation, reflektierende Interpretation, Diskurs- oder Fallbeschreibung, Typenbildung). Die Ebene des subjektiven Sinns wird überschritten, da die mit der dokumentarischen Methode rekonstruierten tiefer liegenden Strukturen – die *Relevanzsysteme* – im konkreten Handeln nicht mehr bewusst sind, aber eine große Bedeutung für das Handeln der Personen im Feld haben. Damit die Befragten ihre Relevanzsysteme entfalten können, werden für die Analyse mit der dokumentarischen Methode Daten benötigt, die möglichst wenig strukturiert werden, bspw. Gruppendiskussionen oder offene Leitfadeninterviews. In der Sportpädagogik untersuchte Zander (2018) mit Gruppendiskussionen Sportunterricht als *konjunktiven Erfahrungsraum*, d. h. die gemeinsamen Erfahrungen von Schüler*innen im konkreten *Raum* des schulischen Sportunterrichts.

Ethnographisch orientierte Ansätze

Eine ethnographische Untersuchung oder Feldforschung zielt in der Regel darauf ab, Menschen über einen längeren Zeitraum in ihrem alltäglichen Leben zu beforschen. Das heißt, ethnographisch Forschende nehmen über einen längeren Zeitraum an ausgewählten Lebenswelten teil, mit dem Ziel, Daten zu erheben und Beschreibungen anzufertigen, die als Grundlage für spätere Analysen dienen. Ethnographisch orientierte Ansätze finden sich seit geraumer Zeit in der Sportpädagogik (Thiele, 2003). Allerdings sind nur wenige im engeren Sinne als tatsächlich ethnographisch zu bezeichnen. Beispielhaft für eine Ethnographie im engeren Sinne ist hier die Arbeit von Bindel (2008) zu *Sozialer Regulierung in informellen Sportgruppen* zu nennen, in der der Autor als teilnehmender Beobachter u. a. in der Streetball-Szene regelmäßig partizipierte und ausführliche Protokolle anfertigte, oder Bindel (2015) zu *Bedeutung und Bedeutsamkeit sportlichen Engagements in der Jugend*. Kern der letztgenannten Studie bildeten mikroethnographische Studien und Interviews, mit denen Jugendliche (Sportler*innen, aber auch Sportabstinente) von der 7. bis zur 10. Klasse im Längsschnitt begleitet wurden. Hinzu kommen Varianten ethnographisch orientierter Forschung, bspw. zur Erstellung von Schulsportportraits (Thiele, 2006). Hierbei werden an einer konkreten Schule in kurzer Zeit möglichst viele Daten gesammelt, die der Beantwortung der Forschungsfrage(n) dienen. In einer pädagogischen Ethnographie, wie sie Erhorn (2012) mit Grundschüler*innen durchgeführt hat, konnten Prozesse des Austausches der innerschulischen wie außerschulischen Bewegungspraxen aufgezeigt werden.

Kasuistische Verfahren

Von Scherler (1989) als *Schule des Didaktischen Theoretisierens* begründet und von ihm selbst (ebd., 2008) sowie von seinen *Schüler*innen* Schierz (1997) und Wolters (1999) weiterentwickelt, etablierte sich in der Sportpädagogik ein kasuistisch orientierter qualitativer Forschungsansatz (Krieger, 2011; Lüsebrink, 2006). Im Fokus dieses Forschungsansatzes stehen problemhaltige Geschichten und Situationen alltäglichen Sportunterrichts, die dadurch zum *Fall* werden, dass die konkreten Schilderungen

(Dokumente) sowohl in ihrer individuellen und besonderen Gestalt erkennbar, als auch im Hinblick auf latente und allgemeine Regelhaftigkeiten oder Normen verstehbar werden. Das Erkenntnisinteresse der kasuistischen Sportdidaktik liegt nicht nur in der Rekonstruktion des manifesten und latenten Sinns bestimmter (Unglücks-)Fälle, sondern auch in der Orientierung und Anleitungsfunktion für zukünftiges Handeln i. S. der Entwicklung von Reflexionskompetenz von Studierenden und Lehrenden (Lüsebrink, 2006).

10.2.3 Quantitative Methoden

In der quantitativen Forschung besteht die Annahme, dass die soziale Ordnung der Welt und Handlungen in dieser sozialen Ordnung Gesetzmäßigkeiten unterliegen, die theoretisch modelliert und im empirischen Forschungsprozess direkt oder indirekt beobachtet bzw. gemessen werden können (Reichertz, 2014). Mit standardisierten Erhebungsinstrumenten sowie mit einer repräsentativen Stichprobe sollen bestehende theoretische Konzepte auf ihren Bewährungsgrad überprüft werden. Dabei spielt die Einhaltung wissenschaftlicher Gütekriterien ebenso eine wichtige Rolle wie bei qualitativen Studien. Während bei qualitativen Studien jedoch je nach Forschungsanliegen eigene Gütekriterien zur subjektiven Nachvollziehbarkeit des Forschungsprozesses formuliert werden können (s. o.), müssen quantitative Studien die Kriterien *Objektivität*, *Reliabilität* und *Validität* erfüllen.

In quantitativen Studien sollen mit Hilfe von in sich logisch widerspruchsfreien Theorien/Modellen Ursache-Wirkungszusammenhänge beschrieben und anhand empirischer Daten überprüft und erklärt werden. Es werden hypothesen-überprüfende Studien von deskriptiven Studien[1] unterschieden (Drinck, 2013). Der Forschungsprozess ist linear im Unterschied zu qualitativen Studien, bei denen der Forschungsprozess häufig zirkulär ist bzw. die einzelnen Arbeitsschritte nicht so klar voneinander abgetrennt werden. In quantitativen Studien erfolgt nach einer theoretischen Vorarbeit die Formulierung von Hypothesen. Daran schließen sich Datenerhebung und die statistische Datenauswertung an. In der statistischen Auswertung geht es darum, die Annäherung der Hypothese an die *wahren* Gesetzmäßigkeiten zu überprüfen. Dabei ist eine Widerlegung der Hypothese möglich sowie ihre Annäherung, aber keine vollständige Annahme, da immer davon ausgegangen werden muss, dass empirische Daten nicht gänzlich die Welt erfassen und Fehler in unterschiedlichen Phasen des Forschungsprozesses vorliegen können (Popper, 2005).

Zentrale quantitative Forschungsmethoden sind die standardisierte Befragung, die standardisierte Beobachtung, das Experiment und standardisierte Testverfahren. Die standardisierte Befragung erfolgt zumeist mit einem Fragebogen, welcher als Paper-Pencil-Version z. B. bei Heemsoth und Krieger (2018) ausgefüllt wird oder auch, allerdings seltener, online (Heim et al., 2016). Im Unterschied zur qualitativen (offenen) Beobachtung wird in der standardisierten Beobachtung ein Beobachtungsbogen eingesetzt, welcher entweder die Auftretenshäufigkeit zuvor definierter Merkmale erfasst und/oder die Ausprägung von aufgetretenen Merkmalen ein-

---

1 Deskriptive Studien können auch qualitativ oder multimethodisch angelegt sein.

schätzt. So untersuchen Richartz, Kohake und Maier (2019) mit Hilfe eines standardisierten Beobachtungsbogens, basierend auf dem Classroom Assessment Scoring System (CLASS), die pädagogische Trainingsqualität im Nachwuchsleistungssport.

Wie bereits erwähnt, erfolgt die Auswertung quantitativer Daten mit Hilfe statistischer Verfahren, wobei die Zielsetzung (beschreibend oder erklärend) über die konkrete Auswertungsstrategie entscheidet. Deskriptive quantitative Studien, wie die SPRINT-Studie (Deutscher Sportbund, 2006) bleiben bei der beschreibenden Statistik und einer übersichtlichen Darstellung der Kennwerte in Tabellen und Grafiken. Hypothesen-überprüfende Studien, welche Ursache-Wirkungszusammenhänge erklären wollen, greifen auf grundlegende inferenzstatistische Verfahren (*t*-Test, Korrelationen oder Regressionen etc.) zurück oder verwenden je nach Anlage der Studie höherwertige statistische Verfahren wie Strukturgleichungsmodelle (Herrmann, Gerlach & Seelig, 2016; Sohnsmeyer, 2018) oder Mehrebenenanalysen (Grimminger-Seidensticker et al., 2019; Seyda, 2018; Wirszing, 2015).

Wie bei qualitativen Studien können im Forschungsdesign Querschnittstudien mit der Datenerhebung einer Stichprobe zu einem Zeitpunkt (Heemsoth & Krieger, 2018) von bislang selten vorliegenden Längsschnittstudien mit der Datenerhebung bei derselben Stichprobe zu mehreren Zeitpunkten (Gerlach & Brettschneider, 2013) sowie von quasi-experimentellen Studien unterschieden werden. Quasi-experimentelle Studien haben im sportpädagogischen Kontext zumeist zum Ziel, die Wirksamkeit pädagogischer oder didaktischer Konzepte auf die Entwicklung unterschiedlicher Merkmale (z. B. Selbstkonzept, motorische Leistungsfähigkeit, professionelle Kompetenz) zu überprüfen; und zwar im Feld, d. h. im *realen* Kontext und unter *realen* Bedingungen (z. B. Schule, Sportverein), weshalb quasi-experimentelle Studien auch als Feldstudien bezeichnet werden.[2] Die Überprüfung eines pädagogischen Konzepts erfolgt über die Bildung einer Experimentalgruppe, welche das pädagogische Konzept durchläuft, und einer Kontrollgruppe, die je nachdem keine besondere Unterweisung erhält (z. B. kein Fortbildungsangebot) oder an einer regulären, unspezifischen Unterweisung teilnimmt (z. B. regulärer Sportunterricht ohne besondere inhaltliche Ausrichtung im Hinblick auf das zu überprüfende pädagogische Konzept). Bei quasi-experimentellen Studien bedingen strukturelle Rahmenbedingungen (z. B. Klassenverbund an Schulen) oder individuelle Aspekte (z. B. freiwillige Teilnahme an der Fortbildung) die Zusammensetzung der Experimental- und Kontrollgruppe, was entsprechend bei der Datenauswertung und Interpretation der Ergebnisse berücksichtigt werden muss. Im Hinblick auf sportpädagogische quasi-experimentelle Studien zeigen sich Unterschiede im Hinblick auf eine hohe Standardisierung der Interventionsinhalte (Conzelmann, Schmidt & Valkanover, 2011) im Vergleich zu einer geringeren Standardisierung (Seyda, 2011).

Standardisierte Testverfahren, wie z. B. Tests zur Erfassung motorischer Fähigkeiten oder motorischer Basiskompetenzen (im Überblick Herrmann, Sygusch &

---

[2] Laborstudien mit sportpädagogischen Zielen und Fragestellungen, in denen das Experiment unter Laborbedingungen durchgeführt wird und deswegen zwar eine hohe Standardisierung gegeben, aber ggf. eine Übertragbarkeit auf die *realen* Kontexte schwierig ist, liegen unseres Wissens nach nicht vor.

Töpfer, 2020), müssen nicht nur die wissenschaftlichen Gütekriterien Objektivität, Reliabilität und Validität erfüllen, sondern sie müssen auch normiert, vergleichbar, ökonomisch und nützlich sein (Lienert & Raatz, 2011).[3] In sportpädagogischen quantitativen Studien werden diese standardisierten Testverfahren in pädagogischer Absicht eingesetzt, um die entsprechende Ausprägung eines Merkmals in einer Stichprobe zu beschreiben, Zusammenhänge zu anderen Merkmalen zu untersuchen oder die Merkmalsunterschiede bzw. -veränderungen im Rahmen einer quasi-experimentellen Studie abzubilden. Da nicht immer standardisierte Testverfahren für spezifische sportpädagogische Konstrukte vorliegen, wurden dafür in den letzten Jahren vermehrt eigene Messinstrumente entwickelt. So gibt Seyda (2020) einen Überblick über Tests und Messinstrumente zur Erfassung von Sportlehrer*-innenkompetenzen.

Meta-Analysen, wie sie Spruit et al. (2019) vorlegen, sind in der deutschsprachigen sportpädagogischen und -didaktischen Forschung (noch) nicht zu finden. Auch selten, aber häufiger vorzufinden, sind sport-(unterrichts-)spezifische Re-Analysen von Daten aus der allgemeinen Bildungsforschung (z. B. die Re-Analyse der SPRINT- und PISA-Daten: Mutz & Burrmann, 2011).

10.2.4 Multimethodisch

Multimethodische Studien verfolgen grundlegend Forschungsfragen, welche die Erhebung und Auswertung von quantitativen und qualitativen Daten erfordern. Ob die Daten zeitgleich oder zeitlich versetzt erhoben werden, und ob eine Schwerpunktsetzung auf die eine oder andere Datensorte erfolgt oder nicht, hängt vom jeweiligen multimethodischen Forschungsdesign ab. Entscheidend ist jedoch eine kritische Meta-Reflexion der Erkenntnisgenerierung. Schließlich werden unterschiedliche, sich ausschließende erkenntnistheoretische Ansätze miteinander in einem Untersuchungsdesign kombiniert, was erklärungsbedürftig ist und nicht aus pragmatischen Gründen geleugnet werden darf (Thiele, 2017). Creswell und Plano Clark (2018) unterscheiden zwei übergeordnete multimethodische Forschungsdesigns, die *core mixed method designs* und die *complex applications of core mixed method designs*, welche wiederum in unterschiedliche Forschungsdesigns ausdifferenziert werden. Diese sollen nachfolgend an exemplarischen Studien aus der Sportpädagogik verdeutlicht werden.

Core Mixed Methods Designs

Unter den *core mixed methods designs* werden die einfachsten Möglichkeiten gefasst, wie qualitative und quantitative Daten miteinander kombiniert werden können: mit gleicher Gewichtung und zeitgleich (*convergent design*), nacheinander in der Form, dass quantitative Daten über qualitative Daten bereichert werden sollen (*explanatory*

---

3 Die Testzentrale des Verlags Hogrefe bietet einen Überblick über unterschiedliche standardisierte Testverfahren (https://www.testzentrale.de/shop/tests.html).

sequential design), oder in der Form, dass qualitative Daten in ein quantitatives Forschungsdesign überführt werden (*exploratory sequential design*).[4]

Grimminger (2013) griff für ihre Studie zu Anerkennungs- und Missachtungsprozessen unter Schüler*innen im Sportunterricht auf ein *convergent design* (Creswell & Plano Clark, 2018, S. 68 ff) zurück, indem qualitative Daten (Videoaufnahmen des Sportunterrichts, video-stimulated recall Interviews mit Schüler*innen, informelle Gespräche mit Sportlehrkräften) und quantitative Daten (Fragebogen, Soziogramme und Rankings zur sportlichen Leistungsfähigkeit) gleichzeitig erhoben und mit gleicher Gewichtung für die Beantwortung der Forschungsfragen herangezogen wurden. Richartz, Hoffmann und Sallen (2009) hingegen wählten für ihre Studie zu chronischen Belastungen, personalen und sozialen Ressourcen von Kindern im Hochleistungssport ein *explanatory sequential design* (Creswell & Plano Clark, 2018, S. 77 ff). Sie führten zunächst eine Fragebogenerhebung durch und wählten aus diesen Daten systematisch Kinder für ein episodisches Interview aus. Wiesche (2016) ging den umgekehrten Weg. Er zeigte Kindern einen Filmausschnitt zu einer peinlichen Situation im Bodenturnen und ließ sie daran anschließend die offene Frage schriftlich beantworten, was sie als Schamsituation im Sportunterricht schon erlebt haben. Daraus entwickelte er Items für einen Fragebogen, welcher den Zusammenhang zwischen Schamerleben im Sportunterricht und Selbstkonzept erfassen sollte. Er entschied sich damit für ein *exploratory sequential design* (Creswell & Plano Clark, 2018, S. 84 ff).

Complex applications of core mixed methods designs

Die *complex core mixed methods designs* zeichnen sich dadurch aus, dass die verschiedenen *core designs* in einem anderen, übergeordneten Forschungsdesign (z. B. quasi-experimentelles Design, Programmevaluation, Fallstudie) angewandt werden. Dies bedeutet, dass das übergeordnete Forschungsdesign den Ablauf des Forschungsprozesses vorgibt und qualitative sowie quantitative Datenerhebungen in unterschiedlichen Phasen erfolgen. Bislang unterscheiden Creswell und Plano Clark (2018) vier solcher komplexeren multimethodischen Forschungsdesigns; eine Weiterentwicklung ist perspektivisch denkbar.

Das *mixed methods experimental (intervention) design* (ebd., S. 108 ff.) besteht grundlegend in einer (quasi-)experimentellen Interventionsstudie, in der quantitative und qualitative Daten gleichermaßen erhoben werden. Dies zeigten Grimminger-Seidensticker und Möhwald (2020) in ihrer quasi-experimentellen Interventionsstudie zur Förderung interkultureller Kompetenz von Kindern. Sie implementierten im Sportunterricht der Experimentalgruppe ein standardisiertes

---

4 Im deutschsprachigen Raum verwendet Mayring (2001) im Sinne einer *Methodenintegration* bei der Datenauswertung die Bezeichnungen *Triangulationsmodell*, *Vertiefungsmodell*, *Verallgemeinerungsmodell* bzw. *Vorstudienmodell*. Eine tiefergehende Auseinandersetzung – wie sie im englischsprachigen Kontext vorliegt – erfolgt nicht. Auch werden komplexere multimethodische Modelle nicht erwähnt, so dass die englischsprachige Literatur samt englischsprachiger Begriffe aufgegriffen wird.

Interventionsprogramm der *Interkulturellen Bewegungserziehung*, wohingegen die Kontrollgruppe regulären Sportunterricht erhielt. Die Effekte dieser Intervention wurden mit Hilfe eines Fragebogens (Grimminger & Möhwald, 2015) getestet, während Videoaufnahmen der Sportunterrichtsstunden und Reflexionsgespräche mit den Schüler*innen die sozialen und diskursiven Prozesse in der Experimentalgruppe erfassen sollten (Möhwald, 2019). Erst über die Integration aller Datensorten konnte die Intervention in ihrer Wirksamkeit umfassend evaluiert werden (Grimminger-Seidensticker & Möhwald, 2020). Das *case study design* (Creswell & Plano Clark, 2018, S. 116 ff.) wird gewählt, um mit Hilfe von quantitativen und qualitativen Daten einen Fall oder mehrere Fälle differenzierter beschreiben zu können. Beispielhaft brachte dies die Forschungsgruppe SpOGATA (2015) in der Beschreibung des Bewegungs-, Spiel- und Sportangebots an Ganztagsschulen in Nordrhein-Westfalen zur Anwendung. Über drei Forschungsmodule wurden sowohl quantitative Befragungen mit unterschiedlichen Stakeholdern (z. B. Schulen, Sportvereine) durchgeführt (Modul A), als auch mit Hilfe qualitativer Methoden unterschiedliche Themenfelder wie Partizipation, Gesundheitsförderung oder Integration an den Schulen vor Ort untersucht (Modul B), um abschließend Querverbindungen zwischen den quantitativen und qualitativen Daten herzustellen (Modul C). Über dieses forschungsmethodische Vorgehen konnten fallübergreifend differenziert zentrale pädagogische Aufgabenstellungen von Bewegungs-, Spiel- und Sportangeboten an Ganztagsschulen identifiziert werden. Deutschsprachige sportpädagogische oder -didaktische Studien, welche explizit mit dem *participatory social justice design* (Creswell & Plano Clark, 2018, S. 123 ff.) arbeiten, liegen unseres Kenntnisstandes nicht vor. Dieser Forschungsansatz ist stärker im englischsprachigen Raum verbreitet und zeichnet sich dadurch aus, dass nicht über eine Zielgruppe geforscht wird, sondern mit der Zielgruppe zusammengearbeitet wird, um in der Regel ein zielgruppenspezifisches Problem sozialer Ungleichheit gemeinsam zu lösen. Einen partizipativen Forschungsansatz mit multimethodischem Forschungsdesign verfolgt jedoch das Projekt zur Förderung der Gesundheitskompetenz von Schüler*innen (Strobl et al., 2020) welches in das übergeordnete Projekt *Capital4Health*[5] eingebunden ist. Studien, die auf einem *program evaluation design* beruhen, finden häufig in groß angelegten, von nationalen Einrichtungen geförderten Projekten Anwendung (ebd., S. 131). Ziel dieser Studien ist es, über qualitative und quantitative Daten die Durchführung eines theoriegeleiteten Programms zu evaluieren und auf Grundlage der Daten weiterzuentwickeln. Sportpädagogische Studien, welche ein multimethodisches *program evaluation design* nutzen, liegen im deutschsprachigen Raum unseres Wissens nach ebenfalls (noch) nicht vor.

---

5 Mehr Informationen erhältlich unter: https://www.capital4health.de/.

10.3 Fazit

Die Sportpädagogik weist ein breites Spektrum vor allem sozialwissenschaftlicher Forschungsansätze auf. Qualitativ-empirische Arbeiten, die besonders geeignet scheinen, bislang wenig oder gar nicht beforschte Phänomene, Sichtweisen oder relevante Themen zu explorieren, liegen ebenso vor wie quantitativ-hypothesenüberprüfende Arbeiten, welche mit einer stärkeren Orientierung der Sportpädagogik an der empirischen Bildungsforschung in den letzten Jahren zugenommen haben. Gleichzeitig werden auch immer mehr multimethodische Studien in unterschiedlichen Designs durchgeführt. Hermeneutische Arbeiten hingegen kommen zunehmend weniger vor. Es ist anzunehmen, dass sich die Entwicklung forschungsmethodischer Zugänge und Vorgehensweisen an den Entwicklungen in der empirischen Bildungsforschung orientieren wird mit der gleichzeitigen Tendenz, für genuin sportpädagogische und -didaktische Forschungsfragen eigene Lösungswege zu finden. Ebenso möglich ist eine stärkere Orientierung am internationalen Kontext und damit die Anwendung von Forschungsdesigns, die bislang hauptsächlich im englischsprachigen Raum vertreten sind. Mit einer Öffnung und Orientierung an externen Entwicklungen geht aber gleichzeitig auch der kritische Ruf einher, die ursprüngliche Forschungstradition der Sportpädagogik nicht zu vernachlässigen und trotz oder gerade wegen neuer forschungsmethodischer Zugänge die theoretische Fundierung der Studien nicht zu vergessen (Thiele, 2017).

Literatur

Altenberger, H. (1974). Sportlehrer und Curriculumentwicklung. Czwalina.
Bähr, I., Prohl, R. & Gröben, B. (2008). Prozesse und Effekte »Kooperativen Lernens« im Sportunterricht. Unterrichtswissenschaft, 36(4), 290–308.
Balz, E., Krieger, C., Miethling, W.-D. & Wolters, P. (Hrsg.) (2020). Empirie des Schulsports (3., überarb. Aufl.). Meyer & Meyer.
Behrens, C. (2010). Bewegungsgestaltung aus Schülerperspektive. Abruf unter https://fis.dshs-koeln.de/portal/de/publications/bewegungsgestaltung-aus-schulerperspektive–eine-empirische-studie-zum-erleben-von-gestalten-tanzen-und-darstellen(e2bf25f9-80e3-4dfc-bcf2-09c71b0a05ef).html
Bindel, T. (2008). Soziale Regulierung in informellen Sportgruppen. Feldhaus.
Bindel, T. (2015). Bedeutsamkeit und Bedeutung sportlichen Engagements in der Jugend. Meyer & Meyer.
Bohnsack, R. (2014). Rekonstruktive Sozialforschung. UTB.
Bräutigam, M. (1986). Unterrichtsplanung und Lehrplanrezeption von Sportlehrern. Czwalina.
Brettschneider, W.-D. & Bräutigam, M. (1990). Sport in der Alltagswelt von Jugendlichen. Rittenbach.
Brettschneider, W.-D. & Richartz, A. (1996). Weltmeister werden und die Schule schaffen. Zur Doppelbelastung von Schule und Leistungstraining. Hofmann.
Conzelmann, A., Schmidt, M. & Valkanover, S. (2011). Persönlichkeitsentwicklung durch Schulsport: Theorie, Empirie und Praxisbausteine der Berner Interventionsstudie Schulsport (BISS). Huber.
Creswell, J.W. & Plano Clark, V.L. (2018). Designing and Conducting Mixed Methods Research (3. Aufl.). Sage.
Derecik, A. (2011). Der Schulhof als bewegungsorientierter Sozialraum. Eine sportpädagogische Untersuchung zum informellen Lernen an Ganztagsschulen. Meyer & Meyer.

Deutscher Sportbund (Hrsg.) (2006). DSB-Sprint-Studie – Sportunterricht in Deutschland. Eine Untersuchung zur Situation des Schulsports in Deutschland. Meyer & Meyer.

Drinck, B. (2013). Grundlagen zum Forschungsdesign. In B. Drinck (Hrsg.), Forschen in der Schule. Ein Lehrbuch für (angehende) Lehrerinnen und Lehrer (S. 141–150). UTB.

Erhorn, J. (2012). Dem »Bewegungsmangel« auf der Spur. Zu den schulischen und außerschulischen Bewegungspraxen von Grundschulkindern. Eine pädagogische Ethnographie. transcript.

Forschungsgruppe SpOGATA (Hrsg.) (2015). Evaluation der Bewegungs-, Spiel- und Sportangebote an Ganztagsschulen in Nordrhein-Westfalen. Meyer & Meyer.

Funke, J. (1987). Über den didaktischen Ansatz der Körpererfahrung. In D. Peper & E. Christmann (Hrsg.), Zur Standortbestimmung der Sportpädagogik (S. 94–108). Hofmann.

Gerlach, E. & Brettschneider, W.-D. (2013). Aufwachsen mit Sport. Befunde einer 10-jährigen Längsschnittstudie zwischen Kindheit und Adoleszenz. Meyer & Meyer.

Grimminger, E. (2013). Besondere Sichtbarkeit durch Unsichtbarkeit – Wie sich Schüler/innen untereinander grundlegende Anerkennung im Sportunterricht verweigern. Zeitschrift für Sportpädagogische Forschung, 1(1), 55–77.

Grimminger, E. & Möhwald, A. (2015). Interkulturelle (Bewegungs-)Erziehung – Vom sportpädagogischen Konzept zum überfachlichen Fragebogen. Zeitschrift für sportpädagogische Forschung. 3(1), 27–44.

Grimminger-Seidensticker, E., Korte, J., Möhwald, A. & Trojan, J. (2019). Körperunzufriedenheit, Angsterleben, und Präferenzen didaktischer Inszenierungen im Sportunterricht der Grundschule. Zeitschrift für sportpädagogische Forschung, 7(2), 73–87.

Grimminger-Seidensticker, E. & Möhwald, A. (2020). Enhancing social cohesion in PE classes within an intercultural learning program: Results of a quasi-experimental intervention study. Physical Education and Sport Pedagogy, 25(3), 316–329.

Heckers, H. (1977). Sportunterricht, Freizeit- und Spitzensport. Eine Einstellungs- und Motivanalyse. Kümmerle.

Heemsoth, T. & Krieger, C. (2018). Perspektiven auf Sportunterricht. Merkmale der Unterrichtsqualität aus Lernenden- und Lehrkraftsicht. Unterrichtswissenschaft, 46(4), 499–522.

Heim, R., Konowalczyk, S., Grgic, M., Seyda, M. Burrmann, U. & Rauschenbach, T. (2016). Geht's auch mit der Maus? – Eine Methodenstudie zu Online-Befragungen in der Jugendforschung. Zeitschrift für Erziehungswissenschaft, 19(4), 783–805.

Herrmann, C., Gerlach, E. & Seelig, H. (2016). Motorische Basiskompetenzen in der Grundschule. Begründung, Erfassung und empirische Überprüfung eines Messinstruments. Sportwissenschaft, 46(2), 60–73.

Herrmann, C., Sygusch, R. & Töpfer, C. (2020). Motorische Leistungsdispositionen von Schülerinnen und Schülern. In E. Balz, C. Krieger, W.-D. Miethling & P. Wolters (Hrsg), Empirie des Schulsports (3., überarb. Aufl.) (S. 151–176). Meyer & Meyer.

Herrmann, C., Seiler, S., Pühse, U. & Gerlach, E. (2015). »Wie misst man guten Sportunterricht?« – Erfassung zentraler Dimensionen von Unterrichtsqualität im Schulfach Sport. Zeitschrift für Sportpädagogische Forschung, 3(1), 5–26.

Hofmann, A. (2001). Aufstieg und Niedergang des deutschen Turnens in den USA. Hofmann.

Kamper, S. (2015). Schüler im Sportunterricht. Eine empirische Untersuchung zur Aufdeckung und Beschreibung von Schülerpraktiken. Feldhaus.

Kaulitz, B. (2008). Homo sportivus. Der Held im Sport. Hofmann.

Körner, S. (2008). Dicke Kinder revisited. transcript.

Krieger, C., Jastrow, F. & Greve, S. (2020). Forschendes Bewegungslernen – Digitale Medien im Sportunterricht. In K. Michalik, G. Krauthausen, C. Krieger, A. Schwedler, M. Thumel, A. Pilgrim & C. Metzler (Hrsg.), Tablets im Grundschulunterricht. Fachliches Lernen und Medienpädagogik (S. 37–52). Schneider.

Krieger, C. (2011). Sportunterricht als Erziehungsgeschehen. Strauss.

Kröger, C. & Roth, K. (2005). Ballschule. Ein ABC für Schulanfänger. Hofmann.

Kuckartz, U. (2018). Qualitative Inhaltsanalyse. Methoden, Praxis, Computerunterstützung. Beltz.

Kuhlmann, D. & Balz, E. (Hrsg) (2005). Qualitative Forschungsansätze in der Sportpädagogik. Hofmann.

Leffler, T. (2017). Wie sich Kinder das Kämpfen im Sportunterricht vorstellen. Schneider.
Lienert, G.A. & Raatz, U. (2011). Testaufbau und Testanalyse (6. Aufl.). Beltz.
Loibl, J. (2001). Basketball. Genetisches Lehren und Lernen. Hofmann.
Lüsebrink, I. (2006). Pädagogische Professionalität. Strauss.
Mayring, P. (2001). Kombination und Integration qualitativer und quantitativer Analyse. Forum: Qualitative Sozial Forschung/Forum: Qualitative Social Research, 2(1), Art. 6, Abruf unter https://www.qualitative-research.net/index.php/fqs/article/view/967/2111
Mayring, P. (2015). Qualitative Inhaltsanalyse. Beltz.
Miethling, W.-D. (1977). Lehrer- und Schülerverhalten im Sportunterricht. Limpert.
Miethling, W.-D. (1986). Belastungssituationen im Selbstverständnis junger Sportlehrer. Hofmann.
Miethling, W.-D. (2002). Der lange Arm des Berufs – Zur biographischen Entwicklung von Sportlehrern. In P. Elflein, P. Gieß-Stüber, R. Laging & W.-D. Miethling (Hrsg.), Qualitative Ansätze und Biographieforschung in der Bewegungs- und Sportpädagogik (S. 50–71). Afra.
Miethling, W.-D. & Krieger, C. (2004). Schüler im Sportunterricht. Hofmann.
Miethling, W.-D. & Schierz, M. (Hrsg) (2008). Qualitative Forschungsmethoden in der Sportpädagogik. Hofmann.
Möhwald, A. (2019). Umgang mit Fremdheit im Sportunterricht. Eine videobasierte Studie mit Inhalten der Interkulturellen Bewegungserziehung. Springer.
Mutz, M. & Burrmann, U. (2011). Sportliches Engagement jugendlicher Migranten in Schule und Verein: Eine Re-Analyse der PISA- und der SPRINT-Studie. In S. Braun & T. Nobis (Hrsg.), Migration, Integration und Sport. Zivilgesellschaft vor Ort (S. 99–124). Springer VS.
Neumann, P. (2004). Erziehender Sportunterricht. Grundlagen und Perspektiven. Schneider.
Pallesen, H. (2014). Talent und Schulkultur. Budrich.
Popper, K. (2005). Logik der Forschung (11. Aufl.). Mohr Siebek.
Reichertz, J. (2014). Empirische Sozialforschung und soziologische Theorie. In N. Baur & J. Blasius (Hrsg.), Handbuch Methoden der empirischen Sozialforschung (S. 65–80). Springer.
Reuker, S., Rischke, A, Kämpfe, A, Schmitz, B, Teubert, H, Thissen, A & Wiethäuper, H. (2016). Inklusion im Sportunterricht. Ein Überblick über internationale Forschungsergebnisse 2005 bis 2014. German Journal of Exercise and Sports Research, 46(2), 88–101.
Richartz, A., Hoffmann, K. & Sallen, J. (2009). Kinder im Leistungssport. Chronische Belastungen und protektive Ressourcen. Hofmann.
Richartz, A., Kohake, K. & Maier, J. (2019). Individuelle videogestützte Lernbegleitung zur Verbesserung der pädagogischen Trainingsqualität im Nachwuchsleistungssport. BISp-Jahrbuch: Forschungsförderung 2018/2019, 97–114. Abruf unter http://my.page2flip.de/15646901/18134750/18137775/html5.html#/100
Scheffel, H. (1996). MädchenSport und Koedukation. Aspekte einer feministischen SportPraxis. Afra.
Scherler, K. (1989). Elementare Didaktik. Beltz.
Scherler, K. (2008). Sportunterricht auswerten. Feldhaus.
Schierz, M. (1997). Narrative Didaktik. Von den großen Entwürfen zu den kleinen Geschichten im Sportunterricht. Beltz.
Schüller I. & Demetriou, Y. (2018). Physical activity interventions promoting social competence at school: A systematic review. Educational Research Review, 25, 39–55.
Schwier, J. (1996). Skating und Streetball im freien Bewegungsleben von Kindern und Jugendlichen. In W. Schmidt (Hrsg.), Kindheit und Sport – gestern und heute (S. 71–84). Czwalina.
Seyda, M. (2011). Persönlichkeitsentwicklung durch Bewegung, Spiel und Sport. Die Bedeutung des Schulsports für die Selbstkonzeptentwicklung im Grundschulalter. Meyer & Meyer.
Seyda, M. (2018). Können Sportlehrkräfte die Perspektive ihrer Schülerinnen und Schüler einnehmen? Eine Untersuchung über die Akkuratheit von Beurteilungen physischer Fähigkeitsselbstwahrnehmungen. Unterrichtswissenschaft, 46(2), 215–231.

Seyda, M. (2020). Sportlehrer*innenkompetenzen und Lehrer*innenprofessionalität. In E. Balz, C. Krieger, W.-D. Miethling & P. Wolters (Hrsg)., Empirie des Schulsports (3. Aufl., S. 220–244). Meyer & Meyer.

Sohnsmeyer, J. (2018). Deutsche Adaptation der Prosocial and Antisocial Behavior in Sport Scale (PABSS) – Überprüfung der Konstruktvalidität und Messinvarianz mit explorativen Strukturgleichungsmodellen. Diagnostica, 64(4), 180–190.

Spruit, A., Kavassanu, M., Smith, T. & IJntema, M. (2019). The Relationship between Moral Climate of Sports and the Moral Behavior of Young Athletes: A Mulitlevel Meta-analysis. Journal of Youth and Adolescence, 48(2), 228–242.

Steinke, I. (2008). Gütekriterien qualitativer Forschung. In U. Flick, E. von Kardorff & I. Steinke (Hrsg.), Qualitative Forschung – Ein Handbuch (6. Aufl., S. 319–331). Rowohlt.

Stibbe, G. (2016) (Hrsg.). Lehrplanforschung. Meyer & Meyer.

Strauss, A. & Corbin, J. (1996). Grounded Theory. Strategien qualitativer Sozialforschung. Beltz.

Strobl, H., Ptack, K, Töpfer, C., Sygusch, R. & Tittlbach, S. (2020). Effects of a Participatory School-Based Intervention on Students' Health-Related Knowledge and Understanding. Frontiers Public Health, Vol. 8., Art. 122.

Thiele, J. (2003). Ethnographische Perspektiven der Sportwissenschaft in Deutschland: Status Quo und Entwicklungschancen [37 Absätze]. Forum Qualitative Sozialforschung/Forum: Qualitative Social Research, 4(1), Art. 14, Abruf unter http://nbn-resolving.de/urn:nbn:de:0114-fqs0301147.

Thiele, J. (2006). Das Schulsportportrait als Instrument der Schulsportentwicklung. In A. Hummel & M. Schierz (Hrsg.), Studien zur Schulsportentwicklung in Deutschland (S. 23–42). Hofmann.

Thiele, J. (2017). Erkenntnisgenerierung in der Schulsportforschung – ein zweiter Blick. In G. Stibbe & H. Aschebrock (Hrsg.), Schulsportforschung. Wissenschaftstheoretische und methodologische Reflexionen (S. 29–44). Waxmann.

Thiele, J. & Seyda, M. (Hrsg.) (2011). Tägliche Sportstunde an Grundschulen in NRW. Modelle – Umsetzungen – Ergebnisse. Meyer & Meyer.

Wibowo, J. (2016). Adaptives Lehrerhandeln im Sportunterricht. Zeitschrift für Sportpädagogische Forschung (Sonderheft 1), 63–84.

Wiesche, D. (2016). Scham und Selbst im Sportunterricht. Dissertation an der Ruhr-Universität Bochum. Abgerufen am 18.1.2021 unter https://d-nb.info/1127335022/34.

Wirszing, D. (2015). Die motorische Entwicklung von Grundschulkindern. Eine längsschnittliche Mehrebenenanalyse von sozioökologischen, soziodemographischen und schulischen Einflussfaktoren. Czwalina.

Wolters, P. (1999). Bewegungskorrektur im Sportunterricht. Hofmann

Zander, B. (2017). Lebensweltorientierter Schulsport. Meyer & Meyer.

Zander, B. (2018). Sportunterricht als konjunktiver Erfahrungsraum. Rekonstruktion kollektiver Orientierungen zum Sportunterricht von Schüler_innen im 7. Schuljahr. Zeitschrift für Sportpädagogische Forschung, 6(2), 5–30.

11 Systematik zentraler Forschungsansätze

Erin Gerlach & Hans Peter Brandl-Bredenbeck

11.1 Einleitung – was umfasst sportpädagogische Forschung?

Wie in der gemeinsamen Einleitung zur sportpädagogischen Forschung beschrieben, liegen derzeit keine breit akzeptierten Systematisierungsansätze sportpädagogischer Forschung vor. Die bislang vorliegenden Versuche unterscheiden sich dahingehend, (a) dass sie sich entweder auf die Schule beschränken (Fessler, Hummel & Stibbe, 2010) oder auch den außerschulischen Sport in den Blick nehmen (Scheid & Wegner, 2001), (b) ob sie eine über die Sportpädagogik hinausgehende und interdisziplinär angelegte Schulsportforschung thematisieren (Friedrich, 2000; Friedrich & Miethling, 2004), (c) ob sie nur empirische Forschungszugänge systematisieren (Balz et al., 2020; Bräutigam, 2008) oder (d) dass sie sich vor dem Hintergrund einer anderen historischen Genese in der DDR etablierten und sich durch eine schulstufen- und schulformspezifische Forschung an einzelnen Standorten charakterisieren ließen (Hinsching & Hummel, 1997).

In diesem Kapitel wird in Anlehnung an die einleitend vorgestellte Systematik (▶ Tab. IV.1) die Forschung in den dort genannten unterschiedlichen Gegenstandsbereichen beschrieben. Diese Systematik wurde für die Sportpädagogik adaptiert. Im Folgenden wird daher die Forschung zu fachlich relevanten Rahmenbedingungen, Forschung zu Geschichte und Theorie der Fachdidaktik, Inhaltsforschung, Programm- und Entwicklungsforschung, Akteur*innenforschung sowie Lehr-Lernforschung anhand prototypischer Beispiele vorgestellt. Die ersten beiden Gegenstandsbereiche werden dabei nur kurz berichtet, da es sich um solche Forschungsthemen handelt, die teilweise in Kooperation mit anderen Teildisziplinen der Sportwissenschaft (z. B. Sportsoziologie oder der Sportgeschichte) bearbeitet werden. Methodische Fragen werden nur soweit direkt adressiert, als diese zum Verständnis des Gegenstandsbereichs notwendig sind (▶ Kap. 10).

11.2 Forschung zu fachlich relevanten Rahmenbedingungen

Dieser Gegenstandsbereich umfasst solche Studien, die die Situation von bspw. bildungspolitischen, infrastrukturellen oder organisatorischen Rahmenbedingungen beschreibt, die von relevanter Bedeutung für Organisation, Durchführung und Ausübung des Sports in Schule, Verein oder anderen Settings sind.

Ein Beispiel für eine quantitativ orientierte Forschung zu fachlich relevanten Rahmenbedingungen stellt die Sportstättenanalyse von Breuer (2006) im Rahmen der ersten deutschlandweit repräsentativen Schulsportstudie *SPRINT* (Sportunterricht in Deutschland) dar. In einer sportökonomischen Perspektive werden Sportstätten als wichtige Erfolgsfaktoren für die Schule betrachtet. Hierfür wurden in 4000 Schulen Aspekte der Sportstätten wie Anzahl, Bewertung, Verbesserungsbedarfe sowie die vorliegenden Zeit- und Transportkosten, die für die Durchführung auf Seiten der Teilnehmenden durch die räumliche Entfernung entstehen, Nutzungsgebühren und Raumkosten erfragt und in ihren Auswirkungen auf die Bereitstellung außerunterrichtlicher Angebote untersucht. Die Auswertung erfolgte im Vergleich der einzelnen Schultypen und Regionen sowie mit Blick auf mögliche Zusammenhänge von Nutzungskosten mit der Bereitstellung dieser Angebote. Zentrales Ergebnis war, dass die Ressource Sportstätte als ein größeres Problem als die personelle Ressource der Sportlehrperson eingeschätzt wurde. Insbesondere die Zeit- und Transportkosten haben dabei negative Auswirkungen auf außerunterrichtliche Angebote.

Ein zweites bildungspolitisch aktuelles Thema behandelt die Studie von Bob, Heim und Prohl (2015) zur Verkürzung der Schulzeit im Vergleich von Schulen mit einem 8-jährigen zu einem 9-jährigen Gymnasium (G8 vs. G9). Da die einzelnen Bundesländer in dieser Angelegenheit unterschiedliche Wege gegangen sind, sind empirische Ergebnisse zur Auswirkung derartiger umwälzender Strukturmaßnahmen besonders wichtig. Bob et al. (2015) befragten in einer quantitativen Fragebogenstudie 413 G8- und 462 G9-Schüler*innen verschiedener Jahrgangsstufen hinsichtlich ihrer Schulwahrnehmung und ihres Freizeitverhaltens. Es zeigte sich dabei, dass sich die G9-Schüler*innen zwar weniger durch die Schule beansprucht fühlten und sich zufriedener äußerten, allerdings waren die G8-Schüler*innen trotz ihres höheren Stundensolls in den Schulen deutlich häufiger Mitglied in einem Sportverein. Damit haben sich Befürchtungen bzgl. der Partizipationsmöglichkeiten in Sportvereinen durch eine verkürzte Schulzeit im G8 nur zu einem geringen Teil bestätigt.

11.3 Forschung zu Geschichte und Theorie

In diesem Feld geht es einerseits um theoretisch-konzeptionelle und hermeneutische Forschung und andererseits um eine historische Rekonstruktion von Entwicklungslinien der Sportpädagogik und des Sports. Insbesondere in den 1960er und 1970er Jahren bildete dieser Bereich den Kern der geistes- und sozialwissenschaftlichen Forschung in der Sportwissenschaft (▶ Kap. 10). Da die Entwicklung der Sportpädagogik auch eng mit der des Sports und des Sportunterrichts verbunden war, werden viele Themen an der Grenzfläche zwischen Sportpädagogik und Sportgeschichte bearbeitet.

Wenn man zentrale theoretisch orientierte Arbeiten aus der Sportpädagogik darstellen möchte, ist es sinnvoll in der Zeit ein wenig zurückzugehen. Insgesamt liegt dabei eine Fülle theoretisch-konzeptioneller Arbeiten in der Sportpädagogik vor allem bis zur Jahrtausendwende vor, die bereits innerhalb dieses Gegenstandsbereichs nur schwer zu systematisieren sind und daher an dieser Stelle nicht umfassend dargestellt werden können. Viele der grundlegenden Werke der Sportpädagogik stellen auch in ihren Neuauflagen (z. B. Grupe & Krüger, 1997 bzw. Krüger, 2019; Prohl, 2010) die historische Entwicklung der sportpädagogischen Diskussion dar, um aus dieser geschichtlichen Einbettung die Grundlagen für die Theorieentwicklung abzuleiten. Ein Beispiel zur Theorie, das bis heute wesentliche Entwicklungslinien der Sportdidaktik geprägt hat, ist die Arbeit von Kurz (1977) zu *Elementen des Schulsports*. Sie ist ein wesentlicher Meilenstein einer Epoche der pragmatischen Fachdidaktik seit den 1970er Jahren (Ehni, 1977; ▶ Kap. 9). Bis heute finden sich viele der damals theoretisch erarbeiteten Gedankengebäude in aktuellen didaktischen Grundlegungen wieder (Kurz, 2013). Ein aktuelles Beispiel stellt auch der Sammelband von Laging und Kuhn (2018) dar, in dem in mehreren Beiträgen das Verhältnis von Bildungstheorie und Sportdidaktik erneut erörtert wird. Typisch für diesen Bereich ist auch die historisch inspirierte sportdidaktische Arbeit von Aschebrock (2013), der den Wandel curricularer Leitideen beschreibt und Konsequenzen für aktuelle Entwicklungen im Bereich der Kompetenzorientierung ableitet.

11.4 Inhaltsforschung

In der Inhaltsforschung wird die Auswahl, Legitimation und Umsetzung der fachlichen Inhalte im Unterricht bearbeitet. Während sich andere Fächer für ihre Inhalte zumindest in Teilen an der Struktur der korrespondierenden Wissenschaftsdisziplin orientieren, verweist das Fach Sport auf unterschiedliche Bezüge für den Sportunterricht (▶ Kap. 7; ▶ Kap. 8; ▶ Kap. 9). Dazu kommt der Umstand, dass sich das Fach auf eine kulturelle Praxis bezieht, die einem permanenten dynamischen Wandel unterliegt und sich der jeweilige Lerngegenstand erst in der Unterrichtspraxis konstituieren muss.

Ein Beispiel für eine theoretisch-hermeneutisch inspirierte Inhaltsforschung stellt die Arbeit von Ruin (2014) dar. Unter Berücksichtigung sich wandelnder gesellschaftlicher Körperbilder (z. B. Fitnessboom, neue Praktiken der Körperstilisierung) hat er schulische Lehrpläne der letzten zwei Dekaden vor dem Hintergrund körpersoziologischer Theorien analysiert. Dabei zeigt sich eine zunehmende Orientierung an sportlich-normierten Leistungserwartungen sowie an einer stark standardisierten Output Messung. Im Kontrast zum mehrperspektivischen und erziehenden Sportunterricht konstatiert Ruin eine Reduzierung der Ziele auf eine motorische Leistungsoptimierung, die auf eine Verengung des zu Grunde liegenden Körperbildes in der Formel »fitter, gesünder, arbeitsfähiger« hinweist.

Für eine qualitativ orientierte Inhaltsforschung kann ein Beispiel aus dem außerschulischen Freizeitsport von Bindel (2015) herangezogen werden. Inhaltsforschung wird hier als eine Darstellung und Rekonstruktion dessen verstanden, was Jugendliche unter ihrem Sport in Schule und Freizeit subjektiv verstehen. Bindel führte ethnografische Studien und Interviews in einem längsschnittlichen Design mit Jugendlichen zur Beschreibung der unterschiedlichen Szenen des Sports durch, wobei die Ergebnisse einen differenzierten Blick der Jugendlichen offenbaren. In ihren Augen ist Sport eine Möglichkeit, ihr Leben zu ordnen, indem spezifische Rollen eingenommen werden. Daneben gilt der Sport für einige als ein Feld, in dem intergenerationale Beziehungen gepflegt werden können. Die Aussagen der Jugendlichen lassen insgesamt auf eine identitätsbildende Kraft des Sports schließen. Dennoch haben die Jugendlichen trotz unterschiedlichster Sportausübung übergreifend ein ähnliches Bild vom *richtigen Sport*, der sich ihrer Meinung nach durch Anstrengung und echte Leistung konstituiert. Diese Deutungen der Jugendlichen werden abschließend aus fachdidaktischer Perspektive mit Blick auf mögliche Konsequenzen für den Schulsport diskutiert.

Ein drittes Beispiel für Inhaltsforschung stammt aus der SPRINT-Studie (DSB, 2006). Prohl und Krick (2006) analysierten Lehrpläne in Deutschland in Form einer Dokumentenanalyse sowohl quantitativ als auch qualitativ. Dabei wurden alle vorliegenden Lehrpläne in den einzelnen Bundesländern in den unterschiedlichen Schulstufen und -formen mit Blick auf Ziele, Inhalte und Umsetzung ausgewertet. Dabei fanden sie in einer ersten Unterscheidung einerseits bewegungsfeldorientierte und andererseits sportartenorientierte Lehrpläne. In der Primarstufe konnte eine stärkere Anzahl bewegungsfeldorientierter Lehrpläne gefunden werden. In der zeitlichen Entwicklung zeigte sich zudem ein Trend von sportartspezifischen hin zu bewegungsfeldorientierten Lehrplanwerken. Weiterhin konnte gezeigt werden, dass bewegungsfeldorientierte Lehrpläne die *Erziehung durch Sport* im Doppelauftrag betonten, während sportartenorientierte Lehrpläne eher auf *Erziehung zum Sport* abzielten, was sich bei den erstgenannten Lehrplänen u. a. auch auf der Umsetzungsebene in der expliziten Nennung von Prinzipien eines erziehenden Sportunterrichts zeigte.

An die theoretische Diskussion zur Legitimation des Faches in der Schule (Scherler, 1995; ▶ Kap. 16) kann auch der Diskurs über die Legitimierung von Inhalten angeschlossen werden. Ausgehend von sozialwissenschaftlichen Analysen zu Trendsportphänomenen im außerschulischen Bereich (Schwier, 2003; Schwier & Erhorn, 2015) hat Sieland (2002) die Thematisierung von Trendsportarten für den Sportunterricht begründet und mit Blick auf ihre Akzeptanz und Umsetzbarkeit 227 Sportlehrpersonen aus 41 Schulen befragt. Aus den Ergebnissen wird abgeleitet, warum Trendsportarten vor dem Hintergrund einer sich dynamisch wandelnden Sport- und Bewegungskultur, aber auch mit Blick auf eine Erweiterung der didaktischen Inszenierungsformen in den Sportunterricht zu integrieren sind (siehe auch Brandl-Bredenbeck & Köster, 2010; Schwier, 2004).

11.5 Programm- und Entwicklungsforschung

Pädagogische Programm- und Entwicklungsforschung wird häufig aus der Perspektive angewandter Forschung betrieben, mit dem Ziel die pädagogische Praxis systematisch zu analysieren und/oder eine Verbesserung zu generieren (Bauer & Prenzel, 2010). Die Grenzen zwischen angewandter und Grundlagenforschung sind hierbei fließend, da einerseits wissenschaftliche Theorien z. B. über das Lehren und Lernen weiterentwickelt werden (van den Akker et al., 2006) und andererseits mithilfe von Evaluationen die Maßnahmen bezüglich ihrer Akzeptanz, Umsetzung und Wirksamkeit eingeordnet werden. Entwicklungs- und Programmforschung sind – wie auch andere Forschungsbereiche in diesem Kapitel – nicht trennscharf unterscheidbar. Für eine genuin sportpädagogisch ausgerichtete Programmforschung wurden Orientierungspunkte entwickelt, mit denen die Vorhaben konzipiert oder aber vorliegende Forschung reflektiert werden kann (Sygusch et al., 2013).

Ein Beispiel für eine Programmforschung stellt die sog. PRIMUS-Studie dar (Sygusch & Herrmann, 2013; Herrmann & Sygusch, 2014). Auf der Grundlage eines für den Vereinssport entwickelten Förderkonzepts zur Stärkung psychosozialer Ressourcen wie etwa Selbstkonzept, Selbstwirksamkeit und Gruppenzusammenhalt (Sygusch, 2007) wurden in einem sog. *experimental intervention* Mixed-Methods-Design (zur Terminologie ▶ Kap. 10) die Qualität des Förderkonzepts hinsichtlich der Programmdurchführung und der Programmwirksamkeit anhand von 29 Trainingsgruppen (Alter: 12–16 Jahre) untersucht. Mit Blick auf die Programmdurchführung geraten die Umsetzung, die Verinnerlichung sowie die Umsetzbarkeit des Konzepts in den Blick. Auf der Grundlage von Trainer*inneninterviews werden sowohl inhaltsanalytische als auch quantifizierende Auswertungen durchgeführt. Insgesamt zeigt sich, dass die Trainer*innen die Maßnahmen bereits zu Beginn in hohem Maße in ihrer Einschätzung konzepttreu umsetzen (ca. 70%) und dies im Laufe der Intervention noch gesteigert wird. So gaben sie an, wesentliche Bausteine des Konzepts verinnerlicht zu haben, und halten es für umsetzbar. Zudem gaben die Trainer*innen in den Interviews an, ressourcenstärkende Prozesse im Trainingsalltag sowie einen gesteigerten Zusammenhalt in der Trainingsgruppe wahrgenommen zu haben. Die Evaluation der Wirksamkeit erfolgte zusätzlich durch eine quantitative Sportler*innenbefragung. Die Befunde zeigen, dass über den Untersuchungszeitraum hinweg die psychosozialen Ressourcen gestärkt werden. Dies wurde allerdings unabhängig vom Programm in beiden Gruppen nachgewiesen, so dass eine Rückführung auf die Teilnahme am Programm nicht möglich ist.

Als ein zentraler Ansatz der Programmforschung in der Sportpädagogik hat sich der differenzanalytische Ansatz etabliert (Balz & Neumann, 2005), der eine systematische Folie für die Frage bietet, inwiefern pädagogische Ansprüche (normative

Sollens-Aussagen) zur empirischen Wirklichkeit (Ist-Befunde) stehen und welche Differenzen sich dadurch finden. Ein Beispiel hierfür stellt die Studie von Hapke (2018) dar, in der die Ansprüche an einen Erziehenden Sportunterricht sowie die Umsetzung durch Sportlehrpersonen exemplarisch an den Pädagogischen Perspektiven Leistung und Miteinander durch eine qualitative Analyse von Dokumenten, Interviews und Videos rekonstruiert wurden. Dabei wurden insbesondere Barrieren sowie unterschiedliche Typen bei den Sportlehrkräften herausgearbeitet, die für die Umsetzung eine große Rolle spielten. Die Differenzen zwischen dem *Sollen* eines mehrperspektivischen Sportunterrichts und dem *Sein* in der Praxis laden zu einer kritischen Diskussion ein (siehe auch Neumann, 2020).

Gieß-Stüber, Tausch und Freudenberger (2018) sowie Schwarz und Gieß-Stüber (2018) formulieren den Anspruch, sozialkulturell motivierte Fußballprojekte auf ihre Wirkungen hin zu prüfen sowie dort ablaufende Prozesse und vorhandene Strukturen dynamisch zu klären, um diese in einem iterativen Prozess weiterzuentwickeln. Dies kann als ein Beispiel überwiegend theoretisch-konzeptioneller Entwicklungsforschung eingeordnet werden, die mit einer prozessbegleitenden sog. formativen Evaluation verbunden ist. Der forschende Blick richtet sich dabei gezielt auf kritische Punkte und aufkommende Probleme und nicht auf das gesamte Programm. Datenerhebung und -auswertung zu diesen Fragen erfolgen zielgerichtet in kleinen Studien mit unterschiedlichen methodischen Zugängen (z. B. Interviews, Videographie, Dokumentenanalysen). Eine sukzessive Verzahnung der Studienergebnisse führt zu umfassenderen Erkenntnissen und Weiterentwicklungsmöglichkeiten der Programme. Im Projekt *kick for girls* soll bspw. die Integration und Partizipation von weiblichen Jugendlichen gefördert werden, allerdings kamen die Mädchen sehr unregelmäßig zu den angebotenen Trainingsstunden. Die Ergebnisse einer Analyse der Trainingsdokumentationen wurden mit der Zielgruppe in Workshops diskutiert und in Empfehlungen für die Weiterarbeit überführt. In quantitativen Studien konnte schließlich nachgewiesen werden, dass das Sozialklima unter diesen Bedingungen mit Zufriedenheit und positiven selbstbezogenen Erfahrungen und einer größeren Beteiligung der Mädchen korreliert.

Als weiteres Beispiel einer Entwicklungsforschung untersuchte Ptack (2019) im Rahmen eines größeren Projektes zur nachhaltigen Gesundheitsförderung (Sygusch et al., 2020) den Erwerb sportbezogener Gesundheitskompetenz von Schüler*innen im Sportunterricht. Die einjährige Intervention an vier Schulen zielte darauf ab, das didaktische Lehrkrafthandeln zum Thema Gesundheit weiterzuentwickeln. Als übergreifende Methode wurde der partizipative Ansatz der *kooperativen Planungsgruppen* genutzt, bei dem verschiedene Stakeholder (u. a. Lehrkräfte, Schüler*innen, Wissenschaftler*innen) Gesundheitsmaßnahmen für den Sportunterricht konzipierten und umsetzten. Die Evaluation erfolgt mittels eines *participatory* Mixed-Methods-Ansatz, wobei der kooperative Planungsprozess mithilfe von Protokollen und Interviews und die Umsetzung der didaktischen Unterrichtseinheiten mittels Videobeobachtungen von acht Lehrkräften qualitativ inhaltsanalytisch ausgewertet wurde. Die sportbezogene Gesundheitskompetenz der Schüler*innen wurde mit standardisiertem Fragebogen in einem Pre-Post-Test-Design quantitativ erfasst. Auf der Ebene der Lehrkräfte zeigen die qualitativen Befunde, dass sich zwar die handlungsleitenden Kognitionen dem fachdidaktischen Anspruch annähern, aber die unterrichtliche Praxis sich nur wenig verändert. Veränderungen konnten vor allem bei solchen Lehrkrafttypen festgestellt werden, die zu Beginn der Intervention als innovationsfreudig klassifiziert wurden. Die quantitativen Ergebnisse machen deutlich, dass die Kompetenzentwicklung der Schüler*innen vom didaktischen Handeln der Lehrkräfte sowie einem produktiven kooperativen Planungsprozess an den Schulen abhängt.

11.6 Akteur*innenforschung

Unter dieser Perspektive geraten die Personen in den Blick, die im Sport in vielfältiger Weise anzutreffen sind. Dies können die aktiven Sportler*innen in verschiedenen Settings als auch Personen sein, die Bewegung, Spiel und Sport vermitteln (z. B. Lehrkräfte oder Trainer*innen).

Im Kontext der kompetenzorientierten Professionsforschung von Sportlehrkräften (▶ Kap. 13.3.1) ist die theoretisch-konzeptionelle Arbeit von Heemsoth (2016) angesiedelt, deren Anliegen darauf ausgerichtet ist, die Diskussion zum Professionswissen von Sportlehrkräften in den fächerübergreifenden Diskurs zur Lehrerprofessionalität einzuordnen. Da in der sportpädagogischen Literatur keine zufriedenstellende Konzeptualisierung und Konkretisierung des Professionswissens angeboten wird, entwickelte Heemsoth unter Rückgriff auf die Heuristik Shulmans (1987) mit zwei Dimensionen zum Fachwissen und drei Dimensionen zum fachdidaktischen Wissen ein Theorieangebot sowie konkrete inhaltliche Ausgestaltungen am Beispiel des Bewegungsfeldes *Laufen, Springen, Werfen*. Mit dieser Arbeit konnte zum einen die *theoretisch-konzeptionelle Lücke* des sportpädagogischen Diskurses zur allgemeinen Professionsforschung geschlossen werden, zum anderen werden erste konkrete inhaltliche Ideen zur Ausgestaltung der Wissensbereiche von Sportlehrkräften angeboten.

Quantitative Längsschnittstudien der Akteur*innenforschung sind u. a. im Leistungssport zu finden. Sie widmen sich der Frage, wie jugendliche Hochleistungssportler*innen die Doppelbelastung von Schule und Leistungssport bewältigen und wie sich diese Belastungen auswirken (Brettschneider & Klimek, 1998; Heim, 2002). Die Befunde zeigen insgesamt, dass die Jugendlichen sich in ihrem Alltag nicht nur auf den Leistungssport fixieren, wodurch die Gefahr einer »biografische Falle« (Heim, 2002, S. 309) entstehen könnte, sondern über angemessene soziale und personale Ressourcen verfügen, die eine ausgewogene Persönlichkeitsentwicklung ermöglichen. Weniger eindeutig – und zum Teil erwartungswidrig – fallen dagegen die Ergebnisse der Untersuchung von Brettschneider und Kleine (2002) zum Einfluss breitensportlichen Vereinsengagements bei Jugendlichen auf der Basis sozialisationstheoretischer Annahmen aus. In dieser Studie werden Vereinssportler*innen mit Nicht-Vereinsmitgliedern hinsichtlich der motorischen Leistungsfähigkeit sowie bezüglich verschiedener Dimensionen der psychosozialen Gesundheit verglichen. Die Befunde dieser ersten systematischen längsschnittlichen Evaluationsstudie machen insgesamt deutlich, dass es keine nennenswerten Unterschiede in den Entwicklungsverläufen zwischen den Vereinssportler*innen und den Nicht-Vereinssportler*innen gibt. Differenzierte Einzelbefunde deuten teilweise auch in eine pädagogisch nicht intendierte Richtung. Diese zeigen, dass jugendliche Vereinssportler*innen z. B. einen höheren Alkoholkonsum haben als Nicht-Vereinssportler, dagegen allerdings auch einen niedrigeren Zigarettenkonsum (siehe auch Gerlach & Brettschneider, 2013).

Im qualitativen Forschungsparadigma besitzt die Untersuchung von Richartz (2000) zu den Lebenswegen von Leistungssportler*innen eine besondere Stellung, da sie als qualitative Längsschnittuntersuchung hohe theoretische wie empirische Qualitätsstandards gesetzt und differenzierte Befunde generiert hat. Vor der theoretischen Folie des Belastungs-Bewältigungs-Paradigmas und auf der Grundlage von Interviews mit 56 im Hochleistungssport aktiven Proband*innen im Alter 12 bis 23 Jahren wird über vier Jahre hinweg deren Alltag und die tragenden sozialen Beziehungen nachgezeichnet. Dabei werden die wichtigsten Problemsituationen beleuchtet und die Bewältigungsmechanismen der jungen Menschen analysiert. Der Umgang mit chronischen psycho-physischen Belastungen kann als eine zentrale Herausforderung dieser Lebenswege angesehen werden. Da die Heranwachsenden in der Regel sportliche Ziele priorisieren, entwickeln sie im schulischen Bereich spezifische Schutz- und Abwehrmechanismen, wodurch ein Scheitern sehr selten anzutreffen ist. Auch zeigen sich soziale Beziehungen als ausgesprochen wichtige Ressourcen und zugleich aber auch als mögliche Problembereiche. In jüngeren Jahren sind es die Elternbeziehungen, in der späten Adoleszenz Liebesbeziehungen, denen eine hohe subjektive Bedeutung zukommt und die in besonderer Weise unterstützend wie auch konflikthaft sein können. Es gibt dabei offensichtlich – wie bei anderen Heranwachsenden auch – Rückschläge und Umwege genau wie Fortschritte. Eine intellektuelle oder kulturelle Deprivation der Leistungssportler*innen ist nicht festzustellen (siehe auch Brettschneider & Klimek, 1998).

Ziert (2012) untersucht anhand von jeweils zwei Interviews im Abstand von etwa einem Jahr, welche Anforderungen sich als mögliche Belastungsquellen von Sport-Referendar*innen identifizieren lassen und wie sie diese erleben und bewältigen. Als eine zentrale Quelle für subjektiv empfundenen Stress stellt sich die Zusammenarbeit mit den Seminarleiter*innen und den schulischen Mentor*innen dar. Konflikthaft wird erlebt, dass Dinge eingefordert (z. B. Pünktlichkeit, Zuverlässigkeit), aber selbst nicht eingelöst werden und deshalb auch die Frage nach der Auswahl und Eignung der Ausbilder*innen in der Studie kritisch formuliert wird. Zudem wird die besondere Struktur des Sportunterrichts als Bewegungsfach und eine damit einhergehende *Chaos-Affinität* (z. B. Durcheinanderlaufen, Lärm, erschwerte Kommunikationsbedingungen) von den Referendar*innen als stressauslösend wahrgenommen.

Süßenbach und Schmidt (2006) wählten in einem *explanatory sequential* Mixed-Method-Design auf der Basis des quantitativen Teils der SPRINT-Studie (DSB, 2006) 25 Schulen mit Lehrkräften und Schüler*innen aus und führten qualitative Interviews unter der Leitfrage von Schulsportqualität durch. Besonders bedeutsam waren ihre Befunde mit Blick auf die unterschiedlichen Schulformen: Grundschullehrkräfte kompensierten z. B. den Fachlehrermangel durch hohes Engagement und insgesamt ist ein weiter Sportbegriff prägend; im Gymnasium stehen fachliche Ziele im Vordergrund, während alle anderen Schulformen erzieherische Ziele betonen. An allen Schulformen wird wertgeschätzt, dass der Sportunterricht einen *anderen* Zugang zu Schüler*innen ermöglicht. Kritisch gesehen wird hingegen, dass die Inflation guter Noten den Stellenwert des Fachs mindert. Die Schüler*innen wollen etwas lernen, sie sind anstrengungs- und leistungsbereit und ordnen die Sportnote als bedeutsam für den Bildungserfolg ein. Allerdings erwarten sie, dass die Anforderungen und Bewertungskriterien transparent sind.

Einige grundlagenorientierte Arbeiten der Akteur*innenforschung (z. B. Entwicklung von Erhebungsinstrumenten) geben dabei erst die Voraussetzung dafür, dass sie in der Lehr-Lernforschung (▶ Kap. 11.7) eingesetzt werden können (z. B. Gogoll, 2013 zu Kompetenzen von Schüler*innen oder Heemsoth & Wibowo, 2020 zum fachdidaktischen Wissen von Lehrkräften).

11.7 Lehr-Lernforschung

Die Lehr-Lernforschung stellt ein umfangreiches Gebiet in der Sportpädagogik dar. Dabei geht es um die Beschreibung und Erklärung von Lernprozessen, die in der Interaktion von Lehrenden und Lernenden ablaufen sowie darum, Hintergrundwissen und empirisch fundierte Hinweise für eine Optimierung der Lernprozesse zu erhalten.

Als ein prägnantes Beispiel einer qualitativen Lehr-Lernforschung kann man kasuistische Studien ansehen (Wolters, 2015; ▶ Kap. 10.2.2). So untersuchten z. B. Setzer, Wohlers und Eichhorn (2018; Setzer, 2020) verschiedene Fälle, indem sie auf der Basis von 60 videografierten Unterrichtsstunden examinierter Sportlehrkräfte fünf zentrale Anforderungssituationen (Scaffolding, Bewegungslernen initiieren, Schüleraktivierung, schülerzentrierte Arbeitsformen, soziales Miteinander) rekonstruierten. Diese Rekonstruktionen des Unterrichtsgeschehens können produktiv für die Entwicklung professioneller Kompetenzen von Sportstudierenden insbesondere in den Praktikumsphasen des Studiums genutzt werden und kommen der Forderung nach fallbasiertem Lernen nach.

Ein idealtypisches Beispiel einer quantitativ und experimentell angelegten Lehr-Lernforschung liefert die Studie von Heemsoth und Kleickmann (2018). Sie widmet sich der Frage, welche Effekte der Einsatz von Beispielen des Sportunterrichts in didaktischen Lehrveranstaltungen auf die Planungsqualität und auf pädagogische Überzeugungen besitzen. In einem Feldexperiment mit Sportstudierenden, die randomisiert drei Treatmentbedingungen zugeordnet wurden, bearbeitet die erste Gruppe gelungene Unterrichtsbeispiele, die zweite Gruppe misslungene Beispiele und die dritte Gruppe schließlich verglich die beiden Beispiele miteinander. Die Befunde zeigen, dass der direkte Vergleich in der dritten Gruppe den stärksten Zuwachs in der Qualität der Planungen wie auch in der Verringerung transmissiver Lehrüberzeugungen bei den Studierenden zur Folge hatte.

Ein anderes Beispiel für eine im *explanatory sequential* Mixed-Methods-Design angelegte Lehr-Lernforschung liefert die Studie von Seiler (2019). Sie hat im Rahmen einer einjährigen Längsschnittstudie die Entwicklung von lern- und leistungsbezogenen Dispositionen von Schüler*innen (u. a. Motorische Basiskompetenzen, Interesse, Anstrengungsbereitschaft, Selbstkonzept) in der Sekundarstufe I untersucht. Auf der Basis des Angebot-Nutzen-Modells der Schuleffektivitätsforschung (Helmke, 2017) wurden Merkmale der Unterrichtsqualität und ihr Einfluss auf diese Dispositionen analysiert. Dabei zeigte sich insbesondere der Einfluss der von den Schüler*innen wahrgenommenen Klassenführung auf ihr Interesse und ihre Anstrengungsbereitschaft. In einem darauffolgenden ersten Mixed-Method-Schritt wählte Seiler solche Klassen aus, in denen die motorischen Basiskompetenzen problematische Mindeststandards unterschritten und explorierte in qualitativen Interviews die subjektiven Theorien der Lehrkräfte zu den Ursachen niedriger motorischer Kompetenzen. Sie konnte dabei drei unterschiedliche Typen von Lehrkräften identifizieren, die sich in ihrem Einfluss auf Schüler*innenleistungen als machtvoll, ohnmächtig oder aber als indifferent erlebt haben. Darauf aufbauend hat sie in einem zweiten Mixed-Method-Schritt die Daten der quantitativen Befragung der Lehrpersonen in ihren berufsbezogenen Überzeugungen ausgewertet. Dabei zeigten die dem indifferenten Typus zugeordneten Lehrpersonen in diesen Überzeugungen positiv zu wertende Konstellationen an (z. B. höhere Berufszufriedenheit und Fähigkeitsüberzeugungen sowie niedrigere Burnout-Werte).

11.8 Ausblick

In der Literatur wurde immer wieder eine fehlende Systematisierung sportpädagogischer Forschung beklagt. Das Ziel dieses Kapitels war es daher, anhand eines überfachlichen Strukturierungsvorschlags (Rothgangel, 2020) einen Überblick über die thematische Breite sportpädagogischer Forschung anhand prototypischer Arbeiten zu geben. Vor dem Hintergrund der vielfältigen Forschungsaktivitäten konnte dies nur sehr holzschnittartig und selektiv erfolgen. Keinesfalls kann damit ein Anspruch auf Vollständigkeit erhoben werden. Weiterhin ist bereits an einigen Stellen deutlich geworden, dass die Übergänge zwischen den einzelnen Gegenstandsbereichen fließend sein können und zuweilen – je nach Fokus – können sogar mehrere Zuordnungen vorgenommen werden. Viele der Studien sind auch so angelegt, dass sie je nach Teilstudie bewusst unterschiedliche Gegenstandsbereiche mit unterschiedlichen methodischen Zugängen bearbeiten. Ein derartiges Nebeneinander unterschiedlichster Forschungsaktivitäten könnte auf der einen Seite als ein Zeichen für eine erhebliche Vielfalt der Forschung gedeutet werden, auf der anderen Seite wird ein Überblick über Traditionen und Schwerpunkte wie auch über Lücken erschwert. Die hier vorgenommene Systematisierung bietet daher die Chance, Stärken und Schwächen zu identifizieren. Die zentralen Erkenntnisse lassen sich wie folgt skizzieren:

- Die Forschung zu relevanten Rahmenbedingungen hat sich insbesondere vor dem Hintergrund bildungspolitischer Veränderungen in den letzten 20 Jahren im Zuge einer stärkeren empirischen Forschung entwickelt. Allerdings gibt es noch eine Reihe von unbeantworteten Fragen zu Themen wie bspw. zur Bewegten Schule, zur Frage des Sports in der Ganztagsschule oder im Kontext von G8 vs. G9.
- Theoretisch-konzeptionelle Forschung hat im zeitlichen Verlauf innerhalb der Sportpädagogik abgenommen. Die Zeit der großen theoretischen Entwürfe und Begründungen des Schulfachs scheint vorbei zu sein. Auch wenn Mahnungen zu finden sind, dass theoretische Begründungen stets weiterentwickelt werden müssen (Thiele, 2017), hat sich eine starke empirisch-analytische Sportpädagogik mit einer Vielfalt an Forschungsmethoden in den unterschiedlichen Gegenstandsbereichen entwickelt.
- Im Zuge der Nicht-Wiederbesetzung von Lehrstühlen der Sportgeschichte rückt eine historisch orientierte Forschung zunehmend in den Hintergrund. Damit die sportpädagogische Forschung nicht Gefahr läuft historisch blind zu werden, müsste diesen Arbeiten in Zukunft möglicherweise wieder mehr Raum eingeräumt werden und ggf. von sportpädagogischen Akteur*innen übernommen werden.
- Vor dem Hintergrund einer sich stetig und dynamisch wandelnden Bewegungskultur hat der Bereich der Inhaltsforschung im Vergleich zu Fächern mit einem gesicherten Inhaltskanon als eine Dauerbaustelle für die Forschung zu gelten. Insbesondere die Forschung zu Trends, zu neuen Erscheinungsformen des Sports in verschiedenen Settings (z. B. eSport, oder Sporthybride; ▶ Kap. 6; ▶ Kap. 12) führt dazu, dass sowohl der außerschulische Sport als auch Konsequenzen für die Schule fortwährend erforscht werden sollten. Die Corona-Krise Anfang der 2020er Jahre und insbesondere deren Auswirkungen auf den Sport in Schule und Verein hat dies besonders deutlich werden lassen.
- Theoretisch fundierte und empirisch begleitete Programm- und Entwicklungsforschung ist in vielen Studien in der Sportpädagogik im außerschulischen und schulischen Bereich zu finden, allerdings erscheint diese – insbesondere im Quervergleich zu anderen Fächern – auf der Ebene von Unterrichtinszenierungen ausbaufähig zu sein. Ein Beispiel für eine derartige Leerstelle ist eine praxisnahe Entwicklungsforschung im Design-Based-Research-Ansatz, die bspw. in anderen Fachdidaktiken eine größere Tradition und Bedeutung hat (Prediger, 2018).
- Die empirische Lehr-Lernforschung scheint ein fruchtbares und gleichzeitig wachsendes Forschungsgebiet zu sein. Allerdings ist eine quantitativ und experimentell angelegte Forschung im Sportunterricht im Vergleich zu anderen Schulfächern generell wenig verbreitet. Echte pädagogische Experimente mit hoher Kontrolle aller Störbedingungen, in denen Probanden randomisiert in Versuchs- und Kontrollgruppen zugeteilt werden, sind bislang in der sportpädagogischen Lehr-Lernforschung im Gegensatz zu anderen Teildisziplinen der Sportwissenschaft u. E. nicht zu finden. Hier dominiert qualitative Forschung.
- Die sportpädagogische Forschung zeichnet sich durch eine sehr umfangreiche und ausgesprochen ausdifferenzierte Akteur*innenforschung aus. Sowohl für den Sportunterricht wie auch für den außerschulischen Sport gibt es belastbare Erkenntnisse zu den in den Settings handelnden Akteur*innen, deren Wahrneh-

mungen, Sichtweisen, Einstellungen und deren Handeln. Methodisch wurde dies insbesondere durch mehrjährige und multimethodische Längsschnittstudien erreicht. Gleichwohl wird auch dieser Bereich unter den Bedingungen des gesellschaftlichen Wandels im Bildungsbereich und in der Bewegungskultur eine Daueraufgabe sein.
- Eine Besonderheit zeichnet sich in der Sportpädagogik ähnlich wie in der Musik- oder Kunstpädagogik hinsichtlich des außerschulischen Sektors ab. Die hohe gesellschaftliche Relevanz von Bewegung, Spiel und Sport in einer Vielzahl außerschulischer Felder – vom Eltern-Kind-Turnen bis zum Seniorensport, vom informellen Bewegungsverhalten zum Extremsport (▶ Kap. 12) – legen sportpädagogische Forschungsbemühungen in einer großen Breite nahe. Dies unterscheidet die Sportpädagogik grundlegend von vielen anderen Fachpädagogiken und Fachdidaktiken und stellt gleichzeitig eine Stärke dar.

Literatur

Aschebrock, H. (2013). Vom Sportartenprogramm zur Kompetenzorientierung. In H. Aschebrock & G. Stibbe (Hrsg.), Didaktische Konzepte für den Schulsport (S. 53–78). Meyer & Meyer.
Balz, E., Bräutigam, M., Krieger, C. & Wolters, P. (Hrsg.). (2020). Empirie des Schulsports (3., überarb. Aufl.). Meyer & Meyer.
Balz, E. & Neumann, P. (2005). Differenzstudien zwischen Anspruch und Wirklichkeit – ein Beitrag zur qualitativen Schulsportforschung. In D. Kuhlmann & E. Balz (Hrsg.), Qualitative Forschungsansätze in der Sportpädagogik (S. 141–160). Hofmann.
Bauer, J. & Prenzel, M. (2010). Kooperative Netzwerke in und zwischen Schulen. In T. Hascher & B. Schmitz (Hrsg.). Pädagogische Interventionsforschung (S. 212–224). Juventa.
Bindel, T. (2015). Bedeutsamkeit und Bedeutung sportlichen Engagements in der Jugend. Meyer & Meyer.
Bob, A., Heim, C. & Prohl, R. (2015). Auswirkungen der verkürzten Mittelstufe (G8) auf schulische und außerschulische Merkmale der Lebenswelt von Kindern und Jugendlichen. Zeitschrift für Sportpädagogische Forschung, 3(1), 3–18.
Brandl-Bredenbeck, H.P. & Köster, C. (2010). Trends im Sport und Trendsportarten zwischen Beliebigkeit, Subjektivität und Definitionsversuchen. sportunterricht, 59(4), 99–105.
Bräutigam, M. (2008). Schulsportforschung – Skizze eines Forschungsprogramms. In Dortmunder Zentrum für Schulsportforschung (Hrsg.), Schulsportforschung (S. 14–50). Meyer & Meyer.
Brettschneider, W. & Kleine, T. (2002). Jugendarbeit in Sportvereinen. Hofmann.
Brettschneider, W.-D. & Klimek, G. (1998). Sportbetonte Schulen – ein Königsweg zur Förderung sportlicher Talente. Meyer & Meyer.
Breuer, C. (2006). Die Sportstättensituation. In Deutscher Sportbund (Hrsg.), DSB-SPRINT-Studie (S. 53–75). Meyer & Meyer.
Deutscher Sportbund [DSB]. (2006). DSB-SPRINT-Studie. Eine Untersuchung zur Situation des Schulsports in Deutschland. Meyer & Meyer.
Ehni, H. (1977). Sport und Schulsport. Hofmann.
Fessler, N., Hummel, A. & Stibbe, G. (Hrsg.). (2010). Handbuch Schulsport. Hofmann.
Friedrich, G. (2000). Schulsportforschung – Zur Konzeption eines ausbaubedürftigen Bereichs der Sportwissenschaft. dvs-Informationen, 15(1), 7–11.
Friedrich, G. & Miethling, W.-D. (2004). Schulsportforschung. In E. Balz (Hrsg.), Schulsport verstehen und gestalten (S. 103–115). Meyer & Meyer.
Gerlach, E. & Brettschneider, W.-D. (2013). Aufwachsen mit Sport. Befunde einer 10-jährigen Längsschnittstudie zwischen Kindheit und Adoleszenz. Meyer & Meyer.

Gieß-Stüber, P., Tausch, B. & Freudenberger, K. (2018). kick für soziale Entwicklung – Sport für alle in der Migrationsgesellschaft. In E. Gramespacher & R. Schwarz (Hrsg.), Fußball und seine sozial-kulturellen Bildungspotenziale (S. 91–127). Springer VS.

Gogoll, A. (2013). Sport- und bewegungskulturelle Kompetenz. Zur Begründung und Modellierung eines Teils handlungsbezogener Bildung im Fach Sport. Zeitschrift für sportpädagogische Forschung, 1(2), 5–24.

Grupe, O. & Krüger, M. (1997). Einführung in die Sportpädagogik. Hofmann.

Hapke, J. (2018). Pädagogische Perspektiven im Handeln von Sportlehrenden – eine zentrale fachdidaktische Idee zwischen Anspruch und Wirklichkeit. Zeitschrift für sportpädagogische Forschung, 6(1), 29–48.

Heemsoth, T. (2016). Fachspezifisches Wissen von Sportlehrkräften. Ein Überblick über fachübergreifende und fachfremde Ansätze und Perspektiven für die Professionsforschung von Sportlehrkräften. Zeitschrift für sportpädagogische Forschung, 4(2), 41–60.

Heemsoth, T., & Kleickmann, T. (2018). Learning to plan self-controlled physical education: Good vs. problematic teaching examples. Teaching and Teacher Education, 71(2), 168–178.

Heemsoth, T. & Wibowo, J. (2020). Fachdidaktisches Wissen von angehenden Sportlehrkräften messen. German Journal of Exercise and Sport Research, 50(2), 308–319.

Heim, R. (2002). Jugendliche Sozialisation und Selbstkonzeptentwicklung im Hochleistungssport. Meyer & Meyer.

Helmke, A. (2017). Unterrichtsqualität und Lehrerprofessionalität (7., akt. Aufl.). Klett-Kallmeyer.

Herrmann, C. & Sygusch, R. (2014). Entwicklungsförderung im außerschulischen Kinder- und Jugendsport: Evaluation der Programmwirksamkeit der Interventionsstudie PRimus. Sportwissenschaft, 44(1), 25–38.

Hinsching, J. & Hummel, A. (1997). Schulsportforschung in Ostdeutschland 1945–1990. Meyer & Meyer.

Krüger, M. (2019). Einführung in die Sportpädagogik (4., neu bearb. u. akt. Aufl.). Hofmann.

Kurz, D. (1977). Elemente des Schulsports. Hofmann.

Kurz, D. (2013). Zur Entwicklung einer pragmatischen Fachdidaktik. In P. Neumann & E. Balz (Hrsg.), Sportdidaktik (S. 13–23). Cornelsen.

Laging, R. & Kuhn, P. (Hrsg.). (2018). Bildungstheorie und Sportdidaktik. Springer VS.

Neumann, P. (2020). Reflexive Handlungsfähigkeit im Sportunterricht. sportunterricht, 69(12), 530–536.

Prediger, S. (2018). Comparing and combining research approaches to empirically inform the design of subject-matter interventions: the case of fostering language learners' strategies for word problems. RISTAL, 1, 4–18.

Prohl, R. (2010). Grundriss der Sportpädagogik (3., korr. Aufl.). Limpert.

Prohl, R. & Krick, F. (2006). Lehrplan und Lehrplanentwicklung – programmatische Grundlagen des Schulsports. In Deutscher Sportbund (Hrsg.), DSB-SPRINT-Studie (S. 19–52). Meyer & Meyer.

Ptack, K. (2019). Eine Interventionsstudie zum Thema Gesundheit im Sportunterricht. Czwalina.

Richartz, A. (2000). Lebenswege von Leistungssportlern. Meyer & Meyer.

Rothgangel, M. (2020). 17 Fachdidaktiken im Vergleich. Ergebnisse und Perspektiven. In M. Rothgangel, U. Abraham, H. Bayrhuber, V. Frederking, W. Jank & H. J. Vollmer (Hrsg.), Lernen im Fach und über das Fach hinaus. Bestandsaufnahmen und Forschungsperspektiven aus 17 Fachdidaktiken im Vergleich (S. 469–578). Waxmann.

Ruin, S. (2014). Fitter, gesünder, arbeitsfähiger – die Verengung des Körperbildes in Sportlehrplänen im Zuge der Kompetenzorientierung. Zeitschrift für Sportpädagogische Forschung, 2(2), 78–92.

Scheid, V. & Wegner, M. (2001). Forschungsmethodologie in der Sportpädagogik. In H. Haag & A. Hummel (Hrsg.), Handbuch Sportpädagogik (S. 105–137). Hofmann.

Scherler, K. (1995). Sport in der Schule. In J. Rode & H. Philipp (Hrsg.), Sport in Schule, Verein und Betrieb (S. 43–58). Academia.

Schwarz, R. & Gieß-Stüber, P. (2018). Evaluation sozialer Fußballprojekte – Wirkungen prüfen, Prozesse und Strukturen dynamisch klären und weiterentwickeln. In E. Gramespacher &

R. Schwarz (Hrsg.), Fußball und seine sozial-kulturellen Bildungspotenziale (S. 193–212). Springer VS.

Schwier, J. (2003). Trendsportarten und ihre mediale Inszenierung. In W. Schmidt, I. Hartmann-Tews & W.-D. Brettschneider (Hrsg.), Erster Deutscher Kinder- und Jugendsportbericht (S. 189–209). Hofmann.

Schwier, J. (2004). Wie kommt Trendsport in die Schule? In P. Elflein, I. Hunger & R. Zimmer (Hrsg.), Innovativer Sportunterricht (S. 63–74). Schneider.

Schwier, J. & Erhorn, J. (2015). Trendsport. In W. Schmidt, N. Neuber, T. Rauschenbach, H.P. Brandl-Bredenbeck, J. Süßenbach & C. Breuer (Hrsg.), Dritter Deutscher Kinder- und Jugendsportbericht (S. 179–200). Hofmann.

Seiler, S. (2019). Lernleistungen im Sportunterricht. Springer VS.

Setzer, M. (2020). Kasuistische Analyse von Anforderungssituationen des Sportunterrichts. Eine qualitative Studie zur Systematisierung videografierter Unterrichtsstunden. Kovac.

Setzer, M., Wohlers, J. & Erhorn, J. (2018). Chancen einer Analyse von unterrichtlichen Anforderungssituationen. Ein Beitrag zur Professionalisierung der Lehrkräftebildung am Beispiel des Sportunterrichts. In B. Brouër, A. Burda-Zoyke, J. Kilian & I. Petersen (Hrsg.), Vernetzung in der Lehrerinnen- und Lehrerbildung (S. 195–208). Waxmann.

Shulman, L. S. (1987). Knowledge and teaching. Foundations of the new reform. Harvard Educational Review, 57(1), 122.

Sieland, P. (2003). Trendsportarten in der Schule. Situationsanalyse, empirische Studie und hochschuldidaktische Konsequenzen. Dissertation. Universität Gießen. Zugriff am 10. Oktober 2020 unter http://geb.uni-giessen.de/geb/volltexte/2003/1075/

Süßenbach, J. & Schmidt, W. (2006). Der Sportunterricht – eine qualitative Analyse aus Sicht der beteiligten Akteure. In DSB (Hrsg.), DSB-SPRINT-Studie (S. 228–251). Meyer & Meyer.

Sygusch, R. (2007). Psychosoziale Ressourcen im Sport. Hofmann.

Sygusch, R., Bähr, I., Gerlach, E. & Bund, A. (2013). Orientierungspunkte einer Programmevaluation in der Sportpädagogik. Zeitschrift für sportpädagogische Forschung, 1(1), 31–54.

Sygusch, R. & Herrmann, C. (2013). PRimus – psychosoziale Ressourcen im Kinder- und Jugendsport. Czwalina.

Sygusch, R., Brandl-Bredenbeck, H.P., Tittlbach, S., Ptack, K. & Töpfer, C. (Hrsg.) (2020). Gesundheit in Sportunterricht und Sportlehrerbildung. Bestandsaufnahme, Intervention und Evaluation im Projekt ›Health.edu‹. Springer.

Thiele, J. (2017). Erkenntnisgenerierung in der Schulsportforschung – ein zweiter Blick. In G. Stibbe & H. Aschebrock (Hrsg.), Schulsportforschung (S. 29–44). Waxmann.

Van den Akker, J., Gravemeijer, K., McKenney, S. & Nieveen, N. (Hrsg.) (2006). Educational Design Research. Routledge.

Wolters, P. (2015). Fallarbeit in der Sportlehrerausbildung. Meyer & Meyer.

Ziert, J. (2012). Stressphase Sportreferendariat?! Czwalina.

V Sportpädagogische Anwendungsbezüge

12 Bildungssettings

Tim Bindel, Erin Gerlach & Ina Hunger

Menschen gehen in unterschiedlichen organisatorischen, zeitlichen, räumlichen und sozialen Rahmungen Sport- oder Bewegungsaktivitäten nach. Sie agieren dabei als unterschiedliche soziale Rollenträger miteinander und *wollen* bzw. *sollen* bei ihren körperlich-sportlichen Aktivitäten Unterschiedliches erfahren. Diese Aktivitäten werden in völlig verschiedenen Kontexten vollzogen, sog. *Settings*: In Kindertagesstätten, Schulen, Universitäten, Sportvereinen, Kampf- und Tanzschulen, Lauftreffs, Fitnessstudios, aber auch im Kontext von Spielplätzen, Schwimmbädern, sportiven Stadtevents, Sportreisen, Kinder- und Jugendfreizeiten, Beachvolleyball- und Streetballanlagen, Skateparks, Trampolinhallen und Vergnügungsparks, Ski- oder Segelschulen, Sport in der Sozialarbeit, im Strafvollzug, im Urlaub, im Rahmen von Gesundheitsangeboten und vieles mehr (▶ Kap. 6). Diese Settings können in formale (z. B. Schule), non-formale (z. B. Sportverein) und informelle Settings (z. B. in der Gleichaltrigengruppe) unterschieden werden (Neuber, 2011).

Aus sportpädagogischer Perspektive kann in jedem dieser Settings *Bildung* stattfinden (Heim, 2011; Neuber, 2011), insofern die Menschen anlässlich ihrer Bewegungstätigkeiten herausgefordert werden, ihren Blick auf sich und *die Welt* zu bereichern oder zu verändern (▶ Kap. 1). Wie (d. h. im Kontext welcher Inszenierungsformen), womit (d. h. an welchem Thema oder Gegenstand) und wozu (d. h. mit welchen Zielsetzungen oder welchen persönlichen Interessen) sie in den verschiedenen Settings herausgefordert werden und welcher Grad der Verbindlichkeit definiert ist, variiert dabei allerdings erheblich.

Aufgabe des vorliegenden Beitrags ist es, Settings des Sporttreibens und der Bewegungsaktivitäten anhand von verschiedenen Merkmalen idealtypisch gegenüberzustellen und exemplarisch mit besonders bedeutsamen Bildungssettings zu analysieren. Hierfür wird die in Tabelle 12.1 dargestellte Einteilung als Heuristik genutzt, um das Sporttreiben zu systematisieren. Dies erscheint deswegen naheliegend, da über alle Settings hinweg pädagogische Begriffe Anwendung finden (etwa Bildung, Erziehung, Kompetenzerwerb), die aber je nach Setting ganz unterschiedlich diskutiert werden müssen. Das Augenmerk ist daher auf die jeweils für die Settings vordergründigen Ziele bzw. Interessen der Akteur*innen und Organisator*innen gerichtet und auf typische Gegenstände und Inszenierungen, die damit einhergehen (▶ Tab. 12.1).

Tab. 12.1: Settings von Sport und Bewegungsaktivitäten in einer sportpädagogischen Perspektive

Art des Bildungssettings und populäre Beispiele	Vordergründige Ziele und Interessen	Populäre Gegenstände und Inszenierung
Formal: Sportunterricht	Doppelauftrag (Sacherschließung & Persönlichkeitsentwicklung)	Sportarten & Bewegungsfelder in curricularer Organisation
Formal: Kindertagesstätten (Elementarbereich)	Ganzheitliche Entwicklungsförderung	Bewegung & Spiel in offener Inszenierung
Non-formal: Vereinssport (traditionell)	Leistungsverbesserung in Sportarten, Wettkampferfolge	Klassische Sportarten in geschlossener Inszenierung
Non-formal: Vereinssport (modern)	Soziale oder gesundheitsbezogene Zielsetzungen etc.	Klassische Sportarten & moderne Bewegungsformen mit Tendenz zur Öffnung
Informell: Konventionelle selbstorganisierte Tätigkeiten	Interesse an Kommunikation, Wettkampf, Leistung, Gesundheit, Naturerfahrung	Joggen, klassisches Sporttreiben in Selbstorganisation & eigener Vermittlung
Informell: Alternative selbstorganisierte Tätigkeiten	Subkulturelle Identifikation, Lifestyle, Freestyle, Ausdruck, Eindruck	Skateboarding & sog. Trendsport wie Slacklinen, Downhill-Szenen, Surfen, Biken, Parkour etc.
Informell: Neue kommerzielle Strömungen und informell-non-formale Sporthybride	Interesse an Gesundheit, Körpermodellierung, Identitätsbildung, Lifestyle, Bewegungserfahrungen	Gesundheitsorientierte Bewegung, Kraft- & Fitnesssport, Tanz, Kampfsport, kommerzielle Spiel- & Sporthallen

12.1 Sportunterricht

Der Sportunterricht ist ein formales Setting der Bildung und wird in einem staatlich geförderten Auftrag in allen Schulen als durchgängiges Pflichtfach in der Regel mit etwa drei Stunden pro Woche erteilt. Daneben sind mit dem außerunterrichtlichen Sport (z. B. Arbeitsgemeinschaften) weitere Settings im schulischen Kontext vertreten, die sich allerdings substanziell vom Unterricht unterscheiden. Der Sportunterricht findet unter dem Dach der Bildungsinstitution Schule statt und hat daher dem allgemeinen Erziehungs- und Bildungsauftrag der Schule zu folgen.

Für den Sportunterricht liegen in der Literatur unterschiedliche fachdidaktische Konzepte und damit unterschiedliche Auslegungen vor. Dazu gehört zentral das Konzept des *Erziehenden Sportunterrichts*, das zwischen den beiden Polen eines traditionell-qualifikatorischen Sportunterrichts mit dem Ziel einer materialen Bildung und einer kritisch-emanzipatorischen Position mit dem Ziel der formalen Bildung anzusiedeln ist (Balz, 2009; Stibbe, 2020; ▶ Kap. 7; ▶ Kap. 8; ▶ Kap. 9). Wenn Bildung als Selbstgestaltung eines Menschen in der Auseinandersetzung mit sich selbst und den Gegenständen und Werten einer Kultur begriffen wird (Prohl, 2008 sowie ▶ Kap. 1), um Menschen dazu zu befähigen, aktive und kompetente Mitglieder einer demokratischen Gesellschaft zu werden, so sollte der Sportunterricht zu einer selbstbestimmten Teilhabe am Kulturgut Bewegung, Spiel und Sport führen. Damit ist der Gegenstand des Faches angesprochen, der einerseits Bewegung als ein anthropologisches Phänomen begreift (▶ Kap. 4; ▶ Kap. 7) und andererseits dazu dienen soll, Menschen zu befähigen, in der vorhandenen Bewegungs-, Spiel- und Sportkultur mündig und kritisch-konstruktiv agieren zu können (▶ Kap. 6; ▶ Kap. 9). An diesen beiden Ausrichtungen setzt auch das breit akzeptierte pädagogische Konzept eines Erziehenden Sportunterrichts an (u. a. Kurz, 2000), welches das Ziel der Entwicklung von Handlungsfähigkeit im Sport formuliert. Dieses findet sich im Doppelauftrag des Sportunterrichts als Sacherschließung (*Erziehung zum Sport*) und Persönlichkeitsentwicklung (*Erziehung durch Sport*) wieder. Dabei wird im ersten Teil des Doppelauftrags eine stärkere Orientierung an einer speziellen Handlungsfähigkeit in der Vermittlung von Fähigkeiten, Fertigkeiten und Kenntnissen im Sport vorgenommen. Mit dem zweiten Teil des Doppelauftrags wird je nach Auslegung des Sportunterrichts auf über den Sport hinausweisende Ziele (z. B. Persönlichkeitsentwicklung, Allgemeinbildung) und eine übergreifende Handlungsfähigkeit verwiesen.

Diese Ideen finden sich fast durchgängig in den programmatischen Grundlagen der schulischen Lehrpläne in Deutschland wieder, auch wenn je nach Bundesland unterschiedliche Schwerpunkte gelegt werden (Stibbe, 2020). Durch diese Orientierung an einem übergreifenden Erziehungs- und Bildungsauftrags der Schule unterscheidet sich also der Sportunterricht erheblich von anderen bewegungsbezogenen Settings, da die Ziele einer Pädagogisierung unterworfen sind, der Unterricht verpflichtend ist und die Lernergebnisse bewertet werden. Für den Sportunterricht wird grundsätzlich die Frage nach dem *Wozu* gestellt, d. h. inwieweit er den Bildungsauftrag der Schule unterstützen kann.

Vor diesem Hintergrund und der sich daraus ableitenden übergreifenden und speziellen Ziele des Faches leiten sich Konsequenzen für die *Inszenierungsformen* des Unterrichts und der Frage nach dem *Wie* ab. Je nach Auslegung des Doppelauftrags und den daraus folgenden Unterrichtszielen, sind die Inszenierungsformen und Vermittlungsmethoden mal offener und mal geschlossener. Wenn es eher um die Sacherschließung im ersten Teil des Doppelauftrags geht und z. B. Kinder dazu befähigt werden sollen, an der Ballspielkultur teilzunehmen, kann es durchaus sinnvoll sein, das Fangen und Werfen in unterschiedlichster Form zu vermitteln und zu üben. Wenn es aber zudem darum geht, einen kritisch-konstruktiven Umgang mit der Sportkultur zu ermöglichen und Heranwachsende zu einem selbstbestimmten Umgang mit sich selbst innerhalb der Bewegungskultur zu befähigen, sind offene Inszenierungsformen insbesondere dann die Folge, wenn Bildung als *Fremdaufforderung zur Selbsttätigkeit* (Benner, 2001) begriffen wird. Auf einer didaktischen Ebene konkretisieren sich diese methodischen Gedanken im Einsatz von Bewegungsaufgaben oder Lernaufgaben, die sich im Vergleich zu einem Frontalunterricht in der reinen Sacherschließung u. a. durch Offenheit, individualisierte Lernwege sowie kognitive Aktivierung auszeichnen (Pfitzner, 2014). Ein zentrales Element des erziehenden Sportunterrichts ist dabei das Konzept der pädagogischen Perspektiven (Kurz, 2000), die als Konstruktionsprinzipien für die Planung, aber auch als Reflexionsinstrument für die Auswertung des Unterrichtsgeschehens dienen. In der Fachdidaktik werden in der Regel sechs Perspektiven beschrieben (u. a. Neumann & Balz, 2013), unter denen Sportunterricht methodisch inszeniert, akzentuiert und kontrastiert werden kann:

- das Leisten erfahren, verstehen und einschätzen
- kooperieren, wettkämpfen und sich verständigen
- Wahrnehmungsfähigkeit verbessern, Bewegungserfahrungen erweitern
- sich körperlich ausdrücken, Bewegungen gestalten
- etwas wagen und verantworten
- Gesundheit fördern, Gesundheitsbewusstsein entwickeln

Bei der Beschreibung der Inhalte hat sich der Begriff der *Bewegungsfelder* etabliert (z. B. *Bewegen im Wasser* statt Schwimmen oder *Laufen, Springen, Werfen* statt Leichtathletik). Damit wird eine gegenstandsbezogene Offenheit der Bewegungskultur betont, da alle Erscheinungsformen von Bewegung und Sport grundsätzlich als Konstruktionen zu verstehen sind, die sich historisch und in der Aushandlung zwischen Aktiven entwickeln. Während ältere Lehrpläne sich noch explizit an Sportarten orientiert haben, wird diese Offenheit des Gegenstandes zunehmend durch den Begriff der *Bewegungsfelder* manifestiert (Krick & Prohl, 2015). Die Bedürfnisse der Schüler*innen wie u. a. ihr Interesse an normierten Sportarten sind zwar nicht zentraler Ausgangspunkt für den Unterricht, sie stellen dennoch einen wichtigen Faktor für die Auswahl der Inhalte dar. Im pädagogischen Setting der Schule sind daher Inhalte keinesfalls gegeben, vielmehr muss der potenziell bildende Gegenstand stets vor dem Hintergrund der übergreifenden Bildungs- und Erziehungsziele konstituiert und von den Lehrkräften auf der Basis der Lehrpläne mit Blick auf Ziele, Inhalte und Methoden begründet werden.

12.2 Kindertagesstätten

Der Begriff Sport ist im Kontext des Settings *Kindertagesstätte* kaum relevant, da man von den spontanen und wenig geregelten Bewegungsaktivitäten der Kinder ausgeht und diese vorrangig als ein Medium interpretiert, um kindliche Bildung und Entwicklung zu befördern. Entsprechend wird in der Regel weder bei den Angeboten noch im Bereich der pädagogischen Zielsetzungen auf etablierte sportive Praktiken abgehoben. Vielmehr steht kindliches Bewegungshandeln im Mittelpunkt, und es werden Ziele angeführt, die im Bereich von Bildung und ganzheitlicher Entwicklung zu verorten sind (Fischer et al., 2016).

Kindertagesstätten bilden seit 1970 die Elementarstufe des deutschen gegliederten Bildungssystems und sind organisatorisch der Jugendhilfe zugeordnet. Der Besuch der Kindertagesstätten ist freiwillig, mittlerweile jedoch für die meisten Familien Routine. Aktuell besuchen über 90 % der noch nicht schulpflichtigen Kinder diese frühkindliche Bildungseinrichtung und damit zum ersten Mal ein formales Setting. Sie gehen in diese Einrichtung in der Regel fünf Mal wöchentlich, drei bis fünf Jahre lang und verbringen hier täglich vier bis sieben Stunden (Statistisches Bundesamt, 2019). Mit Blick auf diese hohe Verweildauer, das junge Alter der Kinder (ca. eins bis sechs Jahre) sowie der Grundannahme, dass frühe Erfahrungen eine besondere Bedeutung für den weiteren Entwicklungsverlauf haben, ist die Verantwortung für das kindliche Wohlbefinden und Entwicklungspotenzial in diesem Setting entsprechend hoch (Fischer et al., 2016).

Seit 2004 besteht ein gemeinsam von der Kultusministerkonferenz und der Jugendministerkonferenz verabschiedeter Rahmen der frühen Bildung in Kindertageseinrichtungen in Deutschland (KMK & JMK, 2014). Seither wird neben dem Auftrag der Fürsorge, Betreuung und Erziehung vor allem der Aspekt der Bildung betont bzw. wird dieser den Einrichtungen als übergeordneter Gesamtauftrag zugesprochen (Wiesner, Rauschenbach & Bergmann, 2012). Theoretisch setzt der Begriff Bildung hier an der Welt- und Selbstaneignung des Kindes an (▶ Kap. 1; ▶ Kap. 4). In diesem Sinne wird von dem Bild eines Kindes ausgegangen, das durch explorative Aktivitäten zu Erkenntnisleistungen kommt, sich einbringen und seine Umwelt mitgestalten will. Kern des Bildungsauftrags der Kindertagesstätten ist es, diese Lernwilligkeit, die sich alterstypisch in Form von Neugier, Eigentätigkeit, Explorationsfreude zeigt, bestmöglich zu nutzen und das Kind entsprechend seiner Potenziale individuell zu fördern (Zimmer, 2014).

Bewegung wird im Kontext der elementaren Bildungsbereiche unter der Trias *Körper, Bewegung, Gesundheit* mitaufgeführt, spielt aber vor allem in dem übergeordneten Auftrag des Bildungssettings Kindertagesstätten als Querschnittsthema eine bedeutsame Rolle. Zum einen wird Bewegung unter anthropologischer Perspektive als ein zentrales *Grundbedürfnis* von Kindern ausgewiesen, das – ähnlich wie das Bedürfnis nach Ruhe, sozialer Nähe, Nahrung etc. – den Kindern zusteht und dem angemessen Rechnung zu tragen ist. Zum anderen wird in kindlichen Bewegungsaktivitäten ein außerordentlich hohes entwicklungsförderliches Potenzial gesehen (Fischer et al., 2016; Scheid, 1989; Scherler, 1975; Hunger & Zimmer, 2012).

Unter entwicklungstheoretischer Perspektive werden alterstypische Bewegungsaktivitäten (wie Laufen, Klettern, Springen, Gegenstände Fortbewegen etc.) einerseits als notwendige biologische Entwicklungsreize für den Haltungs- und Bewegungsapparat, das Herz-Kreislaufsystem etc. ausgelegt, d. h. es wird in Bewegung ein gesundheitsförderliches Potenzial für die körperliche Entwicklung der Kinder verortet. Andererseits wird die Bedeutung von selbsttätigen Bewegungsaktivitäten für die kognitive und psychosoziale Entwicklung der Kinder betont (Zimmer, 2014).

Die Kindertagesstätten sind in diesem Sinne gehalten, sowohl entsprechende Außenanlagen als auch spezielle Räumlichkeiten bereitzuhalten, die Platz für Bewegungsaktivitäten bieten. Einerseits sind im Kindergartenalltag offene Bewegungszeiten zu ermöglichen, in denen die Kinder selbstbestimmt und frei ihren Bewegungsbedürfnissen nachkommen können, andererseits sind Zeiten bzw. Situationen vorzuhalten, in denen die Kinder im Kontext von Bewegung entsprechend gezielt gefördert werden. Für diese gezielte frühkindliche Bewegungserziehung sind die allgemeinen frühpädagogischen Fachkräfte der Kindertagesstätten gleichermaßen verantwortlich.

Konzeptionell werden den Erziehenden im Kontext der Bewegungserziehung offene Inszenierungsformen nahegelegt (Schneider, Kopic & Jasmund, 2015; Zimmer, 2014). Ausgehend von den Grund- und Ausdrucksformen kindlicher Bewegung werden *Gegenstände konstituiert*, die eine explorative Auseinandersetzung mit Materialien, das Erproben individueller Bewegungsmöglichkeiten und das soziale Miteinander in den Vordergrund stellen. Auch konkrete Aufgabenstellungen sind dabei keineswegs ausgeschlossen. Sie bieten sich an, um das Bewegungsrepertoire der Kinder gezielt zu erweitern, ihre Bewegungssicherheit und ihr Vertrauen in die eigenen Fähigkeiten zu erhöhen etc., und sollten die Spielideen der Kinder als sinngebenden Anlass integrieren. In diesem Sinne ist ein situativer und ausgewogener Wechsel zwischen offenen und geschlossenen Inszenierungsformen durchaus auch vorgesehen.

Die Ausrichtung dieser am Kind und seinen Bewegungsbedürfnissen orientierten Bewegungserziehung rekurriert in ihren Grundzügen auf die erkenntnistheoretischen Grundlegungen zum Zusammenhang zwischen kindlicher Bewegung und Entwicklung und folgt damit normativen sportpädagogischen Empfehlungen (▶ Kap. 5; ▶ Kap. 8). Ob und inwiefern die erzieherisch Verantwortlichen diesem Anspruch jedoch in der Praxis gerecht werden und welche Bildungs- und Entwicklungseffekte tatsächlich dadurch erzeugt werden, kann empirisch nicht gesichert beantwortet werden. Diverse Studien deuten jedoch an, dass die Ausrichtung und Gestaltung der Bewegungserziehung in diesem Bildungssetting durchaus stark variiert (Hunger, 2000).

In den letzten Jahren ist dem Thema Bewegung innerhalb der Elementarstufe eine immer größere Bedeutung zugesprochen worden. Auch eine immer höhere Anzahl von sog. Bewegungskindergärten ist zu konstatieren (Schwarz, 2017). Die zunehmende Bedeutungszuschreibung mag damit zusammenhängen, dass das allgemeine Wissen über besondere Entwicklungspotenziale von Bewegung immer mehr Akteur*innen in der Praxis erreicht hat und – in einer wenn auch deklarativen Form – mittlerweile zum kollektiven Wissensbestand gehört (Hunger, 2019). Die wachsende Bedeutung der Thematik mag aber nicht zuletzt damit zu tun haben, dass Bewegung seit geraumer Zeit zunehmend als ein Mangel innerhalb kindlicher Lebenswelten deklariert wird und Entwicklungsstanderhebungen auf eine abnehmende motorische Leistungsfähigkeit von Kindern verweisen (Niessner et al., 2020). In diesem Zusammenhang avanciert in der öffentlichen Rede frühkindliche Bewegung somit zu einer nicht nur entwicklungsförderlichen, sondern auch zu einer besonders schützenswerten natürlichen Ressource.

12.3 Vereinssport

Eine der faszinierendsten Erscheinungsformen des Sports und das wahrscheinlich bekannteste non-formale Setting stellt der Vereinssport dar. Traditionell wird er als *der richtige Sport* (Bindel, 2015) gedeutet. Wenngleich Kinder und Jugendliche hierzulande den Vereinssport als eine selbstverständliche Angelegenheit annehmen, ist festzuhalten, dass die hiesige Vereinskultur im internationalen Vergleich ein mitteleuropäisches Spezifikum darstellt. Inzwischen haben sich aber neben den traditionellen Formen des wettkampforientierten Vereinssports neue Formen des Sports im Verein etabliert, die sich vom traditionellen Sport in verschiedenen Merkmalen unterscheiden (z. B. Gesundheitssportangebote im Verein).

12.3.1 Traditioneller Vereinssport

Im traditionellen Vereinssport orientiert man sich in seinen Zielen und Inhalten konsequent an Sportarten, die oft in einem weltweit festgelegten Regelsystem normiert sind und im Wettkampfbetrieb ausgeführt werden (Brandl-Bredenbeck et al., 2006). Die großen Vorbilder sind der olympische und der Profisport. Wenngleich der Vereinssport im Kindesalter noch in kindgemäßer Form organisiert wird (z. B. Team- statt Einzelwettkämpfe oder veränderte Regeln oder Spielfelder) bleibt der Kern des klassischen Vereinssports davon weitestgehend unberührt. Dadurch sind die *Inszenierungsformen* konsequent an der Sache orientiert und offenbaren sich in einer weitestgehend geschlossenen Vermittlungspraxis. Sie charakterisiert sich durch eine jeweils ausgefeilte Methodik in den einzelnen Sportarten, die zudem durch ein stark strukturiertes System der Ausbildung und Lizensierung von Trainer*innen flankiert wird. Wenn bei den Aktiven eine Passung der Interessen zu dieser Wettbewerbslogik besteht, gehen diese mit ihrem Sportengagement eine eigens auferlegte und freiwillige Selbstverpflichtung auf Zeit ein, die zu stabilen Sportengagements und zuweilen zu späteren Höchstleistungen führen kann (Schmidt, 2008).

Der organisierte Sport weist mit etwa 50 % eines Jahrgangs mit weitem Abstand zu anderen Organisationen einen hohen Organisationsgrad auf. Allerdings unterscheidet sich die Teilnahme in hohem Maße in Abhängigkeit von sozialen Determinanten (Schmidt, 2003, 2008). Dabei sind Jungen häufiger vertreten als Mädchen, wobei die Schere zwischen den beiden Geschlechtern von der Kindheit in die Jugend aufgeht und dies sportartenspezifisch erheblich differiert. Der Höhepunkt des Vereinsengagements hat sich in den letzten etwa 50 Jahren zunehmend nach vorn in die Phase der Kindheit verlagert, denn bereits in der frühen Jugendphase kehren viele Heranwachsende dem Verein den Rücken zu. Zudem sind Heranwachsende deutscher Herkunft, mit einem gebildeten Elternhaus und mit einem höheren sozioökonomischen Status deutlich mehr in den Sportvereinen vertreten. Darüber hinaus zeigen sich regionale Unterschiede zu Gunsten von Heranwachsenden vom Land und der Vorstädte der Ballungsgebiete sowie der alten Bundesländer. Durch eine ungünstige Kombination mehrerer Merkmale der sozialen Herkunft verstärken sich diese Unterschiede (Gerlach & Herrmann, 2015). Bis zu 80 % der Heranwachsenden kommen bis zur späten Adoleszenz in Kontakt mit einem Sportverein (Gogoll, Kurz & Menze-Sonneck, 2003), d. h. im Gegenzug auch, dass 20 % nie Zugang zu einem Verein finden. In der 10-jährigen Längsschnittstudie von Gerlach und Brettschneider (2013) konnten neben diesen 20 % der Vereinsabstinenten nur 15 % *Immer-Mitglieder* rekonstruiert werden, also Heranwachsende, die kontinuierlich über Kindheit und Jugend im Sportverein waren. Dagegen zeigte sich für zwei Drittel der Heranwachsenden ein Fluktuationsverhalten aus Ein- und Austritten, das auf Suchbewegungen der Heranwachsenden und Umorientierungen zu anderen Settings schließen lässt.

Insbesondere vor dem Hintergrund des beeindruckenden Organisationsgrades haben die Verbände erhebliche Hoffnungen mit Blick auf die Wirkungen des Vereinsengagements für die Heranwachsenden formuliert. Diese Wirkungshoffnungen lassen sich in einen non-formalen und einen informellen Anteil unterscheiden. Trotz der Dominanz einer sportlichen Funktion der Jugendarbeit im Sportverein (Brettschneider & Kleine, 2002), welche die Entwicklung von sportlichen Leistungen und Förderung des Vereinsengagements fokussiert (formaler Anteil), werden zunehmend eine pädagogische Funktion (Stärkung von Persönlichkeit, Selbstkonzept und Wohlbefinden), eine gesundheitliche (Förderung körperlicher Gesundheit und eines aktiven Lebensstils) und eine soziale Funktion (Stärkung von Freundschaften und sozialer Netzwerke) diskutiert (informeller Anteil im non-formalen Setting). Mit diesen zugeschriebenen Funktionen werden zudem explizit pädagogische Anliegen vertreten. Der organisierte Sport hat dies in groß angelegten Kampagnen aufgegriffen, in denen die jugendliche Persönlichkeit und die Gesundheit oder das soziale Kapital vom sportlichen Engagement profitierten, wie auch Risikoverhalten und deviantes Verhalten von Heranwachsenden eingedämmt würden. Diesen Hoffnungen stehen allerdings robuste empirische Befunde aus Längsschnittstudien gegenüber, die nur vereinzelt eine tragfähige Evidenz für diese Annahmen geben (Brettschneider & Kleine, 2002; Gerlach & Brettschneider, 2013).

12.3.2 Neuere Strömungen im organisierten Sport

Der organisierte Sport sieht sich trotz relativ konstanter Beteiligungsraten einigen Herausforderungen gegenüber, die durch Veränderungen der gesellschaftlichen Strukturen, des Zeitgeistes und sich wandelnde Motivstrukturen der Teilnehmenden bedingt sind. Während viele Vereine im traditionellen Programm aus Sportarten, Leistung und Wettkampf und einer geschlossenen Inszenierungspraxis verbleiben, hat sich inzwischen eine zunehmende diversifizierte Vereinslandschaft entwickelt (Breuer & Feiler, 2017). Bei diesen Vereinen werden zunehmend andere Ziele priorisiert, wie eine sinnvolle Freizeitbeschäftigung, soziale Ziele oder auch gesundheitliche Zwecke. Mit dieser Ausrichtung verändern sich sowohl die Struktur der Sportgruppen (mehr Ältere sowie alters- und geschlechtsübergreifende Gruppen) als auch die Inhalte (Kurse mit sportartübergreifenden Angeboten und vollkommen neuen Bewegungsformen). Diese differenzierte Vereinslandschaft spiegelt sich auch in der Bandbreite an Aktivitäten und Maßnahmen im Jugendsport wider (Sygusch & Liebl, 2015), die deutlich über die o. g. klassische sportliche Funktion der Jugendarbeit hinausweist. Im Zuge einer stetigen Ausdifferenzierung der Bewegungskultur (Brettschneider & Bräutigam, 1990; Prohl & Scheid, 2017) ist auch die Bedeutung anderer Settings erheblich gewachsen. Das Setting eines alternativen oder modernen Vereinssports weist in den in Tabelle 12.1 dargestellten Charakteristika einige Überschneidungen zum Setting des informellen Sports auf, das im nächsten Abschnitt beschrieben wird.

12.4 Informeller Sport

Zum Sporttreiben benötigen die meisten Menschen keine externe Vermittlung oder Organisation. Viele beliebte Betätigungen, wie Joggen, Schwimmen oder Radfahren, aber auch Sportspiele wie Fußball oder Basketball können unter freiem Himmel – entweder dafür bereitgestellten Sportstätten oder selbst definierten Sportgelegenheiten – stattfinden. Die Bedeutung von Parks, Wiesen und Straßen für das Sporttreiben ist im urbanen Raum besonders hoch und mit zunehmendem Alter wächst der Anteil der informell Aktiven (Bindel & Wulf, 2009). Die Tätigkeiten sind äußerst divers und lassen sich nur schwer ordnen. Auffällig sind neben regionalen Unterschieden vor allem Altersunterschiede oder geschlechtliche Differenzen. So werden mit zunehmendem Erwachsenenalter funktionale Betätigungen vor allem mit gesundheitlichem Hintergrund interessanter, während bei Heranwachsenden vor allem Ball- und Rollsport zentral sind (Bindel, 2017). Männliche Jugendliche favorisieren zu einem Großteil Fußball, während bei den weiblichen Aktiven, die in der Unterzahl sind, ein eher recht diverses Programm zu beobachten ist (Baur & Burrmann, 2004; Brettschneider & Kleine, 2002). Beim szeneorientierten Sport – etwa beim Skateboarding – dominieren Jungen deutlich.

Der Variantenreichtum der Aktivitäten provoziert die Frage nach einem identitätsstiftenden Kern, der es erlaubt, auch den informellen Sport in seiner Gesamtheit in pädagogische Diskussionen aufzunehmen. Mit Blick auf die Beschreibung von Handlungsrollen (Strob, 1999) kann ein solcher Kern durch deren Symbiose beschrieben werden: Die Aktiven sind dabei sowohl ihre eigenen Organisatoren als auch deren Vermittler (Bindel, 2008). Von besonderem pädagogischem Interesse ist die damit einhergehende Deutungshoheit der Aktiven, die selbst entscheiden, mit welchen Zielen und Interessen sie an den Sport herangehen und wie sie ihre Gegenstände konstituieren. Diese Deutungshoheit führt zunächst zu einem offenen Inszenierungsmodus. Freude am Wettkampf kann ebenso ein Ziel sein wie der Fokus auf Kommunikation oder Gesundheit; auch Körperbildorientierung, Umwelterfahrungen oder die Identifikation mit einem Lebensstil sind möglich (▶ Tab. 12.1). Die Ziele und Interessen unterscheiden sich ebenso wie die Gegenstände und Inszenierungen entlang der folgenden Einteilung, die eine pädagogische Diskussion um den informellen Sport vereinfacht.

12.4.1 Konventionelle selbstorganisierte Tätigkeiten (informelles Sportengagement)

Damit sind solche Praktiken gemeint, die traditionelle Sportarten zum Gegenstand haben, die aber durch die Selbstorganisation meist eine deutliche Deregulierung erfahren haben. Die Aktiven können den Sport flexibel realisieren und benötigen für ihre Tätigkeiten weder einen Unterricht, einen Verein noch kommerzielle Anbieter; z. B. Laufen, Fußballspielen, Schwimmen, Radfahren und Federball lassen sich meist ohne großen Aufwand inszenieren. Wer flexibel und unabhängig Sport treibt, muss auf ordnende Rahmenbedingungen allerdings verzichten. Statt auf offiziellen Sportstätten findet das Sporttreiben häufig auf Sportgelegenheiten statt (Bindel, Balz & Frohn, 2010), die erst von den Aktiven zum Sporttreiben erschlossen werden müssen, z. B. ein Park oder Waldstück, der Garten oder die Straße. Orientierung gibt dabei immer der traditionelle Sport. Die flexible Organisation erfordert jedoch spezifische Modifikationen. So wird im Park kein reguläres Fußballspiel stattfinden, weil Linien und Tore fehlen oder die Mannschaften zu klein sind. Solche Modifikationen können Reduktionen des Ursprungsspiels sein oder auch ganz neue Spielideen erzeugen (Mittag, 2020). Der informelle Sport kann aber auch traditionellen Sinnmustern folgen, z. B. im Lauftreff oder den bunten oder wilden Fußballligen, bei denen die Übergänge zu formalen Settings fließend sind. Mit der Digitalisierung der Freizeit und damit einhergehenden Favorisierung einer *On-Demand-Kultur* ist beobachtbar, dass die Organisation von Raum und Zeit, zumindest in der Großstadt, zunehmend auf App-basierte Netzwerkbildungen bauen kann. Es werden in diesem Zusammenhang auch Übergänge zum Vereinssport geschaffen, der sich mehr der flexiblen Teilhabe öffnet. Die Ziele, die Aktive suchen, orientieren sich zum Teil deutlich an diesem non-formalen Pendant. Leistung und Wettkampf stehen für viele der Aktiven im Vordergrund. Zum Teil noch bedeutsamer wird allerdings das soziale Miteinander (Bindel, 2008).

12.4.2 Alternative selbstorganisierte Tätigkeiten (informeller Sport)

Die Deutungshoheit, die Aktive im informellen Sport besitzen, kann zu Praktiken führen, die sich deutlich von institutioneller Tradition abheben und es können alternative, stark individualisierte Sinnperspektiven und subkulturelle Haltungen entstehen (Schwier, 1998). Gemeint sind Gegenstände, die unter dem Begriff *Trendsport* diskutiert wurden. Slacklinen, Downhill oder Kitesurfen sind *der andere Sport*, bei dem der traditionelle Wettkampfgedanke nicht handlungsleitend ist. Das Bewegungsrepertoire der Aktiven verweist stattdessen auf Stilistiken (Stern, 2010) und der Habitus der Aktiven lässt nicht unmittelbar an Training oder Leistungsvergleich denken. Das Skateboarding, das in diesem Zusammenhang bislang am ausführlichsten diskutiert wurde, hat sich mittlerweile soweit emanzipiert, dass man es nicht mehr als Trend, sondern als eigenständige Kultur versteht (im Überblick Velten Schäfer, 2020; Schwier & Kilberth, 2018). Hinzu kommen postmoderne Spielideen, die die Welt des Sports überzeichnen und zumindest die urbane Sportkultur temporär bereichern – *Headis*, das Kopfballtischtennis oder *Hobby Horse*, die Steckenpferd-Performances aus Skandinavien. Hier steht die Sache zur Diskussion und die Innovationen – das ist das Besondere an dieser Sportkultur – entstehen direkt aus der Mitte der Teilnehmenden. Manche dieser Trends haben eine große Wirkung auf die persönliche Entwicklung der Aktiven und werden zu bedeutenden identitätsstiftenden Faktoren, was man daran erkennt, dass viele nicht nur Skateboard fahren oder surfen gehen, sondern sich gleich als *Skater* oder *Surferin* verstehen. Seit ca. zehn Jahren scheinen auch Fitnessszenen das Potenzial zu haben, metasportive Sinnwelten zu kreieren (Bindel, Ruin & Theis,

2020). Hier lassen sich sportive Handlungskerne auf allgemeine Haltungen übertragen, etwa subversiv, naturverbunden oder aber eben fit zu sein. Auch hier finden sich Übergangsbereiche zum organisierten Sport, weil moderne Vereine derartige Trends inzwischen aufgreifen und sogar global agierende Player das subkulturelle Geschehen dem Kern des Olympismus zuordnen, wie schon länger beim Snowboarden oder jüngst beim Skateboarden zu beobachten ist (Schwier & Kilberth, 2018).

12.4.3 Neue kommerzielle Strömungen und informell-non-formale Sporthybride

Die flexible Realisierung eines informellen Sports ist auf einfach zu besetzende Sporträume angewiesen und auf eine Grundstruktur, die es erlaubt, die gewünschten Praxen weitestgehend störungsfrei auszuführen. Bedroht ist der informelle Sport, der fast ausschließlich im Freien stattfindet, alleine schon durch Wetterbedingungen, aber auch durch kommunale oder städtische Restriktionen, durch Überfüllung oder eine schlechte Infrastruktur (Balz & Kuhlmann, 2004). Zusammen mit dem steigenden Bedürfnis, Sport flexibel jederzeit auszuführen, entsteht ein Nährboden für kommerzielle Anbieter, die für bestimmte Sportarten einen verlässlichen, dafür aber kostenpflichtigen Rahmen herstellen. Was für das Schwimmen schon seit Jahrzehnten zutrifft, ist auch für das Fußballspielen, das Klettern oder den Rollsport relevant geworden. Diesen Interessen kann man gegen Bezahlung in speziell präparierten Arealen nachgehen, in Soccer-Centern, in Kletter- und Boulderhallen sowie in Indoor-Skateparks. Das kommerzielle Angebot für den selbstorganisierten Sport wird zuletzt nicht mehr nur reaktiv aus den Bedürfnissen der Menschen abgeleitet, sondern wird proaktiv von kommerziellen Anbietern erzeugt, wie das Beispiel von Trampolinhallen (Jumphouse) besonders gut zeigt.

Das populärste Beispiel für kommerzielle Sportangebote ist das Fitnessstudio. Hier ergeben sich unter kommerzieller Organisation informell-non-formale Sporthybride, die in den letzten Jahren für viele Menschen hochrelevant geworden sind (Bindel et al., 2020), was an den steigenden Mitgliedszahlen in Fitnessstudios abzulesen ist. Vor allem für Jugendliche und junge Erwachsene ist Körperbildorientierung demnach zu einem zentralen Sinn des informellen Sports geworden. Obwohl das Sporttreiben in den kommerziellen Anlagen offene (Selbst-)Inszenierungen potenziell zulässt, orientieren sich die Nutzer*innen von Fitnesssportanlagen an normierten Trainingslogiken. Damit ist auch die Entstehung von solchen Wissenskulturen zu erklären, in denen Influencer*innen als informelle Pädagog*innen agieren. Bildungspotenziale sind in diesem Bereich an die Urteilsfähigkeit der Aktiven gekoppelt, die selbst entscheiden müssen, welche Ziele, Inhalte und Methoden relevant sind. Dieser Anspruch entspricht der omnipräsenten Herausforderung, kommerzielle Trendentwicklung von eigenem Interesse zu trennen. Gerade Heranwachsende benötigen hier pädagogische Begleitungen aus anderen Settings (ebd.).

12.5 Fazit

Die hier exemplarisch beschriebenen Settings bilden aus sportpädagogischer Perspektive in ihrer Bandbreite eine sowohl variantenreiche als auch systematisch, sich vom frühkindlichen bis zum Erwachsenenalter hin erweiternde Bildungslandschaft, die anhand spezifischer Merkmale kontrastierend beschrieben wurde. Bilanziert man das Kerngeschehen der Settings aus einer bildungstheoretischen Perspektive (▶ Kap. 4), dann kann Folgendes festgehalten werden:

Je nach Setting werden unterschiedliche Lebensphasen und wechselnde Rollen der Akteur*innen zum Thema gemacht. Der Sportunterricht der Schule ist dem Erziehungs- und Bildungsauftrag der Schule verpflichtet, was durch den Doppelauftrag des Sportunterrichts charakterisiert wird. In der Kindertagesstätte wird am anthropologischen Grundbedürfnis Bewegung angesetzt und das Ziel der ganzheitlichen Entwicklungsförderung der Kinder verfolgt, während sich beim traditionellen Vereinssport Aktive der von den Verbänden vorgegebenen Sache Sport verschreiben und sportliche Leistung und Wettkampferfolg im Mittelpunkt stehen. Im informellen Sport finden sich Betätigungsfelder, in denen sich die selbstbestimmte Aneignung von Umwelten und die aktive Konstruktion von unterschiedlichen Bewegungspraxen offenbaren. Vor diesem Hintergrund konstituieren sich deutlich unterscheidbare Gegenstände von Bewegung, Spiel und Sport in den einzelnen Settings und offenbaren sich ganz unterschiedliche Inszenierungspraktiken.

Diese idealtypische und exemplarische Darstellung von Bildungssettings des Sports soll durch einen vorsichtigen Blick in die Zukunft des Sports abgerundet werden. Es ist anzunehmen, dass es künftig zu teilweise dynamischen Veränderungen der Settings kommen wird, zu Hybridisierungen, fließenden Übergängen und Verschiebungen: Informelles wird zum organisierten Wettkampf, Vereinssport wird sich dem Informellen öffnen, Schule wird neue Praktiken integrieren und alternative Sporträume erschließen, Kindertagesstätten werden auf neue Herausforderungen reagieren. Es werden sich aber zukünftig möglicherweise auch völlig neue Settings etablieren, wenn man an zunehmende Verschmelzungen zwischen realen und digitalen Welten denkt oder aber die grundsätzliche Frage nach der Vereinbarkeit von bestimmten Settings mit epochaltypischen Schlüsselproblemen wie dem Klimawandel gestellt wird. In besonderer Weise zeigte die Corona-Pandemie, dass klassische Settings und deren Abgrenzung lediglich soziokulturelle Konstruktionen sind. Die in der Corona-Krise viel diskutierte Videos von ALBA Berlin wurde im nonformalen Kontext eines Vereins für einen informellen Gebrauch kreiert und dann vor allem vom formalen Setting der Schule propagiert. Wenn sich derartige Arrangements auflösen, gerät das Sporttreiben in *Unordnung*. Der Zugang zum Sport ist an Zugangskriterien der Settings gekoppelt und aus jedem der beschriebenen Settings und ihrer möglichen Hybride ergeben sich ganz unterschiedliche Probleme und Fragestellungen, aus denen sich vollkommen neue und genuin sportpädagogische Forschung konstituiert (▶ Kap. 10; ▶ Kap. 11).

Literatur

Balz, E. (2009). Fachdidaktische Konzepte update oder: Woran soll sich der Schulsport orientieren? sportpädagogik, 33(1), 25–32.
Balz, E. & Kuhlmann, D. (Hrsg.). (2004). Sportengagements von Kindern und Jugendlichen. Meyer & Meyer.
Baur, J. & Burrmann, U. (2004). Informelle und vereinsgebundene Sportengagements von Jugendlichen: ein empirisch gestützter Vergleich. In E. Balz & D. Kuhlmann (Hrsg.), Sportengagements von Kindern und Jugendlichen (S. 17–30). Meyer & Meyer.
Benner, D. (2001). Allgemeine Pädagogik. Juventa.
Bindel, T. (2008). Soziale Regulierung in informellen Sportgruppen. Czwalina.
Bindel, T. (2015). Bedeutsamkeit und Bedeutung sportlichen Engagements in der Jugend. Meyer & Meyer.
Bindel, T. (2017). Informeller Jugendsport – institutionelle Inanspruchnahme und Wandel eines deutungsoffenen Geschehens. Diskurs Kindheits- und Jugendforschung, 12(4), 417–426.
Bindel, T., Balz, E. & Frohn, J. (2010). Zur symbiotischen Handlungsstruktur informellen Sportengagements. Sportwissenschaft, 40(4). 254–261.
Bindel, T., Ruin, S. & Theis, C. (2020). Körperästhetik – auch ein Thema für den Schulsport. In sportunterricht, 69(2), 65–70.
Bindel, T. & Wulf, O. (2009). Sportabstinente und Multiplayer – Ergebnisse einer Reanalyse. In H. P. Brandl-Bredenbeck und M. Stefani (Hrsg.), Schulen in Bewegung – Schulsport in Bewegung (S. 142–147). Czwalina.
Brandl-Bredenbeck, H.P., Brettschneider, W.-D., Gerlach, E. & Hofmann, J. (2006). Kinder- und Jugendsport. In H. Haag & B. Strauß (Hrsg.), Themenfelder der Sportwissenschaft (S. 113–129). Hofmann.
Brettschneider, W.-D. & Bräutigam, M. (1990). Sport in der Alltagswelt von Jugendlichen. Rittersbach.
Brettschneider, W.-D. & Kleine, T. (2002). Jugendarbeit in Sportvereinen. Hofmann.
Breuer, C. & Feiler, S. (2017). Sportentwicklungsbericht 2015/2016. Strauß.
Fischer, K., Hölter, G., Beudels, W., Jasmund, C., Krus, A. & Kuhlenkamp, S. (Hrsg.). (2016). Bewegung in der frühen Kindheit. Springer VS.
Gerlach, E. & Brettschneider, W.-D. (2013). Aufwachsen mit Sport. Meyer & Meyer.
Gerlach, E. & Herrmann, C. (2015). Effekte der Sportteilnahme. In W. Schmidt, N. Neuber, T. Rauschenbach, H.P. Brandl-Bredenbeck, J. Süßenbach & C. Breuer (Hrsg.), Dritter Deutscher Kinder- und Jugendsportbericht (S. 345–369). Hofmann.
Gogoll, A., Kurz, D. & Menze-Sonneck, A. (2003). Sportengagements Jugendlicher in Westdeutschland. In W. Schmidt, I. Hartmann-Tews & W.-D. Brettschneider (Hrsg.), Erster Deutscher Kinder- und Jugendsportbericht (S. 145–165). Hofmann.
Heim, R. (2011). Bildung – auch im außerschulischen Sport? In M. Krüger & N. Neuber (Hrsg.), Bildung im Sport (S. 253–266). Springer VS.
Hunger, I. (2000). Handlungsorientierungen im Alltag der Bewegungserziehung. Hofmann.
Hunger, I. (2019). Eltern – Wissen – Macht – Geschlecht. Geschlechtsbezogene Körper-, Bewegungs- und Sportsozialisation in der Kindheit. In I. Hunger, M. Zweigert & P. Kiep (Hrsg.), Körper – Wissen – Macht – Geschlecht (S. 36–55). LIT.
Hunger, I. & Zimmer, R. (Hrsg.). (2012). Frühe Kindheit in Bewegung. Hofmann.
Krick, F. & Prohl, R. (2005). Tendenzen der Lehrplanentwicklung. Empirische Befunde einer Lehrplananalyse. sportunterricht, 54(8), 231–235.
Kultusministerkonferenz & Jugendministerkonferenz [KMK & JMK]. (2014). Gemeinsamer Rahmen der Länder für die frühe Bildung in Kindertageseinrichtungen. Zugriff am 29. Dezember 2020 unter https://www.kmk.org/fileadmin/Dateien/veroeffentlichungen_beschluesse/2004/2004_06_03-Fruehe-Bildung-Kindertageseinrichtungen.pdf
Kurz, D. (2000). Die pädagogische Grundlegung des Schulsports in Nordrhein-Westfalen. In Landesinstitut für Schule und Weiterbildung (Hrsg.), Erziehender Schulsport. Pädagogische Grundlagen der Curriculumrevision in Nordrhein-Westfalen (S. 9–55). Kettler.

Mittag, J. (2020). Entwicklungslinien und Merkmale des Bolzplatzes. Informelle Fußballkultur zwischen Spiel- und Sportplatz im Wandel. FuG – Zeitschrift für Fußball und Gesellschaft, 2(1), 124–147.
Neuber, N. (2011). Bildungspotenziale im Kinder- und Jugendsport – Perspektiven für einen zeitgemäßen Bildungsbegriff. In M. Krüger & N. Neuber (Hrsg.), Bildung im Sport (S. 143–161). Springer VS.
Neumann, P. & Balz, E. (Hrsg.). (2013). Sportdidaktik. Cornelsen.
Niessner, C., Hanssen-Doose, A., Eberhardt, T., Oriwol, D., Woll, A., Worth, A. & Bös, K. (2020). Motorische Leistungsfähigkeit. In C. Breuer, C. Joisten & W. Schmidt (Hrsg.), Vierter Deutscher Kinder- und Jugendsportbericht (S. 51–63). Hofmann.
Pfitzner, M. (Hrsg.). (2014). Aufgabenkultur im Sportunterricht. Springer VS.
Prohl, R. (2008). Erziehung mit dem Ziel der Bildung: Der Doppelauftrag des Sportunterrichts. In H. Lange & S. Sinning (Hrsg.), Handbuch Sportdidaktik (S. 40–53). Spitta.
Prohl, R. & Scheid, V. (2017). Einleitung: Zum Verhältnis zwischen Sportpädagogik und Sportdidaktik. In V. Scheid & R. Prohl (Hrsg.), Sportdidaktik (2., neu bearb. Aufl., S. 10–14). Limpert.
Scheid, V. (1989). Bewegung und Entwicklung im Kleinkindalter. Hofmann.
Scherler, K. (1975). Sensomotorische Entwicklung und materiale Erfahrung. Hofmann.
Schmidt, W. (2003). Kindersport im Wandel der Zeit. In W. Schmidt, I. Hartmann-Tews & W.-D. Brettschneider (Hrsg.), Erster Deutscher Kinder- und Jugendsportbericht (S. 109–126). Hofmann.
Schmidt, W. (2008). Zur Bedeutung des Sportvereins im Kindesalter. In W. Schmidt (Hrsg.), Zweiter Kinder und Jugendsportbericht (S. 373–390). Hofmann.
Schneider, J., Kopic, A. & Jasmund C. (Hrsg.). (2015). Qualitätsprofil »Bewegung in der frühen Kindheit«. Was frühpädagogische Fachkräfte wissen, können und tun sollten. Springer VS.
Schwarz, R. (2017). Bewegung und Bildung im Kindergarten. Hofmann.
Schwier, J. (1998). Stile und Codes bewegungsorientierter Jugendkulturen. In J. Schwier (Hrsg.), Jugend, Sport, Kultur (S. 9–29). Czwalina.
Schwier, J. & Kilberth, V. (2018). Skateboarding zwischen Subkultur und Olympia. transcript.
Statistisches Bundesamt (DESTATIS). (2019). Kindertagesbetreuung. Verfügbar unter https://www.destatis.de/DE/Themen/Gesellschaft-Umwelt/Soziales/Kindertagesbetreuung/Tabellen/betreuungsquote-2018.html
Stern, M. (2010). Stil-Kulturen. Performative Konstellationen von Technik, Spiel und Risiko in neuen Sportpraktiken. transcript.
Stibbe, G. (2020). Lehrplanarbeit im Fach Sport. In E. Balz, C. Krieger, W.-D. Miethling & P. Wolters (Hrsg.), Empirie des Schulsports (3., überarb. Aufl., S. 349–366). Meyer & Meyer.
Strob, B. (1999). Der vereins- und verbandsorganisierte Sport. Waxmann.
Sygusch, R. & Liebl, S. (2015). Pädagogische Potenziale im organisierten Sport. In W. Schmidt, N. Neuber, T. Rauschenbach, H.-P. Brandl-Bredenbeck, J. Süßenbach & C. Breuer (Hrsg.), Dritter Deutscher Kinder- und Jugendsportbericht (S. 239–254). Hofmann.
Velten Schäfer, E. (2020). Dogtown und X-Games – die wirkliche Geschichte des Skateboardfahrens. transcript.
Wiesner, R., Rauschenbach, T. & Bergmann, C. (2012). Frühkindliche Bildung zwischen Politik und Recht. In M. Stamm & D. Edelmann (Hrsg.), Handbuch frühkindliche Bildungsforschung (S. 131–145). Springer VS.
Zimmer, R. (2014). Handbuch Bewegungserziehung (1. Ausg. d. überarb. Neuaus., 26. Gesamtaufl.). Herder.

13 Professionalisierung in sportpädagogischen Settings

Ilka Lüsebrink & Sabine Reuker

13.1 Tätigkeitsfelder in sportpädagogischen Settings

Sport- und Bewegungsaktivitäten finden in einer Vielzahl sportpädagogischer Settings statt (▶ Kap. 12). Dieses Kapitel nimmt die dort thematisierten formalen und non-formalen Settings intensiver in den Blick und beschäftigt sich mit der Professionalisierung von Personen, die in diesen Settings vermittelnd tätig sind. Dabei hat sich das Tätigkeitsfeld über den Lehrkräfteberuf hinaus merklich ausdifferenziert (Emrich, Pierdzioch & Fröhlich, 2013). Sportpädagogisch qualifizierte Personen finden sich bspw. in Einrichtungen der Kinder- und Jugendhilfe und des Sozialwesens sowie in Kindertageseinrichtungen oder auch als Trainer*innen in Vereinen und Verbänden (Binnenbruck, Neuber & Krüger, 2015). In der Lehrkräftebildung werden Fragen der Professionalisierung schon lange und durchaus kontrovers diskutiert. Sie werden aber auch hinsichtlich pädagogischer Qualifikationen in der Trainer*innen-(aus-)bildung gestellt (Richartz & Anders, 2016). Zudem sind frühpädagogische Fachkräfte zu nennen, deren Ausbildung sich aktuell in Umstrukturierungsprozessen in Richtung zunehmender Akademisierung befindet (Voss, 2019). Nachfolgend stehen diese drei Tätigkeitsfelder im Fokus.

13.2 Theoretische Positionen

Für einen ersten Überblick werden im Folgenden der strukturtheoretische, (berufs-)biographische und kompetenzorientierte Ansatz pädagogischer Professionalität skizziert, die den dynamischen Diskussionsprozess aktuell dominieren (z. B. Bonnet & Hericks, 2014) und auf die auch in der Sportpädagogik Bezug genommen wird[1].

Der *strukturtheoretische Ansatz* pädagogischer Professionalität geht auf Überlegungen von Oevermann (2002) zurück und wurde insbesondere von Helsper (2016) weiterentwickelt. Der Fokus des Ansatzes besteht darin, die innere Strukturlogik des professionellen pädagogischen Handelns aufzuklären. Professionelles pädagogisches Handeln erfolgt im Rahmen eines Arbeitsbündnisses, das zwischen Professionellen

---

[1] Für weitere Perspektiven siehe Schierz und Miethling (2017).

und Klient*innen geschlossen wird, mit dem Ziel einer stellvertretenden Krisenbearbeitung, z. B. von Lern- oder Bildungskrisen. Eine Besonderheit des professionellen pädagogischen Handelns besteht darin, dass es nicht nur auf Krisenlösung ausgerichtet ist, sondern auch auf die Herbeiführung von Krisen, um Lern- und Bildungsprozesse anzustoßen. Mit dem Konstrukt des Arbeitsbündnisses betont Oevermann, dass professionelles Handeln nicht *für* die Klient*innen erfolgen kann, sondern immer nur *mit* ihnen. Bezogen auf Lern- und Bildungsprozesse heißt das: Lernen und Bildung lässt sich nicht von außen herstellen, sondern muss von den Klient*innen selbst vollzogen werden.

Der strukturtheoretische Ansatz betont zudem Antinomien, also widersprüchliche Handlungsanforderungen, die nicht gleichzeitig erfüllt werden können (Helsper, 2016). Zu nennen wären hier im Kontext der Schule bspw. die formale Gleichbehandlung aller Schüler*innen gegenüber ihrer individuellen Förderung. Aufgrund der dargestellten Strukturlogik können für dieses Handeln aber keine Standardlösungen im Sinne von Technologien zur Verfügung gestellt werden, denn für das praktische Handeln muss das wissenschaftliche Wissen jeweils mit dem konkreten Fall in Relation gesetzt und eine situativ angemessene Lösung im Spannungsfeld der Antinomien gefunden werden. Diese Lösungen bleiben jedoch insofern vorläufig, als dass sie in einer nachfolgenden, durchaus vergleichbaren Situation wieder scheitern können. Angesichts der Notwendigkeit, den jeweiligen Fall angemessen zu deuten und nach (immer vorläufigen) Lösungen zu suchen, verweist Oevermann (2002) auf die große Bedeutung von Reflexivität. Notwendig ist daher eine doppelte Professionalisierung: Im Rahmen des Studiums geht es um den Aufbau eines wissenschaftlich-reflexiven Habitus, der eine kritische Auseinandersetzung mit den spezifischen Anforderungen der Berufspraxis ermöglicht. Daran anschließend muss in einer praxisbezogenen Phase ein interventionspraktischer Habitus ausgebildet werden, in dem es um Handlungsroutinen zur Bewältigung der beruflichen Anforderungen geht.

Der *(berufs-)biographische Ansatz* pädagogischer Professionalität stellt die beruflichen Werdegänge mit ihren unterschiedlichen Phasen, Verläufen und Anforderungen ins Zentrum. Professionalisierung wird als »komplexer und krisenhafter Entwicklungsverlauf« (Terhart, 1992, S. 125) beschrieben, Professionalität als *berufsbiographisches Entwicklungsproblem* (Terhart, 2001, S. 56). Damit rückt eine Prozessperspektive in den Fokus und der Blick wird zum einen darauf gelenkt, dass Professionalisierung nicht mit dem Ende der Ausbildung abgeschlossen ist. Zum anderen finden auch Lebensphasen Berücksichtigung, die bereits vor Beginn der formalen Ausbildung liegen, also Sozialisations- und Habitualisierungsprozesse der Kindheit und Jugend, die einen starken Einfluss auf die individuelle Professionalisierung haben.

Ausgehend von diesen Überlegungen hat Hericks (2006, S. 92) unter den Stichworten *Kompetenz, Vermittlung, Anerkennung und Institution* Entwicklungsaufgaben ausdifferenziert, die zentrale berufliche Anforderungen beschreiben und für eine gelingende Professionalisierung zu bewältigen sind. Dabei geht es u. a. um den Umgang mit den beruflichen Anforderungen in Relation zu den eigenen Ressourcen, die Entwicklung einer wertschätzenden Haltung gegenüber den Schüler*innen, die Klärung der eigenen Rolle als Fachexpert*in und Vermittler*in von Fachinhalten sowie das Arbeiten in und Mitgestalten von institutionellen Rahmenbedingungen.

In etwas anderem Kontext finden sich diese bereits bei Miethling (1986), der darauf hinweist, dass Lehrkräfte unterschiedliche Orientierungen ausbalancieren müssen: die Selbst-, Sport-, Schüler*innen- sowie die institutionelle Orientierung.

Der *kompetenztheoretische Ansatz* diskutiert Fragen der pädagogischen Professionalisierung dahingehend, welche Kompetenzen für die Bewältigung der jeweils zu bestimmenden Aufgabenbereiche erforderlich und wie diese am besten auszubilden sind. Dabei lässt sich unter Bezugnahme auf das Angebot-Nutzungs-Modell von Helmke (2017) davon ausgehen, dass die Lehrperson über das Ermöglichen von Lerngelegenheiten einen Einfluss auf die Lernprozesse nehmen kann (z. B. Hattie, 2009).

Kompetenz beschreibt dabei in einer ersten begrifflichen Annäherung das Zusammenspiel von Wissen und Können bei der Bewältigung von Handlungsanforderungen. In der Konkretisierung von Kompetenzen werden aber unterschiedlichste Modelle und Begriffe diskutiert. Wenngleich verschiedene Dispositionen der Lehrperson als relevant angesehen werden, fokussiert der kompetenztheoretische Ansatz insbesondere auf das professionelle Wissen (Baumert & Kunter, 2006), das in Anlehnung an Shulman (1986) in Fachwissen, fachdidaktisches Wissen und allgemeinpädagogisches Wissen ausdifferenziert wird. Neben diesem theoretisch-formalen Wissen wird auch ein praktisches Wissen bzw. Können als bedeutsam angenommen, das erst in der Handlung sichtbar wird, da es, wenngleich rechtfertigungsfähig, »im schnellen Handlungsvollzug in der Regel implizit bleibt« (Baumert & Kunter, 2006, S. 483).

Um die Vielfalt an kompetenzorientierten Ansätzen miteinander in Verbindung bringen zu können, liefert das Kompetenzmodell von Blömeke, Gustafson und Shavelson (2015) eine gute Orientierung. Wissen und Können werden dabei als zwei Pole modelliert, zwischen denen sich ihrer Auffassung nach Kompetenzen als horizontales Kontinuum abbilden lassen. Dabei sprechen sie von Dispositionen, unter denen sie u. a. Wissen als bedeutsame kognitive Voraussetzung der Lehrperson verorten, und von Performanz, die das Können als beobachtbare Handlungen in konkreten Situationen umfasst. Zudem heben sie in ihrem Modell die Fähigkeiten *perception*, *interpretation* und *decision making* (S. 7) hervor, denen sie eine zentrale Mittlerfunktion zwischen diesen beiden Polen zusprechen.

Im Sinne des kompetenztheoretischen Ansatzes bestimmt sich der Grad der Professionalität über das Vorliegen professioneller Handlungskompetenzen, die für die pädagogischen Tätigkeitsbereiche jeweils spezifisch zu konkretisieren sind. Die empirische Erfassung erfolgt dabei u. a. auch auf Basis von Schüler*innenleistungen, wenngleich professionelles Handeln nicht in einem technisch-instrumentellen Sinn verstanden wird. Lernerfolg ist vielmehr nur bedingt planbar, da dieser an die aktiv handelnde Auseinandersetzung des Lernenden gebunden und zudem immer auch ein Ergebnis »sozialer Ko-Konstruktion« (Baumert & Kunter, 2006, S. 477) ist.

Die verschiedenen Zugänge werden im Folgenden exemplarisch anhand sportpädagogischer Forschungserkenntnisse und konzeptioneller Überlegungen veranschaulicht. Dabei werden die Settings aufgrund der unterschiedlichen Professionalisierungsbedarfe getrennt voneinander betrachtet.

13.3 Pädagogische Professionalität in sportpädagogisch relevanten Tätigkeitsfeldern

13.3.1 Schulen

In Anlehnung an den strukturtheoretischen Ansatz untersucht Lüsebrink (2006) zum einen die praktische Bearbeitung von unterrichtlichen Problemen durch Sportlehrkräfte, zum anderen, mit welchen Anforderungen Sportstudierende bei der reflexiven Auseinandersetzung mit (schriftlich vorliegenden) Fällen aus dem Sportunterricht konfrontiert sind. Die Studie erlaubt einen detaillierten Einblick in alltägliche Balanceprobleme des Handelns von Sportlehrkräften zwischen widersprüchlichen Anforderungen. So birgt bspw. die Fokussierung auf Lernerfolge gepaart mit Machbarkeitsillusionen in dem Sinne, dass Lernen von außen herstellbar sei, die Gefahr, das Arbeitsbündnis durch Täuschungen oder Zwang genau dann zu brechen, wenn Lernkrisen auftreten, die stellvertretende Krisenbearbeitung also eigentlich greifen sollte. Ein Beispiel hierfür stellt der Umgang mit angstbesetzten Anforderungen wie beim Schwimmenlernen dar. Neben der Konkretisierung des strukturtheoretischen Ansatzes deckt Lüsebrink dabei auch Grenzen auf, indem sie den Ansatz durch Erkenntnisse über die große Bedeutung biographischer Erfahrungen bei der Bearbeitung von Fällen aus dem Sportunterricht erweitert. Es zeigt sich, dass die biographischen Erfahrungen der Studierenden offenbar zu »biographische(n) Gewissheiten« (ebd., S. 125) tendieren, unter die der konkrete Fall nur noch (selbstbestätigend) subsummiert wird, ohne seine Besonderheit rekonstruierend zu verstehen.

Damit ist bereits ein Übergang zum (berufs-)biographischen Ansatz hergestellt. Volkmann (2008) hat in ihrer Studie zum biographischen Wissen von Sportlehrkräften den Einfluss biographischer Erfahrungen vor allem aus Kindheit und Jugend für die individuelle Professionalisierung untersucht. Eine gelingende Professionalisierung orientiert sich dabei an den Entwicklungsaufgaben nach Hericks (s. o.) und betrifft drei Bereiche: die Berufsrolle und Einstellung zum Beruf, das Verhältnis von Lehrkräften und Schüler*innen sowie das Sach- und Fachverständnis. Volkmann rekonstruiert auf der Basis biographischer Interviews mit Sportlehrkräften drei unterschiedliche Anschlussverhältnisse: Der integrative Typus vollzieht einen zunächst bruchlosen Übergang von den positiv besetzten, überwiegend habitualisierten Vereinssporterfahrungen zum beruflichen Fach- und Selbstverständnis. Diese quasi 1:1-Übersetzung birgt jedoch Deprofessionalisierungspotenzial, da u. a. die Differenz zwischen freiwilligem Vereins- und verpflichtendem Schulsport zu Brüchen und Verwerfungen führt. Ebenfalls in dieser Hinsicht problematisch ist der kontrastive Typus: Obwohl er sich sehr kritisch mit seiner Biographie auseinandersetzt, gelingt es ihm dennoch nicht, sich von seinen (u. a. im Leistungssport) verankerten Erfahrungen und vor allem den daraus resultierenden normativen Vorstellungen zu lösen. So kollidiert z. B. seine Überzeugung von der Notwendigkeit umfangreichen Übens bei der Sportspielvermittlung mit sowohl seinen spielmethodischen Kenntnissen als auch den Spielwünschen der Schüler*innen. Die besten Voraussetzungen für eine gelingende professionelle Entwicklung weist der komplementäre Typus auf. Die strukturellen Bedingungen der Institution Schule werden von ihm flexibel als Gelegenheitsstrukturen interpretiert und genutzt, biographische Erfahrungen werden fallbezogen mit Wissen aus der Aus- und Fortbildung verbunden.

Haverich (2020) verweist in ihrer biografie- und strukturtheoretisch angelegten Studie darüber hinaus auf die Bedeutung des Herkunftsmilieus und daraus resultierenden habituell inkorporierten Dispositionen für das Sportlehrer*in-Werden. Eine nur geringe Passung zeigt z. B. die Orientierung an autoritätsförmigen Beziehungen und Pflichterfüllung des kleinbürgerlichen Arbeitnehmermilieus zum als wenig strukturiert wahrgenommenen akademischen Studium. Neben diesen Differenzen rekonstruiert Haverich allerdings auch milieuübergreifende Aspekte hinsichtlich Fachlichkeit, pädagogischem Arbeitsbündnis und Zukunftsentwurf. Diese betreffen z. B. die erlebten Ambivalenzen in der Beziehungsgestaltung zu den (Grund)Schüler*innen zwischen Rollenhandeln und Handeln als ganzer Person.

Ernst (2018) verknüpft berufsbiographische mit fachkulturellen Überlegungen und rekonstruiert eine spezifische Fach- und Berufskultur der Sportlehrerschaft, die sich nicht nur deutlich von anderen Fächern unterscheidet, sondern sich zudem von Anforderungen und Zwecksetzungen der Institution Schule distanziert (z. B. Wissensvermittlung, Selektionsfunktion). Besonders hervorzuheben ist die enge Kopplung der berufsspezifischen Kompetenz an die eigene sportliche Kompetenz. Das zeigt sich u. a. dadurch, dass sich Sportlehrkräfte im Unterricht als Sportler*innen inszenieren und dem eigenen Mitmachen zur Aktivierung und Motivierung der Schüler*innen eine hohe Bedeutung zuschreiben. Bewegungsdemonstrationen sowie Wettkämpfe gegen einzelne oder mehrere Schüler*innen werden zum Aufbau und zur Festigung von Autorität genutzt. Insgesamt offenbart sich damit auch hier Potenzial zur Deprofessionalisierung.

Umfangreiche, auch längsschnittlich angelegte Untersuchungen von Miethling (2013) haben unter Einbeziehung weiterer vorliegender Erkenntnisse zu einem Modell berufsbiographischer Entwicklungsphasen geführt, das von Schierz und Miethling (2017) weiter modifiziert wurde. Demnach sind Kindheit und Jugend als Phase der Entwicklung sportiver Lebensstile entscheidend für Habitualisierungsprozesse, die bereits vor dem Eintritt in die formale berufliche Ausbildung stattfinden. Professionalisierung wird darüber hinaus als ein prinzipiell unabgeschlossener biographischer Lern-, Entwicklungs- und Bildungsprozess beschrieben, was sich nach Beendigung des Studiums durch die Ausdifferenzierung verschiedener Berufsphasen zeigt: Nach dem als »Weltensprung« (S. 56) bezeichneten Übergang ins Referendariat sind die ersten etwa vier Berufsjahre durch die »Rollenfindung« (S. 56) gekennzeichnet. Bis ca. zum 10. Berufsjahr erfolgt die Stabilisierung, Routinebildung und die Etablierung einer Alltagsdidaktik im Sinne eines alters- und generationsstabilen Orientierungskerns. Die berufliche Fort- und Weiterentwicklung ist anschließend allerdings nicht allein durch Stabilität charakterisiert, sondern weist durchaus Schwankungen auf. Diese können zu sehr unterschiedlichen weiteren Verläufen führen, zwischen Experimentierfreude und Innovationen an einem sowie resignativem Konservativismus bis hin zu Zynismus am anderen Pol. Der Berufsausklang führt auch bei den Engagiertesten zu einer gewissen Gelassenheit und/oder Distanzierung; darüber hinaus zeigen sich Formen von Desinteresse bis hin zur Resignation.

Aus kompetenztheoretischer Perspektive geht es zunächst darum, die für Sportlehrkräfte erforderlichen Kompetenzen zu bestimmen. Für die Sportlehrkräfte-(aus-)bildung liefern die in der Kultusministerkonferenz verabschiedeten fachspezifischen Kompetenzprofile (KMK, 2015) entsprechende Konkretisierungen. Kompetenzprofile lassen sich zudem auch empirisch generieren. So befragt Baumgartner (2013) Sportlehrkräfte der Berufsfachschule in einem mehrstufigen Verfahren danach, welche Kompetenzen sie benötigen, um Anforderungssituationen bewältigen zu können. Dabei wurden aus insgesamt 46 Kompetenzprofilen einzelne wie »Sicherheit im Unterricht«, »Organisation und Anweisungen« (S. 109) als besonders bedeutsam betrachtet.

Aktuell zeichnet sich ab, dass einzelne Kompetenzbereiche theoretisch fundierter ausformuliert und evaluiert werden. So modelliert bspw. Hovens (2018) mit Wissen, Wollen und Können drei Dimensionen von Genderkompetenz und zeigt, dass sich die untersuchten Sekundarsportlehrkräfte zwar überwiegend für geschlechtergerechte Erziehungsziele aussprechen (Wollen), ihnen aber die erforderlichen Kenntnisse zur Umsetzung fehlen (Wissen), so dass sie ihren Unterricht kaum gendersensibel durchführen (Können). Zur Untersuchung diagnostischer Kompetenzen geht Seyda (2018) der Frage nach, ob Sportlehrkräfte die Perspektive ihrer Schüler*innen einnehmen können, und fokussiert dabei auf die Genauigkeit bei der Beurteilung der Fähigkeitsselbstwahrnehmungen der Schüler*innen. Erwartungswidrig unterschieden sich fachfremde Lehrkräfte dabei nicht von Fachkräften, was sie u. a. damit erklärt, dass Fachkräfte sich in ihrem Urteil stärker an dem wahrgenommenen tatsächlichen physischen Leistungsstand der Schüler*innen orientieren.

Mit Blick auf die Dispositionen von Sportlehrkräften beschäftigen sich einige Autor*innen mit der Modellierung und Überprüfung erforderlicher Wissensbereiche. Für Sportlehrkräfte wird dabei relativ übereinstimmend fachwissenschaftliches und fachdidaktisches Wissen als bedeutsam angenommen. So werden Testverfahren entwickelt (im Überblick Vogler et al., 2017) und u. a. eingesetzt, um den Einfluss der Ausbildung zu evaluieren. Vogler et al. (2017) haben dabei bspw. für die Schweiz festgestellt, dass die Entwicklung des fachdidaktischen Wissens auf die Ausbildung und nicht auf Unterrichtserfahrung zurückzuführen ist.

Situationsspezifische Fähigkeiten werden von Reuker (2018) unter dem Begriff des *Professionellen Blicks* konzeptionalisiert. Hierunter versteht sie die Fähigkeiten, die für das pädagogische Geschehen bedeutsamen Ereignisse zu erkennen, zu deuten und das Handeln adaptiv daran zu orientieren. Dabei weist sie insbesondere zwischen Gruppen hoher und niedriger sportpädagogischer Expertise Unterschiede bezüglich der selektiven Aufmerksamkeit (2017a) und theoretischen Fundierung (2017b) beim Deuten von Sportunterrichtssequenzen nach. Bezüglich der Entscheidungsfindung zeigt sich neben Unterschieden aber auch Ausbildungsbedarf im Hinblick auf die situativen Bezugnahmen in allen Gruppen (2018). Weiterführend wurde die Fähigkeit der Entscheidungsfindung von Reuker und Rischke (2017) zudem für den Umgang mit Heterogenität in unterschiedlichen Ausbildungsphasen untersucht. Studierende, die bereits ihr Praxissemester absolviert haben, formulieren im Vergleich zu Studierenden, die sich noch am Anfang ihres Studiums befinden, häufiger Handlungsentscheidungen, die sich als heterogenitätsorientierte Unterrichtsgestaltung interpretieren lassen.

Schließlich sind solche Ansätze zu nennen, die die Performanz im Sinn konkreter Handlungen über Fremdbeobachtungen erfassen. So untersucht Baumgartner (2018) im Rahmen eines viermonatigen Interventionsprogramms den Einfluss video- versus textbasierter Unterrichtsanalysen auf die feedbackbezogenen Performanzen. Dabei weist er insgesamt signifikante Verbesserungen nach, wobei sich lediglich die Gruppe, die mit Videoanalysen arbeitet, signifikant von der Kontrollgruppe unterscheidet.

13.3.2 Sportvereine und -verbände

Für das Tätigkeitsfeld von Trainer*innen wird ein Professionalisierungsbedarf schon seit langem im Hinblick auf eine verstärkte Berücksichtigung pädagogischer Verantwortung vor allem gegenüber Kindern und Jugendlichen im Leistungssport angemahnt (z. B. Meinberg, 1984). Mit dieser inhaltlichen Ausrichtung geraten die unterschiedlichen Erwartungen in den Blick, mit denen sich Trainer*innen, aber auch der DOSB, zwischen dem Fokus auf sportliche Erfolge auf der einen und der besonderen Schutzbedürftigkeit von Kindern und Jugendlichen auf der anderen Seite auseinandersetzen müssen. Die Interessen des Systems Hochleistungssport sind offenbar nicht immer bruchlos mit pädagogischen Maximen vereinbar, was sich z. B. in den Gegenüberstellungen von Fremdbestimmung und Selbstentfaltung (ebd.) oder »Weltmeister werden und die Schule schaffen« (Richartz & Brettschneider, 1996) zeigt.

Ohne expliziten Bezug zum strukturtheoretischen Ansatz, aber in diesem Kontext sehr interessant, sind die Überlegungen zum Arbeitsbündnis zwischen Trainer*innen und Athlet*innen von Richartz (2000) sowie Richartz, Hoffmann und Sallen (2009). Die Ausgangslage zur Etablierung des Arbeitsbündnisses beschreibt Richartz (2000) als sehr günstig (gerade auch im Vergleich zum schulischen Arbeitsbündnis), da Übereinstimmung hinsichtlich der zentralen Zielsetzung – sportlicher Erfolg – zwischen Trainer*innen und Athlet*innen besteht. Allerdings scheint die Aufrechterhaltung eines harmonischen Arbeitsbündnisses sehr anspruchsvoll, da sich die Erwartungen der Athlet*innen auf sozialer Ebene als komplex und zum Teil auch widersprüchlich erweisen. Das zeigt sich angesichts der von Richartz et al. (2009) rekonstruierten, aus Athlet*innensicht relevanten Facetten für ein gelingendes Arbeitsbündnis: Sie erwarten von ihren Trainer*innen *Fachkompetenz* und Sicherheit vermittelnde *Fürsorge*, aber auch für die Lern- und Leistungsfortschritte als notwendig angesehene *Strenge und Disziplinierung*.

Aus strukturtheoretischer Perspektive arbeiten Schierz und Thiele (2002) eine Variante der in erzieherischen Kontexten klassischen Antinomie heraus, Heranwachsende durch Fremdbestimmung zur Selbstbestimmung führen zu wollen. Die aus Trainer*innensicht widersprüchliche Anforderung, stellvertretende Verantwortung für ihre Athlet*innen bei nur begrenzter Risikokontrolle übernehmen zu müssen, führt zu einer Tendenz der einseitigen Auflösung der Antinomie in Richtung äußerer Kontrolle und Steuerung, was das Problem aber verdrängt und nicht löst.

Aus explizit berufsbiographischer Perspektive liegen zur Professionalisierung von Trainer*innen bislang keine Studien vor. Eher soziologisch ausgerichtete Untersuchungen verweisen aber darauf, dass Trainer*innen im Leistungssport zu großen Teilen selbst über leistungssportliche Erfahrungen verfügen. Das scheint nicht nur hinsichtlich des in der eigenen Sportkarriere erworbenen praktisch relevanten Wissens wichtig – oder sogar notwendig –, sondern vor allem auch im Hinblick auf den Aufbau sozialer Netzwerke (Digel et al., 2010). Aus biographietheoretischer Perspektive besonders interessant ist die daraus resultierende starke Orientierung an sowie die Tradierung von selbst erfahrenen Trainingspraktiken (Richartz & Anders, 2016), was zusätzlich durch die nur eingeschränkt formalisierten Berufswege und -zugänge forciert wird.

Aus kompetenztheoretischer Perspektive wird bei Trainer*innen eine solide fachliche Wissensbasis als zentrale Voraussetzung betrachtet sowie zunehmend pädagogisch-didaktisches Wissen und Wissen zu sozial-kommunikativen Prozessen eingefordert. So hat der DOSB in seinen Rahmenrichtlinien neben der Fachkompetenz die Kategorien Sozialkompetenz sowie Methoden- und Vermittlungskompetenz für die Tätigkeitsfelder von Trainer- und Übungsleiter*innen über alle Lizenzstufen konkretisiert und zeigt dabei eine gute Anschlussfähigkeit an den Deutschen Qualifikationsrahmen (DQR)[2], geht aber auch darüber hinaus (Sygusch, Liebl & Töpfer, 2013). In Zusammenarbeit mit Expert*innen aus verschiedenen Bereichen des Sports (DOSB, Spitzenverbände, Landessportbünde und Bildungsforschung) wurde der Kompetenzentwurf des DOSB inzwischen weiterentwickelt, indem neben der Konkretisierung der verschiedenen Bereiche und Niveaus die reflektierte Nutzung des Wissens zur Lösung von variablen Anforderungssituationen hervorgehoben wird (Sygusch et al., 2020).

Studien zum Einfluss des Wissens auf die Leistungsentwicklung der Athlet*innen liegen bislang allerdings nicht vor (Richartz & Anders, 2016). Erste Erkenntnisse gibt es aber zur Wahrnehmungskompetenz, die Richartz und Anders im Rahmen einer Trainerfortbildung evaluieren. Die Teilnehmer*innen analysieren dabei mit Video aufgenommene eigene Trainingsprozesse im Hinblick auf empirisch bewährte Qualitätsmerkmale des Lernens und Lehrens mit Hilfe eines Beobachtungsinstruments. Hierdurch konnte die Aufmerksamkeit für die drei Dimensionen »emotionale Unterstützung«, »Lerngruppenorganisation« und »instruktionale Unterstützung« (S. 10) gefördert werden.

13.3.3 Kindertageseinrichtungen

Im Zuge der Professionalisierungsbestrebungen frühpädagogischer Fachkräfte konstatieren Krus und Jasmund (2019, S. 167)

> »Diskrepanzen zwischen dem fachlichen Diskurs zur Bedeutung von Bewegung in der frühen Kindheit sowie den gestiegenen gesellschaftlichen und bildungspolitischen Hand-

---

2 Der unter gemeinsamer Verantwortung des BMBF und der KMK entwickelte DQR bietet mit der Formulierung von fachlichen (Wissen und Fertigkeiten) und personalen Kompetenzen (Sozialkompetenz und Selbstständigkeit) zum Erwerb einer umfassenden Handlungskompetenz auf unterschiedlichen Niveaus eine Orientierung, der die Vergleichbarkeit von Qualifikationen im Bildungssektor sicherstellen soll.

lungsanforderungen an pädagogische Fachkräfte einerseits und dem aktuell möglichen Kompetenzerwerb in den relevanten Aus-, Fort- und Weiterbildungen des Handlungsfeldes andererseits«.

Auf die Notwendigkeit, bewegungsbezogene Anteile in der (Aus-)Bildung der frühpädagogischen Fachkräfte stärker zu berücksichtigen, verweist schon eine Studie von Hunger (2000), welche die Bedeutung eigener (Schul-)Sporterfahrungen für die Gestaltung der beruflichen Praxis aufzeigt. Das verinnerlichte Bild vom Sportunterricht ist bei einem Teil der Erzieherinnen so dominant, dass es deren grundlegende pädagogisch-didaktische Überzeugungen im Rahmen der Bewegungsstunden geradezu konterkariert. Während die Erzieherinnen einerseits betonen, dass sie ihr Handeln an den Bedürfnissen der Kinder ausrichten und ihnen Handlungsspielräume zum selbstständigen Erproben geben, *kopiert* ein Teil von ihnen in den Bewegungsstunden selbst erlebten, *typischen* Sportunterricht mit fester Stundenstruktur bestehend aus Aufwärmen, Hauptteil und Abschlussspiel sowie organisatorischer Disziplin. Die entscheidende Ursache für diesen Widerspruch sieht Hunger in der Unsicherheit der frühpädagogischen Fachkräfte aufgrund der defizitären Ausbildung im Bereich Bewegung. Auch Koch und Böcker (2014) zeigen in ihrer Studie, dass die biographischen Erfahrungen von frühpädagogischen Fachkräften zu einem Spannungsfeld zwischen Bewegung als Freiheit und Bewegung als Begrenzung führt.

Grundsätzlich befindet sich die professionalitätsorientierte Forschung im frühpädagogischen Bereich allerdings noch in den Anfängen (Nentwig-Gesemann & Fröhlich-Gildhoff, 2017). Sie orientiert sich zu großen Teilen am Kompetenzmodell von Fröhlich-Gildhoff et al. (2014), das verschiedene professionalitätstheoretische Ansätze zusammenführt. Neben Kompetenzen in Form von Disposition und Performanz weist es auch der Reflexivität sowie biographischen Erfahrungen einen zentralen Stellenwert zu. Das resultierende Konglomerat macht eine Zuordnung professionalitätsorientierter Untersuchungen zu einzelnen Ansätzen teilweise schwierig. So ist man unter Bezugnahme auf das Modell und in Anlehnung an den DQR auch hier darum bemüht, verschiedene Qualifikationsprofile zu bündeln und ein stärker aufeinander abgestimmtes Kompetenzkonzept für die verschiedenen Ausbildungsebenen im Bereich der frühkindlichen Bildung zu formulieren. Dabei wird neben ausdifferenzierten Kompetenzen die Fähigkeit zur Reflexion als essentiell und ein forschender und selbst-reflexiver Habitus als ein »Schlüssel zur Ausbildung frühpädagogischer Kompetenz« (Robert Koch Stiftung, 2011, S. 43) dargestellt.

13.4 Konsequenzen für die Aus- und Fortbildung

Unter Bezugnahme auf die skizzierten theoretischen Ansätze, lassen sich unterschiedliche didaktische Schwerpunkte ableiten. Dies soll im Folgenden anhand von drei Konzepten beispielhaft veranschaulicht werden.

13.4.1 Fallarbeit

Im Kontext des strukturtheoretischen Ansatzes ist der Auf- und Ausbau eines wissenschaftlich-reflexiven Habitus durch die Arbeit an Fällen zentral (z. B. Oevermann, 2002). Als Material dienen in der Regel schriftliche Darstellungen oder Videoausschnitte von Situationen aus Sportunterricht, Training oder frühpädagogischer Arbeit. Dabei erleichtern *fremde* Fälle zunächst die notwendige Distanzierung bei der Deutung und Bearbeitung, während selbst erlebte Situationen eine Annäherung an die spätere berufliche Anforderung darstellen, das eigene berufliche Handeln kritisch zu reflektieren und weiterzuentwickeln. Der konkrete Fall stellt zudem den Ausgangspunkt für die Erarbeitung relevanter wissenschaftlicher Wissensbestände dar, die nachfolgend der vertieften und erweiterten Fallauslegung dienen. Als besonders geeignet für Fallarbeit erscheinen »Unglücksfälle« (Scherler, 2008, S. 22), also solche, bei denen etwas nicht so ist, wie es sein sollte. In gemeinsamen Diskussionen werden die Probleme des Falls rekonstruiert und Lösungsmöglichkeiten mit ihren potenziellen Vor- und Nachteilen erörtert (Scherler & Schierz, 1995).

Für die Gruppe der Trainer*innen haben Thiele, Schierz und Fischer (2006) ein Modell der kollegialen Fallberatung entwickelt, das sich u. a. durch eine festgelegte Ablaufstruktur und die Verteilung bestimmter Rollen (Fallerzähler*innen, Moderator*innen, Berater*innen etc.) auszeichnet und einer verbesserten Integration wissenschaftlicher Wissensbestände in die Trainingspraxis dienen soll. Dies erwies sich jedoch nur als wenig erfolgreich, was von den Autor*innen zum einen auf die stark technologisch ausgerichtete Orientierung der Trainer*innen zurückgeführt wird. Zum anderen scheinen die biographischen Erfahrungen einer langwierigen Praxissozialisation zu widerständig. Letztgenanntes spricht für eine systematische Verbindung von Fall- und Biographiearbeit durch eine biographisch orientierte Fallarbeit (Lüsebrink, 2017). Diese bezieht explizit biographische Assoziationen und Reflexionen in die Fallarbeit ein und knüpft damit an biographisch verankerte Sichtweisen und Überzeugungen der Studierenden an. Neben der sachbezogenen Steigerung von Reflexivität durch soziale und theoretische Perspektivwechsel soll damit auch der Auf- und Ausbau von Selbstreflexivität gefördert werden.

13.4.2 Biographiearbeit

Basierend auf dem berufsbiographischen Ansatz zielt Biographiearbeit in der Aus- und Fortbildung auf die Relativierung des machtvollen Einflusses der oftmals nicht bewussten biographischen Erfahrungen. Hier existieren unterschiedliche Konzepte pädagogischer Biographiearbeit (Volkmann, 2008), die auf die Irritation des sportlichen Habitus zielen. Neben der reflektierten Auseinandersetzung mit der eigenen (Schul-)Sportbiographie können auch Erfahrungen aus zweiter Hand, also z. B. biographische Interviews mit Sportlehrkräften als Ausgangspunkt dienen, um eigene Berufswahlmotive, das individuelle Fach- und Selbstverständnis sowie das vorhandene Bild von Schüler*innen zu reflektieren.

13.4.3 Videoanalysen

Unter Bezugnahme auf kompetenztheoretische Ansätze besteht die eigentliche Herausforderung für Ausbildungskonzepte darin, das für den jeweiligen pädagogischen Kontext erforderliche Wissen anwendungsorientiert zu vermitteln (Blömeke, 2009). Neuere Konzepte zielen deshalb auf eine stärkere situative Einbindung der Vermittlungsinhalte anhand von video- oder textbasierten, realen oder fiktiven sowie eigenen oder fremden Unterrichtssequenzen ab (Baumgartner, 2018). Die für eine Verbindung von Theorie und Praxis notwendigen »Prozeduralisierungsschritte[3]« können Blömeke (2009, S. 486) zufolge allerdings nur gelingen, wenn dauerhaft angeleitete Praxiserfahrungen gemacht und reflektiert werden. Grundsätzlich wird die unmittelbare bzw. mit Video aufgenommene Praxis dabei unter jeweils unterschiedlichen Beobachtungs- und Analyserahmen allein oder auch in der Gruppe reflektiert.

Im Rahmen des Praxissemesters beschreibt bspw. Oesterhelt (2018) ein Konzept, das mittels theoriebasierter, kriteriengeleiteter Beobachtung für die von Scherler (2008, S. 18) rekonstruierten Bereiche »Bedingungen organisieren«, »Inhalte präsentieren« und »mit Schülern interagieren« die Wahrnehmung von Unterrichtsereignissen professionalisieren will. Auf die Verbesserung der Wahrnehmungskompetenz von Trainer*innen zielt auch ein Vermittlungskonzept von Richartz und Andersen (2016) ab, das Informationsphasen mit klar strukturierten Beobachtungs- und Diskussionsphasen kombiniert. Dabei werden Trainingsprozesse im Hinblick auf die Qualitätsmerkmale *emotionale* sowie *instruktionale Unterstützung* und *Lerngruppenorganisation* analysiert. Hierzu werden Trainer*innen, die diese Dimensionen bereits in hoher Ausprägung zeigen, mit Video aufgenommen und solche Sequenzen ausgewählt und analysiert, in denen diese Merkmale gut zu beobachten sind.

13.5 Zukünftige Herausforderungen

Verschiedene Perspektiven auf Ziele und Prozesse der Professionalisierung sowie unterschiedliche Tätigkeitsfelder lassen konsequenterweise auch unterschiedliche Herausforderungen für die Zukunft antizipieren, von denen abschließend einige aufgezeigt werden sollen.

Die drei in den Blick genommenen Ansätze pädagogischer Professionalität sind jeweils mit der Aufgabe konfrontiert, spezifische Übergänge vertieft zu bearbeiten: Für den kompetenzorientierten Ansatz, der seinen Ausgang bei der Wissensver-

---

3 Mit diesem Begriff verweist Blömeke auf die Notwendigkeit einer schrittweisen Überführung des theoretischen (deklarativen) Wissens in anwendungsbezogenes (prozedurales) Wissen im Kontext der Professionalisierung.

mittlung nimmt, ist dies die Transformation vom Wissen zum Können. Für den strukturtheoretischen Ansatz, der als Basis auf den Aufbau eines wissenschaftlich-reflexiven Habitus setzt, betrifft dies den Übergang von (gesteigerter) Reflexivität zur Weiterentwicklung des praktischen beruflichen Handelns. Und für den berufsbiographischen Ansatz betrifft dies den Schritt von biographischer Selbstreflexivität zur Bewältigung von Entwicklungsaufgaben und damit einer professionellen Identität.

Darüber hinaus stehen die drei fokussierten Tätigkeitsfelder vor sehr spezifischen Herausforderungen angesichts extrem unterschiedlicher Ausgangslagen. Während der Lehrkräfteberuf seit langem etabliert ist, besteht hier eine Herausforderung für das Fach Sport darin, seine Stellung und Bedeutung im Kontext der Schule und damit auch die Notwendigkeit einer an Professionalität orientierten Ausbildung (immer wieder) zu legitimieren und auszudifferenzieren. Das Tätigkeitsfeld der Trainer*innen weist demgegenüber einen nur geringen Grad an Verberuflichung mit überwiegend unsicheren Beschäftigungsverhältnissen auf. Die Idee der Professionalisierung stößt damit einerseits auf ein stark durch Ehrenamt geprägtes Feld, andererseits auf Berufsinhaber*innen, denen pädagogische Schwerpunktsetzungen durch das Leistungssportsystem nicht gerade nahegelegt werden. Im Feld der frühkindlichen Pädagogik sind die Ausbildungskonturen aufgrund der aktuellen Umgestaltungen erst noch zu klären. Hier finden sich (im Unterschied zu den anderen beiden Feldern) nur zufällig Studierende, die sportlich sozialisiert sind, so dass sich z. B. die Frage nach sportpraktischen Anteilen in der Ausbildung in ganz anderer Weise stellt (Böcker-Giannini & Stahl-von-Zabern, 2016) als bei den angehenden Sportlehrkräften und Trainer*innen.

Literatur

Baumert, J. & Kunter, M. (2006). Stichwort: Professionelle Kompetenz von Lehrkräften. Zeitschrift für Erziehungswissenschaft, 9(4), 469–520.

Baumgartner, M. (2013). Kompetenzprofile von Sportlehrpersonen der Berufsfachschule. In F. Oser, T. Bauder, P. Salzmann & S. Heinzer (Hrsg.), Ohne Kompetenz keine Qualität (S. 96–126). Klinkhardt.

Baumgartner, M. (2018). Performanzfortschritt in der Lehrerausbildung durch die Arbeit an eigenen video- und textbasierten Unterrichtsfällen? Eine Interventionsstudie zur Verbesserung des Feedbacks bei angehenden Sportlehrkräften. Zeitschrift für Erziehungswissenschaft, 21(6), 1135–1155.

Binnenbruck, A., Neuber, N. & Krüger, M. (2015). Wissenstransfer »sport-lernen« – Weiterbildung für Sportlehrkräfte am Institut für Sportwissenschaft (IfS) der Universität Münster. Sportunterricht, 64(10), 306–310.

Blömeke, S. (2009). Lehrerausbildung. In S. Blömeke, T. Bohl, L. Haag, G. Lang-Wojtasik & W. Sacher (Hrsg.), Handbuch Schule. Theorie – Organisation – Entwicklung (S. 483–490). Klinkhardt.

Blömeke, S., Gustafsson, J. E. & Shavelson, R. J. (2015). Beyond Dichotomies Competence Viewed as a Continuum. Zeitschrift für Psychologie, 223(1), 3–13.

Böcker-Giannini, N. & Stahl-von-Zabern, J. (2016). Die eigene Bewegungsbiografie verstehen. Bewegungsbiografien frühpädagogischer Fachkräfte als Ausgangspunkte für professionelles Handeln im bewegten Kindergarten. In K. Fischer, G. Hölter, W. Beudels, C. Jasmund, Christina, A. Krus, & S. Kuhlenkamp (Hrsg.), Bewegung in der frühen Kindheit (S. 189–200). Springer.

Bonnet, A. & Hericks, U. (2014). Professionalisierung und Deprofessionalisierung im Lehrer/innenberuf. Ansätze und Befunde aktueller empirischer Forschung. Zeitschrift für interpretative Schul- und Unterrichtsforschung, 3(1), 3–13.
Digel, H., Thiel, A., Schreiner, R. & Waigel, S. (2010). Berufsfeld Trainer im Spitzensport. Hofmann.
Emrich, E., Pierdzioch, C. & Fröhlich, M. (2013). Arbeitsmärkte für Absolventen sportwissenschaftlicher Studiengänge. In A. Güllich & M. Krüger (Hrsg.), Sport. Das Lehrbuch für das Sportstudium. Bachelor (S. 47–64). Springer.
Ernst, C. (2018). Professionalisierung und Fachkultur im Sportlehrerberuf – Ergebnisse einer qualitativen Interviewstudie. In B. Fischer, S. Meier, A. Poweleit & S. Ruin (Hrsg.), Empirische Schulsportforschung im Dialog (S. 59–72). Logos.
Fröhlich-Gildhoff, K., Nentwig-Gesemann, I., Pietsch, S., Köhler, L. & Koch, M. (2014). Kompetenzentwicklung und Kompetenzerfassung in der Frühpädagogik, Konzepte und Methoden. FEL.
Hattie, J. (2009). Visible learning. Routledge.
Haverich, A. K. (2020). Sportlehrer*in-Werden. Rekonstruktionen über die Passungsverhältnisse von Sportstudierenden im universitären Feld der Lehramtsbildung. Klinkhardt.
Helmke, A. (2017). Unterrichtsqualität und Lehrerprofessionalität. Diagnose, Evaluation und Verbesserung des Unterrichts (7. Aufl.). Klett/Kallmeyer.
Helsper, W. (2016). Lehrerprofessionalität – der strukturtheoretische Ansatz. In M. Rothland (Hrsg.), Beruf Lehrer/Lehrerin. Ein Studienbuch (S. 103–126). Waxmann. VS.
Hericks, U. (2006). Professionalisierung als Entwicklungsaufgabe. VS.
Hoven, S. (2018). Geschlechtergerechtigkeit im koedukativen Sportunterricht. Eine empirische Analyse zur Genderkompetenz von Sportlehrkräften in der gymnasialen Sekundarstufe I. Kovac.
Hunger, I. (2000). Handlungsorientierungen im Alltag der Bewegungserziehung. Hofmann.
KMK. (2015). Ländergemeinsame inhaltliche Anforderungen für die Fachwissenschaften und Fachdidaktiken in der Lehrerbildung. (Beschluss der KMK vom 16.10.2008 i. d. F. vom 10.09.2015). Zugriff am 07.11.2016 unter http://78.46.211.83/fileadmin/veroeffentlichungen_beschluesse/2008/2008_10_16-Fachprofile-Lehrerbildung.pdf
Koch, M. & Böcker, N. (2014). Bewegungspädagogische Fachpraxis im Spannungsraum von Freiheit und Begrenzung. In K. Fröhlich-Gildhoff, I. Nentwig-Gesemann & N. Neuß (Hrsg.), Forschung in der Frühpädagogik VII. Schwerpunkt: Profession und Professionalisierung (S. 219–242). FEL.
Krus, A. & Jasmund, C. (2019). Bewegungsbezogene Kompetenzen von Kindheitspädagog_innen. In A. Voss (Hrsg.), Bewegung und Sport in der Kindheitspädagogik. Ein Handbuch (S. 165–173). Kohlhammer.
Lüsebrink, I. (2006). Pädagogische Professionalität und stellvertretende Problembearbeitung – ausgelegt durch Beispiele aus Schulsport und Sportstudium. Strauß.
Lüsebrink, I. (2017). Professionalisierung durch biografisch orientierte Fallarbeit. In E. Balz & P. Neumann (Hrsg.), Sportlehrerausbildung heute – Ideen und Innovationen (S. 25–35). Czwalina.
Meinberg, E. (1984). Kinderhochleistungssport. Fremdbestimmung oder Selbstentfaltung? Strauß.
Miethling, W.-D. (1986). Belastungssituationen im Selbstverständnis junger Sportlehrer. Hofmann.
Miethling, W.-D. (2013). Sportlehrerforschung. In E. Balz, M. Bräutigam, W.-D. Miethling & P. Wolters (Hrsg.), Empirie des Schulsports (S. 121–153). Meyer&Meyer.
Nentwig-Gesemann, I. & Fröhlich-Gildhoff, K. (2017) (Hrsg.). Forschung in der Frühpädagogik X. Zehn Jahre frühpädagogische Forschung – Bilanzierungen und Reflexionen. FEL.
Oesterhelt, V. (2018). Förderung der Beobachtungskompetenz in der Sportlehrerbildung. In N. Ukley & B. Gröben (Hrsg.), Forschendes Lernen im Praxissemester (S. 81–100). Springer VS.
Oevermann, U. (2002). Professionalisierungsbedürftigkeit und Professionalisiertheit pädagogischen Handelns. In M. Kraul, W. Marotzki & C. Schweppe (Hrsg.), Biographie und Profession (S. 19–63). Klinkhardt.

Reuker, S. (2017a). The knowledge-based reasoning of physical education teachers: A comparison between groups with different expertise. European Physical Education Review, 23(1), 3–24.
Reuker, S. (2017b). The noticing of physical education teachers: a comparison between groups with different expertise. Physical Education and Sport Pedagogy, 22(2), 150–170.
Reuker, S. (2018). »Ich unterrichte so, wie es die Ereignisse erfordern« – Der Professionelle Blick von Sportlehrkräften und seine Bedeutung für adaptiven Unterricht. Zeitschrift für Sportpädagogische Forschung, 6(2), 31–52.
Reuker, S. & Rischke, A. (2017). Heterogenität im inklusiven Sportunterricht – Situative Deutungen und Umgangsformen von Studierenden. sportunterricht, 66(12), 371–376.
Richartz, A. (2000). Lebenswege von Leistungssportlern. Meyer & Meyer.
Richartz, A. & Anders, D. (2016). Pädagogische Qualität als Thema der Trainerbildung – hat die Sportpädagogik den Trainern Relevantes zu bieten? Leipziger sportwissenschaftliche Beiträge, 57(2), 21–40.
Richartz, A. & Brettschneider, W.-D. (1996). Weltmeister werden und die Schule schaffen. Hofmann.
Richartz, A., Hoffmann, K. & Sallen, J. (2009). Kinder im Leistungssport. Hofmann.
Robert Bosch Stiftung (Hrsg.). (2011). Qualifikationsprofile in Arbeitsfeldern der Pädagogik der Kindheit. Ausbildungswege im Überblick. Zugriff am 06.02.2021 unter https://www.bvktp.de/media/pik_qualifikationsprofile_1_.pdf
Scherler, K. (2008). Sportunterricht auswerten (2., überarb. Aufl.). Czwalina.
Scherler, K. & Schierz, M. (1995). Forschend lernen – lehrend forschen. In D. Kuhlmann & R. Heim (Hrsg.), Sportwissenschaft studieren: eine Einführung (S. 39–50). UTB.
Schierz, M. & Miethling, W.-D. (2017). Sportlehrerprofessionalität: Ende einer Misere oder Misere ohne Ende? Zwischenbilanz der Erforschung von Professionalisierungsverläufen. German Journal of Exercise and Sport Research, 47(1), 51–61.
Schierz, M. & Thiele, J. (2002). Hermeneutische Kompetenz durch Fallarbeit. Zeitschrift für Pädagogik, 48(1), 30–47.
Seyda, M. (2018). Können Sportlehrkräfte die Perspektive ihrer Schüler und Schülerinnen einnehmen? Eine Untersuchung über die Akkuratheit von Beurteilungen physischer Fähigkeitsselbstwahrnehmungen. Unterrichtswissenschaft, 46(2), 215–231.
Shulman, L. (1986). Those who understand: Knowledge growth in teaching. Educational Researcher, 15(2), 4–14.
Sygusch, R., Liebl, S. & Töpfer, C. (2013). Einordnung des »Diplom-Trainers des Deutschen Olympischen Sportbundes« in den Deutschen Qualifikationsrahmen für lebenslanges Lernen (DQR). – Handreichung zur Expertise von 2013. Trainerakademie Köln des DOSB.
Sygusch, R., Muche, M., Liebl, S., Fabinski, W. & Schwind-Gick, G. (2020). Das DOSB-Kompetenzmodell für die Trainerbildung (Teil 1). Leistungssport, 50(1), 41–47
Terhart, E. (1992). Lehrerberuf und Professionalität. In B. Dewe, W. Ferchhoff & F.-O. Radtke (Hrsg.), Erziehen als Profession. Zur Logik professionellen Handlns in pädagogischen Feldern (S. 103–131). Leske & Budrich.
Terhart, E. (2001). Lehrerberuf und Lehrerbildung. Beltz.
Thiele, J., Schierz, M. & Fischer, B. (2006). Fallarbeit in der Trainerausbildung. Strauß.
Vogler, J., Messmer, R. & Allemann, D. (2017). Das fachdidaktische Wissen und Können von Sportlehrpersonen (PCK-Sport). German journal of exercise and sport research, 47(4), 335–347.
Vogler, J., Messmer, R., Wibowo, J., Heemsoth, T. & Meier, S. (2017). Drei Zugänge zur Modellierung fachdidaktischen Wissens von Sportlehrpersonen. In E. Balz & D. Kuhlmann (Hrsg.), Sportwissenschaft in pädagogischem Interesse (S. 47–55). Czwalina.
Volkmann, V. (2008). Biographisches Wissen von Lehrerinnen und Lehrern. Der Einfluss lebensgeschichtlicher Erfahrungen auf berufliches Handeln und Deuten im Fach Sport. VS.
Voss, A. (2019). Sport- und bewegungsbezogene Pädagogik der frühen Kindheit – eine Bestandsaufnahme. In A. Voss (Hrsg.), Bewegung und Sport in der Kindheitspädagogik. Ein Handbuch (S. 17–36). Kohlhammer.

14 Diversität und Differenzkategorien

Judith Frohn & Heike Tiemann

In der Sportpädagogik wird seit jeher die Verschiedenheit der sporttreibenden Akteur*innen berücksichtigt, um sportpädagogische Angebote in verschiedenen Settings (▶ Kap. 12) zielgruppengerecht gestalten zu können. Die Unterschiedlichkeit der Sporttreibenden kann aus verschiedenen Perspektiven betrachtet werden, von denen zentrale Differenzkategorien theoretisch, empirisch und konzeptionell in der Sportpädagogik bearbeitet werden.

Dieses Kapitel geht der Frage nach, welche Differenzen in welcher Weise im sportpädagogischen Diskurs eine Rolle spielen. Dabei wird zunächst einführend deutlich gemacht, dass es im Kontext von Diversität um solche Differenzen geht, die Ungleichheitsverhältnisse im Setting Sport reproduzieren. Anschließend werden die diesbezüglich besonders prominenten Diskurse hinsichtlich der Differenzkategorien Geschlecht, Migration und Behinderung im Einzelnen sowohl in ihrer Entwicklung als auch in ihrer heutigen Verortung dargestellt, bevor danach die grundsätzliche Frage nach der Notwendigkeit von Kategorisierungen aufgegriffen wird. Abschließend werden die Erkenntnisse gebündelt sowie Herausforderungen und Perspektiven aufgezeigt.

14.1 Diversität in der Sportpädagogik

Diversität[1] bezieht sich auf die Unterschiedlichkeit der Lernenden, die mit Blick auf die Individualität einer*s jeden Einzelnen prinzipiell unüberschaubar ist. In der Mutterdisziplin der Sportpädagogik, der Erziehungswissenschaft, gehören Lerninteressen, Kultur, Ethnizität, Sprache, Religion, Behinderung, Geschlecht, sexuelle Orientierung und Lebensformen zu den häufig genannten Differenzen (Walgenbach & Winnerling, 2016, S. 242). In den erziehungswissenschaftlichen Diversitätsdiskursen dominieren machtsensible Ansätze[2], die Bezug auf kritische Theorietraditionen der Geschlechter-, Migrations- und Integrations- bzw. Inklusionspädagogik

---

[1] Die uneindeutige Begriffslage kann an dieser Stelle nicht aufgearbeitet werden. Neben Diversität werden Begriffe wie Vielfalt, Heterogenität, Pluralität, Kategorien, Differenzen, Differenzlinien und -ordnungen oftmals synonym, aber auch begründet und theoretisch in verschiedenen Wissenschaftsdisziplinen verankert verwendet (Wenning, 2017, S. 52).
[2] Demgegenüber spielen betriebswirtschaftlich orientierte Diversity-Management-Ansätze eine geringere Rolle (Walgenbach, 2017).

nehmen (Walgenbach, 2017). Sie fokussieren auf die Analyse und Kritik von Machtverhältnissen und Diskriminierungen und verfolgen damit ein emanzipatorisches Anliegen (Mecheril, 2018; Wenning, 2017).

In der Sportpädagogik wird die Unterschiedlichkeit der Lernenden schon früh thematisiert. So konstatiert Brodtmann 1984 in Bezug auf das Anwendungsfeld Schule, in dem die Schüler*innen zwar jahrgangsbezogen homogenisiert im Fach Sport unterrichtet werden, aber hinsichtlich körperlicher und sportbezogener Voraussetzungen, Fähigkeiten und Kenntnisse heterogen zusammengesetzt sind, die Leistungsdifferenzierung als »sportpädagogisches Standardthema« (S. 195). Auch der Umgang mit geschlechtsbezogenen Differenzen kann bis in die 1970er Jahre zurückverfolgt werden.

Von den zentralen *Differenzpädagogiken* (Emmerich & Hormel, 2013), die mit Geschlecht, Migration, Behinderung und sozialer Lage auf Kategorien des soziologischen Ungleichheitsdiskurses rekurrieren und sich in eigenen Forschungs-(Teil-)Disziplinen abbilden, werden in der Sportpädagogik vornehmlich die drei Erstgenannten verfolgt, weshalb diese im Folgenden gesondert betrachtet werden. Dagegen wird die soziale Lage, oftmals festgemacht am Bildungsniveau, deutlich seltener sportpädagogisch thematisiert (Burrmann & Zander, 2017). Daneben werden in der Sportpädagogik weitere Differenzen aufgegriffen, bspw. bezogen auf den Körper bzw. die körperliche Leistungsfähigkeit der Akteur*innen (Meier & Ruin, 2015).

14.2 Zentrale Differenzkategorien

Kategorien sind Schemata der Ordnung und Orientierung. Durch das Kenntlichmachen verschiedener Kategorien werden Unterschiede manifestiert (Ziemen, 2016), die der Beschreibung spezifischer Ausschnitte sozialer Realität dienen (Bardmann, 2015). Sie fassen Eigenschaften zusammen und ordnen sie einem umschließenden Terminus zu, der die gemeinsamen verallgemeinerbaren Merkmale in den Mittelpunkt stellt. Über Kategorien wird Zugehörigkeit oder eben Nichtzugehörigkeit von Menschen konstruiert.

Die Differenzkategorien Geschlecht, Migration und Behinderung eint der paradigmatische Wandel seit Ende der 1990er Jahre:

> »Rückblickend [kann] für die Frauen- und Geschlechterforschung, für die Interkulturelle Pädagogik ebenso wie für die Integrationspädagogik ein Wechsel der Beobachtungsperspektive von Abweichung und Benachteiligung hin zu sozialer Konstruktion und Ermöglichung von Teilhabe beschrieben werden« (Tervooren & Pfaff, 2018, S. 31).

Der Fokus wird von als gegeben angenommenen Unterschieden hin zu deren Entstehungsprozessen – also von Differenzen zu Differenzierungen – gelenkt. Problematisch dabei ist die nicht auflösbare Ambivalenz, Markierung von Gruppen als Besondere im Forschungsprozess vorzunehmen und damit die zu erforschenden Differenzen vorab festzulegen.

Die Praktiken des Unterscheidens von Individuen und Zuweisens einer Kategorie können sozial folgenreich sein. Die hier fokussierten Differenzkategorien Geschlecht, Migration und Behinderung gehen in westlichen Industrienationen mit sozialer Ungleichheit, Diskriminierung und Marginalisierung einher (Walgenbach, 2017). Darüber hinaus tragen Differenzierungen zum Selbstverständnis der Akteur*innen bei, strukturieren Interaktionen und verfestigen sich in Institutionen, so dass sie im Ergebnis *natürlich* erscheinen (Tervooren & Pfaff, 2018, S. 36). Obwohl Differenzen nicht isoliert wirken, sondern sich in Überschneidungen verschiedener Differenzlinien entfalten, werden die zentralen Kategorien Geschlecht, Migration und Behinderung zunächst getrennt voneinander im sportpädagogischen Diskurs betrachten.

14.2.1 Geschlecht

Fragen, die mit der Geschlechtsklassifikation der Akteur*innen zusammenhängen, spielen im sportpädagogischen Kontext eine Rolle, seit über die körperliche Erziehung Heranwachsender diskutiert wird. So zeigen sich in der historischen Entwicklung des Schulsports in besonderer Weise die Wechselwirkungen zwischen gesellschaftlichen, erzieherischen und schulischen Erwartungen und dem jeweiligen Verständnis von Geschlecht (Pfister, 1998): Auf die Nichtbeachtung von Mädchen bei den Gründervätern der Leibesübungen bzw. des Turnens Gutsmuth (1759–1839) und Jahn (1778–1852) und den expliziten, meist medizinisch legitimierten Ausschluss des *schwachen Geschlechts* im 19. Jahrhundert von der Leibeserziehung im Allgemeinen und später von bestimmten Sportarten im Besonderen folgte eine strikte Geschlechtertrennung aufgrund differenter erzieherischer Intentionen wie Wehrhaftigkeit für Jungen und Anmut für Mädchen und schließlich heute ein (überwiegend) koedukativer Sportunterricht. Auch im organisierten (Wettkampf-) Sport war die Partizipation der Geschlechter von geschlechtsbezogenen Stereotypen und nur allmählich aufweichenden Widerständen gegen die Beteiligung von Frauen geprägt (Pfister, 2019). Diese Entwicklungen haben bis heute Spuren hinterlassen und zeigen sich u. a. in der Konstruktion sog. *Frauen-* bzw. *Männersportarten* sowie hinsichtlich empirisch nachweisbarer Geschlechterdifferenzen in der Sportbeteiligung (z. B. Mutz & Burrmann, 2015).

Dabei haben sich die theoretischen Perspektiven auf Geschlecht im Laufe der Zeit stark verändert: Ausgehend von einem biologistischen Verständnis, in dem geschlechtsbezogene Differenzen sowie deren Verhältnis als naturgegeben und unveränderlich angesehen wurden, über die Unterscheidung eines biologischen (*sex*) und eines sozial erworbenen Geschlechts (*gender*), die an der binären Verfasstheit zweier Geschlechter festhält und in deren Spannungsfeld Differenzen entstehen, wird heute die Unterscheidung der Geschlechter ausschließlich als Ergebnis von Wahrnehmungs- und Zuschreibungspraktiken verstanden, Geschlecht also in Interaktionen hervorgebracht und sozial konstruiert. Beobachtbare Differenzen werden in einem konstruktivistischen Verständnis nicht auf die Geschlechtszugehörigkeit zurückgeführt, sondern geradezu umgekehrt erzeugen die Unterschiede erst die Geschlechterdifferenzierung (Gildemeister, 2010).

Im körperzentrierten System des Sports wird die vermeintliche »Körper-Natur der Geschlechterdifferenz« (Villa, 2017, S. 212) als alltagstheoretische Annahme fortwährend sichtbar und reproduziert, insbesondere wenn es im Wettkampfsport darum geht, Unterschiede in der körperlichen Leistungsfähigkeit zu ermitteln und diese in eine Rangordnung zu fassen (Gieß-Stüber & Sobiech, 2017). Geschlechterdifferente Leistungserwartungen und -anforderungen in fast allen Sportarten ebenso wie geschlechtergetrennte Trainings- und Wettkampfsettings sind Ursache und Folge der Differenzierungsprozesse zugleich. Auf der Ebene des Individuums scheinen dann Charakteristika wie körperliche Kraft, Leistungs- und Konkurrenzorientierung, Durchsetzungswillen, Härte gegenüber sich selbst und anderen mit entsprechenden Stereotypen traditioneller Männlichkeit (und als männlich identifizierte Körper) gut vereinbar und lassen sich relativ bruchlos für eine männlich konnotierte Identitätsentwicklung nutzen (Neuber, 2006). Für Mädchen und Frauen dagegen ist das Verhältnis von Sport und geschlechtsbezogener Identität deutlich ambivalenter, was Studien zu Leistungssportlerinnen in männlich dominierten Sportarten brennglasartig deutlich machen (Heckemeyer, 2018; Kleindienst-Cachay & Kunzendorf, 2003).

Die unterschiedlichen Konzeptionalisierungen von Geschlecht spiegeln sich auch in den verschiedenen Phasen der sportpädagogischen Geschlechterforschung wider (Hartmann-Tews, 2006). Diese lassen sich besonders gut am Koedukationsdiskurs festmachen, gilt er doch zum einen als Ausgangspunkt der sportwissenschaftlichen Geschlechterforschung in den 1970er Jahren (Günter, 2019) und ist zum anderen auch heute noch »ein wichtiger Untersuchungsgegenstand sportwissenschaftlicher Forschungen, wenn es darum geht, Reproduktionsprozesse geschlechtlicher Ordnung im Sport zu verstehen« (Heckemeyer, 2019, S. 692). Die aus der feministischen Wissenschaft getragene Forderung nach einem koedukativen Sportunterricht in den 1970er Jahren versprach einschränkende sportbezogene Sozialisationserfahrungen zu erweitern und tradierte Zuschreibungen zu überwinden. Die alleinige organisatorische Zusammenführung der Geschlechter ohne didaktische Neukonzeption konnte allerdings nicht die Hoffnung auf gleichberechtigtes Sporttreiben und Aufbrechen von Geschlechternormen erfüllen; inzwischen weiß man, dass das Ignorieren hierarchischer Geschlechterverhältnisse den Status Quo stabilisiert (Messerschmidt, 2013). Doch auch eine explizite Zuwendung zu den Geschlechtergruppen, wie es Mitte der 1980er Jahre der Ansatz der Mädchenparteilichkeit und – zehn Jahre später – auch die reflektierte Jungenarbeit taten (Combrink & Marienfeld, 2000), tragen unbeabsichtigter Weise strukturell zur Reifizierung jener Differenzen bei, die zu den geschlechterdifferenten Ansätzen führten. Es muss jedoch angemerkt werden, dass es angesichts des hierarchischen Geschlechterverhältnisses auch notwendig ist, Ungleichheitsverhältnisse aufzudecken und abzubauen, wozu die Geschlechtertrennung ein probates Mittel sein kann, um bestimmte Gruppen zu stärken.[3]

Das Prinzip der reflexiven Koedukation, das als Gestaltungsprinzip von Schule insgesamt auch für den Sportunterricht ausformuliert wurde (LSW, 2001), steht für

---

[3] Z. B. Mädchenfußballprojekt (Baumgartner, Wittmann & Gieß-Stüber, 2012), Jungenförderung (Blomberg & Neuber, 2015).

eine kritische Auseinandersetzung mit Geschlechterverhältnissen im gemeinsamen Sportunterricht. Letztlich ist aber die Organisationsform – koedukativ vs. geschlechtergetrennt – weniger entscheidet für eine Normierungen überschreitende sportbezogene Entwicklungsförderung als eine *geschlechtersensible* Inszenierung, so die inzwischen gängige Begrifflichkeit, die an sozialkonstruktivistische Perspektiven anschließt (Frohn & Süßenbach, 2012). Es gibt jedoch empirische Hinweise, dass Mädchen den koedukativen Sportunterricht weniger gut für die eigene Entwicklung nutzen können als dies bei Jungen der Fall ist (Gieß-Stüber et al., 2008). Mutz und Burrmann (2014) kommen sogar zu dem Schluss, dass Mädchen im gemeinsamen Sportunterricht systematisch benachteiligt werden.

Empirische Studien, die einem sozialkonstruktivistischen Paradigma folgen und Differenzierungsprozesse der Akteur*innen untersuchen, sind noch rar. Die vorliegenden können zum einen zeigen, dass Geschlecht eine zentrale Differenzkategorie im sportunterrichtlichen Geschehen darstellt, zum anderen, dass deren Aktualisierung kontextabhängig ist, also in bestimmten Situationen stärker als in anderen zum Tragen kommt (Frohn, 2020; Gieß-Stüber, Grimminger & Möhwald, 2016). Auch für weitere Felder wie bspw. die frühkindliche Bewegungsbildung (Voss & Gramespacher, 2019) oder der Ganztag (Süßenbach, 2015) liegen entsprechende Beiträge vor.

14.2.2 Migration

Migrationsbedingte Differenzen wurden noch bis in die 1990er Jahre unter Bezugnahme auf sog. ausländerpädagogische Positionen und damit einhergehende assimilative Vorstellungen in der Sportpädagogik diskutiert. Erst Ende der 1980er Jahre setzte ein Nachdenken über die Bedeutsamkeit interkulturellen Lernens für Heranwachsende mit und ohne Migrationsgeschichte ein (Gieß-Stüber & Grimminger, 2009). Hierbei wird Anderssein als »relationales Phänomen« (Knappik & Mecheril, 2018, S. 165) verstanden: »Im Verhältnis zueinander sind wir einander jeweils Andere« (ebd.).

Der Versuch, Menschen in Bezug auf ihre Herkunft zu differenzieren, ist angesichts der Komplexität von Zugehörigkeiten, zeitversetzten Migrationsbewegungen auch innerhalb von Familien, doppelter Staatsbürgerschaft und Einbürgerungen ein kaum zu lösendes Unterfangen. Im sportpädagogischen Diskurs ist *Migrationshintergrund* mit »einer spezifischen Kombination von sozialstrukturellen (Einkommen, Bildungsniveau, Geschlecht) und ethnisch-kulturellen Faktoren (Herkunftsland, Zuwanderungsgeneration, Orientierung an der Herkunfts- und/oder Aufnahmekultur, Sprachgebrauch, religiöse Normen, geschlechtsspezifische Erziehungsvorstellungen)« (Frohn & Grimminger-Seidensticker, 2020, S. 247) konnotiert, über deren Wechselwirkungen unterschiedliche Sporterfahrungen resultieren. Zentral ist, dass die Bezugnahme auf Migration zur Konstruktion dichotomer Gruppen im Sinne eines homogenen *Wir* und ebenso gleichartigen *die Anderen* führt, wobei Migration als das Besondere und tendenziell problematisch bzw. defizitär im Vergleich zu Nicht-Migration gedacht wird (Mecheril, 2016).

Dies zeigt sich im Sport insbesondere in Hinblick auf Migrantinnen, vor allem jene mit türkisch-muslimischem Migrationshintergrund, die deutlich häufiger als

Migranten im Zentrum empirischer Forschungen stehen. In Studien zur (Vereins-)Sportbeteiligung werden sie als marginalisierte Gruppe identifiziert (Hoenemann et al., 2020) und im Schulsport, vornehmlich in Bezug auf den Schwimmunterricht, problematisiert, wenngleich die mediale Fokussierung auf die Verweigerung des Schwimmunterrichts aus religiösen Gründen den Anteil der tatsächlichen Nichtteilnahme bei weitem übersteigt (Mutz & Müller, 2017). Für Migrantinnen aus streng muslimisch-religiösen Familien konfligieren Gebote wie die Geschlechtertrennung oder die Verhüllung des Körpers mit schulischen und außerschulischen Sportpraxen, doch eine Verallgemeinerung aufgrund vordergründiger kultureller Zuordnungen verkennt intrakulturelle Differenzen. Auch Schülerinnen mit Fluchterfahrungen sehen sich mit homogenisierenden Zuschreibungen konfrontiert, die sie als »verletzungsoffen, unterdrückt, passiv und leidend« (Bartsch et al., 2019, S. 259) und damit als problematisch in Bezug auf die Anforderungen und Konventionen des Sports bzw. Sportunterrichts charakterisieren. Es zeigt sich aber, dass Differenzen nicht grundsätzlich wirksam werden, sondern sich in spezifischen Kontexten aktualisieren: So sind bspw. Mädchen mit türkischem Migrationshintergrund im organisierten Sport deutlich unterrepräsentiert, an Sport-Arbeitsgemeinschaften in der Schule nehmen sie aber überproportional häufig teil (Mutz & Burrmann, 2011).

Demgegenüber werden Jungen und Männer mit Migrationshintergrund nur selten beforscht, so dass die Befundlage, abgesehen von Partizipationsraten, dünn ist. Migranten im Kindes- und Jugendalter unterscheiden sich im Organisationsgrad in Sportvereinen nicht wesentlich von Jungen ohne Migrationserfahrung und gelten vielfach als sportengagiert und leistungsorientiert mit einer Präferenz für Fußball und Kampfsport (Bahlke & Kleindienst-Cachay, 2017). Problematisiert wird jedoch die Orientierung an patriarchalischen Strukturen, die mit dominantem und machohaftem Verhalten und einer Abwertung von Mädchen und Frauen einhergeht (Grimminger, 2009). Mutz und Müller (2017) berichten allerdings für Jungen ebenso wie für Mädchen mit Migrationshintergrund von größeren Sorgen vor dem Sportunterricht und einer höheren Vermeidungshaltung in diesem.

14.2.3 Behinderung

Der sportpädagogische Diskurs im Kontext der Kategorie Behinderung ist von dem jeweiligen Verständnis von Behinderung geprägt. Die im *medizinischen Modell* zu verortende Perspektive erklärt Behinderung als schicksalhaftes, persönliches Unglück, das individuell zu bewältigen ist (Brehme et al., 2020). Behinderung ist danach ein objektiv zu beschreibender medizinischer Sachverhalt und wird als Defekt eines einzelnen Menschen verstanden. Das Individuum *ist* behindert aufgrund seines persönlichen Problems (Crow, 1996).

Erwachsen aus der Kritik an dieser Sichtweise wurde zunächst besonders im angloamerikanischen Raum das *soziale Modell* formuliert, welches Behinderung sowohl als eine Folge von Zuschreibungen als auch als Produkt der sozialen Organisation der Gesellschaft erklärt (Crow, 1996). Behinderung wird aus diesem Blickwinkel verstanden als

»eine gesellschaftlich negativ bewertete Differenz, die sozial konstruiert wird und daher stets in ihrem jeweiligen historischen, sozialen und kulturellen Kontext analysiert, gedeutet und verstehbar gemacht werden muss« (Brehme et al., 2020, S. 9).

Menschen sind nicht behindert, sie *werden* von der Gesellschaft behindert.[4]

In der Sportpädagogik wird mit Bezug auf das soziale Modell die Kategorie Behinderung als »key barrier to participation« (European Commission, 2018, S. 9) identifiziert: Menschen mit Behinderung sind seltener im organsierten Sport aktiv als Menschen ohne Behinderung. Speziell für Kinder und Jugendliche gilt, dass sich diejenigen mit Behinderung im Vergleich zu Gleichaltrigen ohne Behinderung sowohl weniger sportlich engagieren als auch seltener Mitglied eines Sportvereins sind (FIBS, 2017). Die Beeinträchtigungen des außerschulischen Sportengagements können im Behindertwerden der Individuen verortet werden: Dazu gehören sowohl mangelnde Barrierefreiheit von Sportstätten (Wright et al., 2019) als auch fehlende Informationen über passende Sportangebote und deren Erreichbarkeit (FIBS, 2017; Tiemann, 2006). Hinzu kommen die mangelnde Unterstützung durch Familie oder Freund*innen sowie *intra-personale* Barrieren: Negative Erlebnisse beim Sporttreiben können – im Zusammenhang mit diskriminierenden Reaktionen der sozialen Umwelt auf die Behinderung – zu einem Mangel an Selbstvertrauen, Sport oder körperliche Aktivitäten in Erwägung zu ziehen, führen (Charlton et al., 2010). Hier zeigt sich, dass ein defizitärer Blick auf Behinderung im Sinne des medizinischen Modells die soziale Wirklichkeit des Individuums prägt und Handlungsoptionen einschränkt.

Auch auf konzeptioneller Ebene beeinflusst die Kategorie Behinderung und deren Verständnis das Sporttreiben von Menschen. Dies zeigt sich z. B. im schulischen Sport und den diesbezüglichen Publikationen, die bis in die 2000er Jahre häufig durch einen im medizinischen Modell verorteten Blick auf Behinderung dominiert sind. Veröffentlichungen, die sich auf eine Subkategorie von Behinderung oder einen spezifischen Förderschultyp beziehen und den Anspruch transportieren, eine spezifische Didaktik und Methodik darzulegen, haben lange Tradition (z. B. Größing, 1981; Schoo, 2010). Seit dem Inkrafttreten des Übereinkommens der Vereinten Nationen über die Rechte von Menschen mit Behinderungen (UN-Behindertenrechtskonvention) in Deutschland im Jahr 2009, die den gesellschaftlichen Inklusionsdiskurs entscheidend angestoßen hat, bezieht sich aktuellere Literatur inzwischen auch auf inklusive Settings und differenziert diesbezügliche konzeptionelle Überlegungen nach Förderschwerpunkten (z. B. Giese & Weigelt, 2017). Dem gegenüber stehen Entwicklungen, die sich nicht an einzelnen Förderschwerpunkten, sondern an einer *Sportpädagogik der Vielfalt* orientieren (z. B. Hölter, 2011; Tiemann, 2009). Heterogenität wird danach als Norm im Sportunterricht in den Mittelpunkt gerückt. Methodisch-didaktische Perspektiven leiten sich von einer inklusiven Pädagogik ab, die Dreher (1997) zusammenfasst als erstens sich auf alle Entwicklungsniveaus, Denk- und Handlungskompetenzen beziehend, zweitens kindzentriert, da sie Individuum und Heterogenität anerkennt, und drittens allgemein, da sie keinen Menschen ausschließt.

---

4 Zu weiteren Modellen, z. B. dem kulturellen Modell, siehe Waldschmidt (2020).

14.2.4 Zwischenfazit

Den Diskursen um Geschlecht, Migration und Behinderung ist gemeinsam, dass aus dem anfänglichen Sichtbarmachen von Differenz und der Thematisierung von Ungleichheitsverhältnissen bei damit einhergehenden Reifizierungen eine kritische Auseinandersetzung mit den Herstellungsprozessen der Differenz erwuchs. Insbesondere der sportpädagogische Diskurs um Migration und interkulturelles Lernen mit dem speziellen Fokus auf Migrantinnen macht deutlich, dass verschiedene Ungleichheitsdimensionen – hier Geschlecht und Migration – zusammenwirken. Ebenso verhält es sich mit anderen Verschränkungen, wie Geschlecht und soziale Lage (Frohn, 2007) oder Behinderung und Geschlecht (Tiemann, 2006). Dies verweist auf das Paradigma der Intersektionalität, dem das Verständnis zugrunde liegt,

> »dass historisch gewordene Machtverhältnisse, Subjektpositionen, Diskriminierungsformen und soziale Ungleichheiten wie Geschlecht, Behinderung, Sexualität/Heteronormativität, Race/Ethnizität/Nation, oder soziales Milieu nicht additiv bzw. isoliert voneinander konzeptualisiert werden können, sondern in ihren Überkreuzungen (*intersections*) oder Interdependenzen analysiert werden müssen« (Walgenbach & Pfahl, 2017, S. 141).

Allerdings besteht Uneinigkeit über Anzahl und Inhalt der miteinander verwobenen Kategorien (Degele, 2019). Eine konsequente Anwendung dieses Ansatzes in der sportpädagogischen Forschung ist noch in den Anfängen (Krone, 2018). Gleichzeitig gibt es auch Kritik daran, dass Kategorien bei intersektionalen Analysen weiterhin mitgedacht werden (Soiland, 2008).

14.3 Dekategorisierungsdiskurs

Seit den 1990er Jahren findet in Deutschland ein Diskurs über die Notwendigkeit von Kategorien bzw. einer Dekategorisierung insbesondere hinsichtlich der Kategorie Behinderung statt. Die Diskussionen, die sehr präsent in der Sonderpädagogik und besonders nach der Ratifizierung der UN Behindertenrechtskonvention 2009 im Kontext der Inklusionspädagogik geführt werden, weisen Parallelen zu denen in der Geschlechterforschung und Migrationspädagogik bzw. interkulturellen Erziehungswissenschaft auf (Walgenbach, 2018). Mit Bezugnahme auf die genannten Fachdiskurse wird auch in der Sportpädagogik das Themenfeld der Dekategorisierung verhandelt.

In der Sportpädagogik entfaltet sich der Diskurs bspw. an der Frage, inwiefern die Zuweisung sonderpädagogischer Förderschwerpunkte notwendig im Rahmen der Planung und Umsetzung inklusiven Sportunterrichts ist. Mit dem Verweis auf die Bedeutung sonderpädagogischer Expertise plädieren Vertreter*innen dieser Position (Ahrbeck & Fickler-Strang, 2015; Giese & Weigelt, 2017) für die Beibehaltung von Kategorien, von denen spezifische Hinweise für die Gestaltung von Unterricht abgeleitet werden. Es besteht die Sorge, dass bei fehlendem Bezug auf Kategorien »die betroffenen Schüler [und Schüler*innen] nicht mehr die sonderpädagogische Förderung erhalten, die notwendig und in einem entsprechenden Förderschulsystem machbar« (Giese & Weigelt, 2017, S. 19) ist.

Für den Verzicht auf Kategorien spricht, dass die Reproduktion von Ungleichheitsverhältnissen, hergestellt durch die Verwendung von Kategorien, durchbrochen wird (Hirschberg & Köbsell, 2018, S. 97). Eine dekategorisierende Sichtweise in der Sportpädagogik wird vor dem Hintergrund konstruktivistischer Argumentationen vertreten (z. B. Tiemann, 2015; Wocken, 2012): Lernende unter bestimmten übergeordneten Kategorien zu subsumieren, befördert die Illusion von Homogenität. Befürworter*innen einer Dekategorisierung befürchten, dass das Individuum nicht gesehen wird und verallgemeinernde Zuschreibungen die unterrichtlichen Entscheidungen dominieren. Eine der wenigen empirischen Studien in der Sportpädagogik in diesem Zusammenhang liefern Rischke und Braksiek (2019). Sie kommen u. a. zu dem Schluss, dass es besonders in Bezug auf Lernende mit Förderbedarfen im Kontext von Verhalten pädagogisch notwendig ist, »kategoriale Zuschreibungen lediglich als ›Hypothesen‹ (Wocken, 2015, S. 108) zu betrachten, die individuelles Verhalten nicht determinieren, sondern einer Personalisierung bedürfen« (S. 271).

14.4 Fazit und Ausblick

Der sportpädagogische Diskurs zu Differenzkategorien wird bis heute vor allem durch die drei Kategorien Geschlecht, Migration und Behinderung geprägt, wenngleich weitere Differenzen relevant sind und beforscht werden. Sie sind jeweils eingebettet in Diskurse zu Machtverhältnissen, sozialer Ungleichheit und Diskriminierung und verfolgen diesbezüglich ähnliche Fragestellungen. Das Hinterfragen von Kategorisierungsprozessen und deren Folgen wird bspw. sowohl in der Geschlechterforschung, der Migrationspädagogik als auch in der Inklusionspädagogik im Rahmen des Dekategorisierungsdiskurses verhandelt. Es lassen sich aber auch Spezifika ausmachen, z. B. hinsichtlich der pädagogisch-didaktischen Konzepte, die von den jeweiligen Kategorien abgeleitet werden. Während bspw. geschlechtergetrenntes Sporttreiben bzw. die Fokussierung auf eine Form von Behinderung oder sonderpädagogischem Förderbedarf für den Schulsport durchaus kontrovers diskutiert werden und im Vereinssport häufig stattfinden, hat dies in Bezug auf Migration so gut wie keine Relevanz.[5]

Aus sozialkonstruktivistischer Perspektive ergeben sich in Bezug auf alle drei genannten Differenzkategorien sportpädagogische Fragestellungen, die zunehmend an Bedeutung gewinnen, bisher allerdings eher randständig Beachtung gefunden haben. Hinsichtlich der Kategorie Geschlecht beziehen sich diese bspw. auf die Ausdifferenzierung der Kategorie Geschlecht, die im geschlechterbinären Sport zu Diskriminierungen und Ausgrenzungen von Akteur*innen führt, deren Geschlecht

---

5 Ausnahme sind sog. eigenethnische Sportvereine.

bzw. deren geschlechtliche Identität dichotome Zuschreibungen überschreiten (Heckemeyer & Gramespacher, 2019). Mit Blick auf den Migrationsdiskurs zeigt sich eine Verengung der Debatte auf Akteur*innen mit bestimmten Migrationshintergründen (muslimisch, türkisch, arabisch), auf die Gruppe der Mädchen und jungen Frauen sowie eine Fokussierung auf Probleme und Defizite. Forschungsdesiderata könnten hier einerseits an einem erweiterten Personenkreis als auch an einer stärkenorientierten Sichtweise anknüpfen. Sportpädagogische Fragestellungen, die sich auf die Kategorie Behinderung beziehen, haben sich in der Vergangenheit relativ selten mit Settings des informellen und kommerziellen Sports befasst. Auch werden nicht alle Behinderungsformen in gleicher Weise berücksichtigt; so kann bspw. eine Marginalisierung von Sportler*innen mit zugeschriebener psychischer Behinderung in der Forschung konstatiert werden.

Insgesamt hat sich seit Anfang der 2000er Jahre der Fokus im fachwissenschaftlichen Diversitätsdiskurs erweitert: In Bezug auf Intersektionalität werden Differenzen in Verknüpfung mit- und im Verhältnis zueinander verbunden. Eine intersektionale Sichtweise, aber auch die Fokussierung auf Kategorisierungs- und Dekategorisierungsprozesse, haben bisher relativ wenig Berücksichtigung in der empirischen sportpädagogischen Forschung gefunden und weisen auf Forschungsdesiderata hin.

Literatur

Ahrbeck, B. & Fickler-Strang, U. (2015). Ein inklusives Missverständnis. Warum die Dekategorisierung in der Verhaltensgestörtenpädagogik die Kooperation mit der Kinder- und Jugendpsychiatrie erschwert. Zeitschrift für Kinder- und Jugendpsychiatrie und Psychotherapie, 43(4), 255–263.

Bahlke, S. & Kleindienst-Cachay, C. (2017). Migrantinnen und Migranten im organisierten Sport. In G. Sobiech & S. Günter (Hrsg.), Sport & Gender – (inter)nationale sportsoziologische Geschlechterforschung (S. 139–151). Springer.

Bardmann, T. M. (2015). Die Kunst des Unterscheidens. Springer.

Bartsch, F., Hartmann-Tews, I., Wagner, I. & Rulofs, B. (2019). Flucht – Migration – Gender. Differenzwahrnehmungen im Sportunterricht durch Lehrkräfte. Sport und Gesellschaft, 16 (3), 237–264.

Baumgartner, J., Wittmann, J. & Gieß-Stüber, P. (2012). Mädchen kicken mit – Motivation und Erfolgserlebnisse für alle Schülerinnen. sportpädagogik, 36(6), S. 34–41.

Blomberg, C. & Neuber, N. (2015). Männliche Selbstvergewisserung im Sport. Springer.

Brehme, D., Fuchs, P., Köbsell, S. & Wesselmann, C. (2020) (Hrsg.). Disability Studies im deutschsprachigen Raum. Beltz.

Brodtmann, D. (1984). Sportunterricht und Schulsport. Ausgewählte Themen der Sportdidaktik. Kinkhardt.

Burrmann, U. & Zander, B. (2017). Unterschiede im Sportunterricht zwischen Gymnasien und Hauptschulen. sportunterricht, 66(12), 361–365.

Charlton, A., Potter, M., McGinigal, S., Romanou, E., Slade, Z., & Hewitson, B. (2010). Barriers to participation. Department for Culture, Media and Sport.

Combrink, C. & Marienfeld, U. (2006). Parteiliche Mädchenarbeit und reflektierte Jungenarbeit im Sport. In I. Hartmann-Tews & B. Rulofs (Hrsg.), Handbuch Sport und Geschlecht (S. 275–285). Hofmann

Crow, L. (1996). Including all of our lives: Renewing the social model of disability. C. Barnes & G. Mercer (Hrsg.), Exploring the divide: Illness and disability (S. 55–73). The Disability Press.

Degele, N. (2019). Intersektionalität: Perspektiven der Geschlechterforschung. B. Kortendiek, B. Riegraf & K. Sabisch (Hrsg.), Handbuch Interdisziplinäre Geschlechterforschung (S. 341–348). VS.

Dreher, W. (1997). Denkspuren. Bildung von Menschen mit geistiger Behinderung. Basis einer integralen Pädagogik. Mainz.

Emmerich, M. & Hormel, U. (2013). Heterogenität – Diversity – Intersektionalität: Zur Logik sozialer Unterscheidungen in pädagogischen Semantiken der Differenz. VS.

European Commission (2018). Mapping on access to sport for people with disabilities. Publications Office of the European Union.

FIBS (Forschungsinstitut für Inklusion durch Bewegung und Sport) (2017). Körperliche Aktivität und Sport von Kindern und Jugendlichen mit Beeinträchtigung. o. V.

Frohn, J. (2007). Mädchen und Sport an der Hauptschule. Sportsozialisation und Schulsport von Mädchen mit niedrigem Bildungsniveau. Schneider.

Frohn, J. (2020). Geschlecht im Sportunterricht – (Re)Konstruktionen aus der Sicht von Schüler*innen. In J. Conrads & J. von der Heyde (Hrsg.), Bewegte Körper – bewegtes Geschlecht. Interdisziplinäre Perspektiven auf die Konstruktion von Geschlecht im Sport. (S. 93–108). Budrich.

Frohn, J. & Grimminger-Seidensticker, E. (2020). Zum Umgang mit Heterogenität im Sportunterricht. In E. Balz, M. Bräutigam, W.-D. Miethling & P. Wolters (Hrsg.), Empirie des Schulsports (S. 242–272, 3., vollst. überarb. Aufl.). Meyer & Meyer.

Frohn, J. & Süßenbach, J. (2012). Geschlechtersensibler Schulsport. sportpädagogik, 36(6), 2–7.

Giese, M. & Weigelt, L. (2017). Die Bedeutung der Förderschwerpunkte im inklusiven Sportunterricht. In M. Giese & L. Weigelt (Hrsg.), Inklusiver Sport- und Bewegungsunterricht (S. 12–30). Meyer & Meyer.

Gieß-Stüber, P. & Grimminger, E. (2009). Kultur und Fremdheit als sportpädagogische Perspektive. In H. Lange & S. Sinning (Hrsg.), Handbuch Sportdidaktik (S. 223–244). Spitta.

Gieß-Stüber, P., Grimminger, E. & Möhwald, A. (2016). Kooperative Bewegungsaufgaben als Spielräume für doing gender. Videographische Mikroanalysen im Sportunterricht. Leipziger Sportwissenschaftliche Beiträge, 57(1), 120–141.

Gieß-Stüber, P., Neuber, N., Gramespacher, E. & Salomon, S. (2008). Mädchen und Jungen im Sport. In W. Schmidt (Hrsg.), Zweiter Deutscher Kinder- und Jugendsportbericht. Schwerpunkt: Kindheit (S. 63–83). Hofmann.

Gieß-Stüber, P. & Sobiech, G. (2017). Zur Persistenz geschlechtsbezogener Differenzsetzungen im Sportunterricht. In G. Sobiech & S. Günter (Hrsg.), Sport & Gender – (inter)nationale sportsoziologische Geschlechterforschung (S. 265–280). Springer.

Gildemeister, R. (2010). Doing Gender: Soziale Praktiken der Geschlechterunterscheidung. In R. Becker & B. Kortendieck (Hrsg.), Handbuch Frauen- und Geschlechterforschung. Theorie, Methoden, Empirie (S. 137–145). VS.

Grimminger, E. (2009). Interkulturelle Kompetenz im Schulsport. Evaluation eines Fortbildungskonzepts. Schneider.

Größing, S. (1981). Bewegungserziehung und Sportunterricht mit geistigbehinderten Kindern und Jugendlichen. Limpert.

Günter, S. (2019). Implizit mitgedacht? Bilanz und Perspektiven der sportwissenschaftlichen Geschlechterforschung in Zeiten von Diversität und Inklusion. In J. Frohn, E. Gramespacher & J. Süßenbach (Hrsg.), Stand und Perspektiven der sportwissenschaftlichen Geschlechterforschung (S. 31–41). Czwalina.

Hartmann-Tews, I. (2006). Soziale Konstruktion von Geschlecht im Sport und in den Sportwissenschaften. In I. Hartmann-Tews & B. Rulofs (Hrsg.), Handbuch Sport und Geschlecht (S. 40–53). Hofmann.

Heckemeyer, K. (2018). Leistungsklassen und Geschlechtertests. Die heteronormative Logik des Sports. transcript.

Heckemeyer, K. (2019). Sportwissenschaften: Geschlechterforschung als konstitutiver Beitrag zur Analyse sozialer Ordnungen im Sport. In B. Kortendiek, B. Riegraf & K. Sabisch (Hrsg.), Handbuch Interdisziplinäre Geschlechterforschung (S. 691–698). VS.

Heckemeyer, K. & Gramespacher, E. (2019). Perspektiven auf geschlechtliche Vielfalt im Sport. Freiburger Zeitschrift für GeschlechterStudien, 25(1), 5–21.

Hirschberg, M. & Köbsell, S (2018). Replik auf den Text von Katharina Walgenbach: Dekategorisierung – Verzicht auf Kategorien? In O. Musenberg, J. Riegert, J. & T. Sansour (Hrsg.), Dekategorisierung in der Pädagogik (S. 91–103). Klinkhardt.

Hoenemann, S., Köhler, M., Kleindienst-Cachay, C., Zeeb, H. & Altenhöner, T. (2021). Migration und Sport – eine empirische Studie zur Untersuchung der Partizipation von Jugendlichen mit Migrationshintergrund am organisierten Sport. Prävention und Gesundheitsförderung. Prävention und Gesundheitsförderung, 16(1), 53–61.

Hölter, G. (2011). Schulsport in der Förderschule – Bestandsaufnahme und Perspektiven. sportunterricht, 60(1), 14–21.

Kleindienst-Cachay, C. & Kunzendorf, A. (2003). ›Männlicher‹ Sport – ›weibliche‹ Identität? Hochleistungssportlerinnen in männlich dominierten Sportarten. In I. Hartmann-Tews, P. Gieß-Stüber, M.-L. Klein, C. Kleindienst-Cachay & K. Petry (Hrsg.), Soziale Konstruktion von Geschlecht im Sport (S. 108–150). Leske + Budrich.

Knappik, M. & Mecheril, P. (2018). Migrationshintergrund oder die Kulturalisierung von Ausschlüssen. In I. Dirim & P. Mecheril (Hrsg.), Heterogenität, Sprache(n) und Bildung. Eine differenz- und diskriminierungstheoretische Einführung (S. 159–177). Klinkhardt.

Krone, L. (2018). Inklusion und Intersektionalität: Möglichkeiten der Zusammenführung am Beispiel des außerschulischen Sports. Leipziger sportwissenschaftliche Beiträge, 59(1), 209–220.

LSW (Landesinstitut für Schule und Weiterbildung) (Hrsg.) (2001). Mädchen und Jungen im Sportunterricht. Verlag für Schule und Weiterbildung.

Mecheril, P. (2018). Differenzordnungen bilden – Einführung. In I. Dirim & P. Mecheril (Hrsg.), Heterogenität, Sprache(n) und Bildung. Eine differenz- und diskriminierungstheoretische Einführung (S. 93–94). Klinkhardt.

Meier, S. & Ruin, S. (2015). Ist ein Wandel nötig? Körper und Leistung im Kontext von inklusivem Sportunterricht. In S. Meier & S. Ruin (Hrsg.), Inklusion als Herausforderung, Aufgabe und Chance für den Schulsport (S. 81–99). Logos.

Messerschmidt, A. (2013). Über Verschiedenheit verfügen? Heterogenität und Diversity zwischen Effizienz und Kritik. In E. Kleinau & B. Rendtorff (Hrsg.), Differenz, Diversität und Heterogenität in erziehungswissenschaftlichen Diskursen (S. 47–61). Budrich.

Mutz, M. & Burrmann, U. (2011). Sportliches Engagement jugendlicher Migranten in Schule und Verein: Eine Re-Analyse der PISA- und der SPRINT-Studie. In S. Braun & T. Nobis (Hrsg.), Migration, Integration und Sport. Zivilgesellschaft vor Ort (S. 99–124). Springer VS.

Mutz, M. & Burrmann, U. (2014). Sind Mädchen im koedukativen Sportunterricht systematisch benachteiligt? Neue Befunde zu einer alten Debatte. Sportwissenschaft, 44(3), 171–181.

Mutz, M. & Burrmann, U. (2015). Geschlechtertypische Rollenerwartungen und die Mitgliedschaft im Sportverein. In U. Burrmann, M. Mutz & U. Zender (Hrsg.), Jugend, Migration und Sport (S. 131–147). VS.

Mutz, M. & Müller, J. (2017). Ethnische Heterogenität im Schulsport. sportunterricht, 66(12), 366–370.

Neuber, N. (2006). Männliche Identitätsentwicklung im Sport. In I. Hartmann-Tews & B. Rulofs (Hrsg.), Handbuch Sport und Geschlecht (S. 125–138). Hofmann.

Pfister, G. (1998). Historische Entwicklung des Schulsports und der Koedukation. In Landesinstitut für Schule und Weiterbildung (Hrsg.), Mädchen und Jungen im Schulsport (S. 59–82). Verlag für Schule und Weiterbildung.

Pfister, G. (2019). 100 Jahre Frauen im Sport. Anfänge, Entwicklungen, Perspektiven. In G. Sobiech & S. Günter (Hrsg.), Sport & Gender – (inter)nationale sportsoziologische Geschlechterforschung (S. 23–34). Springer.

Rischke, A. & Braksiek, M. (2019). Zur Kontextabhängigkeit von behinderungsbezogenen Kategorien im Sportunterricht aus der Sicht von Lehrkräften – Theoretische und empirische Anhaltspunkte einer fachbezogenen Diskussion um die Dekategorisierung inklusiver Bildung. In M. Hartmann, R. Laging, & C. Scheinert (Hrsg.), Professionalisierung in der Sportlehrerbildung – Konzepte und Forschung im Rahmen der Qualitätsoffensive Lehrerbildung (S. 261–275). Schneider.

Schoo, M. (2010). Sport für Menschen mit motorischen Beeinträchtigungen. Reinhardt.

Soiland, T. (2008). Die Verhältnisse gingen und die Kategorien kamen. Intersectionality oder Vom Unbehagen an der amerikanischen Theorie. Zugriff am 16.07.2020 unter https://www.querelles-net.de/index.php/qn/article/view/694/702

Süßenbach, J. (2015). Mädchen und Jungen in sportbezogenen Ganztagsangeboten – ein Ort der gleichberechtigten Förderung? In Forschungsgruppe OGATA (Hrsg.), Evaluation der Bewegungs-, Spiel- und Sportangebote an Ganztagsschulen in Nordrhein-Westfalen (S. 117–135). Meyer & Meyer.

Tervooren, A. & Pfaff, N. (2018). Inklusion und Differenz. In T. Sturm & M. Wagner-Willi (Hrsg.), Handbuch schulische Inklusion (S. 31–44). Budrich.

Tiemann, H. (2006). Erfahrungen von Frauen mit Körperbehinderung im Hochleistungssport – eine empirische Untersuchung. Dr. Kovac.

Tiemann, H. (2009). Inklusion – vom Umgang mit Vielfalt im Sportunterricht. sportunterricht 58(6), 173–175.

Tiemann, H. (2015). Inklusion im Sport. In H.-P. Brandl-Bredenbeck, C. Breuer, N. Neuber, T. Rauschenbach, W. Schmidt & J. Süßenbach (Hrsg.), Dritter Deutscher Kinder- und Jugendsportbericht (S. 297- 316). Hofmann.

Villa, P.-I. (2017). Feministische Theorie. In R. Gugutzer, G. Klein & M. Meuser (Hrsg.), Handbuch Körpersoziologie, Band 1: Grundbegriffe und theoretische Perspektiven (S. 205–221). VS.

Voss, A. & Gramespacher, E. (2019). Geschlecht – eine relevante Kategorie in der frühkindlichen Bewegungsbildung? In A. Voss (Hrsg.), Bewegung und Sport in der Kindheitspädagogik. Ein Handbuch (S. 138–151). Kohlhammer.

Walgenbach, K. (2017). Heterogenität – Intersektionalität – Diversity in der Erziehungswissenschaft. Budrich.

Walgenbach, K. & Pfahl, L. (2017). Intersektionalität. In T. Bohl, J. Budde & M. Rieger-Ladich (Hrsg.), Umgang mit Heterogenität in Schule und Unterricht (S. 141–158). Klinkhardt.

Walgenbach, K. (2018). Dekategorisierung – Verzicht auf Kategorien? In O. Musenberg, J. Riegert, J. & T. Sansour (Hrsg.), Dekategorisierung in der Pädagogik (S. 11–39). Klinkhardt.

Walgenbach, K. & Winnerling, S. (2016). Vielfalt. In K. Ziemen (Hrsg.), Lexikon Inklusion (S. 242–244). Vandenhoeck & Ruprecht.

Waldschmidt, A. (2020). Jenseits der Modelle. Theoretische Ansätze in den Disability Studies. In D. Brehme, P. Fuchs, S. Köbsell, & C. Wesselmann (2020) (Hrsg.). Disability Studies im deutschsprachigen Raum (S. 56–73). Beltz.

Wenning, N. (2017). Differenzen, Kategorien, Linien, Merkmale, Dimensionen – wann Unterschiede Bedeutung erlangen und wie sie gemacht werden. In J. Budde, A. Dlugosch & T. Sturm (Hrsg.), (Re-)konstruktivistische Inklusionsforschung. Differenzlinien – Handlungsfelder – Empirische Zugänge (S. 47–67). Budrich.

Wocken, H. (2012). Rettet die Sonderschulen? – Rettet die Menschenrechte! Ein Appell zu einem differenzierten Diskurs über Dekategorisierung. Zeitschrift Für Inklusion, (4). Abgerufen am 14.07.2020 von https://www.inklusion-online.net/index.php/inklusion-online/article/view/81

Wocken, H. (2015). Dekategorisierung: Eine Einladung zu kategorialer Bescheidenheit. Sozialpsychologische Grundlagen und inklusionspädagogische Konsequenzen. Vierteljahresschrift für Heilpädagogik und ihre Nachbargebiete, 84(2), 100–112.

Wright, A., Roberts, R., Bowman, G., & Crettenden, A. (2019). Barriers and facilitators to physical activity participation for children with physical disability: comparing and contrasting the views of children, young people, and their clinicians. Disability and rehabilitation, 41(13), 1499–1507.

Ziemen, K. (2016). De-Kategorisierung. Vierteljahrsschrift für Heilpädagogik und ihre Nachbargebiete, 85(2), 93–97.

15 Bildungsthemen

Ralf Sygusch, Petra Guardiera & Anne Kerstin Reimers

Der vorliegende Beitrag befasst sich mit theoretischen Grundverständnissen, normativen Ansprüchen und empirischen Wirklichkeiten zu ausgewählten Bildungsthemen der Sportpädagogik. Allerdings ist weder der Begriff *Bildungsthema* widerspruchsfrei geklärt, noch sind die relevanten Bildungsthemen der Sportpädagogik konsensual gesetzt. In vorliegenden Grundlagenwerken (bspw. Balz & Kuhlmann, 2015; Grupe & Krüger, 2007; Prohl, 2010) geht es dabei um Potenziale, Bedeutungen, Perspektiven oder eben *Themen* von Erziehung und Bildung in der Bewegungs-, Spiel- und Sportkultur, die hier unter dem Begriff *Bildungsthemen* beschrieben werden. Die Identifikation und Auswahl von *Bildungsthemen* erfolgen über *theoretische Grundlegungen* und *anwendungsbezogene Zugänge*.

Bildungstheoretisch-anthropologische Auslegungen begründen dabei Themen wie Körper und Bewegung, Gesundheit und Wohlbefinden, Spiel und Spielen, Leistung und Wettkampf sowie soziale Erfahrungen (▶ Kap. 4). *Entwicklungstheoretische Ansätze* fokussieren Dimensionen der motorischen, kognitiven oder sozialen Persönlichkeitsentwicklung und damit verbundene Facetten des Selbst- und Körperkonzepts (▶ Kap. 5).

In *sport- und bewegungsbezogenen Bildungssettings* werden diese Themen in unterschiedlicher Auslegung aufgegriffen. Im *Elementarbereich* sowie im *organisierten Sport* wird die Bedeutung von Bewegung für die motorische, soziale, kognitive Entwicklung, das Selbstkonzept sowie für Gesundheit und Wohlbefinden herausgestellt (u. a. Grupe & Krüger, 2007; Zimmer, 2020). Für den *Sportunterricht* erschließen sich Themen aus einer Orientierung an pädagogischen Perspektiven (u. a. Leistung, Gesundheit, Miteinander) und Bewegungsfeldern (u. a. Balz & Kuhlmann, 2015; Prohl, 2010).

Für den vorliegenden Beitrag werden *Leistung und Leisten*, *Gesundheit* sowie *Soziales Handeln* als Bildungsthemen herausgegriffen. Diese exemplarische Auswahl ergibt sich daraus, dass diese Themen in allen Bildungssettings als relevant angesehen, in normativen *Ansprüchen* begründet und mit Blick auf empirische *Wirklichkeiten* mehr oder minder beforscht werden.

15.1 Leistung und Leisten

In der sportpädagogischen Literatur wird sportliche Aktivität als *Handeln in leistungsthematischen Situationen* verstanden. Als leistungsthematische Situation gilt ein auf ein Resultat ausgerichtetes, selbst verantwortetes Handeln mit nicht sicher vorhersehbarem Ergebnis. Dies betrifft gleichermaßen Handlungssituationen mit und ohne Wettkampfcharakter (u. a. Balz & Kuhlmann, 2015; Erdmann, 1993).

Zum Leistungsbegriff finden sich weiterhin zwei prominente Grundverständnisse: Orientiert an der *Sache* meint Leistung primär das Zusammenspiel aus körperlichen Fähigkeiten und Fertigkeiten, deren bestmöglicher Einsatz dem Erbringen und Verbessern sportlicher Leistungen dienen soll. Zudem bezeichnet Leistung unter Berücksichtigung extern gesetzter Normen das Ergebnis des Leistungshandelns. Ein an der leistenden *Person* orientiertes Leistungsverständnis berücksichtigt dagegen individuelle Ausgangsvoraussetzungen deutlich(er). Neben der erbrachten Leistung wird auch dem Leisten an sich eine pädagogische Bedeutung zugemessen und damit der individuelle Leistungsprozess anerkannt. Dieser meint das fortschreitende Bemühen um eine Aufgabenbewältigung, die durch die Wechselbeziehung zwischen Person und Situation moderiert wird (u. a. Erdmann, 1993; Grupe, 1974).

15.1.1 Leisten und Leistung als Bildungsthema im Elementarbereich

Anspruch

Das sich Erproben in Bewegungssituationen wird als leistungsthematische Situation kindlichen Leistens verstanden (Podlich, 2008). Die pädagogische Bedeutung liegt dabei in der aktiven Auseinandersetzung mit Bewegungsproblemen und deren Lösung. (Offene) Bewegungsangebote und -situationen sollen es Kindern ermöglichen, das Sich-Bewegen als *Tor zur Welt* zu erproben und Bewegungserfahrungen zu sammeln, die – bei Engführung auf *Leistung* und *Leisten* – als primär förderlich für körperlich-motorische, aber auch sozial-emotionale und kognitive Entwicklungsprozesse erachtet werden (u. a. Schwarz, 2014; Zimmer, 2020). Eine aktive Auseinandersetzung und Bewältigung von Bewegungsanforderungen ermöglicht es Kindern, sich unmittelbar als Verursacher von Effekten, d. h. als leistungsfähig zu erleben; das Wahrnehmen und Erfahren der eigenen Wirkmacht wird dabei als wesentlich für die Entwicklung des Selbstkonzepts angesehen (ebd.).

Wirklichkeit

Zu Wirkungen von Bewegungsinterventionen auf motorisches Verhalten und Kognition liegt ein systematisches Review von Schwarz (2014) vor. Aufgrund einer insgesamt geringen Anzahl geeigneter Studien (1980 bis 2013) sowie einer großen Heterogenität hinsichtlich Zielsetzung und methodischen Designs zeigt sich ein diffuses Bild: Die Ergebnisse weisen zwar überwiegend Effekte auf das motorische Verhalten, aber nur geringe und uneinheitliche Zusammenhänge mit den weiteren Variablen der Persönlichkeitsentwicklung auf (u. a. auch Rethorst, Fleig, Willimczik, 2008). Eine Ausnahme stellt eine zweijährige bewegungsbezogene Interventionsstudie von Zimmer (2013) dar, in der Effekte in den Selbstkonzepten zum *Angster-*

leben und zur *Selbstsicherheit sowie ein Anstieg der körperlichen Effizienz und* der Werte für *Moralorientierung* bei 4- bis 6-jährigen Kindern beobachtet wurden. Insgesamt jedoch liegen für den Elementarbereich u. a. aufgrund der Schwierigkeit, standardisierte Erhebungen in der Altersgruppe durchführen zu können, kaum Forschungsergebnisse vor.

15.1.2 Leisten und Leistung als Bildungsthema im Sportunterricht

Anspruch

Für das Setting Sportunterricht finden sich zunächst solche Bildungsziele, die einer innersportlichen Begründung folgen (im Überblick Hapke, 2017). Diese rücken die Herausbildung und Optimierung sportbezogener Fähigkeiten und Fertigkeiten in den Vordergrund. Bildungsansprüche liegen besonders in einer körperlich-motorischen Grundbildung bzw. einer Körper- und Bewegungsbildung (u. a. Hummel, 1997; Söll, 2005; ▸ Kap. 7). Sie zielen insbesondere auf die Qualifikation für die Teilhabe am gesellschaftlichen Sport sowie die Motivation zu lebenslangem Sporttreiben. Ansatzpunkt leistungserzieherischen Handelns ist im Sinne einer materialen Bildungsidee der Sport, wie er sich als kulturelles Erbe außerhalb der Schule darstellt.

Bildungsziele, die einer außersportlichen Begründung folgen (Hapke, 2017), orientieren sich im Sinne einer formalen Bildungsidee stärker an individuellen Bedürfnissen der Schüler*innen im Umgang mit Körper und Bewegung und stellen in Leistungssituationen die Persönlichkeitsentwicklung in den Vordergrund (Ehni, 1977; Erdmann, 1993). Bildungsansprüche erwachsen dabei aus der kritischen Auseinandersetzung mit einem normierten Sport (u. a. Funke, 1980; Prohl, 2010). Die Erfahrung (mit) der Eigenleistung am eigenen Leib hilft Schüler*innen, sich selbst kennenzulernen, das Ich zu stärken und ein Leistungsmotiv herauszubilden (u. a. Erdmann, 1993). Zudem soll das individuelle Zustandekommen von (vielseitigen) Leistungen verstanden, die Einsicht in die eigene Leistungsgüte gefördert sowie Leistungsmöglichkeiten und -grenzen erfahren und eingeschätzt werden (ebd.; Guardiera, 2019).

Vor diesem Hintergrund werden im Rahmen curricularer Vorgaben vielfach Ansprüche an die *Verschränkung* solcher sach- und persönlichkeitsorientierten Ziele in leistungsthematischen Situationen geltend gemacht: Kategoriale Bildungsvorstellungen sind hier zugleich auf den mündigen Umgang mit dem Handlungs- und Erfahrungsfeld Sport sowie die individuelle Entwicklung der Schüler*innen ausgerichtet (Kurz, 2000; Prohl 2010; ▸ Kap. 9).

Wirklichkeit

Zur unterrichtlichen Umsetzung der Ansprüche findet sich bei Hapke (2017) eine differenzanalytische Studie zur Pädagogischen Perspektive *Leistung*. Wenngleich Lehrkräfte die Bewertung von Leistungen anhand individueller Gütemaßstäbe und

Bezugsnormen als durchaus sinnvoll einschätzen, zeigen sich Schwierigkeiten bei der Realisierung in der Unterrichtspraxis. Gründe hierfür liegen u. a. in der Paradoxie von schulischer Qualifikation und Selektion. Zudem steht der Anspruch an die Förderung einer reflexiven, leistungsbezogenen Handlungsfähigkeit dem tatsächlichen Verbleib der Handlungsfähigkeit auf einer operativen Ebene entgegen. Die Fähigkeit zur mündigen Gestaltung des eigenen Leistens greift demnach zu kurz.

Empirische Befunde zur Wirksamkeit eines leistungsthematischen Sportunterrichts auf Persönlichkeitsmerkmale finden sich zudem in einzelnen Interventionsstudien: Gerlach, Trautwein und Lüdtke (2008) zeigen positive Einflüsse der Leistungsfähigkeit einer sozialen Bezugsgruppe (hier: der Lerngruppe im Sportunterricht) auf die Ausprägung des individuellen Fähigkeitsselbstkonzepts (Big-Fish-Little-Pond-Effekt). Conzelmann, Schmidt und Valkanover (2011) belegen im Rahmen der Berner Interventionsstudie im Schulsport (BISS) einen positiven Einfluss eines Unterrichtsbausteins zum *Wagnis* auf die Erfolgsorientierung, die Angst vor Leistungsversagen und das Körperselbstwertgefühl sowie eines Bausteins zum Thema *Leistung* auf das sportbezogene Fähigkeitsselbstkonzept. Überdies zeigen sich positive Effekte auf die Realitätsangemessenheit der Selbsteinschätzung in den Bereichen Ausdauer und Kraft; Effekte auf das allgemeine Selbstkonzept bleiben dagegen aus. Darauf aufbauend identifizieren Oswald et al. (2013) positive Einflüsse einer individuellen Bezugsnormorientierung der Lehrkraft auf das sportbezogene Fähigkeitsselbstkonzept der Schüler*innen.

15.1.3 Leisten und Leistung als Bildungsthema im organisierten Kinder- und Jugendsport

Anspruch

Sportvereine bieten Kindern und Jugendlichen sowohl informell als auch im Zuge intentionaler Vermittlungsprozesse durch Trainer- oder Übungsleiter*innen formell unterschiedliche Bildungsmöglichkeiten. Diese fokussieren sowohl sach- als auch persönlichkeitsbezogene Ansprüche. Dabei finden sich solche Bildungsvorstellungen, die an der qualifizierten Teilhabe der Sportler*innen am organisierten (Leistungs-)Sport orientiert sind, sei es bspw. gegenwartsorientiert als Sportler*in oder langfristig als Trainer*in, Funktionär*in etc. (u. a. Heim, 2008; Schmidt-Millard, 1991). In diesem Sinne gewinnt die Sachstruktur, die Optimierung körperlicher Fähigkeiten und Bewegungsfertigkeiten, die Entwicklung psychosozialer Ressourcen, die Einübung in das System des organisierten Sports und die dazugehörigen Rollenmodelle sowie die Anerkennung leistungsaffiner Werte und Moralvorstellungen (Fair Play) an Relevanz (Heim, 2008; Sygusch, 2007).

Neben einer Einübung in das System gilt im Kinder-, Jugend- und Nachwuchsleistungssport auch der reflektierte Umgang damit als relevant. Ziele beziehen sich auf die Entwicklung von Entscheidungs- und Kritikfähigkeit i. S. d. *mündigen Athleten* in Bezug auf die eigene Rolle und das Sportsystem sowie eines Bewusstseins für ein außersportliches Leben (u. a. Lenk, 1979). Prohl (2004) prägt den Begriff des *mündigen Ästheten*, der in der Qualität des Leistens und gelingenden Wettkämpfens das ästhetische Erfahrungspotenzial des Sports erschließt.

Wirklichkeit

Vereinzelte Studien zur Wirksamkeit leistungsthematischer Situationen im standardisierten Trainings- und Wettkampfalltag belegen positive Effekte zugunsten von Vereinssportler*innen: In einer qualitativen Studie zeigen Breuer, Wienkamp und Neuber (2009) gemäß Interviewaussagen von 14- bis18-Jährigen Effekte auf die Entwicklung des Selbstbewusstseins. In einer 10-jährigen Längsschnittstudie von Gerlach und Brettschneider (2013) mit Kindern ab dem 3. Schuljahr lässt sich zu Beginn ein positiveres Selbstwertgefühl bei Vereinssportler*innen beobachten. Dieser Effekt ist jedoch im Längsschnitt nicht zu finden. Weiterhin bewirkt ein hoch ausgeprägtes Selbstkonzept der eigenen Fähigkeiten die Bindung an den Sportverein (ebd.).

Im Rahmen der Evaluation einer 7-monatigen Intervention zeigen Herrmann und Sygusch (2014), dass methodische Maßnahmen zur Selbstkonzeptförderung im Trainings- und Wettkampfalltag mit 12- bis 16-jährigen Sportler*innen umsetzbar sind. Die Trainer*innen berichten positive Einflüsse auf ein realitätsangemessenes Selbstbewusstsein. Quantitative Wirksamkeitsanalysen hingegen können diese Effekte nicht bestätigen.

15.2 Gesundheit

Gesundheit wird als mehrdimensionales Konzept verstanden, welches neben physischen, psychischen und sozialen Dimensionen, subjektive und objektive Perspektiven sowie dynamische und graduelle Ausprägungsformen inkludiert (u. a. Balz et al., 2016). Bewegung hat nachweislich gesundheitliche Wirkungen, wenngleich diese als ambivalent einzustufen sind, also gesundheitsförderlichen Effekten auch Gesundheitsrisiken gegenüberstehen (ebd.). *Gesundheit* als Bildungsthema der Sportpädagogik ist anschlussfähig an die WHO-Zielsetzung, nach der Menschen befähigt werden sollen, ihre Gesundheit eigenständig zu fördern. Ein solch bildungsorientiertes Verständnis mit dem Ziel einer gesundheitsbezogenen Handlungsfähigkeit bzw. Gesundheitskompetenz ist abzugrenzen von einer Gesundheitsförderung, die sich auf physiologische Gesundheitswirkungen konzentriert.

15.2.1 Gesundheit als Bildungsthema im Elementarbereich

Anspruch

Zimmer und Hunger (u. a. Hunger & Zimmer, 2007; Zimmer, 2020) sowie Schwarz (2014; 2017) adressieren in ihren Arbeiten gesundheitsbezogene Ziele, Inhalte und

Methoden in Kindertageseinrichtungen mit pädagogischem Anspruch. Als Zielsetzungen lassen sich die Stärkung sowohl motorischer Fähigkeiten und Fertigkeiten (z. B. Herausbildung leistungsfähiger Organe) als auch personaler (z. B. Selbstvertrauen) und sozialer (z. B. Integration in die Gruppe) Gesundheitsfaktoren identifizieren (Zimmer, 2020). Dabei wird ein ressourcenorientierter Ansatz gefordert, in dem Kinder ihre Stärken kennenlernen und entwickeln können und eine Stärkung ihres Kohärenzgefühls (Antonovsky, 1997) erfahren (z. B. Ungerer-Röhrich et al., 2007; Wolf et al., 2008). Im Kindergartenalltag ist sicherzustellen, dass Kinder ihren Bewegungsdrang ausleben können, da dies für ihre körperlich-seelische Entwicklung wichtig ist (z. B. Körpererfahrung, Wahrnehmen körperlicher Signale). Darüber hinaus sollen auch Entspannung und Ruhezeiten angeleitet, lange Sitzzeiten unterbrochen und Alternativen zum Sitzen auf Stühlen angeboten werden (z. B. Vorlesen auf den Boden) (Wolf et al., 2008; Zimmer, 2020).

Ein integratives pädagogisches Konzept, welches Bewegungs- und Gesundheitsprogramme inkludiert, verbirgt sich hinter dem Prinzip des Bewegungskindergartens, das allerdings keinem einheitlichen Leitfaden unterliegt. Vielmehr haben sich unterschiedliche Zertifizierungssysteme mit unterschiedlichen Schwerpunkten entwickelt (im Überblick Schwarz, 2017).

Wirklichkeit

Zur Wirksamkeit der Ansprüche im Kindergartenalltag liegen bspw. Studien zu Bewegungskindergärten und Projekte wie *Komm mit in das gesunde Boot* (Wartha et al., 2016), das QueB-Projekt (Popp, Gediga & Ungerer-Röhring, 2020) und das Projekt *Hüpfdötzchen* (Müller, 2007) vor. Schwarz (2014) fasst in seiner Übersichtsarbeit Evaluationsstudien von Bewegungsinterventionen in der frühen Kindheit zusammen: Neben den weiter verbreiteten medizinisch orientierten Studien adressierten nur etwa ein Drittel der identifizierten Studien bildungsrelevante Ziele wie den Aufbau eines positiven Selbstkonzeptes oder die Entwicklung sozial-emotionalen Verhaltens. In der BeBi-Studie zeigt Schwarz, dass sich die angenommene Überlegenheit von Bewegungskindergärten gegenüber traditionellen Kindergärten oder Waldkindergärten im Hinblick auf Gesundheit empirisch nicht bestätigen lässt (Schwarz, 2017).

15.2.2 Gesundheit als Bildungsthema im Sportunterricht

Anspruch

Der gesundheitsthematische Diskurs zum Sportunterricht basiert auf einem ganzheitlichen und salutogenetischen Gesundheitsverständnis. Parallel zu Entwicklungen in den Bereichen Public Health und Gesundheitsförderung ist eine Orientierung weg von einem engen medizinischen hin zu einem integrativen Gesundheitsverständnis zu verzeichnen (im Überblick Ptack & Tittlbach, 2020).

Als übergreifendes Gesundheitsziel im Sportunterricht wird die gesundheitsbezogene Handlungsfähigkeit von Schüler*innen herausgestellt. Gesundheitsbezogene

Handlungsfähigkeit bezieht sich auf vier Inhaltsebenen: übergreifende Gesundheitsinhalte (z. B. Wirkungszusammenhängen von Sport und Gesundheit; aktive Lebensführung), subjektive (z. B. psychosoziale Gesundheitsressourcen), objektive (z. B. Training physischer Ressourcen) sowie erweiternde Gesundheitsinhalte (z. B. Ernährung, Hygiene, Körperpflege) (Demetriou et al., 2015; Ptack & Tittlbach, 2020). Der Fokus auf medizinische Gesundheitswirkungen von Sportunterricht soll dabei überwunden werden (u. a. Balz et al., 2016).

Wirklichkeit

Die Umsetzung der Ansprüche im gesundheitsthematischen Sportunterricht ist bislang wenig beforscht. Vereinzelte Befunde zum Unterrichtshandeln von Sportlehrkräften deuten an, dass Gesundheit zumeist auf objektive Gesundheitsinhalte (dominant: Fitness) und das Gewährleisten von Bewegungszeit reduziert wird (Ptack & Tittlbach, 2020).

Im Rahmen der Health.edu-Studie (Ptack, Strobl & Tittlbach, 2020) erfolgte eine Intervention, in der in kooperativen Planungsgruppen gesundheitsthematische Unterrichtsentwürfe entwickelt und erprobt wurden. Dadurch verschob sich das Unterrichtshandeln einzelner Lehrkräfte in Richtung der o. g. Ansprüche, die Inhalts- und Zielorientierung der Lehrkräfte war aber weiterhin zwiegespalten zwischen traditioneller Gestaltung (im Sinne des Trainingskonzeptes) und moderner Thematisierung (im Sinne der o. g. Ansprüche) von Gesundheit. Die Evaluation ergab mittlere signifikante Effekte zur sportbezogenen Gesundheitskompetenz im Schuljahresverlauf zugunsten der Schüler*innen der Interventionsklassen (Strobl et al., 2020).

Das Sportunterrichtsprogramm HealthyPEP (Demetriou, Sudeck & Höner, 2014), welches auf trainingswissenschaftlichen, sportpsychologischen und -pädagogischen Konzepten beruht, zeigte neben positiven motorischen Trainingseffekten bei Mädchen auch Effekte auf die gesundheitsbezogene Handlungsfähigkeit. Jungen konnten von den Interventionsinhalten, die praktische und theoretische und Komponenten in Bezug auf Kraft und Ausdauer inkludierten, deutlich weniger profitieren.

Hinsichtlich der Wirksamkeit von schulbasierten Interventionsstudien, die einen Bildungsanspruch im Sinne gesundheitsbezogener Handlungsfähigkeit verfolgen, liegt eine internationale Übersichtsarbeit vor (Demetriou et al., 2015). Hierin zeigten sich positive Effekte auf gesundheitsbezogenes Fitness-Wissen als eine Facette der gesundheitsbezogenen Handlungsfähigkeit insbesondere bei Schülerinnen.

15.2.3 Gesundheit als Bildungsthema im organisierten Sport

Das Thema Gesundheit zieht sich in ganz unterschiedlicher Weise durch die ausdifferenzierte Sportkultur, die in weiten Teilen unter dem Dach des Deutschen Olympischen Sportbundes (DOSB) stattfindet. Gesundheits- und Rehabilitationssport findet auch in Rehabilitationskliniken, Gesundheitseinrichtungen oder bei Fitnessanbietern statt und wird aufgrund der explizit gesundheitsorientierten Ausrichtung im nachfolgenden Kapitel separat behandelt (▶ Kap. 15.2.4).

Anspruch

Für den organisierten Sport liegen vielfältige Konzepte zur Gesundheitsförderung vor, die jedoch zumeist einem funktionalen und auf reine Gesundheitswirkungen ausgerichteten Ansatz folgen. Sygusch und Liebl (2015) identifizierten im Bereich des Kinder- und Jugendsports vereinzelte Initiativen mit pädagogischem Anspruch, bspw. zu Ernährung, Bewegung oder Stressbewältigung. In der sportpädagogischen Literatur finden sich dagegen kaum Hinweise. Bspw. verweisen Wydra und Glück (2001) mit dem übergreifenden Ziel der individuellen Handlungsfähigkeit darauf, dass

> »gesundheitsorientierter Vereinssport die Aufmerksamkeit für gesundheitlich bedeutsame Situationen schärfen und den Kindern und Jugendlichen das Sporttreiben als eine sinnhafte, freudvolle Tätigkeit nahebringen (soll), die ihrer körperlichen Gesundheit nicht schadet und ihrem Wohlbefinden zuträglich ist« (S. 152).

Wirklichkeit

Für den organisierten Breiten-, Freizeit- und Leistungssport lassen sich keine empirischen Forschungsarbeiten ausmachen, die Umsetzung und Wirklichkeit der o. g. Ansprüche analysiert haben.

15.2.4 Gesundheit als Bildungsthema im Gesundheits- und Rehabilitationssport

Anspruch

Wydra, Kaczmarek und Dincher (2018, S. 218) analysierten präventiv ausgerichtete Gesundheitssportprogramme und postulieren aus sportpädagogischer Sicht, dass »die Sinnfindung durch Sport in den Mittelpunkt zu rücken« sei. Weitere Arbeitsgruppen konzipieren Gesundheitssport im Sinne der WHO-Prinzipien zur Gesundheitsförderung (z. B. Brehm et al., 2013). Im Rahmen angestrebter Kernziele zu Gesundheitswirkungen (u. a. Stärkung von Gesundheitsressourcen, Verminderung von Risikofaktoren und Beschwerden) und dem Gesundheitsverhalten (Aufbau eines aktiven Lebensstils) werden *gesundheitsedukative* Teilziele begründet. Dazu gehören die Befähigung zur Bewältigung von Beschwerden, zum Stimmungsmanagement sowie der Erwerb von Handlungs- und Effektwissen zur kompetenten Eigenrealisation an gesundheitsförderliches (Bewegungs-)Verhalten (ebd.; Tiemann, 2006).

Darüber hinaus liegen bildungsorientierte Vorschläge zur verhaltensbezogenen Bewegungstherapie vor (z. B. Geidl et al., 2012). Darin werden die Verknüpfung von Elementen des körperlichen Übens und Trainierens mit Elementen der Patientenschulung und verhaltensbezogenen Techniken, die Erhaltung und Steigerung der Motivation und die Planung der konkreten Umsetzung von Bewegungsaktivitäten (Volition) gefordert. Dabei sind Rehabilitand*innen »als mündige und aktiv agierende Personen« (ebd., S. 267) zu verstehen.

Wirklichkeit

Gesundheitswirkungen und Bewegungsverhalten im Gesundheits- oder Rehabilitationssport wurden umfangreich beforscht. Aus pädagogischer Perspektive stellt Tiemann (2006) eine deutliche Differenzierung des Handlungs- und Effektwissen durch eine systematische Thematisierung im Rahmen eines einjährigen Gesundheitssportprogramms fest. Darüber hinaus wurden keine empirischen Arbeiten zu bildungsrelevanten Gesundheitsthemen identifiziert.

15.3 Soziales Handeln

Soziales als Bildungsthema basiert auf dem Grundgedanken, dass Bewegung, Spiel und Sport (fast) immer soziale Auseinandersetzung mit anderen umfasst. *Soziales Handeln* ist sowohl konstitutive Notwendigkeit im Sport als auch Anlass für *soziales Lernen* (u. a. Bähr, 2009; Kleindienst-Cachay, 2000).

In Abgrenzung zu *Sozialem Handeln* und *Sozialem Lernen* umfasst *Sozialerziehung* »normativ begründete Ziele im Sinne des Erwerbs pro-sozialer Kompetenzen und Verhaltensweisen« (Hapke, 2017, S. 153), die über intentionale Maßnahmen angestrebt werden. Dabei werden sportlichen Situationen drei *Basisdimensionen* zugeschrieben: *Verständigung* bezieht sich auf (non-)verbale Kommunikation sowie leibliche Bewegungsbeziehungen. *Kooperation* meint arbeitsteiliges Handeln von Sportler*innen über zugewiesene Aufgaben und Rollen. *Konkurrenz* erfolgt als *Miteinander im Gegeneinander*, in dem Gegner*innen als Partner*innen fungieren (u. a. Bähr, 2009; Kleindienst-Cachay, 2000).

15.3.1 Soziales als Bildungsthema im Elementarbereich

Anspruch

Ansätze und Konzepte wurden insbesondere durch die Arbeitsgruppen um Zimmer (u. a. 2017; 2020) und Schwarz (2014; 2017) entwickelt. Dabei wird zumeist der Begriff *sozial-emotionale Kompetenz und Verhalten* verwendet. Emotionale Kompetenzen (bspw. eigene Gefühle und Gefühle anderer wahrnehmen) werden als Basis für die Entwicklung sozialer Kompetenzen integriert.

Ohne die o. g. Basisdimensionen zu benennen, greifen einige Autor*innen genau darauf zurück. Zimmer (2017) benennt soziale Sensibilität, Rücksichtnahme, Regelverständnis, Kontakt- und Kooperationsfähigkeit sowie Umgang mit Konflikten als soziale Basiskompetenzen, die bei Bewegungsaktivitäten in der Gruppe immanent sind. Damit werden implizit *Lernziele* verbunden und vereinzelt explizit formuliert: »Sich konstruktiv mit anderen auseinander setzen zu können, sich über unterschiedliche Erwartungen zu verständigen, Konflikte auszuhandeln und Kompromisse zu schließen [...] gehört zu den wichtigsten Zielen der Sozialerziehung« (ebd. S. 32).

Wirklichkeit

Zu den o. g. Ansprüchen liegen einzelne Studien zur Wirksamkeit, nicht aber zur Programmdurchführung vor. Studien zur Wirksamkeit, deren Interventionen auf rein motorische Aspekte ausgerichtet sind, die soziale Aspekte aber (mit-)analysieren, zeigen insgesamt kaum Veränderungen sozial-emotionalen Verhaltens (Schwarz, 2014). Auch lizensierte Bewegungskindergärten erzielen zwar leicht positivere Entwicklungen gegenüber Wald- oder nichtlizensierten Bewegungskindergärten, nicht aber gegenüber Regelkindergärten. Insgesamt resümiert Schwarz eine »*Intention-Implementations-Kluft*, da sich der Mehrwert ›Persönlichkeitsentwicklung‹ (Intention) über ein ›Mehr Bewegung‹ (Implementation) alleine nicht erreichen lässt« (ebd., S. 59).

Eng an den o. g. Ansprüchen wurden in verschiedenen Studien von Zimmer (u. a. 2017) Lernbereiche zur Sozialkompetenz (bspw. gemeinschaftliches Problemlösen, Frustrationstoleranz) systematisch integriert und evaluiert. Die Befunde zeigen, dass »[...] Kinder nach Einschätzung der Erzieherinnen signifikant und bedeutsam ihre sozial-emotionalen Kompetenzen verbesserten« (ebd., S. 37).

15.3.2 Soziales als Bildungsthema im Sportunterricht

Anspruch

Zur Sozialerziehung im Sportunterricht liegen einige Übersichtsbeiträge vor (u. a. Bähr, 2009; Hapke, 2017). Als ein *Begründungsmuster* wird herausgestellt, dass Miteinander als bedeutsames subjektives Sinnmuster für Sporttreiben gilt (Kurz, 2000) und dies im Sportunterricht aufzugreifen sei. Weiter sei Soziales als konstituierendes Element von Sport entlang der Basisdimensionen Verständigung, Kooperation und Konkurrenz zu thematisieren. Abgeleitet davon liegen *Ziele* in der *operativen* und *reflexiven sozialen Handlungsfähigkeit* (im Überblick Hapke, 2019): Schüler*innen sollen...

- sich *verständigen*, Absprachen treffen, Anliegen darlegen oder Konflikte thematisieren;
- *kooperieren*, Bewegungsbeziehungen eingehen, Rollen übernehmen, prosoziale Fähigkeiten zeigen;
- fair *konkurrieren*, Gegner*innen als Partner*innen auffassen, Regeln beachten und anpassen;
- sich und andere *integrieren*, Zusammenhalt sichern, mit Unterschiedlichkeit umgehen;
- mit *Ambivalenz* pro- und antisozialen Handelns umgehen, sportliche Handlungsmuster kritisch reflektieren.

Mit diesen Themen werden vielfach Transferwirkungen auf außersportliche Bereiche verknüpft und der Anspruch bzw. die Hoffnung, auf eine *Sozialerziehung durch Sport* begründet (Bähr, 2009).

Wirklichkeit

Empirische Analysen liegen in begrenztem Umfang und mit einer auffälligen Diversität von theoretischen und empirischen Konstrukten vor (Schüller & Demetriou, 2018).

Eine qualitative Analyse zur Verwirklichung der o. g. Ansprüche im Sportunterricht (Hapke, 2019) zeigt, dass Soziales im Sinne *operativer Handlungsfähigkeit* (bspw. anderen helfen) durch Inhalte (bspw. Sportspiele) und durch ein Agieren der Lehrkräfte als soziale Wegweiser durchaus angebahnt werden kann. Ziele im Sinne *reflexiver Handlungsfähigkeit* (bspw. Gestaltung von Regeln) sowie entsprechende methodische Prinzipien (bspw. Reflexion sozialer Erfahrungen) wurden dagegen kaum identifiziert.

Befunde zu Wirkungen sozialerzieherischer Maßnahmen »[...] fallen nicht ganz einheitlich, in der Mehrzahl jedoch positiv aus« (Bähr, 2009, S. 178). Über methodisch-didaktische Inszenierungen können förderliche Einflüsse auf soziale Fähigkeiten (bspw. Empathie), soziale Einstellungen, das soziale Selbstkonzept sowie soziales Wissen und Volition erzielt werden. Für *Kooperatives Lernen* ist belegt, dass eine Verschränkung von Bewegungslernen und sozialem Lernen für beide Zielgrößen positive Effekte hervorbringen kann (Bähr, 2009; Schüller & Demetriou, 2018).

15.3.3 Soziales als Bildungsthema im organisierten Sport

Anspruch

Auf Ebene der Sportverbände gibt es viele Initiativen, in denen Soziales anvisiert wird (im Überblick Sygusch & Liebl, 2015). In der Sportpädagogik fokussieren sich dagegen nur wenige Ansätze explizit auf eine Sozialerziehung im Vereinssport.

Die Themenfelder der Deutschen Sportjugend (dsj) rahmen vorliegende Initiativen. Dabei dominieren überfachliche Projekte, bspw. zur Gewaltprävention oder zur Entwicklung sozialer Kompetenzen *durch* Sport. Soziales wird hier auf unterschiedliche Weise thematisiert, Ziele bleiben eher implizit. In den meisten Ansätzen stellen soziale Begegnungen im (über-)sportlichen Alltag die eigentliche *Intervention* dar. Sozialtypische Themen entlang der o. g. Basisdimensionen werden nur vereinzelt inszeniert (ebd.).

Als einziges dsj-Themenfeld fokussiert *Persönlichkeits- und Teamentwicklung* sportfachliche Aufgaben von Training und Wettkampf. Das Förderkonzept umfasst (angelehnt an Sygusch, 2007) u. a. soziale Kernziele (Kooperationsfähigkeit, Aufgabenzusammenhalt im Team). Auch im *Nachwuchsleistungssportkonzept* des DOSB (2013) werden sog. pädagogische Orientierungen aufgeführt. Danach »benötigen Sportler*innen psychosoziale Ressourcen wie [...] Kooperationsfähigkeit oder Teamgeist« (ebd., S. 13), um soziale Anforderungen (bspw. Verständigung mit Trainern*innen, Mitsportler*innen) zu bewältigen.

Der sportpädagogische Diskurs zum Leistungssport bietet allenfalls Impulse. Prohl (2004) zielt aus bildungstheoretischer Perspektive auf die Basisdimension *Konkurrenz*. Danach setzt das ästhetische Erfahrungspotenzial gelingenden Wettkämpfens die Ausgeglichenheit der Leistungen von Konkurrent*innen und damit die Einhaltung von Regeln voraus. Angelehnt daran operationalisieren Sygusch und Liebl (2016) Ziele zur Kooperationsfähigkeit und zur Fairness im Nachwuchsleistungssport.

Wirklichkeit

Zu den o. g. sportpraktischen Konzepten liegen kaum Evaluationsstudien vor. Diese sind zudem »[…] in ihrer Zielsetzung und Evaluationstiefe kaum ausreichend, um neben Gelingensbedingungen die zielgerichtete Programmdurchführung und -wirksamkeit systematisch zu erfassen« (Sygusch & Liebl, 2015, S. 254). Dagegen liegt im Bereich der Wirkungsforschung eine durchaus rege Forschungstätigkeit vor. Soziale Begegnungen im Sport stellen hier die eigentliche *Intervention* dar. Breuer et al. (2009) identifizieren, dass Sportler*innen, interviewt zu Transferwirkungen ihres Sports, soziale Kompetenzen (u. a. Teamfähigkeit, Rücksichtnahme) noch vor motorischen Fähigkeiten und Fertigkeiten am häufigsten nennen. Allerdings zeigen quantitative Längsschnittstudien, dass »blankes Sportengagement zwar ein […] wichtiges Kulturgut darstellt, der Hoffnung auf automatische Transfereffekte […] muss jedoch eine Absage erteilt werden« (Gerlach & Herrmann, 2015, S. 366).

Zum o. g. dsj-Konzept *Persönlichkeits- und Teamentwicklung* zeigen Herrmann und Sygusch (u. a. 2014) über Interviews mit Trainer*innen, dass sozialerzieherische Schwerpunkte durchaus umsetzbar sind und zur Verbesserung von Aufgabenzusammenhalt und Kooperationsfähigkeit beitragen können. In quantitativen Analysen zeigten sich dagegen keine bedeutsamen Veränderungen. Es konnte lediglich ein Einfluss des Gruppenklimas (als methodische Rahmung) auf verschiedene psychosoziale Parameter identifiziert werden (ebd.).

15.4 Fazit

Leistung und Leisten, *Gesundheit* sowie *Soziales* werden im sportpädagogischen Diskurs zum Elementarbereich, zum Sportunterricht und zum organisierten Sport mehr oder weniger normativ begründet und empirisch beforscht. Dabei liegt zu allen drei Bildungsthemen

- ein intensiverer Diskurs zum Sportunterricht gegenüber dem Elementarbereich und dem organisierten Sport vor;
- ein Überhang normativer gegenüber empirischen Arbeiten vor, insbesondere im Bereich des Sportunterrichts.

Auf Ebene der Ansprüche hält der normative Diskurs wertvolle Impulse bereit, die einerseits eine Auseinandersetzung mit der Sache *Leistung, Gesundheit und Soziales in Bewegung, Spiel und Sport* ermöglichen und andererseits eine Orientierung an der Person, also ein reflexives *In-Distanz dazu treten*, befördern. Themenspezifisch zeichnet sich in den betrachteten Bildungssettings folgendes Bild ab:

- *Leistung und Leisten* erscheinen für einen sportpädagogischen Zugang unstrittig, soweit dieser einer engen Orientierung an der Sache folgt. Unschärfer wird die sportpädagogische Auslegung insbesondere im Elementarbereich und organisierten Sport, wenn die Orientierung an der Person im Vordergrund steht.
- *Gesundheit* im Sinne ihrer Erhaltung und Förderung ist unstrittiger Gegenstand in (fast) allen Settings. Gesundheit als *Bildungsthema* (im Sinne von Gesundheitskompetenz) wird bislang aber nur in Ansätzen diskutiert.
- *Soziales* erscheint für einen sportpädagogischen Zugang passend, der einer Orientierung an der Person folgt. Dagegen wird *Soziales* mit der Orientierung an der Sache bislang nur zaghaft konzipiert.

Auf Ebene der Wirklichkeit ist dem empirischen Forschungsstand zu allen drei Themen gemeinsam, dass Studien zur Durchführung und Wirksamkeit der normativen Ansprüche, soweit überhaupt vorhanden, heterogen sind.

Als Ausblick ist festzuhalten, dass bislang *erstens* kaum (einheitliche) Evaluationsansätze vorliegen, die die Durchführungsqualität vorliegender Konzepte analysieren. *Zweitens* existieren nur vereinzelt Erfassungsinstrumente (bspw. zu Gesundheit), die einer explizit sportpädagogischen Auslegung der drei Bildungsthemen folgen (▶ Kap. 10; ▶ Kap. 11). In der sportpädagogischen Forschung ist eine Realisierung und Systematisierung von Evaluationsstudien zu allen drei Bildungsthemen erforderlich, um vorhandenen normativen Ansprüchen nicht den Anschein idealisierter Wunschvorstellungen zu verleihen.

Literatur

Antonovsky, A. (1997). Salutogenese: Zur Entmystifizierung der Gesundheit. dgvt.
Bähr, I. (2009). Soziales Handeln und soziales Lernen im Sportunterricht. In H. Lange & S. Sinning (Hrsg.), Handbuch Didaktik des Sportunterrichts (S. 172–193). Spitta.
Balz, E., Erlemeyer, R., Kastrup, V. & Mergelkuhl, T. (2016). Gesundheitsförderung im Schulsport. Grundlagen, Themenfelder und Praxisbeispiele. Meyer & Meyer.
Balz, E. & Kuhlmann, D. (2015). Sportpädagogik. Ein Lehrbuch in 14 Lektionen (5. Aufl.). Meyer & Meyer.
Brehm, W., Bös, K., Graf, C., Hartmann, H., Pahmeier, I., Pfeifer, K., Rütten, A., Sygusch, R., Tiemann, M., Tittlbach, S., Vogt, L. & Wagner, P. (2013). Sport als Mittel in Prävention, Rehabilitation und Gesundheitsförderung. Eine Expertise. Bundesgesundheitsblatt, Gesundheitsforschung, Gesundheitsschutz, 56(10), 1385–1389.
Breuer, M., Wienkamp, F. & Neuber, N. (2009). Abschlussbericht zum Forschungsprojekt. Kinder- und Jugendarbeit im Sportverein und ihre Bildungschancen. Universität Münster, Institut für Sportwissenschaft.
Conzelmann, A., Schmidt, M. & Valkanover, S. (2011). Persönlichkeitsentwicklung durch Schulsport: Theorie, Empirie und Praxisbausteine der Berner Interventionsstudie Schulsport (BISS). Huber.

Demetriou, Y., Sudeck, G. & Höner, O. (2014). Indirekte Gesundheitseffekte des Unterrichtsprogramms HealthyPEP. Sportwissenschaft, 44(2), 86–98.

Demetriou, Y., Sudeck, G. & Thiel, A. & Höner, O. (2015). The effects of school-based physical activity interventions on students' health-related fitness knowledge: A systematic review. Educational Research Review, 16, 19–40.

Deutscher Olympischer Sportbund (2013). Nachwuchsleistungssportkonzept 2020. Unser Ziel: Dein Start für Deutschland. DOSB.

Ehni, H. (1977). Sport und Schulsport. Didaktische Analysen und Beispiele aus der schulischen Praxis. Hofmann.

Erdmann, R. (1993). Leisten, Leistung, Sportunterricht. Sportpädagogik, 17(3), 11–17.

Funke, J. (1980). Körpererfahrung. Sportpädagogik, 4(4), 13–20.

Geidl, W., Hofmann, J., Göhner, W., Sudeck, G. & Pfeifer, K. (2012). Verhaltensbezogene Bewegungstherapie – Aufbau eines körperlich aktiven Lebensstils. Rehabilitation, 51, 259–268.

Gerlach, E., & Brettschneider, W.-D. (2013). Aufwachsen im Sport. Befunde einer 10-jährigen Längsschnittstudie zwischen Kindheit und Adoleszenz. Meyer & Meyer.

Gerlach, E. & Herrmann, C. (2015). Effekte der Sportteilnahme. In W. Schmidt, N. Neuber, T. Rauschenbach, H. P. Brandl-Bredenbeck, J. Süßenbach & C. Breuer, C. (Hrsg.), Dritter Deutscher Kinder- und Jugendsportbericht. Kinder- und Jugendsport im Umbruch (S. 345–369). Hofmann.

Gerlach, E., Trautwein, U., & Lüdtke, O. (2008). Selbstkonzept und Bezugsgruppeneffekte: Der »Big-Fish-Little-Pond-Effekt«. In A. Conzelmann & F. Hänsel (Hrsg). Sport und Selbstkonzept: Struktur, Dynamik und Entwicklung (S. 107–120). Hofmann.

Grupe, O. (1974). Leistung und Leistungsprinzip im Sport. Zu Problem und Kritik Leistungsorientierten Handelns in Sport und Leibeserziehung. In A. Gehlen & M. Müller (Hrsg.), Sinn und Unsinn des Leistungsprinzips. Ein Symposion (S. 111–137). Deutscher Taschenbuchverlag.

Grupe, O. & Krüger, M. (2007). Einführung in die Sportpädagogik. Hofmann.

Guardiera, P. (2019). Leistungen bewerten. Herausforderungen und Perspektiven der Leistungsbewertung im kompetenzorientierten Sportunterricht. Sportpädagogik 43(2), S. 2–6.

Hapke, J. (2017). Erziehender Sportunterricht zwischen Anspruch und Wirklichkeit – eine differenzanalytische Untersuchung zur Umsetzung pädagogischer Perspektiven. Erlangen-Nürnberg: Friedrich-Alexander-Universität Erlangen-Nürnberg. Zugriff am 29. September 2020 unter https://opus4.kobv.de/opus4-fau/frontdoor/index/index/docId/8646.

Hapke, J. (2019). »Es muss jeder einmal den Ball gehabt haben!«: Zur Umsetzung der Perspektive »Soziales Miteinander« im Unterrichtshandeln von Sportlehrenden. Sportunterricht, 68(12), 542–547.

Heim, R. (2008). Bewegung, Spiel und Sport im Kontext von Bildung. In W. Schmidt, R. Zimmer & K. Völker (Hrsg.), Zweiter Deutscher Kinder- und Jugendsportbericht. Schwerpunkt Kindheit (S. 21–42). Hofmann.

Herrmann, C. & Sygusch, R. (2014). Entwicklungsförderung im außerschulischen Kinder- und Jugendsport. Evaluation der Programmwirksamkeit. Sportwissenschaft, 44, 25–38.

Hummel, A. (1997). Die Körperlich-Sportliche Grundlagenbildung – immer noch aktuell? In E. Balz & P. Neumann (Hrsg.), Wie pädagogisch soll der Schulsport sein (S. 33–45)? Hofmann.

Hunger, I. & Zimmer, R. (Hrsg.) (2007). Bewegung – Bildung – Gesundheit. Entwicklung fördern von Anfang an. Hofmann.

Kleindienst-Cachay, C. (2000). Kooperieren, Wettkämpfen und sich verständigen. In E. Beckers, J. Hercher & N. H. Neuber (Hrsg.), Schulsport auf neuen Wegen. Herausforderungen für die Sportlehrerausbildung (S. 200–211). Afra.

Kurz, D. (2000). Die pädagogische Grundlegung des Schulsports in NRW. In Landesinstitut für Schule & Weiterbildung (Hrsg.), Erziehender Schulsport (S. 9–55). Kettler.

Lenk, H. (1979). »Mündiger Athlet« und »Demokratisches Training«. In H. Gabler, H. Eberspächer & E. Hahn (Hrsg.). Praxis der Psychologie im Leistungssport (S. 483–503). Bartels & Wernitz.

Müller, B. (2007). Bewegung als Beitrag zur Gesundheitsförderung im Setting KiTa – Erfahrungen aus dem Projekt »Hüpfdötzchen« – Kindergarten in Bewegung. In I. Hunger & R. Zimmer (Hrsg.), Bewegung – Bildung – Gesundheit (S. 141–145). Hofmann.

Oswald, E., Schmidt, M., Valkanover, S., & Conzelmann, A. (2013). Die Förderung des sportbezogenen Fähigkeitsselbstkonzepts mittels einer Intervention mit individueller Bezugsnormorientierung im Sportunterricht. Spectrum der Sportwissenschaften, 25(1), 5–20.

Podlich, C. (2008). Selbstgewolltes Leisten. Der Einfluss sportlicher Bewegungsaktivitäten auf das Selbstkonzept von Kindern. Juventa.

Popp, V., Gediga, G. & Ungerer-Röhrich, U. (2020). Capital4Health – Qualität entwickeln mit und durch Bewegung in Kitas (QueB). Zugriff am 29. September 2020 unter https://queb.eu/doc/Popp_et_al_2020_C4H_undQueB.pdf

Prohl, R. (2004). Bildungsaspekte des Trainings und Wettkampfs im Sport. In R. Prohl & H. Lange (Hrsg.), Pädagogik des Leistungssports. Grundlagen und Facetten (S. 11–39). Hofmann.

Prohl, R. (2010). Grundriss der Sportpädagogik (3., korr. Aufl.). Limpert.

Ptack, K., Strobl, H. & Tittlbach, S. (2020). Intervention und Evaluation zum Thema Gesundheit im Sportunterricht. In R. Sygusch, H. P. Brandl-Bredenbeck, S. Tittlbach, K. Ptack & C. Töpfer (Hrsg.), Gesundheit in Sportunterricht und Sportlehrerbildung. Bestandsaufnahme, Intervention und Evaluation im Projekt »Health.edu« (S. 221–256). Springer VS

Ptack, K. & Tittlbach, S. (2020). Sportdidaktischer Kenntnisstand zum Thema Gesundheit im Sportunterricht – eine Literaturanalyse. In R. Sygusch, H. P. Brandl-Bredenbeck, S. Tittlbach, K. Ptack & C. Töpfer (Hrsg.), Gesundheit in Sportunterricht und Sportlehrerbildung. Bestandsaufnahme, Intervention und Evaluation im Projekt »Health.edu« (S. 29–56). Springer VS.

Rethorst, S., Fleig, P., & Willimczik, K. (2008). Effekte motorischer Förderung im Kindergartenalter. In W. Schmidt (Hrsg.), Zweiter Deutscher Kinder- und Jugendsportbericht: Schwerpunkt: Kindheit (S. 237–254). Hofmann

Schmidt-Millard, T. (1991). Der Sportverein – Versuch einer pädagogischen Ortsbestimmung. Brennpunkte der Sportwissenschaft, 5(2), 134–151.

Schüller, I. & Demetriou, Y. (2018). Physical activity interventions promoting social competence at school: A systematic review. Educational Research Review, 25, 39–55.

Schwarz, R. (2014). Effekte der Bewegungsförderung. Review längsschnittlicher Evaluationsstudien zu Bewegungsintervention in der frühen Kindheit. Motorik, 27(2), 52–63.

Schwarz, R. (2017). Bewegung und Bildung im Kindergarten: Die BeBi-Studie: Qualitätseffekte von Bewegungskindergärten im empirischen Bereich. Hofmann.

Söll, W. (2005). Sportunterricht – Sport unterrichten. Ein Handbuch für Sportlehrer (6. Aufl.). Hofmann.

Strobl, H. Ptack, K., Töpfer, C., Sygusch, R. & Tittlbach, S. (2020). Effects of a Participatory School-Based Intervention on Students' Health-Related Knowledge and Understanding. Frontiers Public Health, 8(122), 1–10.

Sygusch, R. (2007). Psychosoziale Ressourcen im Sport. Ein sportartenorientiertes Förderkonzept für Schule und Verein. Hofmann.

Sygusch, R. & Liebl, S. (2015). Pädagogische Potenziale im organisierten Sport. In W. Schmidt, N. Neuber, T. Rauschenbach, H. P. Brandl-Bredenbeck, J. Süßenbach & C. Breuer, C. (Hrsg.), Dritter Deutscher Kinder- und Jugendsportbericht. Kinder- und Jugendsport im Umbruch (S. 239–254). Hofmann.

Sygusch, R. & Liebl, S. (2016). Pädagogische Aspekte sportlichen Trainings. In K. Hottenrott & I. Seidel (Hrsg.), Trainingswissenschaft und Trainingslehre (S. 102–106). Hofmann.

Tiemann, M. (2006). Handlungs- und Effektwissen. In K. Bös & W. Brehm (Hrsg), Handbuch Gesundheitssport (2., vollst. bearb. Aufl., S. 357–368). Hofmann.

Ungerer-Röhrich, U., Eisenbarth, I., Thieme, I., Quante, S., Popp, V. & Biemann, A. (2007). Schatzsuche im Kindergarten – ein ressourcenorientierter Ansatz zur Förderung von Gesundheit und Bewegung. Motorik, 30(1), 27–34.

Wartha, O., Kobel, S., Lämmle, O., Mosler, S. & Steinacker, J.M. (2016). Entwicklung eines settingspezifischen Gesundheitsförderprogramms durch die Verwendung des Intervention-Mapping-Ansatzes: »Komm mit in das gesunde Boot – Kindergarten«. Prävention und Gesundheitsförderung, 11(2), 65–72.

Wolf, S., Eisenbarth, I., Popp, V., Quante, S., Thieme, I. & Ungerer-Röhrich, U. (2008). Auf Schatzsuche im Kindergarten. In M. Knoll & A. Woll (Hrsg.), Sport und Gesundheit in der Lebensspanne (S. 197–202). Czwalina.

Wydra, G. & Glück, S. (2001). Gesundheitsförderung im Sportverein – Überlegungen zur Konzeption einer Übungsleiterausbildung. In R. Prohl (Hrsg.), Bildung und Bewegung (S. 151–156). Czwalina.

Wydra, G., Kaczmarek, C. & Dincher, A. (2018). Analyse der Ziele von gesundheitsorientierten Bewegungs- und Sportprogrammen. In A. Schwirtz, F. Mess, Y. Demetriou & V. Senner (Hrsg.), Innovation & Technologie im Sport (S. 191). Czwalina.

Zimmer, R. (2013). Handbuch der Psychomotorik: Theorie und Praxis der psychomotorischen Förderung (13. Aufl.). Herder.

Zimmer, R. (2017). Bewegung bildet! Wie Entwicklungspotenziale von Kindern unterstützt und elementare Kompetenzen gestärkt werden können. In R. Zimmer & I. Hunger (Hrsg.), Gut starten: Bewegung – Entwicklung – Diversität (S. 25–38). Hofmann.

Zimmer, R. (2020). Handbuch der Bewegungserziehung: Grundlagen für Ausbildung und pädagogische Praxis (26. Aufl.). Herder.

16 Herausforderungen der Sportpädagogik

Eckart Balz, Lena Gabriel & Jonas Wibowo

Abschließend und ausblickend sollen Herausforderungen der Sportpädagogik als besondere *Probleme und Chancen der Entwicklung unserer Teildisziplin* beleuchtet werden (u. a. Thiele & Schierz, 1998; Haag & Hummel, 2001; Prohl, 2013; Kurz, 2017; Balz & Kuhlmann, 2018). Mögliche Entwicklungsprobleme und -chancen sichten wir, in einem quasi genetischen Durchgang, erstens retrospektiv mit Blick auf bisherige Herausforderungen der Sportpädagogik, zweitens gegenwärtig mit Blick auf aktuelle Herausforderungen und drittens prospektiv mit Blick auf zukünftige Herausforderungen; dabei gibt es neben zeitlichen Zuordnungen bestimmter Probleme und Chancen auch manche Überschneidungen.

In jedem Abschnitt wird vor dem Hintergrund verschiedener Herausforderungen ein – jeweils zentraler – Aspekt der Entwicklung unserer Teildisziplin vertieft: erst die *Instrumentalisierungsdebatte*, dann die sog. *Normalisierung* der Sportpädagogik und schließlich die *Internationalisierung* als wachsende Herausforderung. Final gilt es, solche Herausforderungen zu bilanzieren und in unser Fazit auch die Ausblicke der anderen Kapitel miteinzubeziehen.

16.1 Bisherige Herausforderungen

Aus der Genese der Sportwissenschaft bzw. der *Theorie der Leibeserziehung* ging die Sportpädagogik in den 1970er Jahren als eine zentrale (Teil-)Disziplin hervor. Seitdem wurde im Zuge von Ausdifferenzierungsprozessen der Sportwissenschaft um ihren Stellenwert als ggf. leitende oder zumindest gleichberechtigte und zum Teil auch vernachlässigte Teildisziplin einerseits grundsätzlich gerungen. Andererseits wurde in sportpädagogischen Diskursen über verschiedene Themen – nicht zuletzt in den Orientierungs- und Legitimationsdiskursen für das Schulfach *Sport* – auch anwendungsbezogen vielfach gestritten, z. B. über die Auslegung unseres Faches als Sport im engeren bzw. weiteren Sinne oder als Bewegung (▶ Kap. 6).

Zur Frage des *Stellenwerts der Teildisziplin Sportpädagogik* im Ganzen der Sportwissenschaft ist retrospektiv insbesondere auf die Beiträge des Diskurses von Kurz (1992) und Scherler (1992) hinzuweisen: Kurz sieht die Sportpädagogik als Mitte bzw. integrativen Kern der Sportwissenschaft und argumentiert, dass ein pädagogisches Interesse am Sport, der über sportliche Leistungsverbesserungen hinaus den Menschen und ihrer Entwicklung zu Gute kommen soll, als sportwissenschaftlich und gesellschaftlich zentral anzusehen sei; im Kontrast zu einer solchen eher *undisziplinierten* Sportpädagogik spricht sich Scherler – bei geteilter sportwissenschaftlicher Verantwortung auf dem Weg zu einem humanen Sport – für eine *Disziplinierung* der Sportpädagogik aus, die sich auf ihre eigenen Aufgaben zu konzentrieren und weitergehend auch interdisziplinär zu arbeiten habe.

Faktisch ist seither zu beobachten, dass die Sportpädagogik zwar – wie im »Memorandum Sportwissenschaft« (2017) vorgesehen – vielerorts als unverzichtbare Teildisziplin engagiert vertreten ist, aber bundesweit in der Sportwissenschaft an Strahlkraft, Stellen und Einfluss offenbar auch verloren hat. Unabhängig von ihrer vermeintlichen Bedeutsamkeit obliegt es der Sportpädagogik jedenfalls, möglichst fundiert und selbstbewusst in Verbindung zur Erziehungswissenschaft (als *Mutter*) und nicht zuletzt in Zusammenarbeit mit den sportwissenschaftlichen *Schwester*-Disziplinen, für die sie weder nur *Magd* noch *Domina* sein muss, wissenschaftlich tätig zu sein; hier gilt es, durch gegenseitige *Adaptation*, *Stimulation* und *Kooperation* (Balz & Kuhlmann, 2018, S. 18) die Generierung sportwissenschaftlichen Wissens voranzubringen, das den sportlich Engagierten nützen sowie zum sportpädagogischen Selbstverständnis beitragen kann (▶ Kap. 16.4).

Eine elementare Frage der Sportpädagogik, inwiefern Sport als Mittel zum (pädagogischen) Zweck eingesetzt werden darf, fand in der schulsportbezogenen *Instrumentalisierungsdebatte* ihren fachlichen Disput, der nach zahlreichen Einlassungen durch den Beitrag von Scherler (1997) konstruktiv zu einem vorläufigen Ende gebracht wurde. Den Anstoß lieferte zunächst Schaller (1992) mit seinem Vorwurf, dass Sport als eigentlich zweckfreie Betätigung in der Schule für erzieherische, z. B. für gesundheits- und sozialerzieherische, Zielsetzungen vereinnahmt werde. Darauf folgte eine zum Teil hitzige Debatte, an der sich auch Sportpädagogen wie Beckers und Bernett, Kurz und Volkamer mit unterschiedlichen Argumenten beteiligten. Scherler zeichnet das knapp nach und liefert dann eine klar durchdachte Stellungnahme als Beitrag zur Diskussion, die anschließend auslief, weil dem vermutlich weiter nichts Kontroverses oder Klärendes mehr hinzuzufügen war (s. u.).

Zunächst betont Scherler, dass die aufgeregte Debatte der »uralten Frage, ob Gymnastik, Turnen, Leibesübungen oder Sport zum Mittel für pädagogische Zwecke gemacht werden dürfen« (S. 5), geschuldet sei und möglichst rational argumentierend geführt werden sollte. Zwischenbilanzierend mahnt er zudem an, sowohl den Sport als auch pädagogisches Handeln im Kontext der jeweiligen »kulturellen und gesellschaftlichen Normen« (S. 7) zu sehen, statt beides als festgeschriebenes So-Sein quasi »unabhängig« (ebd.) davon zu deuten. Im Weiteren bezieht Scherler selbst differenziert Stellung und macht seine Position in folgenden sechs Punkten klar:

- *Erstens* sei der Begriff *Instrumentalisierung* in der Fachsprache ungebräuchlich und offenbar auch missverständlich, so dass besser von »Mitteln und Zwecken« (S. 7) gesprochen werden sollte. Denn »die gängige Unterscheidung von Mitteln und Zwecken reicht aus, um die Vereinnahmung einer Sache als Mittel oder die Verselbstständigung der ihr angetragenen Zwecke zu problematisieren. Doch dabei muss deutlich werden, ob man die Zwecke hinterfragt, die durch Sport erreicht werden sollen, oder die Eignung des Sports als Mittel zur Verwirklichung dieser Zwecke bestreitet« (S. 7).

- *Zweitens* wird die angebliche Zweckfreiheit des Sports als »Fiktion« (S. 7) entlarvt, da es sich um eine wesensartige Zuschreibung als »ontologische Mystifizierung« (S. 7) handele, Sport jedoch faktisch immer mit bestimmten Funktionen, Absichten und Wirkungen verknüpft wird, also »keineswegs frei von menschlichen Zwecksetzungen« (S. 8) ist. Vielmehr erweist sich hier die »sogenannte Zweckfreiheit […] nicht als ein Freisein von Zwecken, sondern als eine fast unbegrenzte Freiheit in deren Setzung« (S. 8).
- *Drittens* gilt Sport im doppelten Sinne als Mittel der Erziehung, nämlich einerseits einer Erziehung zum Sport (für eine kompetente Teilhabe am außerschulischen Sport, d. h. mit dem Zweck einer Handlungsfähigkeit im Sport), andererseits einer Erziehung durch Sport (für eine gesündere, sozialere, bessere Lebensführung, d. h. mit dem Zweck einer Handlungsfähigkeit durch Sport). Doch wenn »sich der Schulsport auf die Verfolgung fachspezifischer Ziele beschränkt, negiert er den überfachlichen Erziehungsauftrag der Schule und schwächt seine Position im Ensemble der Fächer« (S. 9).
- *Viertens* sei Erziehung, mithin auch »schulische Sporterziehung« (S. 9), grundsätzlich durch pädagogische Absicht, Einflussnahme und partielle Fremdbestimmung gekennzeichnet, aber zugleich richte sich Erziehung mit der Aufforderung zur Selbsttätigkeit auf zunehmende Selbstbestimmung und ermögliche Mitbestimmung auch im Erziehungsprozess; letztlich könne Erziehung nur insofern gerechtfertigt sein, als sie »sich selbst entbehrlich machen muss […] Diese Erziehungsauffassung ist eine Absage an jegliche Art von Instrumentalisierung« (S. 9).
- *Fünftens* sollte Sport in der Schule als nicht-freiwillige und damit begründungspflichtige Betätigung möglichst differenziert legitimiert werden; hierfür legt Scherler eine Systematik aus innerschulischen Begründungen (z. B. die Ausgleichsfunktion) sowie außerschulisch-innersportlichen Begründungen (als Sacherschließung, Erziehung zum Sport, Teilhabe an der Sport- und Bewegungskultur) und außerschulisch-außersportlichen Begründungen (als persönliche Entwicklungsförderung, Erziehung durch Sport) vor.
- *Sechstens* weist Scherler deutlich darauf hin, dass die begründeten Erziehungsabsichten und umfangreichen Wirkungsversprechen nicht genügen, sondern über die normative Sättigung hinaus viel intensiver empirisch untersucht bzw. evaluiert werden müsse, »ob die proklamierten Ziele erreicht werden, ob der Schulsport auch leistet, was er zu leisten vorgibt. Zweifel, dass er dies nicht tut, sind berechtigt. Doch diese dürfen nicht dazu führen, überfachliche Ziele des Sportunterrichts als instrumentell abzulehnen. Vielmehr müssen die Anstrengungen verstärkt werden, sie fachlich qualifiziert zu verwirklichen« (S. 11).

Die *Instrumentalisierungsdebatte* ist ein prägnantes Beispiel für die zeithistorische wie auch prinzipielle Herausforderung, aus einem reflektierten Selbstverständnis der Sportpädagogik ihre Orientierungsleistungen – hier für eine Erziehung im Fach Sport der Bildungseinrichtung Schule – angemessen zu beurteilen. Dieser Herausforderung hatten sich mehrere Kollegen kontrovers gestellt und Scherler ist ihr dann auf argumentativ überzeugende Weise mit einer durchaus konsensfähigen Positionierung begegnet (s. o.). Das implizite Problem des Instrumentalisierungsvorwurfs wurde damit gelöst, die explizite Chance der Ausweisung, Begründung, Reflexion,

Systematisierung und Überprüfung von Erziehungsansprüchen offensiv genutzt. Vor diesem Hintergrund hat sich die Sportpädagogik als eine normativ gefestigte und zunehmend empirisch ausgerichtete Teildisziplin, die beides in theoretischer Bezugnahme und praktischer Wendung miteinander zu verbinden sucht, weiter entfalten können (u. a. Balz, 2009; Prohl, 2013). Damit ließen sich auch sportpädagogische Positionierungen z. B. eines erziehenden Sportunterrichts etablieren und behaupten. Doch in einer sich verändernden Wissenschaftslandschaft sah sich die Sportpädagogik schon bald vor ganz andere und neue Herausforderungen gestellt (▸ Kap. 16.2; ▸ Kap. 16.3).

16.2 Aktuelle Herausforderungen

Auch wenn der publizistische Austausch im Rahmen der Instrumentalisierungsdebatte abgeschlossen ist, bleibt die Frage nach dem Selbstverständnis der Sportpädagogik und natürlich auch einzelner Sportpädagog*innen weiterhin virulent. Als eine der zentralen aktuellen Herausforderungen werden Begleiterscheinungen gesehen, die im Rahmen einer *Normalisierung der Sportpädagogik* als wissenschaftlicher Teildisziplin auftreten (z. B. Thiele, 2012). Darunter wird eine neoliberale Einflussnahme der gesellschaftlichen Teilsysteme Politik und Wirtschaft auf das Teilsystem Wissenschaft im Sinne einer ökonomischen Steuerung verstanden. Im Folgenden soll überlegt werden, wie diese Entwicklung, die Thiele bereits als Paradigmenwechsel bezeichnet, fortgeschritten ist und welche Herausforderungen dadurch derzeit für Sportpädagog*innen bestehen.

16.2.1 Zur Ökonomisierung der Sportpädagogik

In seiner Bestandsaufnahme von 25 Jahren Sektion-Sportpädagogik in der Deutschen Vereinigung für Sportwissenschaft (dvs) stellt Thiele deutliche Veränderungen fest: Zunahme der Anzahl an Beiträgen auf Tagungen; zeitliche Verdichtung der Beiträge; thematische höhere Vielfalt (oder Beliebigkeit); neue Mechanismen von Beiträgen (Poster); neue Tagungsbandformate (Abstractband statt Tagungsband); mehr Präsentationen (und Forschung) in Autor*innengruppen; mehr empirische sportpädagogische Forschung; Etablierung von Nachwuchstagungen. Diese Veränderungen interpretiert Thiele durch vier Merkmale eines neoliberal geprägten Normalisierungsprozesses. Unter *Vermessung* fasst Thiele die Abbildung von Wissenschaft durch nummerische Indikatoren zum Zwecke der Effizienzsteigerung (Zitationsindices, Publikationsraten, Drittmittelquoten, u. a.). Unter *Reaktivität* wird jenes Verhalten verstanden, dass sich durch eine Anpassung an gegebene Anreizstrukturen auszeichnet. Im Falle der Wissenschaft und auch der Sportpädagogik ist damit jedes Verhalten *normal*, das der verordneten Zielstruktur (Effizienzsteigerung) entspricht. Als drittes Merkmal einer normalisierten Wissenschaft benennt

Thiele dessen *Vergesslichkeit*. Damit ist gemeint, dass für die im Wissenschaftssystem agierenden Wissenschaftler*innen, die dem Vermessungs-Primat folgen bzw. ihm unterworfen werden und sich im Sinne der Reaktivität an (externe) Zielstrukturen anpassen, fachdisziplinäre Kulturen unter Umständen hinderlich sind, um in der genannten Logik erfolgreich zu sein. Eine Folge der Vergesslichkeit sei eine Verengung von Wissenschaft auf bestimmte Formate von (evidenzbasierter) Forschung. Durch das vierte Merkmal, die *Alternativlosigkeit*, macht Thiele auf den totalitären Charakter solcher Prozesse bzw. der sie steuernden Strukturen aufmerksam. Freiheit im Wissenschaftssystem beschränke sich dann mitunter nur noch auf die Art der Bearbeitung vorgegebener Fragestellungen und führe damit zu einer Engführung von Wissensbeständen. Die wichtigste Folge der Affirmation solcher Prozesse, sind der Autonomieverlust und die Uniformität des Wissenschaftssystems.

Bilanzierend stellt Thiele für die Sportpädagogik fest: »der Prozess der Normalisierung [ist] auch hier – allerdings vorerst noch gebremst – im Gange« (Thiele, 2012, 43). Als Beleg für diesen Prozess verweist er darauf, dass der traditionelle Schwerpunkt auf hermeneutische und theoretische Arbeiten in der Sportpädagogik zugunsten empirischer Forschung verschoben wurde. Als Perspektive für eine weitere Normalisierung skizziert er die Zunahme quantitativ-empirischer Forschungsstrategien.

16.2.2 Normalisierung als aktuelle Herausforderung

Es ist nicht zu erwarten, dass aufgrund des zeitlichen Abstands zu dem Beitrag von Thiele heute enorme Veränderungen zu verzeichnen sind. Dennoch soll als eine Art Zeitbild versucht werden, Hinweise auf Normalisierungstendenzen nach 2012 im Sinne des Beitrags von Thiele (2012) zu finden. Als Hinweise für aktuelle Herausforderungen wird auf ein Protokoll des Forums Sportpädagogik[1] und eine eigene Untersuchung anlässlich eines Vortrags zum Thema Herausforderungen der Sportpädagogik zurückgegriffen.[2]

Die Empfehlung im Rahmen des Forums Sportpädagogik für Publikationen in Zeitschriften mit Peer-Review Verfahren, insbesondere für den sportwissenschaftlichen Nachwuchs, können als Indiz für die hohe Bedeutung der Vermessbarkeit von Publikationen gedeutet werden. Dies wird auch von den Befragten in der eigenen Untersuchung als Herausforderung benannt. Auch die Gründung der *Zeitschrift für Sportpädagogische Forschung* (ZSF) im Jahr 2013 führte sicherlich zu einer Zunahme

---

1 Die Protokolle sind über den Sprecherrat der dvs-Sektion Sportpädagogik oder die Autor*innen dieses Beitrags zugänglich.
2 Die Untersuchung basierte auf einer online-Befragung über die SPOWISS-Liste (n = 16) zum Vortragsthema »Sportpädagogik 2030 – Herausforderungen und Visionen«, Interviews mit fünf sportpädagogischen Stakeholdern (in der Deutschen Vereinigung für Sportwissenschaft, Gesellschaft für Fachdidaktik, Deutschem Sportlehrerverband, Sprecherrat der Kommission Sportpädagogik in der dvs und dem Vorsitz der Kommission Sportpädagogik in der Deutschen Gesellschaft für Erziehungswissenschaft), einer Analyse sportpädagogischer Publikationen zwischen 2014 und 2019 (n = 2.274) und einer Analyse sportpädagogischer Professuren zwischen 2017 und 2019 (n = 10).

an »zeitgemäßen« Publikationen. Das nun besser zugängliche Format der Zeitschriftenpublikationen erleichtert die *Vermessung*. Es ist einerseits zu begrüßen, dass (wieder) ein originär sportpädagogisches Publikationsorgan (mit wissenschaftlichen Schwerpunkt für den deutschsprachigen Raum) entstanden ist, andererseits stellt es jedoch die Disziplin auch vor die Herausforderung den Spagat zwischen Vermessung und diskursivem Identitätskern zu versuchen, der nicht nur auf Mainstreamthemen ausgerichtet ist.

Auf der Ebene von Forschungsstrategien kann die Zunahme an quantitativen Ansätzen, wie sie im Forum Sportpädagogik (laut Protokoll der Gruppe *Empirische Sportpädagogik*) festgestellt wird, im Sinne Thieles als Hinweis für das Fortschreiten von Normalisierung in der Sportpädagogik gesehen werden. In eine ähnliche Richtung deutet die Zunahme der Bedeutung von Drittmitteleinwerbungen, wie sie von den Befragten wahrgenommen und durch die Empfehlung des Forums Sportpädagogik zur Steigerung der Sichtbarkeit empfohlen wird. Vor dem Hintergrund von Thieles Normalisierungs-Analyse könnte bereits die Einrichtung des Forums Sportpädagogik als Normalisierungserscheinung aufgefasst werden, da als erklärtes Ziel der Sportpädagogik im Sinne der *Reaktivität* die Steigerung des Erfolgs (Sichtbarkeit) verfolgt und damit der aufoktroyierten Ziellogik gefolgt wird. Die in der Befragung genannten wissenschaftspolitischen Herausforderungen (u. a. Sich-Behaupten; Ressourcen sichern; Vernetzung; Qualifizierung von Nachwuchs) können ebenfalls als Tendenz zur Anpassung an die Anreizstrukturen des Wissenschaftssystems gesehen werden.

Auch werden einige inhaltliche Themenfelder als Indikatoren für die Reaktivität der Sportpädagogik erkannt, z. B. die vielen Arbeiten zum Thema Sportlehrer*innenbildung, die im Rahmen der Qualitätsoffensive Lehrerbildung (QLB) entstanden sind (siehe auch die Beitragsreihe in der Zeitschrift sportunterricht beginnend in Heft 1/2019). Die QLB hat einerseits dazu geführt, dass ein zentrales sportpädagogisches Thema deutlich über das Maß vertieft wurde, als es bis zur Auflage dieses umfangreichen Drittmittelprogramms geschehen ist. Andererseits stehen auf einer personalpolitischen Ebene zahlreichen QLB-Mitarbeiter*innen vor der Herausforderung nach beruflichen Alternativen außerhalb der Wissenschaft zu suchen, da die Zahl für nachfolgende wissenschaftlichen Berufsphasen (Post-doc, Professur) nicht im gleichen Maße »mitgewachsen« sind. Die verschiedenen *reaktiven* Entwicklungen können einerseits als breite Aufstellung und Ausweitung der Ressourcen für sportpädagogische Forschung gelesen werden, andererseits muss die Lenkung dieser Ressourcenverteilung durchaus kritisch gesehen werden, da eine Benachteiligung von Themen und Forschungsansätzen diskutiert wird, die nicht diesem Mainstream entsprechen.[3]

Weiterhin wird im Forum Sportpädagogik eine große Vielfalt an Inhalts- und Fragebereichen beschrieben. Der Trend einer wachsenden Vielfalt bis 2012 scheint

---

3 Siehe auch die Erklärung der Sektion Sportgeschichte und Sportphilosophie in der Deutschen Vereinigung für Sportwissenschaft zur Förderung der geistes- und kulturwissenschaftlichen Teildisziplinen von 2020; Zugriff unter https://www.sportwissenschaft.de/fileadmin/pdf/Sektionen/2020_Erklaerung_zur-Foerderung-geistes-kulturwissenschaftlichen-Teildisziplinen.pdf.

sich fortzusetzen. Die im Forum benannte Sicherheit in Bezug auf die facheigenen (theoretischen) Fundamente eines Erziehenden Sportunterrichts, die sogar international exportiert werden sollen, spricht zwar weniger für ein *Vergessen*, aber auch nicht für eine Vertiefung. Dennoch gibt es eine steigende Anzahl an Ansätzen, die mit knappen facheigenen und verstärkt fachfremden Grundlagen im Gegenstandsbereich der Sportpädagogik arbeiten. Selbst wenn die eigenen Grundlagen weiterhin verwendet und nicht vergessen werden, reichen sie unter Umständen nicht aus, um einem wachsenden Gegenstands- und Fragebereich der wissenschaftlichen Sportpädagogik gerecht zu werden. Eine aktuelle Herausforderung liegt daher darin, die vorhandenen facheigenen Grundlagen mit Bezug auf fachfremde Ansätze zu erweitern und weiterzuentwickeln.

Der Erfolg bzw. eine hohe Sichtbarkeit scheinen im Forum Sportpädagogik quasi alternativlos verfolgt zu werden, zumindest wird die Diskussion von Alternativen nicht dokumentiert. Auch in der Untersuchung zu Herausforderungen der Sportpädagogik werden Alternativen (zur *Alternativlosigkeit*) im Sinne eines Widerstands gegen die aufgezwungene Ziellogik quasi nicht diskutiert. Es scheint, als würden die Akteur*innen (zunächst) versuchen, unter dem Druck der Veränderungen gegen ihre eigene Bedeutungslosigkeit vorzugehen und so der neoliberalen Ziellogik entsprechen. Insgesamt scheint sich die Normalisierungstendenz, die Thiele (2012) beschreibt, fortzusetzen. Die Normalisierung und Ökonomisierung zeigt sich vor allem durch die steigende Vermessbarkeit, Reaktivität und Alternativlosigkeit. Eine Normalisierung durch Vergessen ist weniger zu erkennen. Wie sie sind diese Prozesse nun zu bewerten?

16.2.3 Sportpädagogik als vielfältige Wissenschaftsdisziplin

Thiele (2012) warnt, wie auch Scherler (1989) zuvor, vor den möglichen Konsequenzen zunehmender Normalisierung: wissenschaftliche Monokulturen, Alternativlosigkeit, Verlust an Freiheit und Dogmatismus in einer freiheitlichen Gesellschaft. Thiele empfiehlt Widerstand gegen Dogmatismus sowie Alternativlosigkeit und stattdessen Diversität als Qualitätskriterium wertzuschätzen. Dieser Empfehlung wollen wir uns uneingeschränkt anschließen. Es wäre jedoch zu pauschal und auch sicher nicht im Sinne Thieles, alle beschriebenen Ereignisse, die als Verstärkung einer Tendenz zu Normalisierung interpretiert wurden, abzulehnen und unter dem Label *Normalisierung bzw. Ökonomisierung* negativ zu bewerten. Die produktiven Seiten der ökonomischen Kräfte wurden bereits angedeutet, als zentrale Herausforderung dürfte jedoch gelten, diese für sich zu nutzen, ohne die eigene Identität aufzugeben.

Ob die gewachsene Vielfalt in der Sportpädagogik in Zukunft durch eine Monokultur verdrängt wird, weiß niemand, aber der Hinweis und die Aufmerksamkeit für diese mögliche (Fehl-)Entwicklung sind nach wie vor wichtig. Dem prognostizierten Vergessen könnte der selbstbewusste Rückbezug auf facheigene Grundlagen entgegengehalten werden. Jedenfalls kann ein hoher Bedarf an theoretisch notwendiger und hermeneutisch durchgeführter Selbstvergewisserung festgestellt werden, der mit der steigenden Vielfalt einhergeht.

16.3 Zukünftige Herausforderungen

Angesichts der Langfristigkeit solcher Veränderungen ist es letztlich der sportpädagogische Nachwuchs, der diese Herausforderungen in der Zukunft meistern muss. Es scheint ratsam, nachwachsenden Sportpädagog*innen ein gewisses Maß an Vertrauen entgegen zu bringen und sie in der Aneignung von Handwerkszeug, das sie brauchen, um in einem neoliberal geprägten Wissenschaftssystem handlungsfähig zu sein, auch darin zu unterstützen, sich mit (traditionellen oder aktuellen) Fragen des Charakters der Sportpädagogik, mit normativen Grundlagen der Sportpädagogik und strukturellen Fragen der Sportpädagogik als Wissenschaft zu beschäftigen und an den entsprechenden Diskursen zu beteiligen.

In der Auseinandersetzung mit zukünftigen Herausforderungen der Sportpädagogik darf also ein kritisch-konstruktiver Blick von Nachwuchswissenschaftler*innen nicht fehlen. Dass zukunftsorientierte Fragestellungen in gegenwärtigen sportwissenschaftlichen Kommunikationsorganen an Bedeutung gewinnen, zeigt sich an einschlägigen Symposien (siehe Fakultätentag 2016 »Sportwissenschaft 2030«; Kuhlmann, 2017) und disziplinbezogen Foren (Forum Sportpädagogik, 2017 in Paderborn). Daneben setzt sich die Zeitschrift *Ze-phir* regelmäßig mit zukunftsrelevanten Herausforderungen der Sportwissenschaft auseinander. Um an dieser Stelle nur einige Beispiele zu nennen: »Zur Stellensituation in der Sportwissenschaft« (Carius & Fehr, 2015), »Science first!? – Perspektiven in der Sportwissenschaft aus Sicht eines Nachwuchswissenschaftlers« (Ptack, 2017), »Entwicklungstendenzen in der Sportwissenschaft an deutschen Universitäten in den vergangenen Jahren/Jahrzehnten« (Willimczik, 2018). Daneben tauschen sich Vorwuchs und Nachwuchs über relevante Themen aus, wie über widersprüchliche Anforderungen im Fokus der Publikationskultur in geisteswissenschaftlich ausgerichteten Teildisziplinen (Hapke & Rudi, 2017). Durch die sportwissenschaftlichen Kommunikations- und Publikationsorgane wird deutlich, dass sich ein Spektrum an möglichen Herausforderungen für die Sportpädagogik erkennen lässt und Themen im Bereich der Forschung (z. B. Generierung von Drittmitteln, Publikationskultur, Internationalisierung) sowie im Bereich der Ausbildung und Lehre (z. B. Professionalisierung), die auch Auswirkungen auf die Nachwuchsförderung haben, aufgegriffen und diskutiert werden.

Neben der Betrachtung der bisherigen Entwicklungen ist es essentiell, die aktuellen Stimmen des wissenschaftlichen Nachwuchses zu befragen, um ein Gesamtbild der zukünftigen Herausforderungen darzustellen. Aus diesem Grund wurde eine qualitative Pilotstudie (Interviews: N = 5, schriftliche Befragung mit offenen Fragestellungen: N = 9) mit dem sportpädagogischen Nachwuchs durchgeführt. In der Stichprobe wurde drauf geachtet, dass die Nachwuchswissenschaftler*innen an unterschiedlichen Standorten tätig sind und dass sie sich in unterschiedlichen Phasen der Qualifikation befinden. In einem ersten Schritt werden Chancen und Probleme dargelegt, die der wissenschaftliche Nachwuchs mit einem zukunftsorientierten Blick als relevant einschätzt. Im zweiten Schritt liegt der Fokus auf dem Thema *Internationalisierung*, zu dem sich neben sichtbaren Entwicklungstendenzen (Internationalisierung als Thema auf Nachwuchstagungen, Stellenwert in Bewerbungsverfahren etc.) der sportpädagogische Nachwuchs explizit positioniert hat und der in Hinblick auf zukünftige Herausforderungen für unsere Disziplin beleuchtet wird.

16.3.1 Herausforderungen aus dem Blick des sportpädagogischen Nachwuchses

In der Betrachtung der Aussagen des sportpädagogischen Nachwuchses wird sich auf prägnante Themenfelder mit einer auffälligen Relevanz für die Nachwuchswissenschaftler*innen in Anlehnung an das qualitative Datenmaterial konzentriert.

- *Erstens* wird das Wachstum der Gruppe der Nachwuchswissenschaftler*innen von fast allen Befragten verstärkt wahrgenommen. Der Großteil der Befragten gibt an, dass sie verstärkt die wachsende Präsenz des wissenschaftlichen Nachwuchses auf (Nachwuchs-)Tagungen wahrnehmen.

  Diese Wahrnehmung der quantitativen Entwicklung des sportpädagogischen Nachwuchses wird an Entwicklungslinien festgemacht, die an die gegenwärtigen Herausforderungen und Normalisierungstendenzen anknüpfen. Die Beteiligung an der Qualitätsoffensive Lehrerbildung und die verstärke Einwerbung von Drittmitteln sowie die damit verbundene Vielfalt von Forschungsprojekten werden diesbezüglich am häufigsten erwähnt. Der Zuwachs in der Gruppe des wissenschaftlichen Nachwuchses wird vermehrt kritisch diskutiert. Es wird zwar ein Aufschwung an Qualifikationsstellen (vorwiegend Promotionen) deutlich, die aber in Verbindung mit kurzen Projektlaufzeiten stehen. Diese Entwicklung wird als problematisch eingestuft, da zum einen die Qualität der Forschung nicht gewährleistet scheint, wie folgendes Zitat zeigt:

  »[…] weil mit sehr kleinen Stichproben, dann oft irgendwie quantitativ geforscht wird und auch wenig Zeit ist durch den engen Projektzeitraum ein gut fundiertes Design mit einer Intervention auch die gehaltvoll ist, zu planen« (P2).

  Zum anderen wirkt sich diese Entwicklungslinie auf die weitere wissenschaftliche Karriere aus, da das Stellenangebot in der Qualifikationsphase »Post-Doc« nicht mithalten kann bzw. die Konkurrenz mit Blick auf eine professorale Karriere größer wird. Die Vergrößerung der Gruppe der promovierenden Sportpädagogen*innen kann als jüngere Entwicklung einer Normalisierung der Sportpädagogik gesehen werden, wie sie von Thiele (2012) noch nicht zu beobachten war. Im Sinne eines Ökonomisierungsdrucks erscheint die Aufstockung einer vergleichsweise *kostengünstigen* Gruppe von Wissenschaftler*innen durchaus plausibel und kann als Indikator für eine verstärkte Normalisierungstendenz in der Sportpädagogik gesehen werden. Neben der Beobachtung des Zuwachses der Gruppe des sportpädagogischen Nachwuchses werden weiterhin die prekären Beschäftigungsverhältnisse an den Universitäten als zentrale Problematik betont.
- *Zweitens* beschäftigt den sportpädagogischen Nachwuchs das bereits erwähnte Feld der Publikationskultur in Hinblick auf eine zukunftsorientierte wissenschaftliche Weiterentwicklung. Folgende Schlagwörter und Aussagen unterstreichen die Positionierung der Nachwuchswissenschaftler*innen: *Publikationszwang, Publikationsdruck, Publikationsleistung als formales Kriterium (in Bezug auf Bewerbungsverfah-*

ren), »zunehmender Druck, macht das Publizieren nicht einfacher« (P14), »man muss veröffentlichen, veröffentlichen, veröffentlichen« (P5). Die Publikationsstrategie tendiert zu einer starken Fokussierung auf Veröffentlichungen mit Peer-Review-Verfahren. Diese Entwicklungslinie wird in der Veränderung der Promotionskultur begründet, die sich in einem Trend zu kumulativen Promotionen zeigt. Die Vielfalt an Publikationsmöglichkeiten beeinflusst den individuellen Publikationsweg, der als breit und in verschiedene Richtungen gehend wahrgenommen wird. Zusätzlich wird ein steigender Druck wahrgenommen, der durch Bewerbungsverfahren entsteht, in denen die Publikationsleistung als formales Kriterium geführt wird. Weiterhin betonen die Befragten, dass in diesem Kontext die sportpädagogische Einschlägigkeit der Bewerber*innen an Bedeutung verliert.

- *Drittens* wird an den Aussagen der Nachwuchswissenschaftler*innen deutlich, wie die Grenze zwischen Chancen und Problemen verschwimmt. Viele relevante Themen werden sowohl in Hinblick auf Chancen als auch auf Probleme diskutiert. Hier spielt der individuelle Blick auf jede einzelne wissenschaftliche sowie persönliche Biografie eine Rolle.

»Aber da wo Chancen sind, sind eben auch Herausforderungen da und die Herausforderung ist eben diese ja immer größere Pluralität der Möglichkeiten für sich zu managen in der Qualifikationsphase« (P5).

- *Viertens* wird der schmale Grat in Hinblick auf Chancen und Probleme am Thema Drittmittel und Internationalisierung deutlich. Der sportpädagogische Nachwuchs nimmt eine Entwicklung hinsichtlich der zunehmenden Drittmittelstärke unserer Disziplin wahr. Es gibt mehr Forschungsprojekte, die wie bereits erwähnt im engen Zusammenhang mit mehr Qualifikant*innen stehen. Die Chance, die in dieser Entwicklungslinie gesehen wird, besteht darin, dass interessengeleitete Forschung verfolgt werden kann und sich, durch die Vielfalt an Möglichkeiten Drittmittel einzuwerben, die Chancen der Einwerbung für den wissenschaftlichen Nachwuchs erhöhen. In der Analyse der Aussagen der Nachwuchswissenschaftler*innen ist jedoch eine Tendenz zu einer kritischen Positionierung in Hinblick auf Drittmittelakquise zu erkennen. Sie nimmt eine stärker werdende Bedeutung in Bewerbungsverfahren im Fokus einer professoralen Karriere ein und fordert eine Wettbewerbsfähigkeit in Vergleich zu naturwissenschaftlichen Disziplinen. Der Anspruch an den wissenschaftlichen Nachwuchs, sich mit Drittmittelerwerb und Antragstellung auseinanderzusetzen, verschiebt sich auf einen früheren Zeitpunkt in der Qualifikationsphase.

16.3.2 Internationalisierung als zukünftige Herausforderung

Internationalisierung als aktuelle und zukünftige Entwicklungslinie lässt sich an verschiedenen Strömungen und Wahrnehmungen des sportpädagogischen Nachwuchses festmachen. Auf internationalen Tagungen und Kongressen sind vermehrt deutschsprachige Sportpädagogen*innen vertreten (z. B. AISEP, ECSS). Der Young Scolar Award der AISEP wurde in den letzten Jahren vermehrt an Nachwuchswissenschaftler*innen deutschsprachiger Universitäten verliehen (Aiko Möhwald 2017, Jennifer Breithecker 2018 und Katharina Ptack 2019). Die thematische Entwicklung des Nachwuchsworkshops richtete ihren Fokus auf Internationalisierung 2018 in Chemnitz. In der Zephir Ausgabe von 2018 »Anforderungen an moderne Sportwissenschaftler*innen« skizziert Wolf (2018) eine subjektive Einschätzung zum internationalen Publizieren, Präsentieren, Kollaborieren und Forschen im Ausland.

In der eigenen qualitativen Untersuchung mit dem sportpädagogischen Nachwuchs lassen sich die vier Merkmale von Wolf (2018) im Fokus der Internationalisierung wiederfinden. Die Besonderheit der Entwicklungslinie *Internationalisierung* spiegelt sich in Chancen und Problemen gleichermaßen wider. Beginnend mit den Chancen sehen die Nachwuchswissenschaftler*innen eine große Bereicherung in einem internationalen Austausch auf Tagungen bzw. Kongressen. Das bietet die Möglichkeit, internationale Diskurse zu öffnen bzw. zu vertiefen. Diese internationalen Entwicklungen schätzen Nachwuchswissenschaftler*innen als bereichernd ein insbesondere, wenn ihr Forschungsschwerpunkt eine internationale Relevanz impliziert.

Neben den Chancen werden auch Probleme in Hinblick auf zukunftsorientierte internationale Entwicklungslinien deutlich. In Bewerbungs- und Berufungsverfahren spielt die internationale Expertise (Forschungsprojekte, Publikationen) eine immer größere Rolle und erhöht somit auch den Druck auf die Nachwuchswissenschaftler*innen. Internationalisierung wird wahrgenommen als »etwas, was nun auch noch erwartet wird […], auch noch international sichtbar sein« (P1). So fällt in diesem Zusammenhang der Begriff »Anspruchseskalation«.

Eine weitere Hürde wird ganz deutlich in der Finanzierung der Auslandsaufenthalte gesehen. Die Mehrheit der Nachwuchswissenschaftler*innen sieht in den Kosten der Auslandsreisen bzw. in der Übernahme der Kosten ein zentrales Problem. Auf der inhaltlichen Ebene wird der Trend zur Internationalisierung kritisch diskutiert. Es sollte eine inhaltliche Anschlussfähigkeit gegeben sein, damit internationale Diskurse gewinnbringend erscheinen. Dahingegen werden sehr spezifische nationale Themen bearbeitet (z. B. bildungspolitischer Kontext, Sportverein), in denen der Nachwuchs keinen Mehrwert für einen internationalen Austausch sieht; so wird die Sinnhaftigkeit von Internationalisierung in Frage gestellt: »Die größte Gefahr sehe ich darin international zu publizieren, nur um international zu publizieren« (P6). Abschließend formuliert der sportpädagogische Nachwuchs für die Zukunft Wünsche in Hinblick auf eine Weiterentwicklung des Internationalisierungstrends, die z. B. Unterstützungsmöglichkeiten in der Kooperation mit sportwissenschaftlichen Instituten im Ausland anvisieren; auch Unterstützung in Motivationsschreiben und Präsentationsskills, Forschungsaktivitäten im Ausland mit Anbindung an Kolloquien sowie gemeinsamen Publikationstätigkeiten werden als sinnvoll erachtet: »Internationalität nicht am Schreibtisch erlernen, sondern praktizieren« (P2).

Zusammenfassend scheint dem sportpädagogischen Nachwuchs die Vielfalt an zukunftsorientierten Entwicklungslinien bewusst zu sein. Ein effizientes (Selbst-) Management gewinnt an Bedeutung, um der Pluralität an Möglichkeiten reflexiv und praktisch zu begegnen. Der individuelle Entwicklungsraum eines jeden Nachwuchswissenschaftlers, einer jeden Nachwuchswissenschaftlerin wird als gewinnbringend empfunden und darf nicht aus den Augen verloren werden: »Und das sollte gerade in einer sportpädagogischen Disziplin auch ein kategorisches Gebot sein: Gebt den Leuten Zeit und Raum« (P6).

16.4 Schlussbetrachtung

In diesem Kapitel sind besondere Herausforderungen der Sportpädagogik mit drei (chronologischen) Zugängen hinsichtlich ihrer jeweiligen Probleme und Chancen exemplarisch beleuchtet worden: erstens im retrospektiven Zugang das Problem der sog. *Instrumentalisierung*, welches sportpädagogisch zunächst gründlich diskutiert und dann als Chance sportpädagogischer Diskursivität, Positionierung und Selbstbehauptung genutzt sowie durch gefundenen Konsens gelöst wurde; zweitens im introspektiven Zugang die aktuelle Herausforderung einer sog. *Normalisierung* der Sportpädagogik, welche sowohl mit reduktionistischen Tendenzen als auch mit produktiven Zugewinnen in der Sportpädagogik einhergeht und als Ambivalenz im Sinne einer wissenschaftlichen Vielfalt unserer Teildisziplin gedeutet wird; drittens im prospektiven Zugang die zukünftig wachsende Herausforderung einer *Internationalisierung* der Sportpädagogik, welche mit wissenschaftsbiografischen Zumutungen sowie fachlichen Entwicklungschancen verbunden ist und als Kontingenz sportpädagogischer (Nachwuchs-)Arbeit kritisch zu begleiten sein wird.

Über diese drei exemplarisch vertieften Herausforderungen hinaus lassen sich ohne Zweifel weitere Chancen und Probleme der Sportpädagogik identifizieren: So sind strukturelle Herausforderungen an Hochschulen zu erkennen, die ihrer Profilierung und Selbstvermarktung geschuldet sind, zu einem Wettstreit der Wissenschaftsdisziplinen um knappe Ressourcen führen und der Sportpädagogik auch zum Nachteil gereichen können. Außerdem sind viele alltägliche berufliche Herausforderungen zu verzeichnen, die einer gewachsenen Zahl von Aufgaben (u. a. in der akademischen Selbstverwaltung) und einer hohen Auslastung (mit Studierenden) geschuldet sind und auch oder gerade in der Sportpädagogik zu spürbaren, personellen wie strukturellen, Überforderungen führen können. Nicht zuletzt sind zeitbedingte Herausforderungen einer gesellschaftlichen Digitalisierung zu vermelden, die nicht nur das wissenschaftliche Arbeiten stark verändern, sondern auch in die Fachlichkeit der Sportpädagogik hineinwirken und Fragen nach der (Un-)Mittelbarkeit von Bewegung (wie beim e-Sport, Self-Trecking etc.) und nach einer anthropologischen Neujustierung aufwerfen (Thiele, 2020).

Schließlich kann und soll an dieser Stelle in ganz knapper Form bilanziert werden, welche thematischen Herausforderungen sich für die Sportpädagogik aus den zurückliegenden Kapiteln 1–15 ergeben (s. dort die jeweiligen *Ausblicke*). Solchen Herausforderungen gilt es u. E. konstruktiv zu begegnen, um konstatierte Desiderate systematisch abzuarbeiten und die Sportpädagogik in ihrem Selbstverständnis und ihrer konzeptionellen, empirischen und beratenden Anwendungsorientierung gezielt zu stärken. In diesem Sinne lässt sich – gebündelt für die fünf Teile des vorliegenden Bandes – hier im Blick auf perspektivische Herausforderungen der Sportpädagogik noch festhalten:

- dass weiterer sportpädagogischer Austausch über geteilte Fachbegriffe, über ein geschichtliches (Selbst-)Bewusstsein und eine systematische Offenheit unserer Teildisziplin vonnöten scheint (▶ Kap. 1; ▶ Kap. 2; ▶ Kap. 3),

- dass es grundlegender Auseinandersetzung mit einer anthropologisch fundierten Bildungstheorie, mit dem Konzept der Entwicklungsaufgaben und einer modellierten Mehrdeutigkeit unserer Sport- und Bewegungskultur bedarf (▶ Kap. 4; ▶ Kap. 5; ▶ Kap. 6),
- dass sportpädagogische Anstrengungen gefordert sind, um eine nicht-affirmative Sachorientierung erfahrbar zu machen, zugleich individuelle Entfaltungsmöglichkeiten zu sichern und die Sacherschließung mit der Entwicklungsförderung synthetisch stärker zu verbinden (▶ Kap. 7; ▶ Kap. 8; ▶ Kap. 9),
- dass man sich in forschungsstrategischer Hinsicht bemühen sollte, das Spektrum sportpädagogischer Forschungsansätze gezielt/er zu nutzen und die bestehenden Forschungsaktivitäten in der Sportpädagogik möglichst strukturiert zu vernetzen (▶ Kap. 10; ▶ Kap. 11),
- dass es nicht zuletzt darum geht, verschiedene (Bildungs-)Settings sportpädagogisch aufmerksam zu begleiten und damit verbundenen Professionalisierungsanforderungen offensiv zu begegnen, mit unterschiedlichen Differenzkategorien sportpädagogisch sensibel umzugehen und zentrale Themenfelder der Sportpädagogik wie Gesundheit, Leistung und Soziales konsequent zu bespielen und zu evaluieren (▶ Kap. 12; ▶ Kap. 13; ▶ Kap. 14; ▶ Kap. 15).

Literatur

Balz, E. (Hrsg.) (2009). Sollen und Sein in der Sportpädagogik. Shaker.
Balz, E. & Kuhlmann, D. (Hrsg.) (2018). Sportwissenschaft in pädagogischem Interesse. Feldhaus.
Cerius, D. & Fehr, U. (2015). Zur Stellensituation in der Sportwissenschaft. Ze-phir, 22(1), 3–5.
Haag, H. & Hummel, A. (Hrsg.) (2001). Handbuch Sportpädagogik. Hofmann.
Hapke, J. & Rudi, H. (2017). Sportwissenschaft 2030, Ze-phir, 24(1), 5–9.
Kuhlmann, D. (2017). Symposium »Sportwissenschaft 2030« – Begrüßungsworte. Ze-phir, 24 (1), 2–3.
Kurz, D. (1992). Sportpädagogik als Teildisziplin oder integrativer Kern der Sportwissenschaft. Sportwissenschaft, 22(2), 145–154.
Kurz, D. (2017). Pädagogische Fragen zum Sport. Ausgewählte Beiträge. Arete.
Memorandum Sportwissenschaft (2017). Erarbeitet von der AG »Memorandum Sportwissenschaft« der Deutschen Vereinigung für Sportwissenschaft (dvs) sowie der Arbeitsgemeinschaft Sportpsychologie (asp), der Deutschen Gesellschaft für Sportmedizin und Prävention (DGSP), dem Deutschen Verband für Gesundheitssport und Sporttherapie (DVGS), des Deutschen Sportlehrerverbandes (DSLV) und dem Fakultätentag Sportwissenschaft (FSW).
Prohl, R. (2013). Sportpädagogik als Wissenschaftsdisziplin – eine Standortbestimmung mit empirischem Ausblick. Zeitschrift für sportpädagogische Forschung, 1(1), 5–30.
Ptack, R. (2017). Science first!? – Perspektiven in der Sportwissenschaft aus Sicht eines Nachwuchswissenschaftlers. Ze-phir, 24(1), 22–26.
Schaller, H.-J. (1992). Instrumentelle Tendenzen in der Sportpädagogik. portwissenschaft, 22 (1), 9–31.
Scherler, K. (1989). Sportpädagogik – wohin? In K. Scherler (Hrsg.), portpädagogik – wohin? (S. 5–10). dvs.
Scherler, K. (1992). Sportpädagogik – eine Disziplin der Sportwissenschaft. sportwissenschaft, 22(2), 155–166.
Scherler, K. (1997). Die Instrumentalisierungsdebatte in der Sportpädagogik. sportpädagogik, 21(2), 5–11.
Thiele, J. (2012). »Normale Wissenschaft« – Die Sportpädagogik im Prozess der Normalisierung? In A. Gogoll & R. Messmer (Hrsg.), Sportpädagogik zwischen Stillstand und Beliebigkeit. BASPO.

Thiele, J. (2020). Sportpädagogik 2.0 – Die anthropologische Sportpädagogik am Ausgang ihrer Epoche? Zeitschrift für sportpädagogische Forschung, 8(2), 5–21.

Thiele, J. & Schierz; M. (Hrsg.) (1998). Standortbestimmung der Sportpädagogik. Czwalina.

Willimczik, K. (2018). Entwicklungstendenzen in der Sportwissenschaft an deutschen Universitäten in den vergangenen Jahren/Jahrzenten. Ze-phir, 25(1), 3–6.

Wolf, S. (2018). Added value oder Zeitverschwendung? Eine subjektive Einschätzung zum internationalen Publizieren, Präsentieren, Kollaborieren und Forschen im Ausland. Ze-phir, 25(1), 15–18.